검간 임진일기 자료집성

黔澗 壬辰日記 資料集成

보물 제1003호 고문헌의 변주 과정을 볼 수 있는 자료집
초서본에서 초서정서본, 판각정서본, 목판본에 이르기까지 이본 대조
'검간선생문집 간행시 일록'에 관한 논문 수록

검간 임진일기 자료집성

趙靖 원저 · 申海鎭 편

黔澗 壬辰日記 資料集成

보고사
BOGOSA

머리말

이 책은 경상북도 상주 출신 검간(黔澗) 조정(趙靖, 1555~1636)이 1592년 4월 14일부터 12월 27일까지 기록한 초서본 ≪임진일기(壬辰日記)≫와 관련된 자료집이다. 곧, 초서본(양진당본, 상주박물관 소장)과 관련하여 초서정서본(오작당본, 상주박물관 소장), 판각정서본(규장각본, 서울대학교 규장각한국학연구원 소장), 목판본 등을 모아서 이본 대조를 한 것이다. 또한 각 이본과 관련한 이미지를 영인한 것이기도 하다.

따라서 검간 개인이 임진왜란을 겪으면서 행한 것으로 보이는 다양한 자료를 이러저러한 문헌에서 뽑아 모아 영인한 『검간 조정선생의 임란일기』(영남대학교 민족문화연구소, 1983)와는 그 성격이 다르다. 영남대학교 민족문화연구소에서 간행한 이 자료집은 초서본 임진일기를 비롯하여 그에 근거한 남행록(南行錄: 1592.8.25.~9.23), 진사록(辰巳錄: 1592.12.25.~12.29 ; 1593.1.1.~12.7), 일기와 학봉 유사(鶴峯遺事)며, 혼례서식, 여가복서, 납폐서식 등의 잡록(雜錄)이 합쳐진 기록물(1593.12.25~12.30 ; 1594.1.1.~2.4), 권욱 상소문(權旭上疏文)이 포함된 서행일기(西行日記: 1597.1.24 ; 2.15~2.29 ; 3.1~3.17) 등을 모은 것이기 때문이다.

이 책에서 '임란일기'나 '진사일기'라는 용어를 사용하지 않고 '임진일기'라 한 것은 검간이 직접 쓴 초서본 현전 일기가 1592년 12월 27일까지이기 때문이다. 6월 5일부터 14일까지 일실되었고, 초서정서본에 1592년 12월 28일과 29일의 일기가 있는 것으로 보아 12월 끝부분도

일실되지 않았나 한다. 그렇지만 상하 2책으로 묶은 ≪임진일기≫는 임진왜란 실기 가운데 보기 드물게 저자의 친필 문헌에 해당되는 자료이기 때문에 현재 보물 1003호로 지정되어 있다. 초서로 기록된 것에서 확인할 수 있듯이, 검간이 직면했던 당대의 참혹한 현실을 촌각을 다투며 기록하고자 한 엄정한 기록 정신에 입각해 남겨진 자료인바, 가장 원천적인 날것에 해당되는 이본이라 할 수 있다.

특히 저자의 친필 자료라는 점은 문헌의 변주와 관련해서도 중요한 의미를 지닌다. 주지하듯이 전통시대 문헌은 문집으로 판각되어 간행되는 과정을 거친다. 이때 저자가 생전에 남긴 생생한 문헌자료는 후손이나 문중, 제자에 의해 산삭과 변개가 이루어진다. 이 과정에서 저자의 전모는 일종의 집단 지성의 검열 과정을 통해 후손과 가문의 시각으로 변주되고, 가공된 문헌으로 거듭나게 된다. 따라서 우리가 접하는 문집 자료는 저자가 남긴 원자료의 모습과는 일정부분 거리를 둔 자료라 할 수 있다. 때문에 상대적으로 원자료의 존재는 대단히 중요한 자료적 가치를 지니게 된다.

검간의 ≪임진일기≫ 또한 이러한 문헌 변주의 과정에서 벗어날 수 없었는데, 현전하는 문집 소재 자료는 검간에 의해 기록된 초서자료에서 초서를 정서한 초서정서본의 과정을 거친 후 문집으로 판각하기 위해 정사한 형태의 판각정서본을 거쳐 최종적으로 목판본으로 간행되었다. 원자료인 초서본 ≪임진일기≫가 여러 차례에 걸친 개정과 가공의 과정을 거쳐 목판본 문집 소재『진사일록(辰巳日錄)』으로 거듭나게 되었는데, 이때 판각된 문집 목판은 다양한 개정과 변개의 과정을 거쳐 이루어진 최종적인 결과물로써 가치를 지닌다. 특히 임진년의 기록만이 아닌 진사년의 기록까지 묶이게 된 데는 행서(行書)로 쓴 초서정서본(오작당본)이 상당한 역할을 한 것으로 보이지만, 그 연유를 현재로서는 알

수가 없다. 문집 목판인 상주 검간 조정 문집목판(尙州 黔澗 趙靖 文集木板)은 경상북도 문화재자료(제656호)로 지정된 것을 통해 확인되듯이 존재 자체가 중요한 문화재 자료로 특기됨을 알 수 있다.

문집 목판본을 간행할 때의 구체적 실상을 알려주는 문헌으로서 ≪검간선생문집 개간시 일록(黔澗先生文集開刊時日錄)≫이 화봉문고에 소장되어 있다. 한남대학교 백승호 교수가 이를 직접 보고 쓴 논문을 부록으로 첨부하였다. 기꺼이 수록하도록 해준 후의에 고마움을 전하는 바이다. 이에 의하면, 검간선생문집에 『진사일록』이 1770년 구성되었지만 1777~1778년에 부록과 채헌징의 발문을 더하고나서야 비로소 개간되었다고 한다.

이 논문을 통해 기록 문헌을 중심으로 현재까지 유전된 선조의 유문에 대한 후손들의 숭조정신을 주목하게 한다. 뿐만 아니라 문집의 판각 과정에서 향촌사회를 중심으로 한 재지사족의 추수의식 또한 파악할 수 있다. 이는 문집의 간행이란 것이 단순히 한 집안에서 벌인 위선(爲先) 사업의 일환으로 해석될 것이 아님을 의미한다. 문집을 간행하기 위해 유문을 수습, 정리하는 과정 속에서 해당 가문은 선조의 채취와 정신을 엿볼 수 있게 된다. 이와 함께 향촌사회에서는 시대별로 향촌을 대표하는 어른에 대한 선양 작업을 통해 향촌의 정체성을 확보함과 동시에 공동체성을 정초할 수 있는 근거를 공동체의 힘으로 마련할 수 있게 되었음을 알 수 있다.

이러한 과정을 통하여 편찬된 검간의 ≪임진일기≫는 생생한 현장을 기록한 자료로써 중요하지만 17세기 실기문헌의 변주 양상을 고증하는 데 핵심적 자료로 그 위상을 부여할 수 있다. 즉, 검간의 ≪임진일기≫는 임진왜란 당시 경상도 북부 지역을 중심으로 한 의병의 활동을 생생하게 기록한 시초적 자료로써 성격을 가지는데, 이와 비슷한 시기에

유사한 자료적 성향을 가진 가규(可畦) 조익(趙翊, 1556~1613)의 ≪진사일기(辰巳日記)≫와 성재(省齋) 고상증(高尙曾, 1550~1627)의 ≪용사실기(龍蛇實紀)≫와의 비교를 통해 확인할 수 있다.

위의 세 문헌을 상호 검토해 보면 문헌들 사이에 미묘한 역학 관계가 작동하고 있음을 확인하게 된다. 핵심을 요약하면 검간의 ≪임진일기≫, 가규의 ≪진사일기≫, 성재의 ≪용사실기≫에 기록된 기사의 내용들 간에 출처와 경로 등에서 영향 관계가 감지된다는 점이다. 즉, 개별 문인의 직접 경험과 전문을 중심으로 한 독립적 기록임에도 불구하고 내면을 들여다보면 전문을 경험인 것처럼 기술한 지점이 엿보인다는 점이다. 게다가 흥미로운 점은 이러한 양상이 영남지역 실기문헌에서만 보이는 특수한 점이 아니라는 것이다. 호남지역 실기문헌(포로일기)에서도 동일한 지점을 확인할 수 있는데, 예를 들면 정경득(鄭慶得, 1569~1630)의 ≪호산만사록≫, 정희득(鄭希得, 1575~1640)의 ≪월봉해상록≫, 정호인(鄭好仁, 1579~?)의 ≪정유피란기≫로 이어지는 기록의 흐름이 그것이다.

이를 통해 본다면, 전통시대 실기 문헌 기록의 양상과 내용의 흐름에 대해서는 기록의 계통에 대한 정밀한 고찰이 요구된다고 할 수 있다. 현존하는 실기 자료에 대해서 우리는 전란이라는 생사를 초월한 경험을 불굴의 의지로 기록한 사인들의 '실기'를 철저하게 준신하고자 한 시각에 매몰된 경향이 있었음을 자인하지 않을 수 없다. 하지만 '실기' 역시 인간의 기록이며 때문에 얼마든지 기록자를 둘러싼 여러 정치적 역학 관계의 흐름 속에서 완전히 해방될 수 없는 것이기도 하다.

따라서 임병양란을 중심으로 기록된 수많은 실기의 기록은 기록 그 자체로 중요한 가치를 가지고 있을 뿐만 아니라, 실기의 가치를 한 단계 더 견인하기 위해서는 기록들 간의 상호관계를 정밀하게 고찰할 필요가 있다. 그러기 위해서는 검간의 ≪임진일기≫와 같은 생생한 원자료의 존재가 더없이 중요하며 이에 대한 엄정한 교감은 반드시 수행되어야 할 작업에 해당된다.

이 책이 나오기까지 초서본과 목판본의 자료적 실상은 비교적 쉽게 확인할 수 있었으나, 초서정서본과 판각정서본은 그 소장처를 알아내고 그 자료적 실상을 확인하기까지 지난한 어려움이 뒤따랐다. 끝내 당초 구상했던 대로 고문헌의 원천적인 날것 자료가 목판본으로 간행되기까지의 변주과정을 밝힐 수 있는 이본들을 모두 확보했을 때 그 기쁨은 무어라 표현할 수가 없다. 반면 목판본 간행시의 간역일기의 소장처까지 알았지만 나의 뜻과 부합되지 않는 현실에 낙담도 컸었다.

하지만 이 책이 나올 수 있게 된 것은 상주박물관 조연남 학예사와 서울대학교 규장각한국학연구원의 이미지 자료 제공, 또한 화봉문고에 가서 실물 사진 몇 컷을 찍어주고 세세한 정보를 알려준 고려대학교 김경 학술연구교수의 도움에 힘입는 바가 크다. 진심으로 고마운 마음을 전한다. 끝으로 편집을 맡아 수고해 주신 보고사 가족들의 노고와 따뜻한 마음에 심심한 고마움을 표한다.

2021년 8월 빛고을 용봉골에서
무등산을 바라보며 신해진

일러두기

이 책은 다음과 같은 요령으로 엮었다.

1. 이본 대조는 초서본과 초서정서본, 초서정서본과 판각정서본, 판각정서본과 목판본 순으로 행하였고, 그 변주 양상에 대해서는 어떠한 설명도 분석도 하지 않음으로써 자료집의 본래적 속성에 충실하고자 하였다. 어느 계층에 대한 것을 삭제했는지, 어떤 어휘를 대체하고 삭제했는지, 어떤 역사적 사실을 삭제했는지, 어떻게 축약했는지 등에 대한 분석과 의미화는 후속 연구자의 몫으로 남겨두었다.

2. 이미지는 초서본을 기준하여 동일하게 판각정서본과 목판본을 영인하였지만, 초서정서본은 이본의 변주 전개상 계사년(1593)의 자료적 실상을 처음으로 제시한 것이라서 그 전모를 영인하였다.

3. 이 책에 영인된 이본 이미지의 소장처는 다음과 같다. 이미지의 표제가 없어 엮은이가 가필하였다.
   • 초서본: 경상북도 상주박물관   • 초서정서본: 경상북도 상주박물관
   • 판각정서본: 서울대학교 규장각한국학연구원(청구기호: 奎15414)
   • 목판본: 한국국학진흥원

4. 이본 대조를 위해 활자화하는데 있어서 원문표기는 띄어쓰기를 하고 句讀를 달되, 그 구두에는 쉼표(,), 마침표(.), 느낌표(!), 의문표(?), 홑따옴표(' '), 겹따옴표(" "), 가운데점(·) 등을 사용했다.

4. 이 책에 사용한 주요 부호는 다음과 같다.
   1) □ : 선본의 종이가 삭아 글자를 알 수 없을 때
   2) ◇ : 글자가 선본에는 없지만 후본에는 있을 때
   3) ○ : 선본이든 후본이든 앞 내용과 다른 내용의 구분을 표시할 때
   4) ※ : 편자의 설명이 필요할 때
   5) 【 】 : 후본에 있는 협주를 표시할 때
   6) " " : 직접적인 대화를 나타냄.
   7) ' ' : 간단한 인용이나 재인용, 또는 강조나 간접화법을 나타냄.
   8) < > : 편명, 작품명, 누락 부분의 보충 등을 나타냄.
   9) ≪ ≫ : 문집, 작품집 등을 나타냄.

차례

이본 대조

양진당

경상북도 유형문화재 제85호로 지정되어 있는 건물로 낙동면 승곡리에 있다. 1626년에 짓기 시작하여 1628년에 완성했다고 한다.

집 전체 모양이 남쪽으로 터진 Π모양을 이루고 있다. 길면서도 맞배지붕을 하고 있어 마치 종묘 건물에서와 같은 장중함이 느껴진다.

오작당

경상북도 민속자료 제32호로 지정되어 있는 건물로 낙동면 승곡리에 있다. 원래 1601년 창건한 것을 현 위치로 이건했다고 한다.

원래는 양진당과 같은 Π자집이었으나 후대에 앞부분이 떨어져나가면서 지금과 같은 ㄱ자집이 되었다. 양진당처럼 규모는 크지 않으나 양진당의 원형으로 여겨진다.

초서본[양진당본]과
초서정서본[오작당본]의 이본 대조

: 양진당본에서 오작당본으로의 변주 양상

壬辰 四月大 庚寅朔

十四日。晴。

得官帖, 始聞倭寇數百餘艘, 現形于釜山·東萊等水界云。公家以軍馬調發事, 號令星馳, 閭里驛騷, 難得聊生, 可嘆[1]。

十五日。晴。

□[2]子基遠, 將以明日娶婦于一善崔直長立之家, 今日先遣竑弟, 齎書幣, □□[3]日旭朝送[4]納, 洞中諸友, 皆來會, 爲見豚兒習儀故也。
○ 聞鶴峯令公, 以刑曹參議, 特拜右廂。

---

1) 可嘆: 可歎
2) 長
3) 趂明
4) 送: 徵

十六日。朝雨晚止。

醮豚兒于中堂: "惟爾生, 纔□□[5], 先祖考直長府君, 鞠育懷□[6], □□□□[7], □□[8]成人。祖考遽捐館□[9], □□□□□□□□□[10], □□[11]餘生, 子孑靡依。今幸蒙荷□□[12], □□□□□□[13], □□[14]長成而有室。言念及此, 悲感□□[15]※[16]。汝基遠, 若能體念先志, 以無忝所生, □□□□□□[17]靈, 應亦慰悅於冥冥之中矣。□□[18]! □□□□[19]。" ○ 舍弟棐□□[20]金正字而晦[21] · 宋彦明 · 金子亨 · 中房金□[22]龍繞去。一行發程後, 余與朴伯獻 · 申□□[23] · 樞伯 · 玄景達 · 申直夫諸君, 登從萬[24]絶頂, 東望洛津, 則兒行已登船渡江矣。○ 夕微雨。聞右廂之行, 以賊變, 倍道遄邁, 今日入州云。

---

5) 閱歲

6) 裏

7) 鍾愛彌篤

8) 未及

9) 舍

10) 先考府君亦繼而不祿

11) 孤露

12) 冥佑

13) 汝能得免水火

14) 以至

15) 塡心

16) 초서정서본도 초서본에 몇 글자가 더 있었으나 종이가 삭아서 누락한 채로 정서한 듯.

17) 則祖考在天之

18) 嗚呼

19) 汝其勉之

20) 仲及

21) 협주【□爲應教名光曄】가 있음.

22) 雲

23) 文叔

24) 협주【令之三峯山】이 있음.

十七日。微陰。

聞右廂之行, 取路竹峴[25], 顚倒出去, 立叙于馬頭, 則"昨夕在中原, 聞變終夜驅馳, 平明入州, 未暇飮水, 急赴本營, 釜山·東萊·梁山等地, 皆已陷城, 主將被殺。"云。◇[26] 國家昇平日久, 遽聞此報, 心膽俱墜, 罔知所喩。金虞侯玉·柳君瑞及金溎·安慶孫[27], 陪行而來耳[28]。賊變至此, 而主帥, 以經幄儒臣, 不解弓馬之技, 臨機制勝, 必非其長, 前頭成敗, 未卜如何, 殊可慮也[29]。

十八日。晴。

氣不平, 終夕委臥。流聞邊報日急, 羽書旁午, 沿邊列陣, 以次見陷云, 而連見烽燧, 每準一炬, 此甚可疑, 或云變出右[30]道, 故右火一炬, 又云賊計奸黠, 先滅□□[31], □□□□[32], 以杜內兵之援, 故烽火之□□□[33], □[34]一炬云。

十九日。晴。

得裵仲在州內所寄書, 倭奴連陷□□[35]·蔚山·梁山等巨鎭, 已迫密城, 先圍無訖驛里云。邊報益急, 而制勝無策, 人心洶懼, 擧有深入

---

25) 협주【長川善山界】가 있음.

26) 經幄儒臣 不閑弓馬之技 而猝遇勁敵 何以制變

27) 安慶孫: 安處孫

28) 耳: 矣

29) 賊變至此 而主帥 以經幄儒臣 不解弓馬之技 臨機制勝 必非其長 前頭成敗 未卜如何 殊可慮也: 누락

30) 右: 左

31) 邊烽

32) 自擧一炬

33) 在內者

34) 常

35) 東萊

避禍之計。如我屚劣之生, 上奉老母, 下有妻孥, 蠢然諸雛, 無地可安頓, 束手仰屋, 何以爲計? 尙寐無寤。適丁今日, 我生不辰, 何至此極? 夕, 玄景達來見, 仍講避寇之策, 相與對泣而已[36]。

二十日。晴。

早朝聞州伯, 自下道敗還之寄[37], 出見于馬頭[38], 仍問所由, 則◇[39] "曾與咸昌倅, 率領一二運軍卒數千餘人, 到星州地, 承方伯指揮, 旋向大丘, 將以爲外地之援[40], 纔渡洛津在仁同‧星州兩邑之界, ◇[41] 石田之地[42], 有倭寇數十餘輩, 自山脊下來, 接戰, 我軍之前行者, 盡被鏖滅, 勢不得支吾, 吾等僅以身免, 達夜馳還。"云云。咸倅亦隨後而至, 一行飢餒, 面無血氣, 憑余求飯甚懇, 卽邀致到家, 出饋酒食, 備聞其所未聞, 其說尤慘, 咸昌‧聞慶‧尙州三邑之[43]軍, 全數被戮, 無一人遺者云云。今[44]聞此報, 五內如焚, 莫知所爲, 家藏什件, 未遑料理, 箱篋◇[45]等物[46], 或堀地埋置, 或藏在[47]廳板之下, 神主則只[48] 奉出主身, 並置一櫃[49], 深埋[50]潔處, 當晩。裵仲先[51]奉慈氏, 及季妹

---

36) 相與對泣而已: 누락
37) 之寄: 누락
38) 馬頭: 路左
39) 曰
40) 外地之援: 外援之地
41) 則
42) 石田之地: 石田地
43) 之: 누락
44) 今: 누락
45) 書冊
46) 物: 누락
47) 在: 貯
48) 只: 누락
49) 並置一櫃: 入於櫃中
50) 埋: 藏

與庶祖母先發, 將向州西北長之山, 妻屬亦隨而偕去。吾與次兒, 留待基遠之[52]還, 當午乃發, 暮投北長寺, 則一行皆無事已到矣。內行皆騎牛而行, 州內及諸處士族之家, 擧皆奔竄, 處子室女, 未暇擁面, 顚沛劻勷, 道途騈闐, 號哭之聲, 上徹雲漢。我一行, 慈氏以下, 庶祖母·季妹及余及翊·竑·基遠·榮遠·裕遠·弘遠·亨遠·無儀[53], 並十二人, 下屬奴婢老弱, 並五十餘口矣。他人之同到此寺者, 亦近百餘, 寺宇闃閴, 不得容接矣。

二十一日。晴。
一行留寺。倉猝出來, 粮饌小賞, 送奴于州內家, 謀致米石。流聞賊勢極鴟, 將迫我境云, 心緖益亂。此寺距州府不遠, 慮有不虞之虞, 更爲深入之計。

二十二日。晴。
食後, 一行俱發, 入住于寺西九滿村里[54]金閏[55]之家。韓瓘·璉, 玄德升·河澄·姜絪諸公[56], 亦各率其親屬, 來寓于隣舍, 魯谷叔母主, 亦住于西隣矣。夕, 聞助防將梁士俊入州。

二十三日。晴。
留九滿, 始聞石田之敗還, 非眞倭奴也。乃其近處避亂之人, 屯聚山谷, 見我軍至, 相與奔走往來之際, 我軍先驚, 以謂倭寇潛伏, 以遏

---

51) 先: 누락
52) 之: 누락
53) 無儀: 及女兒
54) 里: 없음
55) 閏: 潤
56) 公: 人

徂旅, 訛言洶起, 不能止息, 一卒遽斬避亂者一人曰: "此倭寇之邏卒也."云云[57]。牧伯與咸昌, 亦不辨其眞僞, 內怯外眩, 自切謀免之計, 棄師徑退, 有同亡群走險之鹿。軍中無統, 委棄兵粮, 一時潰散, 弓矢糇糧, 充滿道途, 至有棄其馬匹[58]而未及携去者。州人金俊臣, 以率領將, 領初運先導, 故未知軍驚棄[59]師之由, 過峴留宿, 怪其後軍不繼, □[60]探其故, 進退狼狽, 不得已領其所率, 前到大丘琴湖之濱, 則或騎或步, 而自府內出來者, 陸續不絶, 意其倭寇陷大丘府而上來也。擧軍亦一時驚動, 棄甲曳兵, 逃走之不暇, 有如昨日石田之潰, 俊臣亦計無所出, 撥馬馳還云。◇[61]徵兵赴援, 本欲禦敵, 而虛聲所動, 尙且如此, 設遇賊鋒, 誰肯有冒矢石竭死力者哉? 民散久矣, 蚩蚩固不足言, 食祿委質者, 庶可以知感[62], 而臨亂苟免, 甚至棄師而先逃, 如彼負國, 債髮難赦, 痛甚痛甚! 夕聞防禦使趙儆入州。自石田・琴湖之潰, 本州軍馬, 並皆亡匿, 牧伯來住空城, 莫知所爲, 先遣其妻屬, 入置深谷, 渠亦自度不免於刑章, 欲爲逃走之計, 單騎出舍于郊藪間, 下吏官屬輩, 並許其自由散去, 城門四開, 寂無一人。助防・防禦等等[63], 使之入, 非但徵發無由, 供億饋餉, 亦無人主治[64], 艱得水漿, 療其飢渴, 旋卽發向下道云。牧伯逃歸之意甚切, 而首吏一人, 獨守空城, 牢執不送, 發尙留滯, 不得自由, 而常秘其蹤跡, 潛藏深密之處, 了無唱義勤王以守堡障之意, 守土者如此, 他尙何言? 可嘆可嘆[65]。

---

57) 云云: 누락
58) 馬匹: 乘馬
59) 棄: 失
60) 偵
61) 噫
62) 知感: 徇國家之急
63) 等等: 等
64) 治: 管

二十四日。晴。

留九滿, 聞巡邊使李鎰, 自咸寧入州。午, 遇巡邊裨將卞有獻稱名人[66]於路上, 則曰: "主將今已[67]入州, 將欲留陣此州, 以爲禦寇之計, 而軍民盡散, 只餘空城, 百爾所思, 未得良策, 故使余巡審山谷間, 溫言通喩, 庶使逃民及時還聚矣。倭寇聲息, 則密陽陷城後, 更無他奇, 大丘則非倭奴也。我軍往來者, 自相驚惑, 焚其官廨軍器等處, 而散而之四方, 安有若此無謂之事也。"云云。且"尹暹·朴篪, 今爲從事而來, 在幕下云, 隱避之人, 自聞此語, 俱有還聚之心, 州有主帥留陣, 謂可以倚賴以活, 負擔下歸者, 旁午不絶, 軍卒之入城者, 亦近四五百。"云。若使牧伯曾無石田之逃, 而繕治甲兵, 以爲堅守之計, 則民心豈至於渙散, 軍容豈至於挫抑[68]也? 夕, 聞半刺城主, 率三運軍, 到高靈縣, 前柳汀有騎步, 並三四十人, 自玄風路, 直斥而來, 我軍疑其爲倭奴, 方皆洶懼之際, 半刺策馬先出, 諸軍隨而潰散, 兵粮雜物, 狼藉道次, 無異琴湖之敗云。大槩, 前聞咸倅之言, 石田之變, 一軍盡斃, 無一人遺者, 兩帥僅[69]以身免云云。而及今審聞逃卒之言, 則所謂石田·琴湖·高靈等三處之變, 皆未接戰而潰, 故諸軍委棄兵粮而已, 別無殞命者云云。且點檢奴僕及閭里之赴軍者, 則亦皆生還。以此推之, 咸倅所謂盡斃云者, 殊非的報。是必以不接戰先逃, 懼其不免於軍法[70], 而構出無實之語, 欲掩其己罪也。不獨州伯及咸昌倅[71]爲然, 傳聞星州·大丘等守宰[72], 亦皆棄城逃歸云, 領外諸鎮, 將

---

65) 可嘆可嘆: 可歎
66) 稱名人: 누락
67) 今已: 누락
68) 抑: 却
69) 僅: 董
70) 軍法: 軍律
71) 咸昌倅: 咸倅
72) 守宰: 宰守

有不攻, 自破之勢矣。可嘆可嘆[73]。

二十五日。晴。

昨聞裨將之言, 倭寇聲息, 似不迫急, 故將欲還入本家, 檢藏什物[74], 更候邊報緩急, 徐爲再避之計。闔族[75]凌晨發行, 朝炊于[76]北長岐路之傍。忽見一人持槍劍急來, 曰: "倭奴已迫州南五臺之[77]里, 州內洶洶, 向晚將犯邑城."云云。雖聞此奇, 而昨得裨將之言甚悉, 故初不聽信, 姑憩于山寺, 侯得的報, 以爲進退之計, 纔入寺門, 忽聞倭奴已入城底接戰云。食頃, 亡卒敗兵, 自露陰山頂, 赤身逃躲而來者, 不可勝記, 或被槍矢, 或中鐵丸, 血流遍體, 慘不忍見, 皆曰: "我軍今已見敗, 死於戰場者甚多, 諸將士一時奔北, 俱入此山, 倭奴追逐, 今當上山, 行次須速避."云云。我等業已到此, 慈氏及妻孥 · 季妹, 俱未健步, 倉卒當變, 莫知所爲。不得已命奴僕, 徐輸卜馱, 吾與棐仲, 奉慈氏, 及諸屬, 取路壑谷, 直越前山, 山高萬仞, 峻急如削, 寸進尺退, 十步九僵。慈氏及妻屬, 力盡足瘃, 幾難保全[78], 前挽後擁, ◇[79]過午始得踰嶺, 促飲糜水, 然後氣暫蘇差。俄而, 鞍馬追到, 山路亦不甚險巇, 故內行皆乘馬, 吾與兩兒, 徒步以隨。初更得投狐洞, 假宿於村垠之家。路中, 得遇裨將之敗來者十餘騎, 皆是出身之人也。戰敗之後, 挺身[80]獨出, 弓矢槍劍, 居半委棄, 奴僕亦不及相携, 或有失馬而徒行者, 問其取敗之由, 則答曰: "我等, 皆是忠淸道防禦使邊璣之裨隊

---

73) 可嘆可嘆: 憤歎憤歎
74) 檢藏什物: 누락
75) 闔族: 閤族
76) 于: 누락
77) 之: 누락
78) 慈氏及妻屬 力盡足瘃幾難保全: 누락
79) 或負或携
80) 挺身: 抽身

也。昨自淸州, 聞賊報甚急, 陪主帥[81], 晝夜倍道, 今日之早, 始達此
州, 將與巡邊令公, 合謀禦敵, 籌畫未詳, 賊鋒已迫, 相與接戰于北川
之右岸。賊勢滔天, 勇敢倍人, 鐵丸之射, 四面輻輳[82], 我軍奪氣披靡,
並皆退縮, 了無殊死之意, 雖帶弓矢[83], 百不一發, 相接未久, 有同瓦
解。兩帥皆抽身遁去, 生死莫知。吾等在此, 更無可爲之事, 故今將
急歸本道, 以尋主將所在。"云。俱有飢色, 乞米甚切, 而卜駄落後, 未
得濟急, 極恨極恨[84]。

二十六日。晴。
流聞賊奴尋覓諸山, 抄略[85]滋甚。食後, 一行皆入狐洞前山谷深[86]
幾六七里, 潛藏岩穴, 折薪爲障, 仍宿于岩間。他人之來伏此山者,
彌滿壑谷, 不可勝數。州內之人, 曾於二十日間, 盡數避出, 無一人
在家者。中爲巡邊裨將所詿誤, 二十四日, 無遺下還, 朝夕之間, 謂
無迫近之患, 忽於二十五日◇[87]朝, 倭奴猝至, 乘勝長驅, 四面追逐。
閭里士女, 未及遠避, 僵仆道傍, 死傷無數, 而露陰諸麓, 則以將士亡
入之故, 披剔特甚, 見輒殺戮, 山磎林莽之間, 積屍如丘, 不知其幾千
百人也。巡邊·防禦等使, 自京所齎來軍裝, 幾至四五十駄, 分授軍
卒, 使各售勇, 而不發一矢, 並皆投棄, 倭奴皆收拾付火云。河師傅
洛及其養子鏡輝, 亦[88]皆遇害。此老, 二十日避出于南長山麓, 而貪
戀家貲, 旋復挈家還入, 二十三日又聞賊報, 顚倒出來, 二十四還入,

---

81) 主帥: 主將
82) 輻輳: 如雨
83) 弓矢: 弓箭
84) 極恨: 奈何
85) 抄略: 抄掠
86) 山谷深: 深谷
87) 之
88) 亦: 누락

五六日之間, 三反而三出。及至二十五之朝, 率其妻屬, 貲産欲爲俱
全之計, 而賊奴急追, 未及遠避, 竟罹其鋒。雖曰自取, 豈非命也? 可
哀也已, 可哀也已[89]。鏡輝則可以疾走免禍, 而以其父母拘攣◇[90]之
故, 不得獨避。倭奴見其執弓, 並斬[91]其兩臂云, 此尤可哀也。其妻
屬, 則赤身被奪, 僅得免死云[92]。大槩, 賊奴所在, 必先取其家藏雜
物, 埋置地中者, 亦皆逐一掘發, 重不可致者, 則擲破壞裂, 使不得取
用然後, 焚其家舍, 蕩[93]無一貲。婦女之稍有貌色者, 輒捽以淫之, 男
子之少壯者, 皆挈去, 誘入其黨。我人之被執者, 哀乞求生, 則或置
而不殺, 稍拂其意, 則勿論老弱, 斬艾如草。歷考前史, 兵火之慘, 未
有若是之已甚者也。

二十七日。晴。

流聞倭奴窮探深谷之報。去夜, 夜未分發行, 取路西麓, 平明到一
深壑[94], 去狐洞幾三十餘里[95]矣。逐日步行, 兩足皆繭, 扶杖偪側, 困
不可言。洞西有一山甚高峻, 山頂有土城, 乃古人避難之所也。牧伯
衙屬, 來住其處云。日暮, 伐薪爲幕, 仍宿磎邊。聞倭寇入州城, 焚其
官廳・營廳・客舍等諸處, 城外巨室, 亦多遭火云[96]。倭奴, 則散處州
城內外, 日以攻劫攘取[97]爲事, 馬匹則無遺收去, 輸其卜駄, 鷄犬牛

---

89) 此老 二十日避出于南長山麓 而貪戀家貲 旋復挈家還入 二十三日又聞賊報 顚倒
　　出來 二十四還入 五六日之間 三反而三出 及至二十五之朝 率其妻屬貲産 欲爲俱
　　全之計 而賊奴急追 未及遠避 竟罹其鋒 雖曰自取 豈非命也 可哀也已 可哀也已:
　　누락
90) 遲回
91) 並斬: 斷
92) 其妻屬則赤身被奪 僅得免死云: 누락
93) 蕩: 蕩然
94) 深壑: 壑
95) 餘里: 里餘
96) 云: 누락

隻, 亦皆攫去, 以供其廚, 率妓張樂, 連日醉挐, 女人之被執者, 留連
不送, 以爲率去之計, 其有不滿意者, 則經宿之後, 贈以所攫之物, 出
送云云。

二十八日。晴。

聞倭奴發向咸昌, 仍爲犯闕之計。餘黨留在州城, 使我人不得接
迹於舊居。自下道上來之倭, 陸續道路, 逐日不絶。流聞自左道上來
者, 亦不止千萬, 欲襲安東府, 而爲投石軍所拒, 不得入, 取路豊山・
多仁等縣, 直指聞慶縣境云。夕飯後, 踰北嶺, 下宿于村舍, 去昨宿處
十餘里矣。地名蘆谷, 乃聞慶地云云。

二十九日。晴。

一行上下, 並五十餘人, 所在不靜, 殊[98]無深避之意。正字深有慍
色, 欲余分處, 吾亦有此計久矣。只以出家已久[99], ◇[100] 粮物全乏,
◇[101] 蠢然諸雛[102], 多至四五, 所率奴婢[103], 亦皆孱劣, 俱不可以依倚
行李[104]。以此心懷尤惡, 罔知所處[105], 却悔當初輕作遠避之計矣[106]。
與其中道[107]狼貝, 僵死於窮谷之中, 不若堅坐故里, 效死於先廬側
之爲愈也。食後, 乃決各行之計[108], 點檢行橐, 餘粮僅支一炊矣。慈

---

97) 取: 奪
98) 殊: 旣
99) 無深避之意 正字深有慍色 欲余分處 吾亦有此計久矣 只以出家已久: 누락
100) 無藏蹤之勢
101) 且無資活之策而
102) 雛: 稚
103) 所率奴婢: 手下蒼頭
104) 行李: 方便
105) 所處: 所以善護之術
106) 矣: 누락
107) 中道: 中途

氏分惠五斗之米, 此足以供十七人四三日之糧[109], 仍率諸累[110], 登
山潛伏, 山亦蘆谷之地, 而洞府深密, 谷谷分處, 無異他山矣。帶行
者, 自荊布以下, 曰基遠·榮遠, 曰弘遠癸未, 享遠乙酉, 女無儀丁亥,
奴曰凡介, 曰春卜, 曰得守癸酉, 曰莫同乙亥, 曰豆成庚辰, 曰命來癸
未, 婢曰希德戊午, 曰別今, 曰水玉, 曰雲月, 曰今春七歲, 希德又有
乳下息, 合十七八人矣[111]。夕有雨徵, ◇[112] 慈氏下寓于村岷金得春
家[113], 吾則寓于廉雲音山家, 正字亦別寓于他處矣[114]。此谷所居, 幾
十餘家, 而皆自他邑, 逃賊役而來者也。村俗淳率, 接人甚款, 鹽漿·
蔬菜, 比比來餉矣。聞倭奴遍滿諸處, 窮村僻居, 無不掠抄。登山四
望, 則烟焰之漲, 在在皆然, 此乃倭寇[115]焚蕩之火云[116]。處子室女,
率皆被挬, 淫瀆之事[117], 欲言則長。似聞峽山洪處仁之女, 亦被擄
云。此女素有令譽, 擇配有年而未諧, 今遭此變, 可惜可惜! 洪處仁
云者, 性本愚騃, 中年以後, 得心恙發狂者頻, 近來因避寇用慮, 前恙
復發, 奔走道傍, 被拘於巡邊使。推訊之際, 妖言亂語, 無所不發, 至
有招涉不道之語, 巡邊使始覺其爲狂病所使, 乃於二十五之朝, 行
刑, 其一家不幸之甚[118], 可謂慘矣[119]。昏下雨, 達曙不止[120]。

---

108) 乃決各行之計: 누락

109) 慈氏分惠五斗之米 此足以供十七人四三日之糧: 누락

110) 諸累: 諸眷

111) 帶行者自荊布以下 曰基遠榮遠 曰弘遠癸未 享遠乙酉 女無儀丁亥 奴曰凡介 曰
    春卜 曰得守癸酉 曰莫同乙亥 曰豆成庚辰 曰命來癸未 婢曰希德戊午 曰別今 曰
    水玉 曰雲月 曰今春七歲 希德又有乳下息 合十七八人矣: 누락

112) 奉

113) 家: 누락

114) 吾則寓于廉雲音山家 正字亦別寓于他處矣: 庶子音山等家

115) 倭寇: 倭奴

116) 云: 而

117) 之事: 云

118) 似聞峽山洪處仁之女 亦被擄云 此女素有令譽 擇配有年而未諧 今遭此變 可惜可
    惜 洪處仁云者 性本愚騃 中年以後 得心恙發狂者頻 近來因避寇用慮 前恙復發

三十日。雨。

留主家[121]。貿木一疋於隣嫗, 得皮粟三斗·黃豆三斗二升·赤豆
一斗, 又用木半疋, 換橡實十五斗, 搗整去皮, 則僅[122]七斗許矣。垂橐
之際, 得此數種, 可以供上下八九日之費, 何幸如之? 平日, 只知橡
實之爲可食, 而未肯[123]親嘗之, 今始取啖, 則味頗溫甘, 有勝黍粟之
飯, 於療飢, 亦甚有力, 此眞吾長物也。夕, 奴永寶來自長川, 始聞彼
地消息, 婢允代·砡介·莫介三兄弟, 皆遇害於倭寇[124], 韓秀獜, 亦被
執, 恐喝而死, 砡介之末息亦死[125], 他人之生死, 時未詳知云。兩宅[126]
所藏, 盡數探出, 閭里之物, 亦[127]皆◇[128]搜取, 蕩無餘儲, 終乃縱火以
焚之, 閭里五十餘家, 一時灰燼, 所餘僅兩三家云云。當初, 出避之
日, 勢極窘迫, 破衣十餘件外, 他物一切不賚, 仍遭今日之變, 異日設
使不死於鋒鏑, 而數多家屬, 何以聊生, 旣無家室, 不可以土處, 又無
衣食, 不可以蟄莊。此則已矣, 埋主之地, 得不發與未[129], 時未的知,
此尤次骨中不可忘之痛也。卽可以馳去省視, 而州村諸處, 倭奴遍
滿, 自下道上來者, 亦逐日不絶, 道路阻梗, 人物不通, 悵望家山, 只
自飮泣而已。

奔走道傍 被拘於巡邊使 推訊之際 妖言亂語 無所不發 至有招涉不道之語 巡邊
使始覺其爲病所使 乃於二十五之朝 行刑 其一家不幸之甚: 누락

119) 可謂慘矣: 亦可慘矣

120) 昏下雨達曙不止: 누락

121) 主家: 蘆谷

122) 僅: 董

123) 未肯: 未嘗

124) 於倭寇: 누락

125) 砡介之末息亦死: 누락

126) 兩宅: 兩家

127) 亦: 누락

128) 被

129) 與未: 與否

五月小 庚申朔

一日。雨。

留主家[130]。粮物覓得事[131], 送奴凡介·連石·春卜等于州內。奴卜
守, 自州內來現, 始聞洪福及其母之死, 驚痛驚痛。卜守及洪卜輩,
避入于二沙伐山藪中, 倭寇追及, 急投于玉柱峯龜岩之上, 倭亦窮
追不已, 多般哀乞免死。諸人之同避此地者, 亦不可勝數, 藏伏于祠
天臺岩窟中者, 亦近數百餘人, 倭奴拔劍擬之, 洪·卜及他人輩, 皆
赴江心, 溺死者幾二十餘人。福則自少善於游泳, 可以不溺, 而近來
身有重病, 且方在深疚中, 氣力頓乏, 中流溺死。其死也尤可哀, 初不
投水, 求命乞憐, 則猶有免禍之理, 而倉卒沉沒, 終至捐軀, 痛恨何
及[132]? 其母則死於賊刃云, ◇[133]於余有乳養之恩, 情理豈得恝然, 而
自在避遁[134]中, 無力可及, 徒[135]自沉悼, 奈何奈何[136]? 金直長汝諧,
年過八十, 不能行步, 潛伏于深谷齋舍中, 亦罹凶刃[137], 齋舍之焚, 屍
亦成燼云。丹密庶姨母[138]及金雲龍妻, 亦皆被擒, 乞憐之故, 僅得不

---

130) 主家: 蘆洞

131) 粮物覓得事: 爲覓粮物

132) 及其母之死 驚痛驚痛 卜守及洪卜輩 避入于二沙伐山藪中 倭寇追及 急投于玉柱
峯龜岩之上 倭亦窮追不已 多般哀乞免死 諸人之同避此地者 亦不可勝數 藏伏于
祠天臺岩窟中者 亦近數百餘人 倭奴拔劍擬之 洪卜及他人輩皆赴江心 溺死者幾
二十餘人 福則自少善於游泳 可以不溺 而近來身有重病 且方在深疚中 氣力頓乏
中流溺死 其死也尤可哀 初不投水 求命乞憐 則猶有免禍之理 而倉卒沉沒 終至
捐軀 痛恨何及: 爲賊所迫溺水

133) 驚慘其母

134) 自在避遁中: 누락

135) 徒: 尤

136) 奈何奈何: 누락

137) 凶刃: 凶鋒

死, 庶族金澄者, 只有一女, 未適人, 年今十七, 亦被執不還云[139]。

二日。雨。

留主家[140]。凡介等自州內還, 各持米四五斗, 合十數斗矣。聞其言, 州內倭寇, 連續不絶, 散處閭閻, 晝夜攻抄, 人不安接, 以此渠等, 亦乘夜潛入, 艱得此物而來云。大槩, 賊徒爲[141]半本國之人相雜。人或諦審其顔面, 則多是積年往來之鹽商, 其言語云, 爲不類島夷, 假着倭服, 削髮混迹, 如見前日識面之人, 則輒藏頭回避云。此輩, 肆毒尤酷, 窮搜深僻之地, 挐攫如虎, 觸輒投火, 其害有甚於本倭, 將來之患, 亦不啻外寇而止, 痛甚痛甚!

三日。晴。

留主家[142]。粮物覓得事[143], 再[144]送奴凡介·連石·莫同, 婢雲月◇[145]于州內。◇[146] 丹密庶姨母及雲龍內外, 聞我輩住此, 亦來寓隣舍, 聞說其在賊中艱苦之狀, 不覺墜淚[147]。流聞申砬令公, 來住鳥嶺, 設柵塞路, 以爲勦截之計, 且設潛機於嶺路, 使之陰中致斃云。報恩·槐山等地, 亦皆屯軍防禦, 塞路阻當[148]云云◇[149]。

---

138) 庶姨母: 姨庶母

139) 丹密庶姨母及金雲龍妻 亦皆被擒 乞憐之故 僅得不死 庶族金澄者 只有一女 未適人年今十七 亦被執不還云: 누락

140) 主家: 蘆洞

141) 爲半: 太半

142) 主家: 蘆洞

143) 粮物覓得事: 누락

144) 再: 又

145) 春梅禿卜

146) 粮物覓得事也

147) 丹密庶姨母及雲龍內外 聞我輩住此 亦來寓隣舍 聞說其在賊中艱苦之狀 不覺墜淚: 누락

四日。晴。

食後, 傳聞倭寇來抄化寧縣, 吾屬皆登山隱伏, 乘夕下還, 竟是虛報也。流聞申砬, 以鳥棧阻險, 不可以用武, 撤去寨械, 退陣中原之地, 要擊中路, 誅戮[150]頗多, 賊勢沮縮退屯[151]云。或謂: "我軍敗績, 退去畿下[152], 賊奴長驅抵洛。"云, 未詳是否。以行廚乏膳, 椎所隨牛一頭, 三處分用。擘族金順生及其子澄, 亦來寓隣舍[153]。

五日。雨。

凡介等, 自州內回來, 所持米十數斗矣。奴莫同·婢雲月及大宅婢春梅·赤卜等[154], 中路[155]逢倭被擄, 莫同·赤卜, 則旋卽逃還, 而[156]雲月·春梅, 經宿不來, 可慮。○ 主媼, 進粟米酒半壺, 橡實酒數鉢, 金澄亦送櫻桃一笥, 乃其奴屬, 自渠本家所摘來者也[157]。仍念今日, 乃[158]是天中節。節物猶在, 時變至此, 流離一隅, 不得還土, 松楸一酌, 奠酹無由, 覩物興感, 方寸若煎。我生不辰, 尙寐無覺, 仍記少陵賞應歌棣杜歸及薦櫻桃之句, 此得捷報所作也。喪亂之丁, 適符古詩, 而歸及薦新, 邈無其期, 三復遺史, 悲感塞胸, 推食仰屋, 知我者其誰? 稚息[159]輩, 不知爲客土之可苦, 此日之可悲, 嬉戲膝下, 有若

---

148) 且設潛機於嶺路 使之陰中致斃云 報恩槐山等地 亦皆屯軍防禦 塞路阻當: 누락
149) 협주【金雲龍內外 聞我輩住此 亦來寓隣舍】가 추가
150) 誅戮: 誅獲
151) 退屯: 누락
152) 退去畿下: 누락
153) 以行廚乏膳 椎所隨牛一頭 三處分用 擘族金順生及其子澄 亦來寓隣舍: 누락
154) 奴莫同婢雲月及大宅婢春梅赤卜等: 奴婢等
155) 中路: 中途
156) 而: 누락
157) 乃其奴屬 自渠本家所摘來者也: 누락
158) 乃: 누락
159) 稚息: 稚兒

平日在家者然, 賴此遣懷, 誰得以嗔喝也? ○ 追聞回奴之言, 昨日自
下道上來之倭, 亦近百餘人, 皆入州內, 街路如市, 自左道上來者¹⁶⁰⁾,
其麗亦多, 散入中東·禿浦·魯谷·二沙伐等諸處, 收其家産, 旋皆
縱火, 女人被虜者, 群聚相淫, 有同犬. 拏旣淫之後, 輒遺以物, 醜女
之利其所賂者, 故相追逐, 不肯離出, 人倫之變, 到此極矣. ○ 變作
之後, 流民相聚, 乘其無守, 偸竊爲事, 或假倭威, 白晝攻劫, 斗筲細
利, 遇輒攘奪, 所在成黨, 其勢亦熾, 腹心之憂, 有甚海寇. 今當農月,
而四野無荷鋤之民, 來秋不稔, 執此可卜. 設使¹⁶¹⁾外寇退去, 而將來
城中之警, 豈保其必無也? 民憂國計, 百無善策, 天步艱難, 何至此
極? 言念及此, 氣塞忘言. ◇¹⁶²⁾ 生逢聖君, 睿哲出天, 休養生息, 垂三
十年, 內無嗜音雕墻之失, 外絶遊畋馳騁之豫, 深居側席, 勵精求治,
此誠三代下不易得之良會. 而以言其內, 則朝著之不靜如彼, 以言
其外, 則醜虜之陸梁至此, 天乎時乎? 厲階誰生? 肉食者謀之而謀之
不臧, 藿食者並受其殃, 志士漆室之膽, 安得不於此焉輪困也? ○ 今
聞倭奴入城, 府庫¹⁶³⁾所儲, 盡數撥開, 米粒之均淨者, 爲半¹⁶⁴⁾輸出, 多
徵般隻, 以爲運海之計, 兼令州民, 使之出食, 餓殍之人, 一時雲集,
許令¹⁶⁵⁾任意取去, 一人所出, 或至二三十碩, 怯儒者·在遠者, 終不
得升斗之糴¹⁶⁶⁾, 數日之間, 倉儲罄竭云. ◇¹⁶⁷⁾ 一州之民, 自春徂夏,
惟官糴是仰, 而今皆散盡, 百萬嗷嗷之徒, 得活無路, 不塡溝壑, 必聚
潢池. 據此一州, 他邑可知, 一路皆然, 則他境獨寧乎?

六日。晴。

留主家[168]。奴凡介·孟乞等, 以覓粮及推得雲月, 而[169]入去州內。
婢春梅, 自賊奴之[170]所, 出來。其言曰: "始逢倭奴數三人, 更迭相淫,
仍携入州, 張錦衾褥席, 極其奢華, 此皆攘取之物也。入處州廨客
舍[171], 州中留陣之倭, 多至百餘, 僧倭亦七八十餘人[172], 別處一室。
飮食之際, 不擇精麤, 有同犬豕, 此處[173]之人, 決不堪食。"云。渠乃經
一宿, 請出, 則[174]贈以衣服數件而許歸, 雲月則初[175]其主帥, 鎖在深
處, 趁不許出, 然終必出來無疑云。○ 適遇自京逃來之人, 乃是吾州
之上番騎士金彦希也。以五月新番[176]上京, 而都下方以倭變洶洶,
申砬見敗於忠州, 中鐵丸逃走, 京畿防禦使, 領精兵來, 禦于竹山地,
亦不利退去漢江, 倭奴已於月一二日間[177], 長驅◇[178]抵漢津, 城中吹
角徵發, 而無一人赴義者, 自上知其有瓦解之勢, 前月之晦, 大駕西
狩于平壤地[179], 大內無主, 人心益撓, 百僚奔避, 有同鳥竄, 門外之
人, 爭相撤産入城, 城中之人, 則已知城守之不固, 騈闐出門, 惟恐不
及, 宮闕諸寺, 烈火遽起, 烟熖漲天, 咫尺不辨, 此火亦不知出自誰手
也, 城中上下, 只以偸活苟免爲意, 了無持甲堅守之計, 大都見陷, 不
出朝夕, 吾等雖欲留番, 而上無所屬, 外無所援, 不得已循山逃走云

---

168) 主家: 蘆洞
169) 而: 事
170) 奴之: 누락
171) 入處州廨客舍: 누락
172) 人: 누락
173) 此處: 我國
174) 則: 則則
175) 初: 徊
176) 新番: 初番
177) 己於月一二日間: 누락
178) 如入無人一兩日之間直
179) 地: 누락

云。◇[180) 嶺外凡幾邑, 而曾無一人男子唱義勤王, 以致賊奴衝斥直
搗內地, 所恃者, 惟京城諸路[181), 賊徒雖多, 而豈過於本士之林立, 刀
劍之勇[182), 亦豈能當我騎射之强勁乎? 苟能據有城地, 堅壁固守, 侯
其自困而出戰, 兼擧嶺外精卒, 自下夾擊, 則腹背受敵, 進退狼貝, 憬
彼之徒, 將見自殲於鋒鏑之下矣。計不出此, 賊騎所向, 惟恐奔潰之
不暇, 空城棄陣, 任其自來, 無人之境, 何憚而不入哉? 此非力屈而
不勝也, 乃我之自不肯求勝也, 非倭奴困我也, 乃我之自取滅亡也,
何憾爲之? 何憾爲之[183)? 二百年衣冠, 一朝將變而用夷, ◇[184)有血氣
者, 寧能處此壞地求活耶? 痛哭痛哭。遷邦之厄, 大王所不免也,
而[185)從者如市, 竟基瓜瓞之籙, 幸蜀之禍, 元宗之所自取也, 而干城
得人, 卒成中興之業, 若使天命未絶, 則轉敗爲功, 固亦不難。而第未
知今日之人心, 猶周民之如歸市乎? 今日之摠兵, 猶唐家之郭子儀
乎? 社稷不守而金湯爲虛設之險, 國本未定而民心無係望之地。人
謀至此, 天道寧論? 言念及此, 長痛欲絶。○ 聞自湖西上來之倭, 其
麗亦多, 歷陷青山·懷仁·報恩·淸州等諸邑, 直指京城云。自聞大
駕出巡, 人心益撓, 雖在深山窮谷之人, 莫不喪心墜膽。若無所倚,
擧作分散之計, 失業之人, 切於飢渴, 相取爲盜, 攻怯以資, 道路阻
塞, 人物不通。强吞弱, 衆凌寡, 哿矣賤人, 最矜者士族也。如我屬劣
之人, 自身猶不能護, 而家有[186)稚雛, 多至三四[187), 提携山谷, 手足盡
脫。猝遇强暴, 勢難俱全, 爲日數多亦罹, 於餓殍明矣。遭世不辰, 傷

---

180) 噫

181) 路: 郡也

182) 之勇: 雖利

183) 何憾爲之 何憾爲之: 憤歎之懷已不可言而

184) 凡

185) 也而: 而也

186) 家有: 老母

187) 多至三四: 누락

如之何? 外族高夢賢及柳希弼遇害, 洪友敬亦於去廿六日被殺云, 乃直長琛之側室子也。勤謹有幹, 見稱於流輩, 惜哉[188]。

七日。晴。

◇[189]凡介等, 還自州內, 所覓得租十數斗, 鹽醬各小許覓來[190]。宋彦明來見覓[191]。渠亦於前月二十日, 奉其父母入來銀尺之地, 以其賊勢近逼, 今移聞慶獯谷之地, 拒此處十許里云。留主家[192]。

八日。晴。

◇[193]凡介等, 以覓粮事, 持馬入去, 中路聞倭奴多梗, 夕還來[194]。午後, 與金順生及豚息[195], 登後山高峯絶頂, 遍皆觀覽, 山谷之深僻阻險, 未有如此地也。○ 流聞上京之倭, 用書契, 邀見金誠一・李德馨, 以講約婚連和之事, 因以爲臣妾我人之計, 且令我國先導, 直指燕都, 將欲侵犯上國云。此報信否, 時未的知, 而若果如此, 則國事不幸, 有不忍言。趙宋之於金元, 前驗已明, 講和約昏, 已非吉兆, 況棄順從逆, 謀及大朝, 豈有此理也? 國可亡恐, 不可助逆稱亂[196], 決矣。昨年, 見鶴峰令公, 語及通信之事, 謂曰: "在日本之日, 彼虜已有吞噬大明之志, 其意欲令我國先驅入朝 所答國書, 亦及此語." 鶴峯不

---

188) 外族高夢賢及柳希弼遇害 洪友敬 亦於去廿六日被殺云 乃直長琛之側室子也 勤謹有幹 見稱於流輩 惜哉: 누락
189) 留蘆洞
190) 覓來: 矣
191) 覓: 누락
192) 留主: 누락
193) 留蘆洞
194) 凡介等 以覓粮事 持馬入去 中路聞倭奴多梗 夕還來: 누락
195) 豚息: 豚兒
196) 助逆稱亂: 聽從

勝憤悶, 連章累牘, 極陳其不可越禮犯分之義, 則彼虜瑟縮, 回互其說, 以掩其狡詐之迹。鶴峰欲窮辭强辯, 發其情狀, 以爲防微杜漸之計, 而上使黃允吉·書狀官許筬輩, 俱是怖死貪生之鄙夫也, 謾不慮國事爲關重, 只以觸忤倭奴, 將見戮辱爲大懼, 自立異論, 以逢迎[197] 倭意, 以此鶴峯却被掣肘, 終不得伸其志節云, 事在其日記甚詳。越至今日, 虜果以此事恐喝, 則當初不能力折之罪, 黃許豈能免萬死哉? 且其令我國先導者, 盖將陰求釁端, 意在於滅馘也, 其亦可[198]俯首而聽命乎? 爲今日計, 上下協力, 務講修攘之策, 陽爲然諾[199], 以[200]若聽從其說, 而陰乃銳意, 自治益堅攻守之計, 則彼懸軍越海之, 曠日持久, 將有不戰自斃之勢矣。或者以人心渙散, 各自逋播, 遽難收合爲慮, 此則不然。狃安之餘, 猝遇勁寇, 加以上無良將, 軍律不明, 望風奔潰, 列鎭皆然, 則以無恒不敎之凡民, 其誰肯冒死地而不避也? 今則變作浹月, 齊民之避入山谷者, 晝不得緣畝, 夜不得入室, 齎粮且乏, 將至塡壑。爺孃妻子, 各不相保, 莫不扼腕切齒, 相與偶語曰: "蕞爾島醜, 令我輩至此, 我等若能各自致力, 則賊勢雖銳, 寧無勦滅之期也?" 窮谷之人, 或相屯聚其徒, 倭奴之三四分抄者, 輒皆歐打致斃者, 比比有之, 獸窮而搏, 其理固然。苟有材略兼人者, 唱義特立, 發號求募, 以爲敵愾戡亂之擧, 則謳吟之民, 知有所歸, 倚以爲重, 數萬之卒, 將見不日而自集矣。提此敢死之人, 以攻久勞之賊, 勝勢在我, 軍容必振, 除凶雪憤, 其不在玆乎? 嶺下諸守道, 聞賊報棄城先遁者, 所在皆然。巨邑大鎭, 無一守城血戰之處, 而獨聞龍宮禹侯, 城守[201]甚固, 堅壁不撓, 賊勢雖熾, 而終不得拔云。十室殘

---

197) 迎: 누락
198) 可: 누락
199) 然諾: 許和
200) 以: 似
201) 城守: 守城

邑, 其人民械戟, 不足以敵倭寇十分之一, 且無城郭, 尤難於禦敵, 而
牢守力拒, 終免陷害者, 在人而已, 其在多乎? 屢聞龍倅之有政聲久
矣。今當大變, 益信前聞爲不虛也。可欽可欽! 流聞吾州之伯, 寄食
山寺, 所率不滿五六人, 而頃又棄歸, 如失手足, 今方轉宿僧房, 乞米
以資云。半刺[202]則接戰之日, 墜馬陣中, 未及出避[203], 遇害於賊刃
云。而時未能的知也。尙州之陷城, 人皆曰咎在巡邊, 何者? 當日之
戰, 巡邊棄城外陣, 故接戰未久, 人皆潰走, 所謂能射者, 亦皆擁馬袖
手, 以避鐵丸, 無一人發矢而敗北。若令當初入城作陣, 則我軍無避
走之所, 必致死力, 鐵丸雖入, 而擁楯城上, 可以售弓矢之技矣。終之
勝敗, 未敢逆料, 而塗地之慘, 豈至於此極也? 倭奴之所恃者, 只在
於鐵丸刀劍等兩技, 若在城外, 則彼無售勇之路, 而必斃於矢石之
下矣。雖不能一擧盡殲, 豈至於立致陷城也? 大槩當日, 巡邊初到,
而士卒且少, 本州及咸昌之卒, 摠不過六七百人, 而倭奴猝至, 持此
單弱之師, 乃敢舍城而野戰, 其見敗無疑矣。主將豈不慮此, 而必欲
外陣者, 亦慮其終之必敗, 而預爲退避之計也。國之安危, 在此一擧,
而身爲命帥, 敵未交鋒, 而先圖苟免之路, 其亦與燒廬舍破釜甑
者[204]異矣。可嘆可嘆[205]! 留主家[206]。

　九日。雨下如注終日。
　到夜, 川渠極漲。◇[207] 送人于化寧縣, 取可米一斗[208]而來, 監官尹

---

202) 半刺: 협주【權吉】이 있음.
203) 墜馬陣中 未及出避: 누락
204) 燒廬舍破釜甑者: 守孤城敝江淮者
205) 可嘆可嘆: 可嘆
206) 留主家: 누락
207) 留廬洞
208) 一斗: 一斛

孝仁, 承牧伯指揮, 分給云。流聞河公廓內助及高夢賢室女, 俱被擄去, 洪耆叟◇[209]子亦被擒, 數日後還來云。留主家[210]。

十日。朝雨晚霽。

流聞道路之言, 昨昨[211]之朝, 兩日相盪久之, 其一則色靑黑, 黑日不勝消散云。此非偶然之變, 而非吾所親見, 所傳亦非信口[212], 安能信其必然也? 留主家[213]。

十一日。霽午後雨。

洪公民彥來訪, 因與同往宋彥明寓所, 彥明不在, 得遇其大人及申君汝柱, 至夕穩話, 冒雨而還。○ 流聞淸州, 曾亦見陷, 彼地之人, 意謂倭寇自尙州已盡上京, 邑內所居者, 全不避出, 而意外倭奴猝至, 殺傷尤多, 士族之家, 無遺被擄, 牧伯不知去處, 半刺公失其妻子, 單身抽出, 今寓于空林僧舍, 乞米苟活云。○ 奴子輩[214]以覓粮事, 入去州內, 中路聞倭奴阻水, 結陣於白磧村里, 焚抄滋甚, 逢人輒害, 以此不得入去, 還來寓所。

十二日。晴。

◇[215]聞加恩縣居申應漑·金至元等, 家多儲殖租, 吾與金雲龍·金澄諸人, 親自進去, 路逢自彼來人[216], 聞倭奴自銀尺等處, 今方入

---

209) 其인 듯.
210) 流聞河公廓內助及高夢賢室女 俱被擄去 洪耆叟◇子亦被擒 數日後還來云 留主家: 누락
211) 昨昨: 昨
212) 所傳亦非信口: 누락
213) 留主家: 留蘆洞
214) 奴子輩: 奴輩
215) 留蘆洞

去◇[217]縣里, 攻劫極酷, 縣里及近處[218]居人, 盡數登山, 道途成梗, 不得相通, 以此還來[219]. ○ 流聞倭寇之上京者, 屯聚沙平院地, 時未得渡江, 都下之人, 今方出禦于江, 多方捍拒, 倭奴粮盡, 掊取车麥, 以資朝夕, 畿內諸邑, 食儲盡蕩, 覓食無路, 倭徒下來嶺外, 輸穀以上, 而聞慶·咸昌, 亦皆蕩盡, 故來取于尙州云. 吾州官租, 自前陳陳, 賑給所餘, 尙不下十餘萬斛, 近來倭奴之入, 費用狼藉, 州民之取去者, 亦不貲云, 而猶旦多在. 以此倭奴之留在本官者, 堅守不散, 以至輸取上京, 以爲久留決勝之計云[220]. 多峙糇粮, 本爲軍國之用, 而今反爲齎盜粮, 安有若是之痛心者也[221]? 不如趂速焚燼之爲愈, 而官庫諸物, 盡爲賊奴所據, 吾人着手無路, 尤極痛憤痛憤. ○ 閭里牛馬, 倭奴全數取去, 或以輸粮, 或以騎行, 蹄鈍不用者, 以供膳物, 而厥數極多, 不可勝用, 故中道委棄路傍, 無主之牛馬, 在在彌滿. 庸人輩潛相拾取, 多得者幾至八九頭, 減價賣買, 爭相殺食, 山谷間一日所推者, 不下十餘頭. 不出旬朔, 閭閻所畜, 迨至不遺, 設使賊變就戢, 人歸本業, 而耕墾所需, 將倚何物? 自古喪亂, 無代無之, 而人畜並盡, 豈有如今日者也? 可痛可痛! 留主家.

十三日. 晴.
留主家[222]. 午後, 踰東嶺, 往拜趙座首大父於道藏谷[223], 儱瘁殊甚,

---

216) 聞加恩縣居申應漑金至元家 多儲殖租 吾與金雲龍金澄諸人 親自進去 路逢自彼來人: 누락
217) 加恩
218) 及近處: 누락
219) 道途成梗 不得相通 以此還來: 避匿云
220) 云: 噫
221) 也: 哉
222) 留主家: 留蘆洞
223) 道藏谷: 道莊谷

似不得支保. 率其長孫[224], 初避于南長齋舍, 去月卅五日猝遇倭寇, 而人馬俱乏, 不得行步, 多般求哀, 則倭奴以饙飯襦衣等物見投[225], 盖憐其年老而不得遠避也, 如此輩亦可謂盜而有良心者也. 自後粮物盡乏, 艱難得活, 轉借人馬, 頃者始投彼谷云, 其家舍貲産, 則盡被焚抄, 秋毫不遺云[226]. ○ 有飛檄一紙, 來自宋彦明所, 其初盖自松面保德洞傳來云, 而[227]不知誰所作也. 其略: "徂玆秀吉, 恃其慓悍, 侵我大邦, 長驅入路, 而連帥列郡, 望風奔潰, 無或有堅守力戰之人, 倭奴如入無人之境, 分抄閭閻, 担當道途, 國家垂亡, 朝不保夕. 凡爲臣子者, 義難超視, 守令都將, 留鄕所及士子中, 有志諸人等, 各自致力[228], 召號勤王, 克勦醜奴, 以復邦家[229]."云云. 今見此檄, 甚强人意, 不量逼逼, 心膽輪困, 而自顧才力, 百不及人, 徒自腐心而已. 奈何奈何? ○ 州伯雖在, 而竄伏岩穴, 只以苟活爲計, 無意國事, 而化寧縣儲, 可半軍粮等, 盡數帖出, 費用如土, 此人非但老怯無識, 其於負國, 罪不容夷族, 而監司·主將等[230], 置而不問, 務順姑息, 王綱至此, 賊勢之長驅固矣. 我生不辰, 傷如之何, 痛哭痛哭! 窃聞有一州吏, 得見此檄, 意州伯, 或有所處置, 持以禀令, 則[231]答曰: "此非朝廷指揮也, 乃中間士族者[232], 憤其倭賊肆行, 欲討之意也. 吾別無可施爲之端, 爾可退去."云云. ○ 竤弟往尋其妻孥所在, 並爲挈來于此. 權

---

224) 率其長孫: 누락
225) 投: 送云
226) 自後粮物盡乏 艱難得活 轉借人馬 頃者始投彼谷云 其家舍貲産 則盡被焚抄 秋毫不遺云: 누락
227) 而: 누락
228) 致力: 致身
229) 邦家: 家邦
230) 等: 누락
231) 則: 누락
232) 士族者: 士族輩

家擧族, 前日俱避于永恩, 木石沿林莽之間, 再遇倭奴, 一行所齎, 盡被奪取, 汝霖·汝深, 亦皆被執, 中路求哀得還, 諸婦人艱得免擄云, 此不幸之一幸也. 夕雨[233].

十四日. 雨.

留主家[234]. 出殖租次, 送奴馬于加恩里, 阻水還來[235]. 申別監混氏之子, 自加恩里[236]來見而去[237], 始聞前日倭奴入縣里云者, 乃虛傳也. ○ 聞留州賊徒, 不過數十餘人, 晝則散抄閭里, 夜則閉城自守, 近來[238]上來者, 亦不多, 自京以乏食下來取粮者, 比比有之云. 似此數小散處之倭, 得强弩十餘手, 猶可以一擧盡殲, 而上無唱率之人, 人皆亡匿山谷無所歸屬, 徒自張拳永慨而已, 可嘆可嘆[239]! ○ 遭變日久, 兩麥已熟, 登山者率皆乏食, 思欲入去收麥, 而道路不通, 不得自由, 將至餓斃. 根耕除草等事, 亦皆失時, 此尤可慮, 民是天民, 天胡忍予? 上京之倭, 其麗不億, 勢難容易殘滅[240], 而自嶺以下, 則賊徒稀少, 若有唱義之人, 叫率精士數百徒, 以遏中路, 絶其往來傳通之倭, 則非但流離之民, 得歸本業, 逖彼入京之賊, 進退狼貝, 腹背受敵, 爲日已久, 則勢將自困, 而計不出此. 自畿甸以下, 遠至沿邊, 凡幾百州郡, 而寂無一人擧兵討賊, 方伯連帥, 乃是國家生民之司命, 而亦皆避莊, 不知去處. 傾城棄陣, 付與賊手, 倒置大阿, 猶恐或拂,

---

233) 權家擧族 前日俱避于永恩木石涯林莽之間 再遇倭奴 一行所齎 盡被奪取 汝霖汝深 亦皆被執 中路求哀得還 諸婦人艱得免擄云 此不幸之一幸也 夕雨: 누락

234) 留主家: 留蘆洞

235) 出殖租次 送奴馬于加恩里 阻水還來: 누락

236) 加恩里: 加恩

237) 而去: 누락

238) 近來: 近日

239) 可嘆可嘆: 可歎可歎

240) 殘滅: 殄滅

賊徒審知國勢解弛, 了無忌憚, 出入往來, 有同空境。人謀使然, 何痛
如之?

十五日。雨。
留主家[241]。凡介·春卜等, 覓粮事, 入去州內, 而春卜, 遇賊見害
云[242], 驚痛[243]。

十六日。晴。
聞化寧縣賑租, 親進, 中路聞還止[244], 旋向[245]觀音寺水落庵, 得見
寶晶禪師。師乃長川人, 而禪林之拔萃者也。素聞水落勝致, 而未曾
一玩, 今因亂離, 偶然來覽, 懸流千仞, 連筒注引, 以供庵僧之用。廬
山·朴淵, 恐未必遠過是瀑, 憂鬱之中, 忽覺有出塵思想也。今之遠
尋, 非爲探勝也。盖欲托兩稚子於晶師, 圖保朝夕之性命也。流離之
中, 率此五雛, 脫有急變, 萬無俱全之理, 得減兩息[246]分處, 則前頭生
死, 雖未必彼此之利害, 而目前倉皇之際, 冀或減一分之憂也。人事
至此, 良可痛心。豈謂昇平之世, 猝遇喪亂, 甚至父子之不相保也?
師亦聞言惻怵, 見許無忤, 極慰極慰。仍宿庵寺, 師炊黍款接, 特出常
情, 雖[247]曰素雅[248]之人, 而亦不易之事也。

---

241) 留主家: 留蘆洞
242) 云: 누락
243) 驚痛: 驚恪
244) 聞化寧縣賑租親進 中路聞還止: 누락
245) 旋向: 往
246) 兩息: 兩兒
247) 雖: 性
248) 素雅: 雅素

十七日。晴。

聞化寧倉賑給[249)]之奇, ◇[250)]率童奴, 步歸縣倉[251)], 拒准一息, 兩足盡繭, 悶不可喩[252)]。監官尹孝仁, 圶其出納, 趄不開倉, 日暮不給, 竟至空還, 痛憎奈何? 州倉已爲賊穴, 報恩諸邑, 倭寇遍滿, 朝夕之間, 當到此縣, 雖有餘儲, 而將不免爲賊攫無疑, 而不肯分賑, 嗷嗷之民, 無所控訴, 枵然散還, 孝仁可謂有人心乎? 士族之親去求得者, 亦過四十餘人, 而俱至空還, 此尤可憐可憐[253)]。○ 夕自州內通文兩道火迫疊到, 文意略曰: "留州賊倭, 僅滿數三十徒, 而人皆亡匿, 無計捕殺者久矣。自數日來, 山谷間山尺等七八十人, 持弓矢, 追捕所殺, 已至十餘人。其餘則皆避入城內, 今欲圍城披捕, 而軍人不多, 勢不得施手, 令各處散亡之人, 當日內急急齊會, 赴急云云。"矣。卽與諸士族等, 約以明日早朝, 各領人聚會于洛西村前也[254)]。

十八日。晴。

早朝送人馬數馱于可隱里, 爲出金至元·申應漑家殖租故也。吾則[255)]率此洞軍人等三十餘名, 將赴洛西之際, 路遇姜進士座首[256)]丈, 聞德山前亦聚軍人之奇, 仍偕姜丈赴彼, 則無一人來會者。日候已斜, 吾亦徒步, 軍人等亦聞竹岩屏風城津賊船來泊之報, 皆有散還之心, 不得已還來寓所, 可恨。還路遇金寶男, 自長川避賊而來也。其言曰: "昨見賊船二十八[257)]隻, 來泊伴鷗亭前, 此必是鹽商輩, 爲輸

---

249) 賑給: 分賑
250) 自水落
251) 縣倉: 縣底
252) 拒准一息 兩足盡繭 悶不可喩: 누락
253) 可憐可憐: 可憐
254) 前也: 누락
255) 送人馬數馱于可隱里 爲出金至元申應漑家殖租故也 吾則: 누락
256) 座首: 누락

所攫雜物及倉穀而來也。若是倭寇, 則◇²⁵⁸⁾由陸路而上京, 豈肯由洛江?"云, 此說近是。夕, 遇孤山文擇善奴於路上, 乃自京下來也。備聞其說: "去月²⁵⁹⁾廿六日, 被擄於浦柳藪中, 仍爲僕夫, 持卜駄以行, 及到忠州, 則自左道上來之倭, 其數亦多, 分作兩陣, 本國元帥申砬, 領兵來到, 倭奴先圍忠州, 我軍從後圍賊, 賊徒一陣後至, 又圍我軍, 我軍腹背受擊, 十不一活, 賊徒亦多有死亡者, 申帥僅免遁去。本州及畿甸倉庫收稅倉等, 並皆焚之, 賊奴乏食, 取路陰竹縣, 指驪州, 渡江於楊根津, 水深僅半身。月初三日, 長驅入都, 則城門四開, 寂無人聲。往往唯女人, 潛伏街巷, 三闕各寺宗廟諸倉庫等, 皆已焚蕩, 而閭閻則依舊。倭寇留陣於鍾樓下, 抄粮以食, 四日之朝, 又率渠分略於閭巷, 渠輒從委洞逃走, 仍留楊根地, 登山覓食, 輾轉下還."云。且聞其說, "倭奴一運, 由楊根入城, 二運則直路到沙平院, 欲渡無舟, 入城之倭, 出去江頭, 探得船隻, 則津船皆掘地埋置, 一時撥出, 盡令渡江。前後入城之倭, 其麗不億, 而本國之人, 居半相雜, 皆削髮變服, 與賊混迹, 而其中被擄者, 則稍稍逃走, 心實無他矣。上去之時, 所向無防備, 如鳥嶺·懸寺遷等處, 可以設伏要擊, 而並無一人, 觸處坦然, 如入無人之境."云。且曰: "詮聞大駕, 晦日四更, 避出松都, 城中之人, 一時並發, 人馬蹂躪而死者, 在在枕藉, 而門外尤甚, 積屍如丘, 慘不忍見." 今聞此言, 始知前日金彦希◇²⁶⁰⁾, 信²⁶¹⁾非虛報也。國勢至此, 夫復何言。痛哭痛哭! 奴凡介等, 得殖穀八九石, 冒夜還來◇²⁶²⁾。吾與大宅及庶祖母·金雲龍分用, 可以支十六七人

---

257) 八: 누락
258) 必
259) 月: 누락
260) 之言
261) 信: 누락
262) 乃出於可隱里 金至元申應漑家也

旬餘之用矣。荊布得痁苦痛[263]。

十九日。雨。

留主家[264]。流聞倭寇留住空城, 粮餉亦窘, 將欲窮追大駕所在, 仍指燕京, 以爲荐食之計, 且欲以其俗易吾俗云。果如此言, 寧蹈魯連之海, 何忍苟活於裔夷之世乎? 痛哭痛哭! ○ 聞長川洞人金鎰陣亡, 韓良佑之女, 被擄死節云。一州士族之家, 被汚於賊奴者, 非一二人, 而未聞捐生取義之者。而[265]獨此村巷間凡民, 旣無家訓, 又乏聞見之益, 而倉卒遇變, 能以義自守, 至以縛束驅迫, 而終不渝其素志云。信乎秉彝之在人性者, 無貴賤愚智, 而均賦也。可欽可欽!

二十日。陰。

留主家[266]。曾聞鶴峯令公, 以日本通信之還, 誤言[267]倭變不[268]速出之罪, 自上有拿推之命, 而路梗不通, 今聞近者始由湖西路上去云。領相李山海·兵判洪汝淳·許銘·金公亮, 亦皆被論, 大駕未發行[269]之前, 曾已遠竄云。○ 荊布痛痁極苦可慮[270]。○ 聞前日聚軍射殺賊奴數口, 外南之人亦射殺五六人, 則皆本國之人, 叛入倭徒, 假着倭服, 侵害尤酷云。其餘在州中者, 不滿數十云, 而未克剿除, 可嘆可嘆[271]。○ 午上後峯望見, 則咸昌·玉山·銀尺·于曲·晋谷諸處,

---

263) 吾與大宅及庶祖母金雲龍分用 可以支十六七人旬餘之用矣 荊布得痁苦痛: 與諸處及金雲龍分用 可以支旬餘之用矣

264) 留主家: 留蘆洞

265) 而: 누락

266) 留主家: 留蘆洞

267) 誤言: 獨言

268) 不: 不必

269) 發行: 發

270) 荊布痛痁極苦可慮: 누락

倭徒散抄焚蕩, 烟熖漲天, 此去彼地未[272]一息, 慮有侵及之患。深悶深悶。

　二十一日。晴。
　聞化寧縣賑租, 親去則監官尹孝仁不來。飢民數百餘人, 憤其吝給[273], 且聞色吏庫子等, 偸出倉穀之奇, 突入其家, 搜探所莊, 各自分執, 有若[274]强盜, 而無能禦之者。窮則斯濫, 豈不信乎? 留宿縣倉。

　二十二日。晴。
　尹公委送人懇請然後仍來[275], 而猶無肯賑之意, 各斂不分, 無異己物。群聚力言, 則不得已開庫, 而吝其實穀, 却以陳久不可用者出給矣。方今賊奴遍滿州縣, 竊據倉廩, 民皆失所, 入處深谷, 巢居土處, 已過一朔, 饑困之甚, 莫此時若。吾州四縣, 惟此縣, 時未經賊變, 餘儲尙存, 闔境嗷嗷者, 待賑而擧火, 其情誠可悶, 而其勢誠亦急矣。縱令留在, 而賊奴之來, 朝不保夕, 與其爲賊供粮, 孰愈亟賑吾民之爲得計, 而此公自徇私意, 敢丢公家之惠, 其心實難測也。古有爲飢民矯制而開倉者, 若此輩雖曰無知, 苟有一毫不忍人之心, 豈至若此之自用乎? 痛愕痛愕!

　二十三日。大雨終日。
　因尹公[276]聞鶴峯令公中道放敕, 更拜招諭使下來云, 所謂招諭者,

---

271)　可嘆可嘆: 可歎
272)　未: 未滿
273)　吝給: 慳吝
274)　有若: 有固
275)　尹公委送人懇請然後仍來: 監官晩後始來
276)　尹公: 尹孝仁

意必招諭散亡之人, 使之急赴勤王之擧云也。鶴峯前在右廂, 軍令極嚴, 略不饒貸, 群下振慄, 不敢喘息。一與接戰, 賊醜退縮, 其所誅伐亦多, 軍聲將有再振之勢, 而遽被拿去。舊元戎曹大坤, 年老且怯, 不能當陣騁勇, 竟至陷城, 何憾如之?云。盖其子尹植[277], 有武才年少出身者也, 頃以裨將, 在鶴峯幕下, 及其上京後, 移隷曹帥, 而曹公接不以義。不可與共濟大事, 故托故出還, 尹公以此審知其大槩云矣。○ 與趙佩卿諸君, 冒雨衝泥, 艱得還寓。平日非惟不學徒步, 如此等事, 一未嘗親進爲之, 而遽遭變故, 饑餓切身, 未免屈身而强求, 其苦不可言, 不可言。諸友之同來者亦多, 得遇玄景達, 聞昨日山尺等數十人, 執荒唐人男五女二, 來告于渠寓處, 卽與韓仲瑩問訊, 則皆是我民, 而黨賊者也。或居下道, 或居本州, 檢其所擔, 則皆裹卉服·長劍·倭旗等物, 女人則乃邑內所居者, 而交嫁倭奴, 出入官府, 受其贈賂, 潛通本國之事, 且具酒饌, 逐日勸餉之人也, 情狀旣露, 卽皆斬梟云云。

二十四日。晴。

留主家[278]。因往來人, 聞自京下來之倭, 陸續不絶, 多者六七十, 少者三四十, 沿路人家, 到輒焚燒, 所餘牛馬無遺取去云。似此不多之賊, 捕斬不難, 而人皆亡匿, 無[279]或有爲君父擧義除讐者, 痛入心骨, 誰與告語? 氣悶氣悶。○ 前日上來之船, 皆載卜物, 已盡下去云, 此必是下道黨賊之徒也無疑矣。賊奴入都後, 更未得彼處的報, 日馭出巡, 今舍何所, 西望長安, 消息無由, 臣民此日之痛, 極天罔籲。南渡臣君[280]輕社稷, 中原父老望旌旗, 昔誦此句, 爲前代處付一嘆,

---

277) 其子尹植: 尹之子植
278) 留主家: 留蘆洞
279) 無: 莫

豈謂於吾身親見之也。可苦可苦。

二十五日。陰。

留主家[281]。申文叔樞伯昆季, 自台峯來訪。渠亦於四月卄日出來, 闔族尙幸無事云, 久別之餘, 邂逅蘇叙, 慰不可喩。日暮留宿。

二十六日。雨。

留主家[282]。聞倭寇再入中牟縣, 焚略尤酷, 金山人避入直指山者, 多被殺害云。李義述一家, 想亦避入其山, 何以寄活, 消息未通, 可慮可慮。夕雨止, 文叔兩君還。

二十七日。晴。

往拜魯谷叔母主于三岐前, 兼見洪胤禎·金嶲美伯。仍聞湖南亦有倭變, 康津·海南兩邑見陷, 而旋皆殲滅, 賊船皆逃走, 全羅防禦使, 來到金山郡接戰, 所殺倭奴, 亦百餘人云。湖俗悍猛, 將士臨陣不怯, 勇進如風霆, 其能取勝者, 以此也。嶺南則人心柔懦, 見賊先怯, 加以主將無死義之心, 到處回避, 冀得苟活之路, 其所以致敗者, 無怪矣。求糧事, 送奴馬于化寧地私第[283]。

二十八日。雨。

留主家[284]。聞自京下來之倭, 今尙不絶云, 未知所由。豈粮盡難於留住? 不然則彼無禦之者, 窃據都城, 以爲窟穴, 何所憚而遞爾下來

---

280) 臣君: 君臣
281) 留主家: 留蘆洞
282) 留主家: 留蘆洞
283) 求糧事。送奴馬于化寧地私第: 누락
284) 留主家: 留蘆洞

耶? 聞自京傳通內, 士族及平民無故者, 斬倭三級以上, 賜武科及
第, 公私賤則從良云。且聞防禦·助防等狀啓內, 嶺外守令, 擧皆棄
城逃走, 而唯尙牧某, 率其子弟及屓卒, 獨守孤城, 效死不去, 咸昌
倅某, 敗軍而還, 逃走不現云云, 自上深褒尙牧, 而命誅咸倅云。咸
昌·尙州, 厥罪相等[285], 而其無意國事, 任其自爲, 賊勢將及, 不思所
以悍禦之方, 而遞作逃走之計者, 尙州尤甚。而彼輩敢逞私臆, 欺罔
入啓, 以致賞罰之乖常, 可痛可痛。大槩石田虛警之潰, 罪在此[286]兩
倅, 向使防禦·巡邊等使, 先梟此兩人之頭, 以懲其餘, 則四散之卒,
曰: "退怯之故, 已斬主帥, 吾等不進, 則後難免誅, 不如亟聚力戰, 求
生於必死之中." 數萬之卒, 可以立致, 接戰之際, 亦必有殊死之心
矣。計不出此, 而上下相蒙, 動[287]循姑息, 雖欲不敗, 得乎? 末女得
痁, 苦痛可慮[288]。

二十九日。雨。
　與權汝深及命息[289], 往訪李士擴·士會于蘇夜洞, 去此里幾十許
里矣[290]。仍謁李別監叔母主, 僕則與士會[291], 乘夕往宿于可隱金至
元家, 將欲往拜光州叔母主計。

---

285) 相等: 惟均
286) 此: 누락
287) 動: 務
288) 末女得痁。苦痛可慮: 누락
289) 命息: 命兒
290) 去此里幾十許里矣: 去此十餘里矣
291) 李別監叔母主 僕則與士會: 李叔母 與士會

六月小 己丑朔

一日。晴。

主人殺鷄爲黍, 兼設白酒矣。嶺外之地, 皆遭焚蕩, 無有寧靜之
處, 而獨此一面, 尙得保存, 根耕刈麥, 無異平日, 盖以村巷深僻之
故也。食後往宮基, 則姨母闔門, 已於昨日, 移寓于華山上頂之上庵
矣。姨母·洪舅及昌寧兄嫂·良遇嫂·玉山妹·國信嫂·士行嫂諸
親, 各率其家累, 會于此, 相與蘇叙, 有同再生之人。各說亂離中艱
苦, 十生九死, 得至今日, 重見面目, 豈非不幸之幸也? 悲哀交激, 殊
不能定情矣。聞可隱里人及訓鍊奉事宋建等百餘人, 謀擊咸昌縣留
在之倭, 得射七八人後, 我軍中鐵丸, 退走殞命者六人, 而宋建亦
死。建乃興陽人, 而中武科者也。會[292]爲防禦使軍官, 敗軍之後, 脫
身逃走, 來在于宮基[293], 思欲徇身討賊, 志氣激昂, 而竟未大成其志,
人皆惜之。末息痛疺[294]。

二日。晴。

朝發路, 遇詩僧弘靖, 乃屏川秀禪也。藉草溪邊, 穩話移日, 牧伯
在寺後龍虎庵云。○ 適遇自京之人, 乃於五月十八日, 被執於倭奴,
領其卜馱, 來到◇[295]尙州, 而逃出者也。渠云:“當初倭寇之未入城
時, 起復金命元爲都元帥, 出師漢濱, 方爲禦敵之計。而卒伍遽見賊

---

292) 會: 勇
293) 宮基: 宮基里
294) 末息痛疺: 누락
295) 于

勢鴟張, 稍稍逃走, 元帥度其不濟, 亦並遁去。賊入空城, 無所忌憚, 分遣數千餘倭, 窮追大駕所在, 又分遣畿下諸邑, 逐日攻怯, 米穀物貨等, 積聚如山, 在在皆然。倭將則留住都中, 以爲久住之計, 所攫之物旋皆輪下。都內之人, 自相爲盜, 使刀攘奪, 殺傷無數, 士族之家, 則出門之後, 餒死窮谷者, 亦不可勝計。"云云。國事至此, 萬無再振之勢, 生而爲人, 目見此時, 痛哭何言? 痛哭何言[296]? ○ 夕過申文叔‧宋彦明寓所, 暫時留話, 乘昏還蘆谷。

三日。晴。

留主家[297]。聞下來之倭, 多被山尺輩所射, 不得下去, 留在州內, 厥數極多, 窮尋人物, 觸輒屠殺云, 何悶如之? 末息又痛[298]。

四日。晴。

留主家[299]。流聞倭寇, 侵及化寧縣, 且焚蕩關音寺洞, 諸庵僧輩亦多被害云。榮息[300], 往寓水落, 未知生死, 心緒極亂, 卽欲送人往探, 而賊報漸迫, 只有一奴, 恐有倉卒之急, 不得送去, 尤極痛心, 尤極痛心[301]。

五日。晴。

食時, 猝聞倭寇自化寧入來, 里人及他來寓者, 盡數亡匿。吾與竤弟奉慈氏, 艱得踰後峴, 取路崖麓, 顚沛走避, 而山路峻險, 慈氏力

---

296) 痛哭何言: 누락
297) 留主家: 留蘆谷
298) 末息又痛: 누락
299) 留主家: 留蘆谷
300) 榮息: 榮兒
301) 尤極痛心: 누락

盡, 不能善步[302], 恐有追及之患, 悶不可言。妻屬則四散各走, 不知去處, 及到四五里許, 始得相遇, 而命息[303]獨不在, 不暇尋覓。竑則奉母直歸蘇夜洞李弘道兄寓所, 蓋爲其洞府深邃林茂草密, 利於莊身故也。妻屬及季妹·歧州嫂等, 指送于達田申文叔·宋彦明諸益寓所。僕則[304]以卜物點檢事, 還到蘆谷, 則奴僕牛馬等, 皆避匿岩藪間, 卜物亦莊諸石罅, 不至漏失, 是亦不幸之一幸也。乘昏入主家詳問, 則主人輩亦自山谷間, 乘夕還家曰: "倭寇十餘名[305], 自南嶺放鐵丸, 下及山腰, 旋復上去, 搜括山外所藏牛馬十餘頭, 且圍城山, 人多見害。"云, 此里幸免焚抄之變, 何慰如之? 夜深, 與金雲龍·金順生輩, 還到卜物所聚[306]處, 聚坐岩石上, 俄而雨下如澍, 惡獸且至, 萬身盡沾, 不知所爲, 相與擊木投石, 僅避其害。到曉冒雨下來, 而卜馬蹄蹶, 倒落千仞之坂, 意謂折脊, 趁急扶起, 則蹇足而已。日晚, 來到達田之里, 則諸屬, 幸皆無恙度夜矣[307]。※[308]

十五日。□[309]。

□□□□□□□□□□□□□[310], □□□□[311]。□□□[312]·□□[313]·□□[314]□□□□□[315]·□□[316]·□□□[317], □□□□[318], 幾至千百人,

---

302) 不能善步: 扶負倉皇

303) 命息: 命兒

304) 僕則: 吾

305) 名: 누락

306) 所聚: 所莊

307) 幸皆無恙度夜矣: 皆無恙矣

308) 6월 6일부터 6월 14일까지 일기는 문헌이 삭아 없음.

309) 晴

310) 往拜慈氏于蘆谷舊主人之家

311) 夕還達田

312) 聞功城

313) 外南

捍拒倭賊, 所殺傷多, 至百餘□[319], □[320]此賊徒終不得入抄其里。厥
後, 軍人等, 任意各散, 不肯堅守, 倭奴乘釁猝至, 金嗣宗躍馬射殺
七八人, 後矢盡且中鐵丸, 馳出。倭奴銜憾, 恣其凶慝, 士族多被殺,
金進士有聲, 其弟有振・有聞及其父伸四父子, 辛進士鳳瑞, 鄭進士
國成, 黃裕元及李叔平之父母, 皆被害, 婦人處子二十餘人亦被
執[321], 鄭內翰景任, 中鐵丸僅免, 其慈氏及其弟興世俱見害◇[322], □
彦龍・鄭獜瑞及其子健亦遇害云。聞來[323]不勝驚悼驚悼。送奴子于
長川[324]。

十六日。晴。
明日乃外王母初忌也。繼舅進士公及姨母光州宅, 奉主來住于華
山之上庵, 故略備白酒・鷄魚[325]等物, 偕審仲, 今日[326]前期進去。外
王母壽至八十五歲, 年前[327]捐館, 不見此[328]喪亂之苦, 想於神道無
憾, 而不肖孱孫, 獨延頑命, 旣失所恃[329], 逢此百罹, 生之不辰, 痛哭

---

314) 靑里
315) 居人金嗣宗
316) 權署
317) 盧珹等
318) 各聚軍人
319) 人
320) 以
321) 婦人處子二十餘人 亦被執: 누락
322) 云
323) □彦龍鄭獜瑞及其子健 亦遇害云 聞來: 누락
324) 送奴子于長川: 누락
325) 鷄魚: 雜魚
326) 今日: 누락
327) 年前: 前此
328) 此: 누락
329) 恃: 依

何極? 言念及此, 不若死而無聞見之爲愈也[330]。午憩屛川寺, 夕到上庵, 闔門之來住者, 俱無恙, 但以粮饌俱乏, 方皆爲憂矣。○ 流聞入都之倭一二運, 皆殲滅, 中道作賊者, 不入京城, 還皆下來, 恢復庶有望矣[331]。洪聖民·尹斗壽, 相繼爲相, 臨海君遠竄云, 未知還[332]否。日候極熱。

十七日。晴。

祭後下山, 暫憩于屛川, 仍過佛一寺, 訪申諿信叔, 夕還寓次。中暑氣不平, 日候極熱。

十八日。晴。

不勝[333]極熱, 氣不平, 朝出硼邊, 終日僵臥, 食不甘味, 可悶□□[334]。聞左道, 以龍宮倅善禦之故, 倭徒三度□[335]戰, 俱不利而退, 以此醴泉·豐基·榮川·禮安·奉化·安東等邑, 時尙無事云。吾方以累一炊[336]粮盡爲急[337], 欲挈家眷, 入去臨河之計甚切, 而賊勢不息, 道路多阻, 玆未得決行, 何悶如之? 槖儲垂盡, 鹽醬已乏, 雖或避害於賊手, 而將至饑死。生理無由, 莫知所措, 奈何奈何[338]?

---

330) 言念及此 不若死而無聞見之爲愈也: 누락
331) 矣: 云
332) 還: 是
333) 不勝: 누락
334) 可悶
335) 進
336) 累一炊: 누락
337) 爲急: 누락
338) 奈何: 누락

十九日。晴。

◇[339]氣不平, 留主家[340]。同避人申君汝柱·朴君天植, 設麵餅麥酒, 爲餉諸人, 累月饑餒之餘, 得此時羞, 爲感如何? ○ 聞金別監邦善丈[341]及子亨諸公, 各率其家屬, 自長川入來于扇椴之洞, 長川諸人, 俱不遠避, 常在其家鄕近處, 累逢賊徒, 奔走草莽間, 難窘倍他, 知其不得免, 然後今始入來云。日候極熱[342]。

二十日。晴。

氣不蘇, 留主家[343]。伐松爲簷, 以避庚熱, 作豆粥, 爲餉同避諸君二十餘人, 童子不與焉。○ 聞近邑往來之倭, 俱向龍宮·醴泉等邑, 相持累日, 動輒被挫云。曾聞忠淸諸郡及自京將士, 驅逐賊奴, 近將到界云, 南人得此報, 驚喜如狂, 咸有其蘇之望, 而迄不來臨。一路往來之倭, 逐日不絶, 豈前聞不實耶? 不勝怪慮, 悶鬱之至。◇[344]收得鹽醬事, 送奴于州內。

二十一日。晴。

◇[345]留主家[346]。宋彦明家, 炊麥飯, 爲餉諸人。自此輪設點心, 仍以爲例。日候極熱[347]。

---

339) 日候極熱
340) 留主家: 留達田
341) 金別監邦善丈: 金丈邦善
342) 日候極熱: 누락
343) 留主家: 留達田
344) 以
345) 日候極熱
346) 留主家: 留達田
347) 日候極熱: 누락

二十二日。晴。

◇[348]留主家[349]。申克·金德秀, 設豆粥。中伏[350]。

二十三日。晴。

留主家[351]。申文叔·朴文軫, 設豆粥, 同避諸人, 射的□[352]勝者, 做
出[353]麥酒。○ 奴莫生, 率奴天乙·得壽及婢今[354]德·□□[355]等, 自長
川入來。聞彼地倭寇, 逐日不絶, 兩麥迄未收打, 天乙只賫车米·稻
米並數斗來納, 他餘奴婢, 無一人來見者。身爲奴隷, 當此極變, 背棄
其主, 一不稟問, 罪當誅戮。而家國崩分, 法禁解弛, 强吞衆暴, 慢不
知上下奴主之分。時變至此, 何以聊生? 家藏書冊及雜物, 遭火之
餘, 秋毫不遺云, 埋主之地, 亦被掘發云。此尤痛心痛心[356]。

二十四日。晴。

留主家[357]。聞牧伯曾匿于俗離之谷, 頃移屛川寺, 以化寧倉穀儳
出事, 斬縣吏[358]一人, 本州吏房拒逆不現事亦行刑, 且方知委諸吏,
收聚軍卒云。蓋因頃日自京中傅通內, 都中倭奴多數勦滅, 西北道
將士, 適[359]將驅逐散賊, 踰嶺到界, 列邑等各聚軍[360]民待候云云, 故

---

348) 中伏

349) 留主家: 留達田

350) 中伏: 누락

351) 留主家: 留達田

352) 不

353) 做出: 徵

354) 今: 个

355) 金令

356) 痛心痛心: 痛哭痛哭

357) 留主家: 留達田

358) 縣吏: 州吏

359) 適: 近

始有生氣, 欲爲支待之計, 且兼圖免前日棄師棄城負國偸活之罪,
此甚可笑。執其所爲, 窃揣其心, 當初之驚怯先遁者, 其意必慮[361]邊
警, 非直島夷衝突, 或者內寇乘釁作逆, ◇[362]與其進戰輕死, 不如退
伏偸生, 以爲徐俟異時易面搖尾之計。以此州家崩析, 閭里焚蕩, 略
不恤念, 唯以深入密伏爲得計, 見人則必低頭反面。且禁外人往來
其處者, 唯恐[363]或人之得窺其形影也。及今國賊, 果非內寇, 且京來
之報, 亦適如彼, 故始乃以州伯自居, 發號施令, 謀掩前日之罪, 其計
雖狡, 而人之旁視者, 如見◇[364]肺肝, 焉得以廋[365]之哉? 不然, 則百
里封疆, □[366]其所守也。當初被陷, 勢甚拯溺, 何不於□[367]時, 汲汲
效職, 以爲報國救民之計, 而却於數月之□[368], 專城覆陷落無餘痕
然後, 承□□[369]通內指揮, 始乃抽身岩穴, 以爲聚軍禦賊之計, 此其
情狀自露, 不待審量而可知矣。今日之臨危, 負國者何限, 而若此之
類[370], 特鄙夫之尤甚者也。朝廷使此輩任官, 欲國不亡, 得乎? 可痛
可痛。聞中路作賊之倭, 往來無常, 或上或下, 陸續道途, 且旁抄醴
泉·安東等諸邑, 我軍漸至退挫, 自京將士, 徒有先聲, 而迄無影響,
人民寧戢, 邈無其期。而時月易失, 已迫秋候, 四野荒廢, 一苗不立,
至於根耕, 則全不播種, 不出秋冬, 而人將盡塡於溝壑矣。大抵, 民
爲邦本, 本固然後, 邦可以得寧。監司金睟, 欲得勤幹之名, 以爲賭

360) 軍: 來
361) 必慮: 以爲
362) 則
363) 唯恐: 恐惟
364) 其
365) 廋: 瘦
366) 乃
367) 其
368) 餘
369) 奉傳
370) 類: 輩

恩之地, 嶺外築城之役, 始自前秋, 至今春三月之初, 猶未就畢, 齎粮
遠赴, 十九破産, 晝夜課役, 丁壯多斃。胼胝呻吟之慘, 無異秦民之
苦。萬口嗷嗷, 咸有曷喪之怨, 遽値兵火, 一時潰散, 金湯之固, 反爲
賊奴所據, 晬之築怨, 因此可知矣。晬旣身爲方伯, 道內節制, 都在
其手, 效死盡忠, 以捍王國[371], 乃其職分, 而及兹逢變, 惟思保身, 伺
候賊奴聲息, 置身無撓[372]之境, 竟亦不知其去處, 原其罪狀, 擢髮難
盡, 身爲大臣者, 其[373]亦若是乎? 大駕蒙塵, 已浹三朔, 凡有血氣者,
孰不痛心? 而嶺外列郡, 了無一介唱義之人, 草野負暄之人士[374], 豈
專無揭竿敵愾之心? 而朝論作歧, 世路益險, 妨賢嫉能之徒, 窃據城
社, 稍忤其已, 輒加以不道之名, 以爲網打之計。□[375]智者[376]・慮者,
率皆袖手深藏, 以避事後之嫌, 莫肯爲□□[377]戡亂之計。時事至此,
亦極寒心。生之不辰, 尙寐無寤。

二十五日。晴。
□□[378]慈氏于蘆谷。奴天乙等還長川。夕還寓次。

二十六日。晴。
往訪權察訪從卿及汝霖汝深等于山谷中, 仍訪金內禁嗣宗金景
榲諸公。嗣宗, 武士之有才勇者也。前於外南, 接戰之日, 率數百餘
卒迎擊, 倭奴亦幾數百餘人, 軍士皆潰, 而嗣宗躍馬獨當, 射殺十餘

---

371) 王國: 南國
372) 撓: 梗
373) 者 其: 누락
374) 人士: 士
375) 有
376) 者: 누락
377) 首事
378) 往拜

級後, 中鐵丸退走。丸入外踝中, 痛不可忍, 瘡處成浮, 其大如腰, 萬
無差快之勢。可惜可惜。此人前亦射[379]殺, 前後所殺, 幾三十餘倭
云。午逢驟雨, 同行申文叔 · 從卿等, 盡被沾濕。雨止, 更上高峰北
望, 則加恩縣里, 賊火漲天, 所見極慘。夕還寓。

　二十七日。雨。
　留主家[380]。朝見自加恩來者, 問之, 則倭奴數百餘人, 昨入縣里,
焚掠閭閻, 收得[381]卜物三十餘駄, 人物[382]以善避之故, 俱免殺傷云。
大檠賊中, 本國人[383]居半[384]相糅[385], 面目慣熟者, 皆着紙假面先導
云。近來倭奴輩, 留住中道, 不下不上[386], 日以攻劫[387], 取貨爲務, 聞
慶 · 新院 · 茅谷等地, 結屋留屯者, 不知其數, 橫行于龍宮 · 安東等
地者, 亦無數, 義城縣終始善禦, 被害不甚, 而頃亦見陷云, 可痛。○
申兌自長川入來, 此公陪其慈氏諸父, 避亂入山, 聞其父別監公遇
害, 艱得奔喪, 仍留殯側數三日, 遽[388]遇賊鋒, 幾被刺傷, 僥倖[389]得
脫, 臀肉有劍痕如縷矣。別監公, 爲念家産及農作等事, 諸親極力請
出。而終不遠避, 逗留其家後山麓, 竟至不免, 自取奇禍, 又作咎焉。
可嘆可嘆[390]。

---

379) 前亦射殺: 누락
380) 留主家: 留達田
381) 收得: 攫取
382) 人物: 人民
383) 本國人: 我國人
384) 居半: 太半
385) 糅: 雜
386) 不下不上: 不上不下
387) 劫: 却
388) 此公陪其慈氏諸父 避亂入山 聞其父別監公遇害 艱得奔喪 仍留殯側 數三日遽: 曾
389) 僥倖: 僥幸
390) 別監公爲念家産及農作等事 諸親極力請出 而終不遠避 逗留其家後山麓 竟至不
　　免 自取奇禍 又作咎焉 可嘆可嘆: 누락

二十八日。陰。

留主家[391]。仍自尙州來人, 聞本州留倭, 彌滿城中[392], □[393]昨日出向龍宮地云。蓋龍倅善禦, 流聞[394]四五次接戰, 或勝或退, 而猶不自挫, 倭徒以此銜憾, 期於必勝, 每每進戰, 輒至空還云。

二十九日。晴。

留主家[395]。聞倭奴入寇加恩縣里, 略取申應溉家稻穀四十餘馱而去云[396]。立秋。

七月大　戊午朔

一日。晴。

求得殖租事, 偕諸友躬詣加恩申譚家, 出豆太栗粟牟並七八石, 日暮留宿其家, 昨經賊抄, 家間什物, 盡敷裂破, 醬甕九坐, 亦皆破壞, 猶有雜穀數百餘斛云[397]。

二日。晴。

畏賊變, 乘曉發程還寓。聞賊徒食時已到其里, 挈攫如虎云, 可痛

---

391) 留主家: 留達田
392) 城中: 城內縣
393) 而
394) 善禦 流聞: 누락
395) 留主家: 留達田
396) 云: 누락
397) 昨經賊抄 家間什物 盡敷裂破 醬甕九坐 亦皆破壞 猶有雜穀數百餘斛云: 누락

可痛。

三日。晴。

早朝率累[398]，還寓蘆谷舊主人之家。夕，聞倭寇復入加恩，焚蕩三十餘家云。光州姨母，自華山移寓蘆谷[399]，親屬得◇[400]一處，深慰深慰。末伏。

四日。晴。

此日乃外王考忌辰，略備飯羹奠獻。金景樞・李士會・申文叔諸君，各自其寓所來叙。

五日。晴。

留主家[401]。主家鬱隘，伐木作假屋數三間，以安家累。時節已換，而賊勢尙熾，還土無期，何痛如之？因人得見招諭使鶴峯令公所移檄書，盖招諭逃散之人，使之各執兵器，爲國敵愾也。詞旨愷切，令人感動。今日之事，非徒軍民潰散，未有死上之心，大槩列邑守令，擧皆脫身潛隱，首竄偸活，無一人唱義導□□[402]，方伯・連帥・巡邊・防禦使等，亦皆散歸各處，未有定所，上無統領，有同亂繩。其間縱有有志於成功者，將何所倚以自效也？國事至此，不亡何待？聞牧伯以私罪，殺州吏尹文卿，且多發差使，搜括山谷間流民所齎粮物，積聚于其寓處，以爲自用之資云。◇[403]累月逃竄者[404]，如無骨之人，而一朝

---

398) 累: 家累
399) 蘆谷: 蘆舍
400) 會
401) 留主家: 留蘆谷
402) 率者
403) 噫

起頭, 暴生威焰, 誅罰狼藉, 加以徵索無厭如此, 人益失所, 怨讟四起。此皆有人有以縱曳指喉而爲之云。◇[405]武科尹湜, 曾赴龍宮陣接戰, 射殺數級而來, 牧伯以不捕本州之賊, 而遠赴他邑之故, 重杖五十度云。湜之赴彼, 非其所願欲也。直以此州無主將, 聚軍攻賊, 其路無由, 彼邑則主倅爲國效死, 鍊[406]兵勤禦, 終始不怠, 可以倚而成事故也。不論彼此, 其殺國賊則一也。而土主之爲政如此, 其志之不在國家, 掩能忌功, 動必自營之實, 據此可知矣。◇[407]恭聞大駕播越之後, 冊封光海君爲世子, 以係民望云。國本有定, 何慰如之? 天命未絶, 豈無中興之期, 而京鄕阻隔, 消息莫通, 賊奴之往來[408]攻劫者, 無日無之, 是可悶也。

六日。晴。
留主家[409]。聞自下道上來之倭, 多入州內, 厥數極多云。盖以招諭使率諸士, 極力防禦之故, 不得下去, 中道還復上來云。

七日。晴。
留主家[410]。明日乃昌寧兄初忌之辰。情當匍匐, 而適傷暑氣惌, 勢[411]不得徒步, 粮物亦乏, 一壺薄奠, 亦[412]不得指送, 愧負幽冥情理, 極可憾痛。只[413]送豚息[414], 俾叅奠獻。○ 聞金沔 · 鄭仁弘 · 趙宗道 ·

---

404) 者: 有
405) 此何時世良可害云
406) 鍊: 揓
407) 可歎可歎
408) 往來: 누락
409) 留主家: 留蘆谷
410) 留主家: 留蘆谷
411) 惌 勢: 누락
412) 亦: 누락

朴惺·文德粹·李魯六七人, 謀擧義兵, 已得五六千人, 今方勒遏賊
路, 期於敵愾, 而只以兵粮俱不給爲慮云。大駕蒙塵, 已浹四朔, 而迄
未聞唱義之有人, 今得此報, 其喜可言可言。

八日。雨。
留主家[415]。金雲龍, 自其本家, 收麥入來。渠云州內入來之倭, 不
啻千萬, 遍滿于二沙伐·中東·飛羅里·開岩等諸處, 自左道來倭,
亦過數百, 取路多仁縣, 皆入尙州, 村村[416]四散, 無處無之, 人無避身
之地, 多被殺掠[417], 金澂亦被執, 幾見害, 百般求哀, 脫身逃來云[418]。
○ 聞招諭使及義兵大發, 勒截之故, 自星州以下, 賊奴如掃, 道路皆
通, 而唯尙州·咸昌·金山·開寧·聞慶等諸邑, 衆倭咸聚, 時或橫
抄龍宮·醴泉之地云。傳聞京城亦無倭, 唯[419]自龍仁以下之路, 往來
不絶云。女息得連日瘧, 今是四度, 而苦痛不歇, 可慮可慮。大病之
餘, 頭面發瘡, 極費辛苦, 又得此疾, 尤悶[420]。

九日。驟雨。
聞倭奴入寇化寧縣, 今已三日云。夕, 奇息自華山還[421]。○ 宋佐郎
周賓, 在京爲賊奴所害云。卽金達可之妻娚也。○ 傳得辛進士翰龍

---

413) 只: 누락
414) 豚息: 豚兒
415) 留主家: 留蘆谷
416) 村村: 盜劫
417) 掠: 略云
418) 金澂亦被執 幾見害 百般求哀 脫身逃來云: 누락
419) 唯: 惟
420) 女息得連日瘧 今是四度 而苦痛不歇 可慮可慮 大病之餘 頭面發瘡 極費辛苦 又
得此疾 尤悶: 누락
421) 夕 奇息自華山還: 누락

之報, 李義述遇害於賊刃, 其妻子則時不知所在云。極爲驚痛, 而倭寇遍滿, 往探無路, 想其諸雛, 雖或免害於凶刃[422], 而必罹飢渴丁寧[423], 上有老親, 旁無家長, 將何所依賴耶? 益可慘怛可慘怛。

十日。晴。

留主家[424]。申兌往來于長川曰: "倭寇多至其里, 焚劫之後, 幾盡還歸, 有四五人, 落後單行, 書堂僧及里人等, 一時打殺, 盡斬其首埋置."云。

十一日。驟雨。

偕審仲, 往吊鄭景任于蘇夜洞。景任曾於六月中, 喪其慈闈及舍弟於賊手, 景任亦中矢[425], 幾死復甦云。日暮留宿, 金景樞 · 李士擴 · 士會同寢。

十二日。晴。

食後, 往見申文叔諸友于達田, 午後旋向東谷, 訪權從卿 · 汝霖, 日昏還寓。聞州內入來之倭, 皆發程向鳥嶺云。且聞關東諸邑, 倭寇亦遍滿, 江陵被陷, 安東 · 龍宮亦見陷云。臨河家屬[426], 不知避泊何所, 遙慮罔喩罔喩[427]。

---

422) 凶刃: 凶鋒
423) 丁寧: 누락
424) 留主家: 留蘆谷
425) 中矢: 中鐵丸
426) 家屬: 諸人
427) 罔喩: 누락

十三日。晴。

口晚, 聞倭入達田, 驚動登山, 則達田諸里, 烟焰漲天。家屬[428]一時走避, 竢日昏卽發程, 以爲移寓龍化村里之計, 而吾則牛馬俱僵, 仆不起, 荊布及兩稚子, 皆足繭不□□[429]步, 不得已中途落後, 仍上馬奪山。◇[430]正字與審仲, 陪慈氏及季妹, 直歸彼地。◇[431]光州姨母, 亦同慈氏, 往龍化矣。

十四日。晴。

◇[432]省慈氏而還。以馬奪山近路, 且其洞無水, 黃昏率家累, 還來蘆谷主人之家, 則權汝霖擧族已先來到, 李士廓·鄭景任·金景樞諸兄, 亦自蘇夜洞, 逢倭奴, 牛馬粮物, 盡被劫取, 奉其慈氏及諸累, 僅能免害, 而來寓于隣舍矣。景任曾在外南接戰之日, 已抱戴天之痛, 而今又不免疊遭兇寇, 豈非不幸之甚也? 可歎可歎。是日化寧縣, 倭寇亦入, 大略而歸云[433]。

十五日。晴。

慮有意外之患, 偕權從卿·鄭景任諸君, 終日上山, 日暮還來。○流聞倭寇, 或上鳥嶺, 或下善山, 而留州之倭, 則長在不歸云。處暑。

十六日。晴。

食後上山。長川奴輩還, 右奴◇[434]十餘人等, 十三日[435]各持牟麥

---

428) 家屬: 家眷
429) 得善
430) 使
431) 心緒益亂 生逢聖代 目見昇平之日 豈謂干戈之禍 遽至於骨肉之不相携也 痛心痛心
432) 往龍化
433) 云: 누락

三四斗入來, 大小宅[436)]今夏所收, 各不滿數三石, 眼前諸累, 得活無
計, 何悶如之? 長川田庄, 皆在大路傍, 倭奴之往來者, 陸續不絶, 其
不得任便打作[437)]固矣。而然其田結不至甚尠, 苟能以誠收拾[438)], 則
豈至若此之不實乎? 奴子[439)]之不忠不謹, 到此極矣。痛憎痛憎。

　　十七日。雨。
　　晨曉[440)]聞倭奴昨寇華山·屛川·藏岩·栗峴等諸處, 乘夕回還, 留
宿加恩之西面云。慮有侵及此地之患, 率家屬上山頂, 終日被雨, 衣
服雜物, 全數沾濕, 夕還寓。丹密庶姨母, 自龍化還來云:"龍化去栗
峴甚近, 慈氏之行, 雖曰深入, 而猶有不免之虞, 治任登山, 將欲移寓
于他地。"云云。吾則以累煩馬弱, 不得隨行, 何悶如之? 醴泉邊氏嫂,
欲歸醴泉本家, 纔得登道, 遽逢倭寇, 馬馱雜物, 盡被刦取, 身僅免害
云, 極可驚怖。吾亦率累欲東之計甚切, 而中道慮有如此之變, 不得
遽發, 可歎[441)]。

　　十八日。晴。
　　早朝登山, 候賊氣, 夕還寓。

---

434) 等

435) 等　十三日: 누락

436) 宅: 家

437) 任便打作: 任意收拾

438) 收拾: 收穫

439) 奴子: 奴僕

440) 晨曉: 曉

441) 丹密庶姨母　自龍化還來云　龍化去栗峴甚近　慈氏之行　雖曰深入　而猶有不免之虞
　　治任登山　將欲移寓于他地云云　吾則以累煩馬弱　不得隨行　何悶如之　醴泉邊氏嫂
　　欲歸醴泉本家　纔得登道　遽逢倭寇　馬馱雜物　盡被刦取　身僅免害云　極可驚怖　吾
　　亦率累欲東之計甚切　而中道慮有如此之變　不得遽發　可歎: 누락

十九日。晴。

早登馬奪山頂, 候賊氣。傳聞倭寇自加恩, 直歸松面侵略, 夕向藏岩留宿云。夕還主家[442]。

二十日。雨。

留主家[443]。僮奴自俗離大寺[444], 持慈氏及正字書來。書云: “龍化近藏岩[445], 難於久住, 去十七夜, 陪一行, 移泊俗離寺, 將復移寓小庵, 報恩之無倭, 已浹月餘。”云。且得京報, 倭寇侵及平壤, 平壤亦見陷, 大駕再移, 今駐龍川地, 中朝以我朝請援之故, 亦[446]命將領向化猹子五千兵, 已渡鴨綠, 又出五萬兵, 駐江邊, 以爲繼援云, 是則可慰。領右兩相及諸大臣, 陪王世子, 駐江界, 將聚兵, 爲監國之計云。我殿下亦親領天兵及其道沿海之卒, 將爲進取之計, 軍聲因此稍有再振之勢云。且天朝遣山東道舟師十萬, 直擣日域倭奴之巢穴云。且流聞京城士夫之被殺於賊刃者, 幾至五十餘員, 如李大海·金順命·申碏·邊璣·禹弘積·南以恭·以信·朴慶先·慶深·柳熙緖·金光烈·金汝吻·許銘·金誠立等, 亦在其中。高敬命唱義擧兵, 與其子因厚, 俱接戰同死云, 可驚可驚[447]。金千鎰領舟師, 直赴行在, 以爲勤王之計云。

二十一日。陰雨。

留主家[448]。申文叔諸君亦同留, 文叔與其族屬十餘輩, 曾寓達田,

---

442) 主家: 寓
443) 留主家: 留蘆谷
444) 大寺: 누락
445) 藏岩: 莊岩
446) 亦: 누락
447) 可驚可驚: 可歎可歎

不意爲倭冠抄畧, 脫身僅免, 偕其屬逃竄山谷中, 昨昨[449]夜, 將移俗
離之天王峯, 中道復遇賊火, 還到此地, 仍姑留住矣。與文叔輩買牛
肉, 將以爲共破之計, 曉頭爨婢就睡, 有盜潛入, 窃取其肉及所盛鼎
而去, 鼎乃主家之物也。不得已卽貿他鼎以償之, 牛主亦立督其肉
債, 造物之誤人, 何至此耶? 不覺大噱[450]。

二十二日。雨。
僅奴持復書, 還歸俗離寺慈氏之所。

二十三日。雨。
留主家[451]。得朴佐郞[452]德凝書, 方在居昌, 義兵處檢馬事云。

二十四日。晴。
與文叔[453]輩, 俱上馬奪山, 文叔輩仍留宿, 僕[454]夕還。昏, 聞賊徒
多入加恩縣里, 結陣云。○ 奴守弘, 自慈氏所, 持柬來, 伏悉[455]彼地
平安, 極慰。

二十五日。晴。
率家累登山, 夕還寓所。

---

448) 留主家: 留蘆谷
449) 昨昨: 再昨
450) 與文叔輩買牛肉 將以爲共破之計 曉頭爨婢就睡 有盜潛入 窃取其肉及所盛鼎而
去 鼎乃主家之物也 不得已卽貿他鼎以償之 牛主亦立督其肉債 造物之誤人 何至
此耶 不覺大噱: 누락
451) 留主家: 留蘆谷
452) 협주【號大菴 名惺】있음.
453) 文叔: 申文叔
454) 僕: 吾
455) 悉: 審

二十六日。晴。

咸昌倅李國弼, 自洛陽山過去, 將往黃嶺寺, 爲聚卒捕賊之計。蓋此倅, 以前日潰軍之故, 囚繫聞慶官[456], 未及論罰, 而聞慶見陷, 脫身潛山者久矣。近來欲爲立功自效之計, 報使請行公, 方伯許其仍任縣事, 故下來矣。○ 淸州人李逢, 年迫七十, 少時事武, 擧業不就, 亦能詩文, 有氣節, 召募其邑山尺二十人, 唱義討賊, 欲爲報國之計。其甥蔡有喜, 亦力贊擧事, 今日並聚黃嶺寺, 措得軍粮, 方謀設伏于加恩縣境云云。僕[457]乘夕徒步, 與宋彦明, 偕進彼寺, 參聽軍謀, 李逢羇鑠人也, 但未免有志大才踈之弊矣。草莽之士, 莫不有奮忠敵愾之志, 恢復舊物, 豈無其期也? 夜與諸公同寢。

二十七日。晴。

日出發還寓次。聞湖南僧, 領得僧軍七百餘人, 今到淸州, 與其道防禦使及牧判官等, 謀擊留州之倭, 僧將自募爲先鋒, 刻日促事, 而防禦諸將士, 逗遛[458]不許云。此僧才力過人, 智計不淺, 軍法亦極嚴明, 且以時未捕賊之故, 不食官粮云。○ 得見使關, 唐兵五萬, 已渡鴨江, 四千則今到宣川地, 賊奴聞中朝遣援之奇, 亦稍稍下來, 爲還海之計, 且右水使, 與全羅道舟使及固城倅等, 同謀接戰, 撞破倭舡七十餘隻, 斬首三百餘級, 其餘投水溺死之倭, 不知其數云。所謂倭舡者, 必是下去之賊, 而以善禦之故, 右道郡縣如晉州・咸安・泗川・丹城・居昌・咸陽・山陰・安陰・陜川等九官, 尙爲全城, 方伯・招諭使等行亦在其地云, 金沔・趙宗道・朴惺等義兵, 亦在居昌縣撑柱云。若得良將, 自上道驅逐, 則勦滅廓淸之慶, 可指日以期也。

---

456) 官: 누락

457) 僕: 吾

458) 逗遛: 逗留

二十八日。晴。

食後帶奇息[459]，往訪金子亨于乾川洞深谷，兼拜姜進士尊丈[460]。子亨不相見，已浹四箇月，遭亂之後，仍住長川近山，常被賊奴尋逐，不勝其苦，入來此山云云。且昨日倭奴，入來其山，姜進士等[461]盡被劫奪，白刀金震之女，將歸于報恩其舅之家，中途逢倭，亦擄去[462]，子亨則以谷深之故，賊未及入而還去云。白刀·山尺輩，是日射殺賊六首云。

二十九日。陰。

聞留州賊分掠山谷之奇，人皆理任登山頂以避。

三十日。晴。

食後，偕權察訪從卿·鄭內翰景任，往會于黃嶺洞口，爲討賊事也。其始李弘道[463]·蔡有喜等，首謀唱義之舉，蔡公仲惧，往淸州，奉其舅李逢及弓手十七八人來。咸昌·聞慶等地弓手及士族輩，亦同聲相應，俱會于此，士族近四十餘員，操弓者合淸州人，亦近五十餘人矣。僉議推李逢爲主將，咸昌李天斗爲中衛將，全湜·宋光國·趙光綬及余爲佐幕，蔡天瑞·洪慶業爲掌書，以余並兼之。議訖，主將北向再拜，哭以誓曰，諸座中繼亦北向拜訖，且拜于主將。主將曰：“國辱至此，今日之盟，有死勿淪。”咸曰：“諾.”且命鄭景任，記同盟之意，書諸篇名之首，仍立三章之法，臨賊先退者斬，約後謀退者斬，違令者[464]·失期者◇[465]·訛言惑衆者，亦依軍律論斷。噫! 今日之會，

---

459) 奇息: 奇兒
460) 尊丈: 丈
461) 等: 諸人
462) 白刀金震之女 將歸于報恩其舅之家 中途逢倭 亦擄去: 누락
463) 협주【士廊】있음.

非出於得已而不已也。何者猾夏之變, 至陷都城, 日駕蒙塵, 已浹五
朔, 而各邑守令軍帥等, 擧皆逃遁, 莫或有爲國事殫職者, 臣民之痛,
莫此爲甚。近因自上下責己求助之敎, 稍知大義者, 莫不揮涕扼腕,
咸有敵愾之心, 唱義討賊之師, 處處蜂起。而獨我尙州及咸昌·聞慶
等地, 寂無一人爲之挺身而出, 心甚憾缺。幸賴同志之人, 得成今日
之約, 私心喜慰, 曷可勝喩? 然所議討賊者, 不過要路設伏, 射殺一
二零賊之[466]往來者耳, 於國家成敗之數, 懸知無益, 而勢力不逮, 別
無可爲之端, 姑爲其所及爲者而[467]爲之, 亦可以小酬漆室, 愛君憂
國之寸忱矣。主將之爲人, 吾未曾知之, 而年今六十五歲矣。少業武
不就, 有氣節, 能詩律, 言論攫鑠, 行步如少年。且不以生死計活爲屑
屑, 亦今世不易得之人也。不以年老爲辭, 遠赴應募, 豈尋常士所可
及也? 夕雨, 事畢, 同景任犯夜而還。

八月小 戊子朔

一日。雨。
今日白露。午後, 與申文叔·樞伯·金景樞·權從卿·汝霖等, 同
赴黃嶺寺義兵所, 皆同約之人也。約中多有未備之條, 相議以定。當
夕, 大將分遣伏兵于加恩縣里, 咸昌倅李國弼亦來寺, 方爲設伏捕
賊之事。得見使關, 唐兵已復平壤·松京等府, 今到漢陽, 邸駕自江

---

464) 者: 누락
465) 斬
466) 之: 누락
467) 而: 누락

界府, 亦親領咸鏡一道之兵, 自將下來云。大槩, 近來捕賊者雲起,
賊勢衰弱, 稍稍下去云。且聞湖南之賊, 見敗於全州, 更由錦山郡入
黃磵地, 焚略諸里云。日暮留宿。

二日。陰。

具起兵之由, 移文咸倅, 使之轉報巡察 · 招諭諸使前, 慮有後嫌故
也。鄭景任來爲參聽軍謀, 夕與景任 · 從卿 · 文叔諸君還。竤弟自靈
臺菴來, 得慈氏書。◇[468] 開岩奴持稻麥來。

三日。晴。

覓租事, 送奴于開岩。○ 得候望人報, 龍宮 · 醴泉 · 洛東 · 長川 ·
金山等處, 烟氣極熾云。且得見龍倅之通, 安東之賊, 爲左兵使所逐,
數百餘人, 一時來入于尙州, 左帥方陣于永嘉云。○ 中牟 · 化寧等
縣, 亦連日焚蕩云, 必是自錦山下來之賊[469]也。吾州, 嶺外之要衝,
而一路之巨鎭也。苟得良將, 有以指揮之, 則臨陣勦賊, 不患無精兵
健卒。而主倅之爲政, 動輒拂民, 人皆怨背, 莫肯用力。村巷間往往
討賊者, 慣其功不歸己, 不肯獻馘。牧伯不自反省, 而却發狂怒, 至於
推捉榜撻, 以威劫奪所得倭物如銀甲環刀之類, 並皆自占, 托備軍
粮, 而發差伏兵, 奪取山谷人所收之稻穀, 倭携牛馬, 亦皆收納, 搬移
于公州之地, 以供其妻子之奉。以此人心益難, 疾如讐賊, 有畀[470]/奚
罪, 而當此喪亂之日, 添得此一秦耶? 然所攫倭頭, 多至數十餘級云,
後日論賞, 必得陞叙之褒, 白日欺明, 莫此爲甚, 可歎可歎。○ 聞加
恩縣野, 有賊倭十三人刈早稻, 伏兵等射斬五級, 奪其牛馬 · 環刀 ·

468) 伏審平安極慰
469) 賊: 倭
470) 畀: 痹

火筒等物云。

四日。晴。

食後, 登山遠望, 加恩東面, 烟氣極漲, 盖賊徒爲報昨日射殺之憤
也。龍宮·安東等地, 亦有烟氣矣。○ 當午, 與文叔·樞伯·景樞·申
兌, 同赴黃嶺寺, 料理軍中之事, 設伏累日, 而未獲一級。深痛深痛。

五日。晴。

搬送[471]軍器·粮物等[472]于設伏所。咸昌人斬倭頭一級, 來見于其
倅。○ 因使關, 得知邸駕領軍近住伊川, 大駕亦自龍川移駐平山。且
聞西原之賊, 以我軍進功之故, 乘夜遁去, 未及勦□[473]云, 一恨一快。
○ 苞山郭再祐, 方起義旅, 今到星山, 用兵頗神, 咸安倅柳崇仁, 亦起
兵討賊, 柳公年少有武略之人也。賊徒遇之, 輒自膽慄, 相聚曰: “謹
避柳將軍。”云。宣城琴應夾·應壎·金垓等, 亦募兵唱義云, 敵愾之
師, 處處蜂起, 恢復舊都, 可指日以期也。且得龍倅關, 則永嘉之賊,
爲左廂所逐, 移陣仇德里, 四出焚蕩, 慘不忍見, 醴泉北面, 山谷深
邃, 而賊皆窮探, 無處不到。關東之賊, 亦自江陵·三陟等邑, 踰入永
嘉之梓山·小川等縣, 到處攻劫, 人物俱被害, 然我軍斬獲亦多云。

六日。晴。

食後因事, 與樞伯, 往九滿村, 吊趙座首大父墳[474], 仍見洪別監約
澄。樞伯, 爲其要事, 往化寧, 吾則到門岩洞, 訪金吉甫·洪禎之兩侍

---

471) 搬送: 撥送
472) 等: 누락
473) 殺
474) 趙座首大父墳: 大父趙某氏之墳

及金晦仲。日暮留宿，炊黃酌白，容接甚勤。

七日。陰。

早朝還寓次。聞募兵等捕賊之奇，與文叔·景樞·景任·從卿等，急赴黃嶺寺，則大將率兵，設伏于松院峴洞口，遇倭奴六人，射夫畜憤已久，一時齊發，須更盡獲斬首，得其所佩環刀，大小並六柄，火筒俱鐵丸·火藥等六事，書簡封二十餘裹。乃是自此持傳通，還其地者也。書中有高麗國王退走平壤，不及乞罪及大明·全羅道·大丘等語，而字畫皆胡草不正，不類我國所書，不能知悉其梗槩矣。後日報使次，吾等各逢受而來，所斬雖小，而皆是勁賊，且得其軍器甚多，間諜亦被獲不去，此尤可喜。吾等旣到寺庭，參請[475]謁，大將坐廳事上受賀。軍聲稍振，莫不踊躍歡喜，殊有死敵心。○ 得聞京報，邸駕今駐伊川，方圖進取大都，以復舊業，且以慶尙，分設左右方伯，仍以招諭使金謀爲左道監司，龍宮倅禹伏龍，以戮力討賊之故，褒陞通政云，此乃前通津盧大河之奴所傳也。右奴因事上去伊川，王世子卽引見，備問嶺外賊勢之衰盛，且問俗離山險阻可避亂與未，仍以朝報及備邊司公事，付送此人，蓋以道途阻梗，不得由驛路直傳故也。夕，還蘆谷。奇兒自長川遠來，彼地往來之賊，尙陸續逐日不絶云。

八日。雨。

送人奉候安否于靈臺菴，兼致糧物。午後，赴黃嶺寺軍幕，咸昌官軍應募爲義兵者，多至四十餘人。縣監初旣不憚，從自願許入，及今捕倭之後，欲以爲己功，頗有還奪之計，吾等極力排之，則不敢公然奪取，錄勳報使之際，以其已與義兵協力共捕措語，以塡文狀。其心回譎，不言可想矣。

---

475) 請: 누락

九日。陰。

大將午後, 領兵向加恩之地, 佐幕宋彦明·掌書蔡公緒陪歸。所領皆是[476]精卒, 而數僅九十, 若逢衆賊, 則勢難接戰云。夕, 與景任·景樞·士廓諸人, 步還蘆谷。得使關, 唐兵今到漢都, 倭奴盡遁, 出屯于江濱云。又得槐山郡關, 近處之倭, 咸聚于忠州·槐山·延豐等境, 觀其形止, 必[477]爲與我師接戰而上來[478]也, 無疑矣。

十日。晴。

留主家[479]。聞河座首[480]滿壑尊丈[481]一家及李俊丁等, 在洛東淺山, 俱被殺害云, 不祥不祥[482]。大槩, 賊徒近來, 以我軍措捕甚力之故, 處處焚蕩尤酷, 逢人輒殺, 其所擄去之人, 不論男女, 亦皆殺戮云, 可痛可痛。

十一日。晴。

與士擴·士會·全淨遠, 往黃嶺寺幕中, 有相議事。咸倅自義兵捕倭之後, 猜嫌日深, 欲加我等以豪俠之名, 且收取士族家弓矢, 使不爲義兵之用, 弓匠鐵匠, 亦禁修補義兵中軍械。觀其用心, 眞無狀小人也。深悔當初與此等人謀事, 而今不可追, 痛恨痛恨。大槩, 咸倅所嫉者, 以其捕倭也。若以賊級與之, 則[483]其心必喜, 而軍卒輩要功希賞, 重之如金, 勢難以幕中之力擅棄, 可歎可歎[484]。○ 聞今日下來

---

476) 是: 누락
477) 必: 누락
478) 而上來: 누락
479) 留主家: 留蘆谷
480) 座首: 누락
481) 尊丈: 丈
482) 不祥不祥: 驚愕
483) 則: 누락

之倭, 六百三十餘人云。義軍設伏已久, 迄未報捷, 以其不遇相敵之賊故也。

十二日。晴。

食後, 自義幕還來。長川奴屬, 持果物租石入來, 以其用秋夕奠故也。因奴聞自善山上來之賊, 終日不絶云, 或上或下, 而其麗無窮, 此何故也? 長川·外南·州內諸處, 焚蕩甚酷, 前日所餘之家, 漸至無餘云。且聞鄭越·黃庭俊·柳應春之弟, 以覓粮事, 各歸其家, 當夜賊徒, 圍立搜殺云, 驚愕驚愕。近日來, 每乘夜抄略, 此尤可怖。

十三日。晴。

留主家[485]。長川奴屬還。

十四日。晴。

食後, 與審仲, 同往俗離山之靈臺菴, 省覲慈氏。昨夜因虛警, 一行皆上絶項, 撥開蒙茸, 難得尋覓, 夕還菴子。以明日節日, 故略治奉奠之具。○ 沙潭昆季, 亦寓白雲菴矣。

十五日。雨。

設紙牓, 奉奠祖先諸位。遭亂以來, 長在山谷, 東竄西奔, 不定所寓, 日月流邁, 已迫秋夕, 松楸展省, 亦無其路。言念及此, 忽欲忘生, 我辰如何? 一至此極, 痛歎痛歎。夕與寶晶上人, 同登浮圖臺玩景, 暮投大寺宿。三山儒士李汝楫來見, 生年少而有才氣者也, 求婚於吾家甚退云[486]。

---

484) 可歎: 누락
485) 留主家: 留蘆谷

十六日。晴。

早朝三山倅在寺, 送人請見, 暫往打話, 食後還上菴子。路遇任父丈·昌遠·裵仲及盧通津諸公, 盖以募兵□[487]賊事, 率諸人會議于洞口也。夕, 上本俗離, 拜光州姨母, 昏還慈氏所。

十七日。晴。

食後, 奉慈氏及諸弟妹, 登覽天王峯, ◇[488]仍還蘆谷寓次。來路拾得橡實幾數斗, 家屬避賊, 皆上山, 小兒輩僅免水火矣。

十八日。晴。

乘[489]大將傳令, 食後, 與權從卿·鄭景任·申文叔·金景樞諸公, 齊進于屏川大寺, 則寂無一人。仍宿龍虎菴。

十九日。晴。

曉發, 踰雨峴, 到沙麻谷齋宮, 則大將以下皆聚會矣。仍與論事, 乘夕陪大將, 共進于加恩縣後設伏之所, 則諸軍以不遇賊, 故皆罷伏, 來聚于松汀矣。大將命罷還備糧, 期以二十三日, 來會也。吾與景樞, 冒夜還寓, 則夜已向晨矣。景任·從卿等, 自齋宮, 夕已徑廻矣。○ 聞咸昌倅修飾說辭, 誣報于巡察使曰: "李逢等, 率年少書生, 冒稱舉義, 以官軍爲義兵, 以官軍所捕首級, 爲己功, 使縣監不得措手。"云云。此人反覆邪險之狀, 極口難喩, 將來必構出無狀之語, 謀成不測之禍, 亦不可料。痛憤痛憤。

---

486) 求婚於吾家甚懇云: 누락
487) 討
488) 吾則
489) 乘: 承

二十日。雨晚止。

得巡察使回關, 則守令之禁遏募兵者, 一切不許曰: "均是討賊, 不可以官威奪去, 此後如有此弊, 必稱使關勿送."云云。○ 近來賊勢益熾, 來聚于尙州者尤多, 慮有深入之患, 結幕于馬奪山谷中, 率累移寓。夕, 大將率幕中諸人, 移鎭于蘆洞村舍。

二十一日。晴。

終日, 陪大將論事。擧事之後, 賊不多捕, 而事多掣肘, 軍情日撓, 須有關白于巡察道處置之端。大將, 以僕及李士擴爲使, 督以卄四日持文發程矣。

二十二日。晴。

午後, 大將以說伏事, 出向冤遷。臨發, 大將書一絶以別, "陣琳飛檄草, 威勢振孫吳. 一言如撥亂, 吾刃血將無." 僕次韻曰: "諸葛思存漢, 阿蒙尙守吳. 行裝一鞭在, 誰復謂秦無." 大將再用前韻曰: "計同侯救趙, 事異鄧歸吳. 擊天憑隻手, 忠義世應無." 僕[490]又次曰: "久絶江淮援, 襄陽不屬吳. 進明猶戴首, 一釖可容無."

二十三日。晴。

留寓次[491]。權從卿 · 郭景澤諸公, 各持酒餠, 會岩上共破, 爲餞明日之行也。聞數日來下去之倭, 晝夜不絶云。

二十四日。晴。

以今日日不吉, 諸君力止, 更以明日發程◇[492]。食後, 與洞中諸公

---

490) 僕: 余
491) 留寓次: 留蘆谷

十餘輩上山, 摘得松蕈二十本, 炊飯共破⁴⁹³⁾, 乘夕而還。

二十五日。晴。

早食而發, 申克亦爲覲其慈氏于陜川地, 與之同行, 命兒同時發
歸, 覲于俗離山慈氏之所。○ 夕, 投中牟縣, 金盞村里止宿。

二十六日。雨。

曉發, 投川下村, 雨勢不止, 朝食仍留宿。其里士族申景信及⁴⁹⁴⁾孼
屬黃世弼·李士信·黃仁復·李福貞·黃曄等, 持酒來見, 爲餉留時
飯。知舊黃玄慶, 亦自他村來見, 兼惠松蕈七八本。士信, 卽吾先祖
考再從戚, 而福貞其子也。道舊悲今, 不覺淚落⁴⁹⁵⁾。

二十七日。晴。

曉發, 踰吾道峴, 歷黃磵縣, 縣宇及邑居, 盡爲灰燼, 草掩遺墟矣。
縣前道傍, 列竪長竿, 倒懸人屍者, 多至四五, 肢体爲半⁴⁹⁶⁾腐破, 卽前
日倭奴入縣時所爲云。◇⁴⁹⁷⁾朝炊于◇⁴⁹⁸⁾全忠孝家前, 忠孝及其子汝
德出見, 安國民景臨亦自其家來見, 景臨乃金景悅◇⁴⁹⁹⁾妻娚也。憑
全公始⁵⁰⁰⁾聞李義述遇害丁寧, 其家屬今寓于縣南勿⁵⁰¹⁾罕山谷中云,

---

492) 爲計
493) 破: 喫
494) 及: 누락
495) 淚落: 泪落
496) 爲半: 半
497) 所見極慘 目不忍接矣
498) 縣南
499) 之
500) 始: 備
501) 勿: 物

行忙未得往訪, 深恨深恨[502]。 午踰牛刀嶺, ◇[503]夕投嶺下村宿。◇[504]
聞義兵將趙憲, 率其子及軍卒八百餘人, 與僧軍, 同赴錦山郡, 輕犯
賊陣, 爲賊所圍, 一軍幾盡被殺, 而士人尤多, 渠父子同死陣中云。
此人徒懷忠憤, 不量己力, 輕賊取敗, 其與臨事而懼者異矣。

二十八日。 始下霜。

曉發踰牛峴, 有武臣卞渾領兵四百餘人, 來守嶺頭矣。 居昌以下
山陰·安陰·丹城·晋州·咸陽·咸安·三嘉·宜寧·泗川·草溪·
陜川等邑, 以善禦之故, 賊未入屯云。 義兵將金沔, 率數千兵, 謀討星
州留賊次[505], 出陣加助縣, 陜川鄭仁弘及玄風郭再祐, 亦各提義旅,
分伏措捕, 而郭公用兵頗神, 賊徒膽慄云。 下道, 則以招諭使措置得
體之故, 義兵之集, 多至數萬, 而糇粮器械, 皆自官辦出, 軍聲方振,
庶有勦滅之朝, 而招諭令公, 遞陞左節移鎭, 右道之人, 如失元首, 不
勝缺望之至, 諸邑儒生, 咸聚拜疏, 以籲行在云。 知禮之賊, 曾爲義旅
所討, 過半死亡, 餘亦逃歸云。 ○ 夕, 投宿永倉。 郡人卞希禎[506], 爲義
兵運粮監官, 來在縣司, 官穀已竭, 收用私儲者, 亦過數千餘石, 一日
所費米, 多至三十石云。 大槩, 同是討賊, 而軍情應募則致力, 屬官則
解體, 且厭係公簿, 而爭趨義籍。 朝廷已知其有益, 故遣使招募者,
誠非偶然。 當此弘亂, 不賴義師, 則討賊無期, 募兵之有關於國家如
是。 而彼[507]深伏岩竇, 不自措捕, 而又欲沮人之擧事◇[508], 亦獨何

---

502) 云 行忙未得往訪 深恨深恨: 拒此僅一息之地云 而回公下去 勢難尋見 可恨可恨

503) 嶺頭 知禮軍三十餘名 來守矣

504) 自中牟歸居昌 直向秋風驛可也 而今之迂由黃磵者 以金山郡 方有賊奴故也

505) 次: 누락

506) 卞希禎: 卞希璜

507) 彼: 彼徒費國廩

508) 者

心? 可憎可憎[509]。

二十九日。晴。

曉發抵居昌縣, 卽拜◇[510]巡察使, 爲陳所來曲折, 仍呈文狀, 方伯
疾手開見, 傾心採納, 所控諸事, 一一施行。夕飯而出, 與曺察訪胤
祉, 同宿枕流亭。曺公, 金山人也, 爲避兵火, 客寓縣廨矣。

九月大 丁巳朔

一日。陰。

早朝入拜方伯, 仍論時務, 方伯亦知義兵之有□[511]於討賊◇[512], 力
勸召募。乃以鄭經世[513]◇[514]·權景虎[515]◇[516]·申譚◇[517], 各爲其本
邑召募官[518], 勿拘官兵[519], 並許招募[520]。且傳令[521]尙州, 軍粮米五十

---

509) 可憎可憎: 痛憎痛憎
510) 于
511) 關
512) 矣
513) 鄭經世: 鄭景任
514) 爲尙州召募官
515) 權景虎: 權從卿
516) 爲咸昌召募官
517) 爲聞慶召募官
518) 各爲其本邑召募官: 使之各募鄕兵
519) 官兵: 官軍
520) 許招募: 皆許應以受義兵大將指揮
521) 傳令: 移關

石, 弓子十丈, 長片箭各二十部, 咸昌米二十石, 聞慶米二十石, 弓矢
並如尙州, 題給義兵所, 本營所藏[522)]弓子三丈, 長片箭並十部, 銃
筒[523)]七部, 菱鐵五百介, 鐵丸五百介, 見遣矣。朝飯後, 拜辭而出, 因
私[524)]故不得發行。聞主倅鄭三燮·都事金穎男, 俱自陣所入來, 兩君
皆曾所知[525)]之人也, 卽往相見, 金公有膽畧, 亂後特選使幕來此, 屢
當賊鋒免害云。○ 夕, 與曹公同宿枕流亭。曹於尙牧, 爲五寸之親
云, 而數日接話, 深言尙牧之失, 寡助親叛, 豈不信然? 方伯亦因曹
公, 備聞尙牧事, 故深有憤疾之意矣。

二日。雨。
主倅來見, 仍對朝飯, 兼以紙束行饌見遣◇[526)]。○ 得見唐人許儀
俊所送◇[527)]大明文字。許本大明儒士也, 往在辛未年, 被擄入倭, 仍
留不得還, 預知倭奴將有稱兵犯上之計, 備錄其擧事由折及臨時應
變之策, 其說累數百言, 轉付往來人, 以達上國, 書卽前年九月中所
發也。其文甚詳, 俱述賊情, 若合符契。但其中, 有庚寅五月, 高麗遣
使貢驢于日本, 且爲先鋒, 約入大明云, 此等數語, 太涉誣妄, 不知何
所據而云云耶? 可笑可歎[528)]。因彼固請。遣使則果有之, 抑[529)]豈有
送驢之事乎? 斥言貢驢[530)], ◇[531)]貢者以下奉上之辭, 設或有以是物

---

522) 所藏: 所儲
523) 銃筒: 鳥銃
524) 因私: 適有緊
525) 知: 相知
526) 矣
527) 於
528) 可歎: 可愕
529) 抑: 누락
530) 斥言貢驢: 누락
531) 且

投贈, 賜之云乎? 何可下貢字耶?

　　三日。晴。
　　早朝發行[532], ◇[533] 夕宿知禮地[534]。傳聞密陽賊, 移入靈山縣, 靈山·玄風·星州之賊, ◇[535]皆以次上來云, 其意未可知也。

　　四日。晴。
　　曉發, 踰牛刀嶺, 士擴兄先歸, 吾則以尋見義述家屬事, 迂入勿罕谷, 日昏始得相遇。李妻上奉老姑, 傍挈三兒, 寄在深谷, 而四無親知, 粮物亦乏, 將至餓死。義述見害, 在六月二十六日, 厥後屢被擄劫, 盡失行資, 身且無衣, 所見極慘, 口難忍言, 可憐可憐。黃磡全忠孝, 亦寓其村, 邀我饋夕飯[536], 夜與朴事淨同宿。

　　五日。晴。
　　平明, 再見李妻, 約以月內上來蘆谷吾所寓之地, 偕往臨河, 先挈其胤子而來。此兒曾亦被擄, 頭髮盡削矣。促馬來到安◇[537]景臨◇[538]家, 則◇[539]炊飯以待。食後, 到中牟舊舘人之家。則士擴兄留在, 以待吾行矣。孽族李朴貞, 持白酒來侑, 士人李崇健·崇信兄弟及申景忠·景信等, 亦來見。夕, 宿化寧縣地, 昏驟雨大作。

---

532) 早朝發行: 早發
533) 炊飯牛新倉 踰牛旨峴 見伏兵將卞渾 暫敍寒暄
534) 夕宿智禮地: 暮投知禮村舍
535) 亦
536) 夕飯: 飯
537) 國民
538) 之
539) 士擴昨宿于此 朝已發歸矣 景臨

六日。晴。

早發, 炊飯于薄淵, 仍吊鄭見卿。見卿六月中, 喪其先子於賊鋒, 今寓于此山之谷。午後, 始入蘆谷, 家屬及谷中諸人, 皆好在[540]。光州姨母, 亦[541]自俗離, 曾亦來此谷矣。

七日。晴。

聞義兵昨於加恩薪田之地, 捕倭二級, 且得牛四頭云。士擴兄, 以拜大將事, 歸黃嶺寺, 僕[542]則感寒氣惄, 未得往拜[543]。○ 伻候安否于靈臺菴慈氏所。

八日。晴。

病尙不快, 終日臥吟, 姨母主[544]上來, 夕飯而歸。昏, 大雨達曙。

九日。朝雨晚晴。

略備時物, 設紙牓, 奉奠于先考位。九秋本是祭禰之月, 今遇節日, 心緒益撓, 悵望家山, 五內如割, 薄具虛說, 雖曰草草, 而[545]亦安能自已也? 日晚, 送祭餘于慈氏所, 仍邀諸友, 暫話于岩石上。

十日。晴。

與士擴諸君, 往拜大將。午後, 大將領兵設伏于大峴, 吾等乘昏還來。聞下來之賊, 自幽谷以下, 連亘四十餘里, 留宿于咸昌之境云。

540) 好在: 得保全矣
541) 亦: 누락
542) 僕: 吾
543) 往拜: 偕進
544) 主: 누락
545) 而: 누락

○ 命兒及庶祖母·奇息等, 還自離山。

十一日。晴。

曉頭望見, 賊火盛起于加恩·黃嶺·達田諸處, 率家屬急上山頂, 日暮下來。聞掌書金喜男◇[546], 自陣所還來, 暮投加恩村舍止宿, 曉頭爲賊鋒所害, 幕中文書等物, 盡數被奪, 不勝驚怛驚怛。

十二日。晴。

爲避賊, 乘曉登山, 夕下來。鄭景任·金景樞及審仲, 曾以議合兵夜擊事, 往龍宮倅處, 阻梗留滯, 今日始還。伏見下慶尙道士民教書, 反躬深責, 其求助臣民之意, 節節剴切, 聞者莫不隕涕。◇[547]邸駕[548] 亦下教書, 曉諭軍民, 而意與行在教書一樣矣。

十三日。陰。

以議陳疏事, 幕中諸友, 會于蘆洞後嶺。初欲直遣儒生賚送, 而慮有阻梗之虞, 更議封疏憑付巡營使以送也[549]。○ 聞下來之賊, 陸續不絶, 焚蕩于道淵·山陽·龍宮等地。◇[550]夕◇[551], 李叔平來宿。叔平兩老, 亦[552]於外南之戰, 同日被害, 叔平方謀復讐, 與金進士覺氏募兵起事。而軍粮無路求得事, 今往龍華牧伯寓所云。

---

546) 而慶

547) 與變初哀痛教 大槪一意 而語盆加切 凡爲臣子 孰不欲張拳冒刃以效其力哉 只緣守土不良 動輒沮抑 討賊一事 視同秦越 擁兵峙糧 自謀保身 何慣如之

548) 邸駕: 邸宮

549) 以送也: 使之轉達

550) 以收米致溥于金而慶次出回文

551) 還寓

552) 亦: 曾

十四日。陰。

義兵設伏于白也院前, 遇賊接戰, 斬首九級, 且得環刀九柄, 鐵丸
筒五事, 射殺者亦七八云[553]。但我軍亦中丸, 三人隕命, 驚痛驚痛。

十五日。晴。

食後, 與權從卿・鄭景任諸君, 往黃嶺寺, 拜大將, 仍錄軍功, 乘昏
乃還。

十六日。晴。

蔡仲惧・全淨源, 來議拜疏事。 ○ 幕中收賻米四斗, 送而慶靈
筵[554]。

十七日。晴。

荊妻, 以覲慈氏事, 入歸離山, 英兒・無僕[555]出[556]隨之。

十八日。晴。

◇[557]製疏事, 終日在寓次。聞賊上來者, 幾至數千云。近來, 連續
下歸, 而今遽復上者, 何故也?

十九日。晴。

製疏畢, 諸友同聚筆削。當初景任主製, 而語涉踈略, 故使余更
製。吾亦因其文而修潤, 但語多於前作矣。○ 康明甫, 自淵岳, 募得

---

553) 云: 而
554) 靈筵: 喪次
555) 無僕: 及女息
556) 出: 누락
557) 以

一兵而來, 仍留做話。

二十日。晴。

大將, 自黃嶺委來, 見疏草, 日暮而還。○ 長川奴負租入來。

二十一日。晴。

令鄭經世寫疏。○ 聞大將得其妾女婿趙瑗訃, 遽歸本家。山陽林
慶世, 應募而來, 方伯[558]曾已定諸將於義幕故也。

二十二日。晴。

食後, 疏章畢寫, 幕員皆會, 拜送于路上, 以進士全湜・幼學蔡有
喜, 陪進于巡營, 姜◇[559]丈霫, 亦來同參。右丈, 曾以微過, 見斥於士
林, 今乃自來修謝, 請入義籍, 故來參拜疏事。夕, 與全蔡兩公, 同宿
蘆洞。

二十三日。陰。

朝送仲惧諸君于道左。金憲◇[560], 自外南義幕來, 爲傳其大將金
覺之命也。夕, 大雷下雨。

二十四日。陰。

食後, 往靈臺菴, 省覲慈氏。金昌遠, 亦在隣菴, 乘夕相見。淸州
◇[561]丈及棐仲, 方謀擧義, 求得軍粮事, 俱往湖西方伯處, 不還矣。

---

558) 方伯: 自巡營
559) 進士
560) 협주【進士晦仲】있음.
561) 협주【沙潭】있음.

二十五日。陰。

留靈臺菴。午, 與昌遠會話。

二十六日晴。

食後, 陪慈氏, 出來于蘆谷, 光州姨母, 明將入歸禮安, 慈氏以[562]面別事出來[563]。

二十七日。晴。

姨母行次發歸[564]。○ 大將, 今日與龍宮倅期會, 將以夜擊聞慶留賊次, 領兵出歸。吾亦追去, 中路聞軍行已遠, 還來。

二十八日。晴。

兩陣合兵, 吾等義難退在, 與景任, 同赴盤岩陣所, 行到鹽谷, ◇[565]日候已昃。且聞兩兵, 已向聞慶, 勢難追及, 不得已入宿申景鴻丈岳[566]家。◇[567]村有柿木成林, 結實離離, 主家各遺百餘介[568]。

二十九日。晴。

早發, 到愚谷金夢良家[569], 炊朝飯[570]。長川丘卓爾, 亦來在其處矣[571]。夕, 還蘆谷, 則義述家屬, 自勿罕山中, 昨已來到矣。李妻欲來

---

562) 以: 欲

563) 事出來: 故也

564) 行次發歸: 發行

565) 則

566) 丈岳: 岳丈

567) 可歎

568) 村有柿木成林 結實離離 主家各遺百餘介: 누락

569) 金夢良家: 누락

570) 朝飯: 飯

者久矣, 粮物□[572]從, 俱不得措。適鶴峯令公, 移拜右節, 今到居昌, 爲發人馬粮饌, 使之往訪護送, 故得憑其力, 今始發行, 義迷養祖母[573]·繼母[574]及其弟胤武, 亦與偕來矣。昏下雨。

三十日。晴。

◇[575]治行具, 與金山行[576]同發, 夕投鹽谷, 則風雪交作, 寒烈斗甚。夕飯後, 冒昏作行, 比到龍宮邑內, 夜始向明矣。當此天寒, 非但無衣, 代步亦闕, 吾與英兒·命兒等, 皆徒步以行, 其苦不可言。奇兒則緣事故, 留在蘆谷矣。

十月大　丁亥朔

一日。晴。

朝飯于天德院里, 夕宿醴泉地位良谷。道傍髑髏, 相枕纍纍成塚者, 遍滿原壟[577], 皆是夏間龍宮倅與安東·醴泉·禮安諸邑兵, 接戰時所死云矣[578]。當初, 聞龍宮倅善守城之奇, 心每壯之, 及此審問, 則夏間接戰, 動輒不利, 我軍殞命者, 過數百餘人, 而捕賊則不滿[579]

---

571) 長川近卓爾 亦來在其處矣: 누락

572) 僕

573) 養祖母: 眷祖母

574) 繼母: 누락

575) 曾與李妻 旣有偕往臨河之約 故不得已

576) 與金山行: 누락

577) 原壟: 原野

578) 矣: 누락

十餘馘, 實無大捷之功, 惟不離封彊, 僅免竄伏之罪而已云, 襃拜通
政, 今除永嘉, 豈不自愧乎? 然其視棄城偸生, 無意討賊, 如尙州·咸
昌之輩, 相去遠矣。

　二日。晴。
　早發, 朝飯于豐山縣里。士人李軫·鄭叔·鄭憲等四五人出見, 各
出騎僕, 送至安東。李君則且以米兩斗, 惠扶行資矣。夕, 投府內留
宿。金翰林涌, 今爲守城將, 在城內, 乘昏來見。夜, 下雨如瀉。

　三日。陰且風。
　食後發行, 午入臨河, 一門諸屬, 並無恙矣。聘母[580]亦於四月念三,
避出遠地, 家藏雜物, 皆埋置宅中, 盡遭掘拔[581], 無一遺者。農作亦失
時荒廢, 所收極小, □[582]多諸累, 資活爲難, 可歎可歎[583]。但家舍則尙
全, 是可□[584]耳。

　四日。晴。
　留在里中, 知舊咸來致慰, 深以得保軀命爲幸云。

　五日。晴。
　聞鄕兵大將金垓達遠, 來在秋月村, 往見。仍拜治源慈圍, 治源解
襦衣以贈, 爲眷天寒衣薄故也。

---

579) 不滿: 누락
580) 聘母: 氷母
581) 皆埋置宅中　盡遭掘拔: 蕩盡
582) 許
583) 可歎可歎: 可歎
584) 幸

六日。晴。

以求得禦寒之資, 將作强顔之行, 食後發歸安德地, 行到黔谷村[585) 秣馬。崔立之家屬亦寓其里◇[586), 始悉被擄事丁寧, 痛心痛心[587)。冒夜, 到安德閔座首家, 順原亦在同枕, 此里不經賊變云。

七日。◇[588)

留閔宅, 權訓導子述來見。夕, 往見申習讀演公。

八日。晴。

諸公各以租石‧木疋‧衣件見惠。食後發行, 夕宿靑松府內, 南叔繼祖方在官, 與之同枕。

九日。晴。

食後, 發向寧海之英陽縣, 行到眞寶縣, 稅馬金訓導亨胤家。金丈見卽解襦衣以贈。夕, 投英陽南奉事士明家。

十日。晴。

留汝晦家。朝, 進南叔胤祖家, 食後還[589), 與汝晦對話。英陽地[590), 亦經賊變, 而搜攫不至已甚, 且不焚蕩云。

---

585) 村: 누락
586) 矣
587) 始悉被擄事丁寧 痛心痛心: 누락
588) 雨
589) 還: 누락
590) 地: 누락

十一日。晴[591]。

　留汝晦家。食後, 往見趙光義景制, 乘夕而還, 作書寄白文瑞·李
養源情史。

十二日。晴。

　食後發還, 汝晦以足巾·豆斛見遺, 景制亦送租斗矣。家屬俱罹寒
餓, 何物不關, 而慈氏及季妹, 俱無厚衣, 尙在離山之谷, 天日漸寒,
禦冬無策, 戀係日增, 罔知所措。今吾作行, 意盖爲此, 而所得皆不合
用, 奈何奈何? ◇[592] 夕, 投眞寶申訓導淐公家, 仍吊故習讀申守渭几
筵。夜, 與申孝子沉同宿, 此地□[593]不逢賊云[594]。

十三日。晴。

　申丈以租粟各一斛, 衣材一疋見惠, 沉公亦以□[595]五斗·弊衣二
事[596]見遺, 所得不貲, 感且未安。食後發還, 歷拜鶴峯令公夫人于申
谷。夫人曾於賊變之初, 自京城奔出, 取路關東, 轉輾寄食, 率四子
女, 幾至塡壑者屢矣, 且屢逢賊鋒, 輒以術免禍, 一行俱得無恙, 九月
中始得還家云。何其幸矣? ○ 夕, 入臨河, 兒屬並好在矣。

十四日。晴。

　午, 與諸公, 往道一公獵魚之所, 恣食鮮膾。崔季升, 自義城來。季

---

591) 晴: 누락
592) 尤爲悶塞
593) 以
594) 夕投眞寶申訓導淐公家 仍吊故習讀申守渭几筵 夜與申孝子沉同宿 此地<以>不
　　　逢賊云: 누락
595) 粟
596) 二事: 一事

升曾在一善, 累逢倭奴, 身幸免禍, 而其閨中見擄不還。渠亦[597]無所歸托, 逡巡知舊之處, 身且無衣, 甚可矜惻。

十五日。晴。
金乃純捉巢魚見邀, 與季升同往, 飽食而還。聞咸昌一路, 賊勢極熾, 新方伯韓孝純, 方在安東, 徵發寧海・眞寶・淸河・盈德・長鬐・迎日・靑松等邑兵, 往守龍宮縣界。

十六日。晴。
與季升, 同話于治源家。

十七日。晴。
治行具, 將以明日入歸離山慈氏所故也。

十八日。晴。
食後發行, 到府內。聞都事昌遠公在官, 入見, 仍與同枕。權察訪從卿, 自宣城亦來。吾方以單行爲憂, 權丈適到, 偕行, 深慰深慰。

十九日。晴。
午後發行, 夕宿于鼎夜村舍。左兵之赴防龍宮者, 連亘道路。

二十日。晴。
曉頭發行, 偕權丈, 投宿于申堂谷。

---

597) 其閨中見擄不還 渠亦: 누락

二十一日。陰。

早發, 到龍宮石峴, 則賊勢極盛, 道淵・永順・浦內諸處, 烟焰漲天, 決難通道, 不得已還到申□[598]谷, 止宿。

二十二日。晴。

觀此賊勢, 勢難作行, 濡滯累日, 粮物已乏。權丈歸龍宮倅李愈家, 李爲[599]從行故也。吾則歸渚谷權景初家。金而晦亦在殷豐, 方爲伏兵將, 往守縣界, 卽送人邀來, 同枕于權時家, 景初弟景虛, 亦同宿。而晦之不相見, 今七閱月矣。邂逅客土, 幸各保存, 其喜兩極兩極。

二十三日。晴。

而晦歸, 金子㫌[600]亦來同話。子㫌作贅權門, 方居渚谷, 於吾爲同鄕竹馬契也。午後, 往金谷, 訪見邊嫂及李氏妹。景閑亦在其處, 相與穩叙。景閑, 曾於夏間, 自京城奉其慈圍, 避[601]出關東地, 以疾奄丁內艱云, 方持養母服未関, 而又遭深疚, 甚可矜惻。朴苞・朴笱及金澑來見, 申諆亦來見。乘昏, 還渚谷, 與子㫌・景虛・全景先・李汝美, 同宿。山陽黃公會, 亦來同話。

二十四日。自夜大雨。

與子㫌諸公, 終日打話。聞賊勢尙熾云。

二十五日。陰。

景初, 以足巾・單袴及內襦衫, 各一事見遺, 公會亦遺衣材半疋,

---

598) 堂
599) 爲: 有
600) 협주【名珽號西潭】있음.
601) 避: 누락

綈袍之戀, 到此可見。食後, 發還申堂, 則權丈已來留待矣。金達遠,
率鄉兵八百餘人, 來陣集勝亭前, 暫與做話。日暮仍宿申堂。

二十六日。晴。
食後, 偕從卿發行, 先到達遠陣所, 則裵明瑞來自縣內, 曰: "賊騎
五十餘人, 朝已入縣, 其勢甚熾, 難於輕犯, 官軍留陣者, 一時驚退,
萬無可禦□[602]理."云云。吾等則其決不可作行, 與權丈還來。□[603]賊
之下歸者, 逐日不絶, 而留屯於唐橋以上及永順‧□□[604]等諸處者,
亦彌滿一路, 結幕二百餘所, 侵劫人物, 恣行屠戮, 山陽人被殺者, 過
數百餘云, 其意豈欲并吞左道諸邑, 以爲過冬之計耶? 痛心痛心。
夕[605], 與◇[606]從卿, 投宿豐山村舍。道遇金侃, 自長川流離寄食於縣
地, 憔悴之容, 慘不忍見, 與之同枕。傾囊以給, 其子女, 多至六七,
冬間豈得免凍餒於道傍耶? 可憐可憐。

二十七日。晴。
蓐食而發, 入府內, 見金昌遠。從卿歸禮安, 吾則歸臨河。聞去二
十一日夜, 仁同留賊, 猝入于軍威縣內, 劫殺數百餘人, 人皆入寢, 未
及避出云。

二十八日。晴。
聞金海之賊, 與釜山‧東萊諸賊合勢, 進攻昌原‧咸安等邑, 兵使
柳崇仁, 再戰皆敗, 我軍陣亡者一千四百餘人, 兵使退走, 賊追入晋

---

602) 之
603) 聞
604) 盤岩
605) 夕: 누락
606) 權

陽, 圍城七日, 兵使與泗川縣監, 在城外中丸殞命, 牧使金時敏, 判官
成天慶, 昆陽郡守李光岳等, 堅壁閉城, 賊多方謀越, 終不得入, 第七
日始接戰, 我軍發矢如雨, 或放鐵丸, 或注沸湯, 賊乃解圍, 死傷者不
知其數, 餘賊退入丹城, 攻劫而歸云. 晋陽之戰, 若非牧使之力, 則陷
在呼吸, 而終能大捷. 功不可言, 但額角中丸重傷云, 可歎. 賊之下歸
者無數, 而行到邊地, 不卽乘舡, 留屯郡邑, 日以焚刦爲事, 晋州一境,
久爲完邑, 而頃日之戰, 盡被焚蕩, 今無餘宅[607]云, 此甚可慮也[608].

二十九日。陰。
荊布歸申谷, 爲參右方伯家醮席故也。

三十日。晴。
夢拜京居從祖, 且與郭再祐接談。

十一月大 丁巳朔

一日。晴。
日候甚烈。

二日。晴。
日甚寒。荊布自申谷還。

---

607) 宅: 舍
608) 此甚可慮也: 누락

三日。晴。

四日。晴。

聞昨日唐橋留屯之賊, 乘夜闌入于體泉之柳川, 龍宮之天德院, 周回四十餘里, 一時焚蕩, 我軍被圍不出者, 多値屠戮。其勢漸次深入, 左路一帶, 恐◇[609]難支保[610], 防禦之軍, 逐日逃歸, 而亦[611]不得禁遏, 是尤可悶。是日被害者, 皆是僧兵, 而他餘避亂出歸而死者, 亦過百餘云。

五日。晴。

六日。晴。

七日。晴。

八日。微雨。

聞賊勢漸[612]逼, 頃日龍宮縣舍, 盡數焚蕩, 今秋所收倉穀, 亦皆輸去, 列邑軍卒, 幾盡逃潰, 了無可禦之勢, 而[613]方伯留鎭于安東者久矣, 慮有不虞, 昨昨已向禮安。龍醴兩境及豐山 · 安東府內等處, 閭里一空, 人皆深入, 姑爲避死之計, 賊欲長驅, 何憚而不爲耶? ○ 得見聞慶人申以吉書, 渠亦同參義幕者也。月初四日, 自黃嶺入來金塘, 近將還歸, 要余同行。其書曰: "去月二十七日, 大將命李丑率精

---

609) 亦
610) 支保: 保
611) 亦: 누락
612) 漸: 甚
613) 而: 누락

兵五十, 夜擊于唐橋, 射殺者十五倭, 奪取牛馬並十七馱."云。幕中
促余速還, 而賊勢如彼, 末由發行, 悶極奈何奈何[614]?

九日。陰。

聞知舊申禮男文吉遇害, 文吉眞寶申滉公之胤子也。 娶婦淸州
地, 仍居焉。夏間被攎, 賊劫着卉服, 欲令降附, 文吉抵死不屈, 終拒
不受。賊捽髮扶曳, 拔劍擬之, 猶不屈。少焉, 賊捨令自便, 而猶使人
圍擁, 文吉度不得逃去, 卽拔所佩刀, 自刎以死。賊將聞之, 驚悼曰:
"此眞義人也." 追惜不已, 卽[615]令其衆, 羿其屍, 送埋于山麓云。文吉
之妻, 亦被攎, 賊欲汚之, 力拒不屈, 賊找劍脅之, 終不肯□[616]。□[617]
冒白刃, 肌膚盡傷, 血流遍體, 賊竟捨之云。節□□[618]成, 今亦有之,
孰謂古今不相及也?

十日。陰。
因自仁同來人, 聞賊徒近來連續下歸。

十一日。晴。

十二日。微下霰。
陪外姑, 往南面奴子之家, 近來賊焰漸迫, 恐有長驅之患, 以此預
避深處, 圖免倉卒蒼皇之急。

---

614) 奈何奈何: 奈何
615) 卽: 누락
616) 從
617) 躬
618) 義雙

十三日。晴。

日候極寒, 仍留山谷中。

十四日。晴。

日候[619]極寒。食後發還, 歷見南申之, 始聞軍威張士珍遇害。張公校生而有武才者也。以其有勇略, 方伯差爲本邑伏兵大將, 累遇多賊, 輒射斬, 又斬錦衣賊將一級, 以此軍聲大振, 將欲入擊仁同縣留賊。其志不安於小捷, 每遇賊, 身先士卒, 勇敢無出其右。去十日賊小許, 焚蕩于近隣, 張公率敢死者三十人赴戰。俄而衆賊, 四面猝至, 士珍以下皆被殺。蓋賊欲報前日斬魁之讐, 豫設伏兵, 陽遣單兵, 以示孤弱, 故爲引出之謀, 而士珍不悟, 敢敗至此, 尤極痛心。義城以下諸邑, 以士珍爲藩捍, 遽至此極, 賊如長驅, 則遏折無計, 是尤可惜可惜[620]。

十五日。晴。

基遠, 自蘆谷入來, 得奉慈氏及諸弟妹書, 始審彼地, 俱得支安。竣弟, 亦自京取路湖西, 月初七日, 得抵慈氏, 仍[621]其爲蘇, 喜不盡言喩, 喜不盡言諭。遭亂以後, 南北邈然, 其存其沒, 兩不聞知, 豈料今日, 各得保全, 重見面目乎? 第伏聞從祖父內外, 曾於六月中, 在金城地[622], 俱被賊鋒云, 驚慘痛苦, 無地可喩。兩老春秋, 皆近八耋, 而不得令終, 不幸孰甚焉? 竣家屬及具氏妹一行, 倉卒分播, 俱未知時在某所云。且得鄭景任書, 幕中諸事, 日至解弛, 促余急還, 渠則

---

619)　日候: 누락
620)　可惜可惜: 可惜
621)　仍: 所
622)　地: 누락

以軍粮圖得事, 曾往公州體察使所云。且聞陣中令李軸·鄭範禮等, 抄[623]領精卒, 累次夜擊于唐橋, 斬首十餘□[624], □[625]殺百餘賊, 射中不知其數, 奪取牛馬, 亦多云。金沙潭公, 亦已聚軍, 斬得四級, 吾州新牛刺鄭起龍, 赴任纔浹旬, 勇於討賊, 射斬亦多云, 極令人增氣。

十六日。陰。

十七日。晴。
崔直長立之, 自其避[626]寓所, 委來見訪。

十八日。晴。
立之留宿, 與汝章·士善諸公, 同會宿。冬至。

十九日。晴。
立之, 歸見亞使金昌遠於臨河縣, 昌遠陪使行, 今入眞寶, 故到縣也。得光州姨母書, 始審今到英陽縣南別監家, 一行安穩, 極慰極慰。

二十日。陰微雪。
權叔晦來見。

二十一日。晴。
往拜外姑南面寓所, 留宿。

---

623) 抄: 누락
624) 級
625) 射
626) 避: 누락

二十二日。

早, 往毛老谷村, 爲擇妻子移寓之所故[627]也。豐山鄭憲景誠 · 鄭恕推卿, 皆來寓此村。仍往可音谷◇[628], 金順伯家[629], 訪見[630]以弊袍見遣。夕, 還南面, 柳汝章亦來矣。

二十三日。晴。

晚還臨河, 歷見以源內助于思位村舍。

二十四日。陰。

金徵, 歷見仍留。徵, 乃門庶族, 而夏秋間同寓于蘆谷之人也。渠亦失所, 率其妻子, 來寓府境云。邂逅相見, 蘇慰蘇慰。

二十五日。晴。

二十六日。晴。

食後發行[631], 金道源 · 權叔晦 · 金治源 · 金士善來別。夕, 投宿松馬李士會寓所, 鄉友韓擇之, 亦避亂來寓于是里矣。

二十七日。陰。

朝飯于府內。夕, 宿求德, 本金忠義家。是里亦盡焚燼無餘矣。昏下雪。

---

627) 故: 누락
628) 訪見
629) 家: 누락
630) 訪見: 順伯
631) 發行: 發還

二十八日。極寒晴。

朝飯于李進士明之家, 是里亦盡焚, 惟餘進士公寢房矣。明之以木花·足巾等物見遺。□[632], 宿于多仁縣里, 里舍焚蕩, 什無一二矣。

二十九日。晴。

日午, 行到梅湖邊, 將欲渡江之際, 忽見烟氣起自墨谷, 乃焚蕩之賊火也。顚倒退步, 還[633]泊于邃山驛里。待日昏發行, 冒夜鞭馬, 行到奈峴, 夜始向曙矣。

三十日。晴。

行到扇箭洞遷路, 卜馬蹶足, 墜落千丈之崖, □[634]斃不救[635], 所載囊橐, 亦皆折裂, 可恨可恨。夕, 投道藏谷, 與鄭景任·李士擴·康明甫同宿。

十二月小 丁亥朔

一日。晴。

日晚, 到蘆谷主人家, 留宿。峴路永雪埋覆, 十步九僵, 雖有鞍馬, 不得乘行, 尤可慮[636]也。

---

632) 夕

633) 還: 누락

634) 卽

635) 不救: 누락

636) 慮: 悶

二日。晴。

曉發, 入歸福泉寺慈氏所, 冒昏始達寓, 聞[637]皆平安, 極慰極慰。聞義卒夜擊州城, 斬一級, 得馬四疋云。

三日。陰。

明日, 乃先君諱辰, 終日齋居。

四日。雪。

晨起, 設紙牓, 略行奠禮。此日永慕之痛, 平日之所不堪, 況今國破家亡, 漂迫岩谷, 悲痛之私, 如何盡喩?

五日。晴。

早發, 入離山大刹, 暫拜沙潭丈, 密議唐橋夜擊事。夕, 投蘆谷, 氷崖路滑, 屢次顚躓, 氣極不調。

六日。陰。

日候甚冽。近來連日陰晦, 寒冽至此, 道傍凍死者, 比比有之。況西土慘裂, 有甚南方, 行在起處, 有不忍言, 而賊路猶梗, 消息無由。言念及玆, 五內如割, 痛哭痛哭。全淨遠來話, 仍留宿。夜下雪。

七日。晴。

淨源歸屛川陣所, 蔡景休來宿。夕, 往見景任于道藏洞寓次, 冒昏還來。

---

637) 聞: 中

八日。晴。

景休歸。○ 偕從卿丈, 往見咸昌假守于黃嶺□[638], 假守有染疾, 不得相見。○ 被擄女人, 自唐橋賊陣, □[639]文字, 許放而來。其文云: "諸民百姓等, 土貢之粮米等, 致運上者, 遣免許放, 陪[640]可撫育, 不從之者, 悉可誅伐, 此返答之紙面, 早可回酬者也。十一月二十六日, 日本軍將, 朝鮮國下民百姓中。"云云。夜下雪。

九日。晴。

極寒, 終日閉戶, 不得出頭。

十日。晴。

偕從卿, 往拜大將于屏川, 留宿。

十一日。晴。

在陣所。

十二日。晴。

在陣所。趙士甲等, 率精兵數十, 夜擊于唐橋, 無數射殺, 斬首一級, 乃外庶族郭應和所斬也。入冬以來, 兵疲食盡, 雖不大捷, 而夜斫十餘次, 殺傷甚多, 得馘通許五十級也。

十三日。晴。

以陣中事[641]相議事, 大將要見鄭景任于獐項道中, 吾與全淨遠,

---

638) 寺
639) 持
640) 陪: 倍

皆隨之, 日暮還陣所。

十四日。晴。
鄭景任來陣所, 爲議軍粮·器械覓得事也。

十五日。晴。
修報都體察前文狀[642]。體察上使鄭相澈也, 副使金鑽也。鄭公, 以一代元老, 起自竄謫之中, 來主兩湖之事, 其任大矣。到界以後, 日事沉湎, 全不治事云, 可歎。○ 尙義幕佐金弘慶, 持關來到, 盖爲合近處官義兵, 謀擊甘文之賊故也。書中, 有'當封豕嘷突之日, 痛連鷄不栖之患'等語, 辭順理直, 而措語亦工。其文出自叔平手云。此議若成, 必能大捷, 無疑矣。

十六日。晴。
以大將命, 持尙義軍關子, 往見聞慶倅于宮址, 則右倅辭以兵單, 不肯聽從, 可恨。

十七日。晴。
自宮址, 還拜大將于屛川。以覓得軍粮事, 全淨遠持檄文, 入歸左道書院及閭里諸處, 鄭景任發向湖西, 體察道及列邑諸處, 李守基·□[643]瀚陪歸。

---

641) 事: 누락
642) 體察前文狀: 누락
643) 權

十八日。晴。

　倡義軍將, 以來日會諸陣于報恩馬來里, 同議合勢事, 大將適氣
不平, 以吾代送, 故日晚發行, 夕宿炙岩村。○ 金得宗, 還自巡營,
得箭竹千介 · 細木二十疋而來。

十九日。

　早發, 朝飯于孤峯具德容亭舍, 則鄭景任昨夕來宿此亭, 時未發
行, 仍暫打話。助戰將宣義問, 亦方留陣此地, 炊飯以饋。向晚, 偕助
戰將, 馳赴馬來里, 諸陣帥俱會約束。曰尙州牧使金澥, 曰忠報軍金
弘敏, 代以召募官趙翊, 曰善山府使丁景達, 曰助戰將宣義文, 曰尙
州判官鄭起龍, 曰倡義將金覺, 曰報恩縣監具惟謹, 曰昌義將李逢,
代以左幕趙靖, 曰忠義將李命百, 曰崇義將盧景任, 以右九陣, 爲左
衛, 以鄭起龍 · 宣義問 · 具惟謹, 爲將以屬之。曰助防將永義將永同
縣監韓明胤, 曰黃義將朴以龍, 懷義將姜節, 曰靑義將南忠元, 曰鎭
岑縣監邊好謙, 曰懷德縣監南景誠, 曰黃澗縣監朴夢說, 以右七陣
爲右衛, 以南景誠◇[644] · 朴夢說, 爲將以屬之將。以今月二十五日,
與下道義兵將金沔合勢, 謀擊甘文 · 善山兩邑之賊。此事倡義軍, 與
永義將韓明胤, 主議以爲之也。韓公, 自變初, 戮力討賊, 與士卒同
苦, 以此群下樂赴, 爰戴如父母。朝廷特加通政云。○ 是日終夕下
雪, 諸人各散, 而吾與棐仲, 仍宿村家。

二十日。雪。

　偕棐仲晚發, 直到俗離, 省觀慈氏, 兼拜忠報大將。右丈, 以疫疾,
新喪胤子琢, 哀悴過度, 可慮。

---

644) 日

二十一日。晴。
留俗離。

二十二日。晴。
午後發行, 暮宿龍華寺, 與河丈景浹, 洪伯仁·景仁, 同枕。

二十三日。晴。
午, 到藏岩, 歷見盧通津大海, 兼求殖租, □[645]送慈氏所故也。○
夕, 投屛川, 告大將以合勢約束之□[646], □[647]非但粮乏, 軍卒亦[648]四
散, 難於猝聚廿五甘文之擧勢及措云。

二十四日。晴。
巡相, 因咸昌·聞慶兩邑之報, 傳令義陣, 義兵所屬官軍, 盡令解
送云。以此軍卒被侵, 將至盡散, 深可慮也。

二十五日。晴。
修報使草, 兼書軍功案, 以吾將以明日赴巡營故也。○ 義兵金繼
男, 托稱軍官, 作賊山幕, 爲人所訴, 訊問得情, 卽日行刑。

二十六日。晴。
午後, 拜辭大將, 夕宿蘆谷, 裨將權綏隨行, 申樞伯亦以其私故,
同行而[649]歸。今行所齎賊首四級, 帶行郭應和·李石守, 皆有軍功

---

645) 爲
646) 事
647) 則
648) 亦: 누락
649) 而: 누락

者也。

二十七日。晴。

早發冒昏, 投中牟川下村, 宿申景智家。權景逸, 自夜間得霍亂, 氣極不平, 可慮。

초서정서본[오작당본]과
판각정서본[규장각본]의 이본 대조
: 오작당본에서 규장각본으로의 변주 양상

壬辰 四月大 庚寅朔

十四日。晴[1]。

得官帖, 始聞倭寇數百餘艘, 現形于釜山・東萊等水界云。公家以軍馬調發事, 號令星馳, 閭里驛騷◇[2], 難得聊生, 可歎[3]。

十五日。晴。

長子基遠, 將以明日娶婦于一善崔直長立之家, 今日先遣竑弟, 齎書幣, 趂明日旭朝徵納, 洞中諸友, 皆來會, 爲見豚兒習儀故也[4]。

---

1) 晴: 누락. ※ 날씨와 관련한 기록의 전부 누락은 판각정서본에서부터 시작하여 목판본에 이르기까지 이어짐.

2) 矣

3) 難得聊生 可歎: 누락

4) 長子基遠 將以明日娶婦于一善崔直長立之家 今日先遣竑弟 齎書幣 趂明日旭朝徵納 洞中諸友 皆來會 爲見豚兒習儀故也: 누락

○ 聞鶴峯令公, 以刑曹參議◇[5], 特拜右廂。

十六日[6]。朝雨晚止。

醮豚兒于中堂: "惟爾生, 纔閱歲, 先祖考直長府君, 鞠育懷裏, 鍾愛彌篤, 未及成人。祖考遽捐館舍, 先考府君亦繼而不祿, 孤露餘生, 子孑靡依。今幸蒙荷冥佑, 汝能得免水火, 以至>長成而有室。言念及此, 悲感塡心。汝基遠, 若能體念先志, 以無忝所生, 則祖考在天之靈, 應亦慰悅於冥冥之中矣。嗚呼! 汝其勉之。" ○ 舍弟棐仲及金正字而晦【□爲應敎名光曄】·宋彦明·金子亨·中房金雲龍繞去。一行發程後, 余與朴伯獻·申文叔·樞伯·玄景達·申直夫諸君, 登從萬【令之三峯山】絶頂, 東望洛津, 則兒行已登船渡江矣。○ 夕微雨。聞右廂之行, 以賊變, 倍道遄邁, 今日入州云。

十七日。微陰。

聞[7]右廂之行, 取路竹峴【長川善山界】[8], 顚倒出去, 立叙于[9]馬頭, 則"昨夕在中原◇[10], 聞變終夜驅馳[11], 平明入州, 未暇飮氷[12], 急赴本營, ◇[13]釜山·東萊·梁山等地, 皆已陷城, 主將被殺。"云。經幄儒臣, 不閑弓馬之技, 而猝遇勁敵, 何以制變? 國家[14]昇平日久, 遠聞此報,

---

5) 협주【懲毖錄承旨】 추가
6) 4월 16일자 일기 전부 누락
7) 聞: 누락
8) 협주 누락
9) 于: 누락
10) 협주【忠州】 추가
11) 驅馳: 馳驅
12) 未暇飮氷: 누락
13) 而
14) 國家: 누락

心膽俱墜, 罔知所喻[15]。金虞侯玉·柳君瑞及金淡·安處孫, 陪行而來矣[16]。

十八日。晴。

氣不平, 終夕委臥[17]。流聞邊報日急, 羽書旁午, 沿邊列陣, 以次見陷云, 而連見烽燧, 每準一炬, 此甚可疑, 或云變出左道, 故右火一炬, 又云賊計奸黠, 先滅邊烽, 自[18]擧一炬, 以杜內兵之援, 故烽火之在內者[19], 常一炬云。

十九日。晴。

得裴仲◇[20]在州內所寄[21]書, 倭奴連陷東萊·蔚山·梁山[22]等巨鎭, 已迫密城[23], 先圍無訖驛里云。邊報益急, 而制勝無策, 人心洶惧, 擧有深入避禍之計。如我駑劣之生, 上奉老母, 下有妻孥, 蠢然諸雛[24], 無地可[25]安頓, 束手仰屋, 何以爲計? 尙寐無寤。適丁今日[26], 我生不辰, 何至此極? 夕, 玄景達來見, 仍講避寇之策[27]。

────────────

15) 所喻: 所措
16) 金虞侯玉·柳君瑞及金淡·安處孫 陪行而來矣: 누락
17) 氣不平 終夕委臥: 누락
18) 自: 누락
19) 之在內者: 누락
20) 협주【先生之仲弟, 諱翊】추가
21) 所寄: 누락
22) 梁山: 누락
23) 密城: 密陽
24) 如我駑劣之生 上奉老母 下有妻孥 蠢然諸雛: 言念國事 五內如焚 如我駑劣 上不能爲國謀 下不能爲家計 老母妻孥
25) 可: 누락
26) 束手仰屋 何以爲計 尙寐無寤 適丁今日: 누락
27) 夕 玄景達來見 仍講避寇之策: 누락 ·

二十日。晴。

早朝聞州伯◇²⁸⁾, 自下道敗還, 出見于路左, 仍問所由, 則曰: "曾²⁹⁾
與咸昌倅◇³⁰⁾, 率領一二運軍卒³¹⁾數千餘人, 到星州地, 承方伯指揮,
旋向大丘, 將以爲外援之地, 纔渡³²⁾洛津在仁同・星州兩邑之³³⁾界³⁴⁾,
則石田地, 有倭寇數十餘輩, 自山脊下來, 接戰, 我軍之前行者, 盡被
鏖滅, 勢不得支吾, 吾等僅以身免, 達夜馳還。"云云³⁵⁾。咸倅亦隨後而
至, 一行飢餒, 面無血氣³⁶⁾, 憑余求飯甚懇, 卽邀致到家, 出饋酒食,
備聞其所未聞, 其說尤慘³⁷⁾, 咸昌・聞慶・尙州三邑軍, 全數被戮,
◇³⁸⁾無一人遺者云云³⁹⁾。◇⁴⁰⁾聞此報, 五內如焚⁴¹⁾, 莫知所爲, 家藏什
件, 未遑料理, 箱篋書冊等, 或堀地埋置, 或藏貯廳板之下⁴²⁾, 神主則
奉出主身, 入於櫃中, 深藏潔處⁴³⁾, 當晚。裵仲奉慈氏, 及季妹與庶祖
母⁴⁴⁾先發, 將⁴⁵⁾向州西北長之山, 妻屬亦隨而偕去。吾與次兒, 留待
基遠還, 當午乃發, 暮投北長寺, 則一行皆無事已到矣。內行皆騎牛

---

28) 협주【金澥】추가

29) 曾: 누락

30) 협주【李國弼】추가

31) 軍卒: 軍

32) 渡: 到

33) 之: 누락

34) 在仁同・星州兩邑之界: 협주【在仁同・星州兩邑界】로 전환

35) 云云: 云

36) 面無血氣: 누락

37) 其說尤慘: 누락

38) 云 其說尤慘

39) 無一人遺者云云: 누락

40) 自

41) 五內如焚: 누락

42) 箱篋書冊等, 或堀地埋置, 或藏貯廳板之下: 누락

43) 神主則奉出主身, 入於櫃中, 深藏潔處: 奉神主納於櫃中 埋安潔處

44) 及季妹與庶祖母: 누락

45) 將: 누락

而行, 州內及諸處士族之家, 擧皆奔竄, 處子室女, 未暇擁面, 顚沛劻
勸, 道途騈闐, 號哭之聲, 上徹雲漢。我一行, 慈氏以下, 庶祖母·季
妹及余及翊·竤·基遠·榮遠·裕遠·弘遠·亨遠及女兒, 並十二
人, 下屬奴婢[46]◇[47]老弱, 並[48]五十餘口矣[49]。◇[50] 他人之同到此寺
者, 亦近百餘, 寺宇闃閡, 不得容接矣[51]。

二十一日[52]。晴。
一行留寺。倉猝出來, 粮饌小賚, 送奴于州內家, 謀致米石。流聞
賊勢極鴟, 將迫我境云, 心緖益亂。此寺距州府不遠, 慮有不虞之虞,
更爲深入之計。

二十二日。晴。
食後[53], 一行俱發, 入住于寺西九滿村金潤之家[54]。韓瓗·璡, 玄德
升·河澂·姜絨諸人, 亦各率其親屬, 來寓于隣舍, 魯谷叔母主, 亦住
于西隣矣[55]。夕, 聞助防將梁士俊入州。

---

46) 亦隨而偕去 吾與次兒 留待基遠還 當午乃發 暮投北長寺 則一行皆無事已到矣 內
　　行皆騎牛而行 州內及諸處士族之家 擧皆奔竄 處子室女 未暇擁面 顚沛劻勸 道途
　　騈闐 號哭之聲 上徹雲漢 我一行, 慈氏以下, 庶祖母·季妹及余及翊·竤·基遠·
　　榮遠·裕遠·弘遠·亨遠及女兒 並十二人 下屬奴婢: 누락
47) 及上下
48) 並: 누락
49) 口矣: 人隨而偕去
50) 吾與次兒 留待基遠【先生之長子, 十六日作醮行, 而未返故也.】還 當午乃發 暮投北
　　長寺 則一行皆無事已到矣 州內及諸處士族之家 擧皆奔竄 顚沛劻勸 道途騈闐 號
　　哭之聲 上徹雲漢
51) 他人之同到此寺者, 亦近百餘, 寺宇闃閡, 不得容接矣: 누락
52) 4월 21일자 일기 전부 누락
53) 食後: 누락
54) 金潤之家: 협주【金潤之家】로 전환
55) 韓瓗·璡, 玄德升·河澂·姜絨諸人, 亦各率其親屬, 來寓于隣舍, 魯谷叔母主, 亦
　　住于西隣矣: 누락

二十三日。晴。

留九滿, 始聞石田之敗還[56], 非眞倭奴也。乃其近處避亂之人, 屯聚山谷, 見我軍至, 相與奔走往來之際, 我軍先驚, 以謂[57]倭寇潛伏, 以遏徂旅, 訛言洶起, 不能止息, 一卒遽斬避亂者一人曰: "此倭寇之邏卒也."[58] 牧伯與咸昌◇[59], 亦不辨其眞僞[60], 內怯外眩, 自切謀免之計[61], 棄師徑退, 有同亡群走險之鹿。軍中無統, 委棄兵粮, 一時潰散[62], 弓矢糇糧, 充滿道途, 至有棄其乘馬而未及携[63]去者。州人金俊臣, 以率領將, 領初運先導, 故未知軍驚失師之由, 過峴留宿, 怪其後軍不繼, 偵探其故, 進退狼狽, 不得已領其所率, 前到大丘琴湖之濱, 則或騎或步, 而[64]自府內出來者, 陸續不絕, 意其倭寇陷大丘府而上來也。擧軍亦一時驚動, 棄甲曳兵, 逃走之不暇, 有如昨日石田之潰, 俊臣亦計無所出, 撥馬馳還云。噫! 徵兵赴援, 本欲禦敵, 而虛聲所動, 尙且如此, 設遇賊鋒, 誰肯有冒矢石竭死力者哉? 民散久矣, 蚩蚩固不足言, 食祿委質者, 庶可以徇國家之急[65], 而臨亂苟免, 甚至棄師而[66]先逃, 如彼負國, 儐髮[67]難赦, 痛甚痛甚[68]! ○ 夕聞防禦使趙儆入州。○ 自石田·琴湖之潰, 本州軍馬, 並皆亡匿, 牧伯來住空

---

56) 敗還: 敗

57) 以謂: 以爲

58) 一卒遽斬避亂者一人曰 此倭寇之邏卒也: 누락

59) 倅

60) 亦不辨其眞僞: 누락

61) 自切謀免之計: 누락

62) 有同亡群走險之鹿 軍中無統 委棄兵粮 一時潰散: 누락

63) 未及携: 누락

64) 而: 누락

65) 徇國家之急: 殉國

66) 而: 누락

67) 儐髮: 擢髮

68) 痛甚痛甚: 누락

城, 莫知所爲, 先遣其妻屬, 入置⁶⁹⁾深谷, 渠亦自度不免於刑章, 欲爲
逃走之計, 單騎出舍于⁷⁰⁾郊藪間, ◇⁷¹⁾下吏官屬輩⁷²⁾, 並許其自由⁷³⁾散
去, 城門四開, 寂無一人。◇⁷⁴⁾助防・防禦等, 使之入, 非但⁷⁵⁾徵發無
由, 供億饋餉, 亦無人⁷⁶⁾主管, 艱得水漿, 療其飢渴, 旋卽發向下道云。
牧伯逃歸⁷⁷⁾之意甚切, 而首吏一人, 獨守空城, 牢執不送⁷⁸⁾, 發尙留
滯⁷⁹⁾, 不得自由, 而常⁸⁰⁾秘其蹤迹, 潛藏深密之處, 了無唱義勤王以守
堡障之意, 守土者如此, 他尙何言? 可歎⁸¹⁾。

　二十四日。晴。
　留九滿, 聞巡邊使李鎰, 自咸寧入州。午, 遇巡邊裨將卞有獻於路
上, 則曰: "主將入州, 將欲留陣此州, 以爲禦寇之計, 而軍民盡散,
只餘空城, 百爾所思, 未得良策, 故⁸²⁾使余巡審山谷間, 溫言通喩, 庶
使逃民及時還聚矣⁸³⁾。◇⁸⁴⁾倭寇聲息, 則密陽陷城後, 更無他奇⁸⁵⁾,
大丘則非倭奴也。我軍往來者, 自相驚惑, 焚其官廨軍器等處, 而散

---

69) 入置: 置之
70) 渠亦自度不免於刑章 欲爲逃走之計 單騎出舍于: 自匿
71) 以爲觀勢走避之計 而
72) 輩: 누락
73) 其自由: 누락
74) 以故
75) 非但: 누락
76) 人: 누락
77) 逃歸: 逃去
78) 不送: 不捨
79) 發尙留滯: 누락
80) 而常: 玆尙留滯而
81) 可歎: 누락
82) 百爾所思 未得良策 故: 누락
83) 庶使逃民及時還聚矣: 于逃民 使之及時還聚
84) 而
85) 他奇: 他報

而之四方, 安有若此無謂之事也."云云。且[86]"尹暹・朴篪, 今爲從事
而[87]來, 在幕下云, 隱避之人, 自聞此語, 俱有還聚之心, 州有主帥留
陣, 謂可以倚賴以活[88], 負擔下歸者, 旁午不絶, 軍卒之入城者, 亦近
四五百."云。◇[89] 若使牧伯曾無石田之逃, 而繕治甲兵, 以爲堅守之
計, 則民心豈至於渙散, 軍容豈至於挫却也? ○ 夕, 聞半剌城主
◇[90], 率三運軍, 到高靈縣, 前柳汀[91]有騎步, 並三四十人, 自玄風路,
直斥[92]而來, 我軍疑其爲倭奴, 方皆洶懼之際, 半剌策馬先出, 諸軍
隨而潰散, 兵粮雜物, 狼藉道次[93], 無異琴湖之敗云。大槩, 前聞咸
倅之言, 石田之變, 一軍盡斃, 無一人遺者[94], 兩帥堇[95]以身免云云。
而及[96]今審[97]聞逃卒之言, 則所謂石田・琴湖・高靈等三處之變, 皆
未接戰而潰, 故諸軍委棄兵粮而已[98], 別無殞命者云云[99]。且點檢奴
僕及閭里之赴軍者, 則亦皆生還。以此推之, 咸倅所謂盡斃云者, 殊
非的報[100]。是必以不接戰先逃[101], 懼其不免於軍律, 而[102]構出無實

---

86) 大丘則非倭奴也 我軍往來者 自相驚惑 焚其官廨軍器等處 而散而之四方 安有若
　　此無謂之事也云云 且: 누락
87) 而: 누락
88) 州有主帥留陣, 謂可以倚賴以活: 누락
89) 噫
90) 權吉
91) 柳汀: 누락
92) 直斥: 驅馳
93) 方皆洶懼之際 半剌策馬先出 諸軍隨而潰散 兵粮雜物 狼藉道次: 一時潰散
94) 無一人遺者: 누락
95) 兩帥堇: 兩倅僅
96) 及: 누락
97) 審: 누락
98) 諸軍委棄兵粮而已: 누락
99) 云云: 누락
100) 殊非的報: 누락
101) 不接戰先逃: 無端棄師
102) 而: 누락

之語, ◇[103]欲掩其己罪也。不獨州伯及咸倅爲然[104], 傳聞星州・大丘等宰守, 亦皆棄城逃歸云, 領外諸鎭, 將有不攻, 自破之勢矣。憤歎憤歎[105]。

二十五日。晴。

昨聞裨將之言, 倭寇聲息, 似不迫急, 故將欲還入本[106]家, 更候邊報緩急, 徐[107]爲再避之計。闔族凌晨發行, 朝炊北長岐路之[108]傍。忽見一人持槍劍[109]急來, 曰: "倭奴已迫州南五臺里, 州內洶洶[110], 向晚將犯邑城."云云[111]。雖聞此奇, 而昨得裨將之言甚悉, 故初[112]不聽信, 姑憩于[113]山寺, 侯[114]得的報◇[115], 以爲進退之計[116], 纔入寺門, 忽聞倭奴已入城底接戰云。食頃, 亡卒敗兵, 自露陰山頂, 赤身逃躲而來者, 不可勝記, 或被槍矢, 或中鐵丸, 血流遍體, 慘不忍見, 皆曰: "我軍今已見敗, 死於戰場者甚多, 諸將士一時奔北, 俱入此山, 倭奴追逐, 今當上山, 行次須速避[117]."云云[118]。我等業已到此, 慈氏及妻

---

103) 而
104) 不獨州伯及咸倅爲然: 누락
105) 憤歎憤歎: 누락
106) 入本: 누락
107) 徐: 以
108) 之: 누락
109) 槍劍: 鎗釰
110) 州內洶洶: 누락
111) 云云: 云
112) 初: 猶
113) 憩于: 向
114) 侯: 竢
115) 矣
116) 以爲進退之計: 누락
117) 行次須速避: 누락
118) 云云: 云

孥·季妹, 俱未健步[119], 倉卒當變[120], 莫知所爲。不得已命奴僕, 徐輸卜駄[121], 吾與裴仲, 奉慈氏及諸屬, 取路磎谷, 直越前山, 山高萬仞, 峻急如削, 寸進尺退, 十步九僵。前挽後擁, 或負或携, 過午始得踰嶺, 促飮糜水, 然後氣暫蘇差。俄而, 鞍馬追到, 山路亦不甚險巇[122], 故內行皆乘馬, 吾與兩兒, 徒步以隨。初更得投狐洞, 假宿於村垠之家。路中, 得[123]遇神將之敗來者十餘騎, 皆是出身之人也。戰敗之後, 抽身獨出, 弓矢槍劍, 居半委棄, 奴僕亦不及相携, 或有失馬而徒行者[124], 問其取敗之由, 則答曰: "我等, 皆是忠淸道防禦使邊璣之神隊也。昨自淸州, 聞賊報甚急, 陪主將, 晝夜倍道, 今日之早[125], 始達此州, 將與巡邊令公, 合謀禦敵, 籌畵未詳, 賊鋒已迫, 相與接戰于北川之右岸[126]。賊勢滔天, 勇敢倍人[127], 鐵丸之射[128], 四面如雨, 我軍奪氣披靡[129], 並[130]皆退縮, 了無殊死之意, 雖帶弓箭, 百不一發, 相接未久, 有同瓦解。兩帥皆抽身遁去, 生死莫知。吾等在此, 更無可爲之事, 故今將急歸本道, 以尋主將所在[131]。"云。俱有飢色, 乞米甚切, 而卜駄落後, 未得濟急, 極恨奈何[132]?

---

119) 慈氏及妻孥·季妹 俱未健步: 누락

120) 倉卒當變: 猝聞此奇

121) 不得已命奴僕 徐輸卜駄: 누락

122) 險巇: 險

123) 得: 누락

124) 戰敗之後 抽身獨出 弓矢槍劍 居半委棄 奴僕亦不及相携 或有失馬而徒行者: 누락

125) 今日之早: 今早

126) 右岸: 邊

127) 勇敢倍人: 勇悍百倍

128) 之射: 누락

129) 披靡: 누락

130) 並: 倂

131) 吾等在此 更無可爲之事 故今將急歸本道 以尋主將所在: 누락

132) 俱有飢色 乞米甚切 而卜駄落後 未得濟急 極恨奈何: 누락

二十六日。晴。

流聞[133]賊奴尋覔諸山, 抄掠滋甚。食後[134], 一行皆入狐洞前深谷
幾六七里[135], 潛藏岩穴, 折薪爲障, 仍宿于岩間。他人之來伏此山者,
彌滿壑谷, 不可勝數。州內之人, 曾於二十日間, 盡數避出, 無一人在
家者[136]。中爲巡邊裨將所詿誤[137], 二十四日, 無遺下還, 朝夕之間,
謂無迫近之患[138], 忽於二十五日之朝, 倭奴猝至, 乘勝長驅, 四面追
逐。閭里士女, 未及遠避[139], 僵仆道傍, 死傷無數, 而露陰諸麓, 則以
將士亡入之故, 披剔特甚, 見輒殺戮, 山磎[140]林莽之間, 積屍如丘, 不
知其幾千百人也[141]。巡邊・防禦等使, 自京所齎來軍裝, 幾至四五十
駄, 分授軍卒, 使各售勇, 而不發一矢, 並皆投棄, 倭奴皆收拾付火
云[142]。◇[143] ○ 河師傅洛及其養子[144]鏡輝, 皆遇害。鏡輝則可以疾走
免禍, 而以其父母拘攣遲回[145]之故, 不得獨避。倭奴見其執弓, 斷其
兩臂云, 此尤可哀也。大槩, 賊奴所在, 必先取其家藏雜物, 埋置地中
者, 亦皆逐一掘發, 重不可致者, 則擲破壞裂, 使不得取用然後, 焚其
家舍, 蕩然無一貨。婦女之稍有貌色者, 輒捽以淫之, 男子之少壯者,
皆挈去, 誘入其黨。我人之被執者, 哀乞求生, 則或置而不殺, 稍拂其

---

133) 流聞: 聞
134) 食後: 누락
135) 幾六七里: 누락
136) 他人之來伏此山者 彌滿壑谷 不可勝數 州內之人 曾於二十日間 盡數避出 無一
　　人在家者: 州人之避亂者
137) 詿誤: 諭
138) 朝夕之間 謂無迫近之患: 누락
139) 未及遠避: 누락
140) 山磎: 山蹊
141) 也: 누락
142) 付火云: 而去
143) 所謂藉寇兵者不幸近之矣
144) 養子: 子
145) 拘攣遲回: 누락

意, 則勿論老弱, 斬艾如草。歷考前史, 兵火之慘, 未有若是之已甚者也[146)]。◇[147)]

二十七日。晴。

流聞倭奴窮探深谷之報。去夜, 夜未分發行, 取路西麓, 平明到一壑, 去狐洞幾三十里餘[148)]矣。逐日步行, 兩足皆繭, 扶杖偪側[149)], 困不可言。洞西有一山甚高峻, 山頂有土城, 乃古人避難之所也。牧伯衙屬, 來住其處云。日暮, 伐薪爲幕, 仍宿磎邊[150)]。聞倭寇入州城, 焚其官廳[151)]·營廳·客舍等[152)]諸處, 城外巨室, 亦多遭火。倭奴, 則散處州城內外, 日以攻劫攘奪[153)]爲事, 馬匹則無遺收去, 輸其卜馱[154)], 鷄犬牛隻, 亦皆攫去, 以供其厨[155)], 率妓張樂, 連日醉挐◇[156)], 女人之被執者, 留連不送, 以爲率去之計, 其有不滿意者, 則經宿之後, 贈以所攫之物, 出送云云[157)]。

---

146) 大槩 賊奴所在 必先取其家藏雜物 埋置地中者 亦皆逐一掘發 重不可致者 則擲破壞裂 使不得取用然後 焚其家舍 蕩然無一貲 婦女之稍有貌色者 輒捽以淫之 男子之少壯者 皆挈去 誘入其黨 我人之被執者 哀乞求生 則或置而不殺 稍拂其意 則勿論老弱 斬艾如草 歷考前史 兵火之慘 未有若是之已甚者也: 누락

147) 後旌閭

148) 里餘: 餘里

149) 偪側: 側偪

150) 日暮 伐薪爲幕 仍宿磎邊: 누락

151) 官廳: 官舍

152) 營廳·客舍等: 누락

153) 攘奪: 누락

154) 卜馱: 卜物

155) 其厨: 朝夕

156) 云

157) 女人之被執者 留連不送 以爲率去之計 其有不滿意者 則經宿之後 贈以所攫之物 出送云云: 누락

二十八日。晴。

聞倭奴發向咸昌, 仍爲犯闕之計。餘黨留在州城, 使我人不得接迹於舊居。自下道上來之倭, 陸續道路, 逐日不絶。流聞自左道上來者, 亦不止千萬, 欲襲安東府, 而爲投石軍所拒, 不得入, 取路豊山・多仁等縣, 直指聞慶縣境云[158]。夕飯後[159], 踰北嶺, 下[160]宿于村舍, 去昨宿處十餘里矣[161]。地名蘆谷[162], 乃聞慶地云云[163]。

二十九日[164]。晴。

一行上下, 並五十餘人, 所在不靜, 旣無藏蹤之勢, 粮物全乏, 且無資活之策而蠢然諸稚, 多至四五, 手下蒼頭, 亦皆屠劣, 俱不可以依倚方便。以此心懷尤惡, 罔知所以善護之術, 却悔當初輕作遠避之計。與其中途狼貝, 僵死於窮谷之中, 不若堅坐故里, 效死於先廬側之爲愈也。食後, 點檢行橐, 餘粮僅支一炊矣。仍率諸眷, 登山潛伏, 山亦蘆谷之地, 而洞府深密, 谷谷分處, 無異他山矣。夕有雨徵, 奉慈氏下寓于村氓金得春, 庶子晋山等家。此谷所居, 幾十餘家, 而皆自他邑, 逃賊役而來者也。村俗淳率, 接人甚款, 鹽漿・蔬菜, 比比來餉矣。聞倭奴遍滿諸處, 窮村僻居, 無不掠抄。登山四望, 則烟焰之漲, 在在皆然, 此乃倭奴焚蕩之火而處子室女, 率皆被捽, 淫瀆云, 欲言則長, 亦可慘矣。

---

158) 聞倭奴發向咸昌 仍爲犯闕之計 餘黨留在州城 使我人不得接迹於舊居 自下道上來之倭 陸續道路 逐日不絶 流聞自左道上來者 亦不止千萬 欲襲安東府 而爲投石軍所拒 不得入 取路豊山・多仁等縣 直指聞慶縣境云: 누락

159) 夕飯後: 夕後

160) 下: 누락

161) 去昨宿處十餘里矣: 누락

162) 地名蘆谷: 坊名蘆洞

163) 云云: 也

164) 4월 29일자 일기 전부 누락

三十日。雨。

留蘆谷[165]。貿木一疋[166]於隣嫗[167], 得皮粟三斗 · 黃豆三斗二升 ·
赤豆一斗◇[168], 又用木半疋[169], 換橡實十五斗, 搗整去皮, 則堇[170]七
斗許矣。垂槖之際, 得此數種, 可以供上下八九日之[171]費, 何幸如
之? 平日, 只知橡實之爲可食, 而未嘗親嘗之, 今始取啖, 則味頗溫
甘, 有勝黍粟之飯, 於療飢, 亦甚有力, 此眞吾長物也。○ 夕, 奴永寶
來自長川, 始聞彼地消息[172], 婢允代 · 尨介 · 莫介三兄弟, 皆遇害, 韓
秀獜, 亦被執, 恐喝而死, 他人之生死, 時未詳知云[173]。兩家所藏, 盡
數探出, 閭里之物, 皆被搜取, 蕩無餘儲[174], 終乃縱火以焚之[175], 閭里
五十餘家, 一時灰燼, 所餘僅兩三家[176]云云[177]。當初, 出避之日[178], 勢
極窘迫, 破衣十餘件外, 他物一切不賚, 仍遭今日之變[179], 異日設
使[180]不死於鋒鏑, 而數多家屬, 何以聊生, 旣無家室[181], 不可以土處,
又無衣食, 不可以蟄莊。◇[182] 此則已矣, 埋主之地, 得不發與否, 時

---

165) 蘆谷: 蘆洞
166) 疋: 匹
167) 貿木一疋於隣嫗: 以木一匹
168) 於隣嫗
169) 疋: 匹
170) 堇: 僅
171) 之: 누락
172) 夕 奴永寶來自長川 始聞彼地消息: 奴子來自長川 始聞消息
173) 婢允代 · 尨介 · 莫介三兄弟 皆遇害 韓秀獜 亦被執 恐喝而死 他人之生死 時未詳
    知云: 누락
174) 閭里之物 皆被搜取 蕩無餘儲: 누락
175) 終乃縱火以焚之: 縱火
176) 所餘僅兩三家: 누락
177) 云云: 云
178) 日: 時
179) 仍遭今日之變: 누락
180) 使: 누락
181) 家室: 室家

未的知, 此尤次骨中不可忘之痛也。卽可以馳去省視, 而州村諸處, 倭奴遍滿, 自下道上來者, 亦逐日不絶, 道路阻梗, 人物不通, 悵望家山, 只自飮泣而已[183]。

五月小 庚申朔

一日[184]。雨。

留蘆洞。爲覓粮物, 送奴凡介 · 連石 · 春卜等于州內。奴卜守, 自州內來現, 始聞洪福爲賊所迫溺水, 其母則死於賊刃云, 驚慘其母於余有乳養之恩, 情理豈得恝然, 而中無力可及, 尤自沉悼。金直長汝諧, 年過八十, 不能行步, 潛伏于深谷齋舍中, 亦罹凶鋒, 齋舍之焚, 屍亦成燼云。

二日。雨。

留蘆洞。凡介等[185]自州內還, 各持米四五斗, 合十數斗矣[186]。聞其言[187], 州內倭寇, 連續不絶, 散處閭閻, 晝夜攻抄, 人不安接, 以此渠

---

182) 却悔當日輕作遠遁之計 與其中途狼狽 僵死於窮谷之中 不若堅坐故里 效死於先廬側之爲愈也

183) 此則已矣 埋主之地 得不發與否 時未的知 此尤次骨中不可忘之痛也 卽可以馳去省視 而州村諸處 倭奴遍滿 自下道上來者 亦逐日不絶 道路阻梗 人物不通 悵望家山 只自飮泣而已: 누락

184) 5월 1일자 일기 전부 누락

185) 凡介等: 奴輩

186) 各持米四五斗, 合十數斗矣: 누락

187) 聞其言: 傳言

等, 亦乘夜潛入, 艱得此物而來云[188]。大槩, 賊徒[189]太牢[190]本國之人
◇[191]相雜。 人或諦審其顔面, 則多是積年往來之鹽商, 其言語云,
爲[192]不類島夷, 假着倭服, 削髮混迹, 如見前日識面之人, 則輒藏頭
回避云[193]。此輩, 肆毒尤酷, 窮搜深僻之地, 挐攫如虎, 觸輒投火[194],
其害有甚於本倭, 將來之患, 亦不啻外寇而止, 痛甚痛甚!

三日。晴。

留蘆洞。又送奴凡介·連石·莫同, 婢雲月·春梅·乭卜于州內,
粮物覓得事也[195]。流聞[196]申砬令公[197], 來住鳥嶺, 設柵塞路, 以爲勦
截之計云云[198]【金雲龍內外 聞我輩住此 亦來寓隣舍[199]】。

四日。晴。

食後, 傳聞倭寇來抄化寧縣, 吾屬皆登山隱伏, 乘夕下還, 竟是虛
報也[200]。流聞[201]申砬, 以鳥棧阻險, 不可以用武, 撤去寨柵[202], 退陣中
原之地, 要擊中路, 誅獲頗多, 賊勢沮縮云。或謂: "我軍敗績, 賊奴長

---

188) 以此渠等, 亦乘夜潛入, 艱得此物而來云: 누락
189) 賊徒: 賊徒之中
190) 太牢: 누락
191) 太牢
192) 云 爲: 누락
193) 云: 누락
194) 挐攫如虎 觸輒投火: 누락
195) 留蘆洞 又送奴凡介·連石·莫同 婢雲月·春梅·乭卜于州內 粮物覓得事也: 누락
196) 流聞: 聞
197) 申砬令公: 申砬
198) 云云: 云
199) 협주 누락
200) 食後 傳聞倭寇來抄化寧縣 吾屬皆登山隱伏 乘夕下還 竟是虛報也: 누락
201) 流聞: 聞
202) 撤去寨柵: 누락

驅抵洛.[203]"云, 未詳是否[204]。 ◇[205]

五日。雨。

凡介等, 自州內回來, 所持米十數斗矣。奴婢等, 中途逢倭被擄,
莫同·沘卜, 則旋卽逃還, 雲月·春梅, 經宿不來, 可慮[206]。○ 主媼,
進粟米酒半壺, 橡實酒數鉢, 金澄亦送櫻桃一筥。仍念今日, 是天中
節也。節物猶在, 時變至此, 流離一隅, 不得還土, 松楸一酌, 奠酹無
由, 覩物興感, 方寸若煎。我生不辰, 尙寐無覺, 仍記少陵賞應歌棣杜
歸及薦櫻桃之句, 此得捷報所作也。喪亂之丁, 適符古詩, 而歸及薦
新, 邈無其期, 三復遺史[207], 悲感塞胸, 推食仰屋, 知我者其誰? 稚兒
輩, 不知爲客土之可苦, 此日之可悲, 嬉戲膝下, 有若平日[208]在家者
然, 賴此遣懷, 誰得以嗔喝也? ○ 追聞回奴之言, 昨日自下道上來之
倭, 亦近百餘人, 皆入州內, 街路如市, 自左道上來, 其麗亦多, 散入
中東·禿浦·魯谷·二沙伐等諸處, 收其家産, 旋皆縱火, 女人被虜
者, 群聚相洴, 有同犬。拏旣洴之後, 輒遺以物, 醜女之利其所賂者,
故相追逐, 不肯離出, 人倫之變, 到此極矣[209]。○ 變作之後, 流民相
聚, 乘其無守, 偸竊爲事, 或假倭威, 白晝攻劫, 斗筲細利, 遇輒攘
奪[210], 所在成黨, 其勢亦熾, 腹心之憂, 有甚海寇。今當農月, 而四野

---

203) 要擊中路 誅獲頗多 賊勢沮縮云 或謂我軍敗績 賊奴長驅抵洛: 누락
204) 未詳是否: 누락
205) 將來勝敗 雖未逆覩 而天險重關 棄而不守 防禦之策 亦豈云得
206) 凡介等 自州內回來 所持米十數斗矣 奴婢等 中途逢倭被擄 莫同·沘卜 則旋卽逃
還 雲月·春梅 經宿不來 可慮: 누락
207) 遺史: 遺篇
208) 平日: 平時
209) 追聞回奴之言 昨日自下道上來之倭 亦近百餘人 皆入州內 街路如市 自左道上來
其麗亦多 散入中東·禿浦·魯谷·二沙伐等諸處 收其家産 旋皆縱火 女人被虜
者 群聚相洴 有同犬 拏旣洴之後 輒遺以物 醜女之利其所賂者 故相追逐 不肯離
出 人倫之變 到此極矣: 누락

無荷鋤之民, 來秋不稔, 執此可卜。設令外寇退去, 而將來域中之警,
豈保其必無也? 民憂國計, 百無善策, 天步艱難, 何至此極? 言念及
此, 氣塞忘言。噫! 生逢聖君, 睿哲出天, 休養生息, 垂三十年, 內無嗜
音雕墻之失, 外絶遊畋馳騁之豫, 深居側席, 勵精求治, 此誠三代下
不易得之良會。而以言其內, 則朝著之不靜如彼, 以言其外, 則醜虜
之陸梁至此, 天乎時乎? 厲階誰生? 肉食者謀之, 而謀之不臧, 藿食
者並受其殃, 志士漆室之膽, 安得不於此焉[211]輪困也? ○ 今聞倭奴
入城, 官庫所儲, 盡數撥開, 米粒之均淨者, 太半輪出, 多徵般隻, 以
爲運海之計, 兼令州民, 使之出食, 餓餒之人, 一時雲集, 任意取去,
一人所出, 或至二三十碩, 怯懦者 · 在遠者, 終不得升斗之穀, 數日
之間, 倉儲罄竭云。噫! 一州之民, 自春徂夏, 惟官糧是仰, 而今皆散
盡, 百萬嗷嗷之徒, 得活無路, 不塡溝壑, 必聚潢池。據此一州, 他邑
可知, 一路皆然, 則他境獨寧乎?[212]

六日。晴。

留蘆洞。奴凡介 · 孟乞等, 以覓粮及推得雲月, 事入去州內。婢春
梅, 自賊所, 出來。其言曰: "始逢倭奴數三人, 更迭相淫, 仍携入州,
張錦衾褥席, 極其奢華, 此皆攘取之物也。州中留陣之倭, 多至百餘,
僧倭亦七八十餘, 別處一室。飲食之際, 不擇精麤, 有同犬豕, 我國之
人, 決不堪食。"云。渠乃經一宿, 請出, 則則贈以衣服數件而許歸, 雲
月則徊其主帥, 鎖在深處, 趁不許出, 然終必出來無疑云[213]。○ 適[214]

---

210) 斗筲細利 遇輒攘奪: 누락

211) 於此焉: 누락

212) 今聞倭奴入城 官庫所儲 盡數撥開 米粒之均淨者 太半輪出 多徵般隻 以爲運海
之計 兼令州民 使之出食 餓餒之人 一時雲集 任意取去 一人所出 或至二三十碩
怯懦者 · 在遠者 終不得升斗之穀 數日之間 倉儲罄竭云 噫 一州之民 自春徂夏
惟官糧是仰 而今皆散盡 百萬嗷嗷之徒 得活無路 不塡溝壑 必聚潢池 據此一州
他邑可知 一路皆然 則他境獨寧乎: 누락

遇自京逃來之人, 乃是吾州之上番騎士金彦希也。 以五月初番上
京, 而都下方以倭變洶洶[215], ◇[216]申砬見敗於忠州, 中鐵丸逃走[217],
京畿防禦使, 領精兵來, 禦于竹山地[218], 亦不利退去漢江[219], 倭奴長
驅, 如入無人, 一兩日之間, 直抵漢津, 城中吹角徵發, 而無一人赴義
者, 自上知其有瓦解之勢, 前月之晦, 大駕西狩于平壤, 大內無主, 人
心益撓, 百僚奔避, 有同鳥竄, 門外之人, 爭相撤産入城, 城中之人,
則已知城守之不固, 駢闐出門, 惟恐不及, 宮闕諸寺, 烈火遽起, 烟焰
漲天, 咫尺不辨, 此火亦不知出自誰手也[220], 城中上下, 只以偸活苟
免爲意, 了無持甲堅守之計, 大都見陷, 不出朝夕, 吾等雖欲留番,
而[221]上無所屬, 外無所援, 不得已循山逃走[222]云云。 噫! 嶺外凡幾邑,
而曾無一人男子唱義勤王, 以致賊奴衝斥直搗內地, 所恃者, 惟京
城諸郡也, 賊徒雖多, 而豈過於本士之林立, 刀劒雖利, ◇[223]亦豈能
當我騎射之强勁乎? 苟能據有城地[224], 堅壁固守, 侯其自困而出戰,
兼擧嶺外精卒, 自下夾擊[225], 則腹背受敵, 進退狼貝[226], 憬彼[227]之徒,

---

213) 留蘆洞 奴凡介·孟乞等 以覓粮及推得雲月 事入去州內 婢春梅 自賊所 出來 其
言曰始逢倭奴數三人 更迭相淫 仍携入州 張錦衾褥席 極其奢華 此皆攘取之物也
州中留陣之倭 多至百餘 僧倭亦七八十餘 別處一室 飮食之際 不擇精麤 有同犬
豕 我國之人 決不堪食云 渠乃經一宿 請出 則則贈以衣服數件而許歸 雲月則徊
其主帥 鎭在深處 趑不許出 然終必出來無疑云: 누락

214) 適: 누락

215) 以五月初番上京 而都下方以倭變洶洶: 누락

216) 言

217) 中鐵丸逃走: 누락

218) 地: 也

219) 漢江: 누락

220) 此火亦不知出自誰手也: 누락

221) 而: 누락

222) 逃走: 逃來

223) 而

224) 城地: 城池

225) 夾擊: 挾擊

將見自殲於鋒鏑之下矣。計不出此, 賊騎所向, 惟恐奔潰之不暇, 空城棄陣, 任其自來, 無人之境[228], 何憚而不入哉[229]? 此非力屈而不勝也, 乃我之自[230]不肯求勝也, 非倭奴困我也, 乃我之自取滅亡也, 憤歎之懷, 已不可言, 而二百年衣冠, 一朝將變而用夷, 凡有血氣者, 寧能處此壤地求活耶? 痛哭痛哭[231]。遷邦之厄[232], 大王所不免而也[233], 從者如市, 竟基瓜瓞之籙, 幸蜀之禍, 元宗之所自取[234]也, 而干城得人, 卒成中興之業, 若使天命未絶, 則轉敗爲功, 固亦不難。而第未知今日之人心, 猶周民之如歸市乎? 今日之摠兵, 猶唐家之郭子儀乎? 社稷不守而金湯爲虛設之險, 國本未定而民心無係望之地。人謀至此, 天道寧論? 言念及此, 長痛欲絶。○ 聞自湖西上來之倭, 其麗亦多, 歷陷靑山‧懷仁‧報恩‧淸州等諸邑, 直指[235]京城云。自聞大駕出巡, 人心益撓, 雖在深山窮谷之人, 莫不喪心墜膽。若無所倚, 擧作分散之計, 失業之人, 切於飢渴, 相取爲盜, 攻怯[236]以資, 道路阻塞, 人物不通。强呑弱, 衆凌寡, 弱矣賤人, 最矜者士族也。如我屛劣之人, 自身猶不能護, 而老母稚雛, 提携山谷, 手足盡脫。猝遇强暴, 勢難俱全, 爲日數多亦罹, 於餓殍明矣[237]。遭世不辰, 傷如之何?

---

226) 狼貝: 狼狽

227) 憬彼: 匪茹

228) 無人之境: 누락

229) 哉: 也

230) 自: 누락

231) 痛哭痛哭: 누락

232) 遷邦之厄: 遷邪之厄

233) 而也: 也 而

234) 自取: 不幸

235) 直指: 直抵

236) 怯: 劫

237) 如我屛劣之人 自身猶不能護 而老母稚雛 提携山谷 手足盡脫 猝遇强暴 勢難俱全 爲日數多亦罹 於餓殍明矣: 누락

七日[238]。晴。

留蘆洞。凡介等, 還自州內, 所覓得租十數斗, 鹽醬各小許矣。宋
彦明來見。渠亦於前月二十日, 奉其父母入來銀尺之地, 以其賊勢
近逼, 今移聞慶犍谷之地, 拒此處十許里云。

八日。晴。

留蘆洞。午後, 與金順生及豚兒, 登後山高峯絶頂, 遍皆觀覽, 山
谷之深僻阻險, 未有如此地也[239]。○ 流聞上京之倭, 用書契, 邀見金
誠一[240] · 李德馨, 以講約婚連和之事[241], 因以爲臣妾我人之計[242], 且
令我國先導, 直指燕都, 將欲侵犯上國云。此報信否, 時未的知, 而若
果如此, 則國事不幸, 有不忍言。趙宋之於金元, 前驗已明, 講和約
昏, 已非吉兆[243], 況棄順從逆, 謀及大朝, 豈有此理也? 國可亡恐[244],
◇[245]不可聽從, 決矣。昨年, 見鶴峯令公, 語及通信之事, 謂曰[246]:
"◇[247]在日本之日, 彼虜已有呑噬大明之志, 其意[248]欲令我國先驅入
朝[249], ◇[250]所答國書, 亦及此語。" 鶴峯不勝憤悶[251], 連章累牘, 極陳

---

238) 5월 7일자 일기 전부 누락
239) 午後 與金順生及豚兒 登後山高峯絶頂 遍皆觀覽 山谷之深僻阻險 未有如此地
也: 누락
240) 金誠一: 누락
241) 講約婚連和之事: 講和事
242) 因以爲臣妾我人之計: 누락
243) 講和約昏 已非吉兆: 누락
244) 亡恐: 亡
245) 其
246) 謂曰: 詳聞其言
247) 鶴峯前
248) 其意: 누락
249) 入朝: 누락
250) 而
251) 憤悶: 憤惋

其不可越禮犯分之義, 則彼虜瑟縮, 回互其說, 以掩其狡詐之迹。鶴
峰欲窮辭强辯, 發其情狀, 以爲防微杜漸之計, 而上使黃允吉·書狀
官許筬輩, 俱是怖死貪生之鄙夫也[252], 謾不慮國事爲關重[253], 只以
觸忤倭奴, 將見截辱[254]爲大懼, 自立異論, 以逢倭意, 以此鶴峯却被
掣肘, 終不得伸其志節云, 事在其日記甚詳[255]。越至今日, 虜果以此
事恐喝, 則當初不能力折之罪, 黃·許豈能免萬死哉? 且其令我國
先導者, 盖將陰求釁端, 意在於滅馘[256]也, 其亦[257]俯首而聽命乎? 爲
今日計, 上下協力, 務講修攘之策, 陽爲許和, 似若聽從其說, 而陰
乃[258]銳意, 自治盆堅攻守之計, 則彼懸軍越海之◇[259], 曠日持久, 將
有不戰自斃之勢矣。或者以人心渙散, 各自逋播, 遽難收合爲慮, 此
則不然。狃安之餘, 猝遇勁寇, 加以上無良將, 軍律不明, 望風奔潰,
列鎭皆然, 則以無恒不敎之凡民[260], 其誰肯冒死地而不避也? 今則
變作浹月, 齊民之避入山谷者, 晝不得緣畝, 夜不得入室, 齎粮且乏,
將至塡壑。爺孃妻子, 各不相保, 莫不扼腕切齒, 相與偶語曰: "蕞爾
島醜, 令我輩至此, 我等若能各自致力, 則[261]賊勢雖銳, 寧無勦滅之
期也?" 窮谷之人, 或相屯聚其徒, 倭奴之三四分抄者, 輒皆歐打致
斃[262]者, 比比有之, 獸窮而[263]搏, 其理固然。苟有材略兼人者, 唱義[264]

---

252) 俱是怖死貪生之鄙夫也: 누락

253) 爲關重: 누락

254) 截辱: 僇辱

255) 事在其日記甚詳: 누락

256) 滅馘: 滅虢

257) 亦: 將

258) 陽爲許和 似若聽從其說 而陰乃: 누락

259) 寇

260) 凡民: 民

261) 則: 누락

262) 歐打致斃: 奮擊捕殺

263) 而: 則

特立, 發號求募, 以爲敵愾戡亂之擧, 則謳吟[265]之民, 知有所歸, 倚以
爲重, 數萬之卒, 將見不日而自集矣. 提此敢死之人, 以攻久勞之賊,
勝勢在我, 軍容必振, 除凶雪憤, 其不在玆乎[266]? 嶺下諸守道[267], 聞
賊報[268]棄城先遁者[269], 所在[270]皆然. 巨邑大鎭, 無一守城血戰之處,
而獨聞龍宮禹侯, 守城甚固, 堅壁不撓, 賊勢雖熾, 而終不得拔云.
十室殘邑, 其人民械戟, 不足以敵倭寇十分之一, 且無城郭, 尤難於
禦敵, 而牢守力拒, 終免陷害者, 在人而已, 其在多乎? 屢聞龍倅之
有政聲久矣. 今當大變, 益信前聞爲不虛也. 可欽可欽! 流聞[271]◇[272]
吾州之伯, 寄食山寺, 所率不滿五六人, 而頃又棄歸, 如失手足, 今方
轉宿僧房[273], 乞米以資云[274]. ◇[275] 半刺[276]【權吉】[277]則[278]接戰之日,
遇害於賊刃云[279]. 而時未能的知也. 尙州之陷城, 人皆曰咎在巡邊,
何者?[280] 當日之戰, 巡邊棄城外陣, 故接戰[281]未久, 人[282]皆潰走, 所

---

264) 唱義: 倡義

265) 謳吟: 嘔吟

266) 而

267) 守道: 守道臣

268) 聞賊報: 누락

269) 者: 누락

270) 所在: 在在

271) 而獨聞龍宮禹侯 守城甚固 堅壁不撓 賊勢雖熾 而終不得拔云 十室殘邑 其人民
械戟 不足以敵倭寇十分之一 且無城郭 尤難於禦敵 而牢守力拒 終免陷害者 在
人而已 其在多乎 屢聞龍倅之有政聲久矣 今當大變 益信前聞爲不虛也 可欽可欽
流聞: 누락

272) 至如

273) 所率不滿五六人 而頃又棄歸 如失手足 今方轉宿僧房: 누락

274) 云: 누락

275) 當此主辱臣死之日 以偸生苟活爲得計 可勝痛哉

276) 半刺: 惟半刺

277) 협주의 내용이 본문으로 삽입되면서 '權公'으로 변개

278) 則: 누락

279) 遇害於賊刃云: 冒死鋒鏑 可尙可尙

280) 而時未能的知也 尙州之陷城 人皆曰咎在巡邊 何者: 누락

謂能射者, 亦皆擁馬袖手, 以避鐵丸²⁸³⁾, 無一人發矢而²⁸⁴⁾敗北。若令
當初入城作陣²⁸⁵⁾, 則我軍無避走之所, ◇²⁸⁶⁾必致死力, 鐵丸雖入,
而²⁸⁷⁾擁楯²⁸⁸⁾城上, ◇²⁸⁹⁾ 可以售弓矢之技矣。終之勝敗, 未敢逆料, 而
塗地之慘, 豈至於此極也²⁹⁰⁾? 倭奴之²⁹¹⁾所恃者, 只在於鐵丸刀劍等
兩技◇²⁹²⁾, 若²⁹³⁾在城外, 則彼無售勇之路²⁹⁴⁾, 而必斃於矢石之下矣。
雖不能一擧盡殲, 豈至於立致陷城也²⁹⁵⁾? 大槩當日, 巡邊初到, 而士
卒且少²⁹⁶⁾, 本州及咸昌之卒, 摠不過六七百人, 而倭奴猝至²⁹⁷⁾, 持此
單弱之師, 乃敢舍城而野戰, 其見敗無疑矣。主將豈不慮此, 而必欲
外陣者, 亦慮其終之必敗, 而預爲退避之計也²⁹⁸⁾。國之安危, 在此一
擧, 而身爲命帥, 敵未交鋒, 而先圖苟免之路²⁹⁹⁾, 其亦與守孤城敝江
淮者異矣。可嘆³⁰⁰⁾!

---

281) 接戰: 接刃
282) 人: 軍
283) 以避鐵丸: 누락
284) 而: 以致
285) 作陣: 堅守
286) 而
287) 致死力 鐵丸雖入 而: 누락
288) 楯: 盾
289) 各致死力
290) 終之勝敗 未敢逆料 而塗地之慘 豈至於此極也: 누락
291) 之: 누락
292) 而已
293) 若: 彼
294) 彼無售勇之路: 安得有售勇之路
295) 而必斃於矢石之下矣 雖不能一擧盡殲 豈至於立致陷城也: 終之勝敗 未可逆料
而塗地之慘 豈至於此極耶
296) 少: 小
297) 人 而倭奴猝至: 누락
298) 主將豈不慮此 而必欲外陣者 亦慮其終之必敗 而預爲退避之計也: 누락
299) 敵未交鋒 而先圖苟免之路: 料事不密 卒致敗衂 遁逃苟免
300) 可嘆: 누락

九日[301]。雨下如注終日。

到夜, 川渠極漲。留蘆洞。送人于化寧縣, 取可米一斛而來, 監官
尹孝仁, 承牧伯指揮, 分給云。

十日[302]。朝雨晚霽。

流聞道路之言, 昨之朝, 兩日相盪久之, 其一則色靑黑, 黑日不勝
消散云。此非偶然之變, 而非吾所親見, 安能信其必然也? 留蘆洞。

十一日[303]。霽午後雨。

洪公民彦來訪, 因與同往宋彦明寓所, 彦明不在, 得遇其大人及
申君汝柱, 至夕穩話, 冒雨而還。○ 流聞淸州, 曾亦見陷, 彼地之人,
意謂倭寇自尙州已盡上京, 邑內所居者, 全不避出, 而意外倭奴猝
至, 殺傷尤多, 士族之家, 無遺被擄, 牧伯不知去處, 半刺公失其妻
子, 單身抽出, 今寓于空林僧舍, 乞米苟活云。○ 奴輩以覓粮事, 入
去州內, 中路聞倭奴阻水, 結陣於白碣村里, 焚抄滋甚, 逢人輒害, 以
此不得入去, 還來寓所。

十二日。晴。

留蘆洞。聞倭奴自銀尺等處, 今方入去加恩縣里, 攻劫極酷, 縣里
居人, 盡數登山, 避匿云[304]。○ 流聞倭寇之上京者, 屯聚沙平院地[305],
時未得渡江, 都下之人, 今方出禦于江, 多方捍拒, 倭奴粮盡, 掘取牟

---

301) 5월 9일자 일기 전부 누락
302) 5월 10일자 일기 전부 누락
303) 5월 11일자 일기 거의 다 누락한 셈이나, '流聞淸州亦見陷' 구절만 남김.
304) 留蘆洞 聞倭奴自銀尺等處 今方入去加恩縣里 攻劫極酷 縣里居人 盡數登山 避
匿云: 누락
305) 地: 누락

麥, 以資朝夕[306], 畿內諸邑, 食儲盡蕩, 覓食無路, 倭徒下來嶺外[307], 輸穀以上, 而聞慶·咸昌, 亦皆蕩盡, 故[308]來取于[309]尙州云。吾州官租, 自前陳陳, 賑給所餘, 尙不下十餘萬斛, 近來[310]倭奴之入, 費用狼藉, 州民之取去者[311], 亦不貲云[312], 而猶且多在。以此倭奴之留在本官[313]者, 堅守[314]不散, 以至輸取上京, 以爲久留決勝之計。噫! 多峙糗粮, 本爲軍國之用, 而今反爲齎盜粮, 安有若是之痛心者哉? 不如趁速焚燼之爲愈, 而官庫諸物, 盡爲賊奴所據, 吾人着手無路, 尤極痛憤痛憤[315]。○ 閭里牛馬, 倭奴全數取去[316], 或以輸粮, 或以騎行, 蹄鈍不用者[317], 以供膳物[318], 而厥數極多[319], 不可勝用[320], 故中道委棄路傍[321], 無主之牛馬, 在在彌滿。庸人輩潛相拾取, 多得者幾至八九頭, 減價賣買, 爭相殺食[322], 山谷間◇[323]一日所推者[324], 不下十餘

306) 時未得渡江 都下之人 今方出禦于江 多方捍拒 倭奴粮盡 按取车麥 以資朝夕: 以四出分抄爲事
307) 盡蕩 覓食無路 倭徒下來嶺外: 焚蕩無餘 故下來嶺外
308) 故: 누락
309) 于: 누락
310) 近來: 向來
311) 者: 누락
312) 云: 누락
313) 本官: 本州
314) 堅守: 堅據
315) 不如趁速焚燼之爲愈 而官庫諸物 盡爲賊奴所據 吾人着手無路 尤極痛憤痛憤: 누락
316) 取去: 掠去
317) 蹄鈍不用者: 누락
318) 以供膳物: 或以供膳
319) 厥數極多: 누락
320) 不可勝用: 不能勝用
321) 故中道委棄路傍: 委棄路傍者亦無數
322) 無主之牛馬 在在彌滿 庸人輩潛相拾取 多得者幾至八九頭 減價賣買 爭相殺食: 누락
323) 飢餓之民 爭相殺食

頭。不出旬朔, 閭閻所畜, 迨至不遺, 設使賊變就戢, 人歸本業, 而耕
墾所需, 將倚何物? 自古喪亂, 無代無之, 而人畜並³²⁵⁾盡, 豈有如今
日者也? 可痛可痛! 留主家³²⁶⁾。

十三日。晴。

留蘆洞。午後, 踰東嶺, 往拜趙座首大父於道莊谷, 憊瘁殊甚, 似
不得支保。初避于南長齋舍, 去月卄五日猝遇倭寇, 而人馬俱乏, 不
得行步, 多般求哀, 則倭奴以饌飯襦衣等物見送云, 蓋憐其年老而不
得遠避也, 如此輩亦可謂盜而有良心者也³²⁷⁾。○ 有飛檄一紙, 來³²⁸⁾
自宋彦明所, 其初蓋自松面保德洞傳來云³²⁹⁾, 不知誰所作也。其略:
"徂玆秀吉, 恃其慓悍, 侵我大邦, 長驅入路, 而連帥列郡, 望風奔潰,
無或有堅守力戰之人, 倭奴如入無人之境, 分抄閭閻, 挹當道途, 國
家垂亡, 朝不保夕。凡爲臣子者, 義難超視, 守令·都將, 留鄕所及士
子中, 有志諸人等, 各自致身, 召號勤王, 克勤醜奴, 以復家邦。"云
云³³⁰⁾。今見此檄, 甚强人意, 不量逼逼³³¹⁾, 心膽輪困, 而自顧才力, 百
不及人, 徒自腐心而已。奈何奈何³³²⁾? ○ 州伯雖在, 而竄伏岩穴, 只

324) 所推者: 所屠者
325) 並: 并
326) 可痛可痛 留主家: 누락
327) 留蘆洞 午後 踰東嶺 往拜趙座首大父於道莊谷 憊瘁殊甚 似不得支保 初避于南
    長齋舍 去月卄五日猝遇倭寇 而人馬俱乏 不得行步 多般求哀 則倭奴以饌飯襦衣
    等物見送云 蓋憐其年老而不得遠避也 如此輩亦可謂盜而有良心者也: 누락
328) 來: 누락
329) 其初蓋自松面保德洞傳來云: 누락
330) 其略 徂玆秀吉 恃其慓悍 侵我大邦 長驅入路 而連帥列郡 望風奔潰 無或有堅守
    力戰之人 倭奴如入無人之境 分抄閭閻 挹當道途 國家垂亡 朝不保夕 凡爲臣子
    者 義難超視 守令都將 留鄕所及士子中 有志諸人等 各自致身 召號勤王 克勤醜
    奴 以復家邦云云: 격서의 내용을 작은 글씨체로 옮겨 씀. 이를 〖 〗기호로 표시함.
331) 逼逼: 區區
332) 奈何奈何: 누락

以苟活爲計³³³⁾, 無意國事, 而化寧縣儲, 可半軍粮等³³⁴⁾, 盡數帖出, 費
用如土, 此人非但老怯無識³³⁵⁾, 其於負國, 罪不容夷族³³⁶⁾, 而監司·
主將, 置而不問, 務順姑息, 王綱至此, 賊勢之長驅固矣。我生不辰,
傷如之何, 痛哭痛哭! 窃聞³³⁷⁾有一州吏, 得見此檄³³⁸⁾, 意州伯, 或有所
處置, 持以禀令, 答曰: "此非朝廷指揮也, 乃中間士族輩, 憤其倭賊
肆行, 欲討之意也³³⁹⁾。吾別無可施爲之端, 爾可退去。"云云。○ 竑弟
往尋其妻孥所在, 並爲挈來于此³⁴⁰⁾。

十四日。雨。

留蘆洞。申別監混氏之子, 自加恩來見, 始聞前日倭奴入縣里云
者, 乃虛傳也³⁴¹⁾。○ 聞留州賊徒, 不過數十餘人, 晝則散抄閭里, 夜
則閉城自守, 近日上來者, 亦不多, 自京以³⁴²⁾乏食下來取粮者, 比比
有之云。似此數小散處³⁴³⁾之倭, 得强弩十餘手, 猶可以一擧盡殲, 而
上無唱率³⁴⁴⁾之人, 人皆亡匿山谷無所歸屬, 徒自張拳永慨而已, 可
歎可歎³⁴⁵⁾! ○ 遭變日久, 兩麥已熟, 登山者率皆乏食, 思欲入去³⁴⁶⁾收
麥, 而道路不通, 不得自由³⁴⁷⁾, 將至餓斃。根耕除草等事, 亦皆失時,

---

333) 只以苟活爲計: 누락
334) 而化寧縣儲 可半軍粮等: 倉儲軍米
335) 此人非但老怯無識: 누락
336) 其於負國 罪不容夷族: 負國之罪 固不容逃
337) 我生不辰 傷如之何 痛哭痛哭 窃聞: 누락
338) 此檄: 檄文
339) 憤其倭賊肆行 欲討之意也: 所爲也
340) 竑弟往尋其妻孥所在 並爲挈來于此: 누락
341) 留蘆洞 申別監混氏之子 自加恩來見 始聞前日倭奴入縣里云者 乃虛傳也: 누락
342) 以: 누락
343) 散處: 飢困
344) 唱率: 倡率
345) 可歎可歎: 누락
346) 思欲入去: 雖欲下去

此尤可慮[348], 民是天民, 天胡忍予[349]? 上京之倭, 其麗不億, 勢難容易殄滅, 而自嶺以下, 則賊徒稀少[350], 若有唱義[351]之人, 叫率[352]精士數百徒, 以遏中路, 絶其往來傳通之倭, 則非但流離之民, 得歸本業, 逖彼入京之賊, 進退狼貝[353], 腹背受敵, 爲日已久, 則勢將自困, 而計不出此。自畿甸以下, 遠至沿邊, 凡幾百州郡, 而寂無一人擧兵討賊, 方伯連帥, 乃是國家生民之司命, 而亦皆避莊, 不知去處。傾城棄陣, 付與賊手, 倒置大阿, 猶恐或拂[354], 賊徒審知國勢解弛, 了無忌憚, 出入往來, 有同空境。人謀使然, 何痛如之?

十五日[355]。雨。
留蘆洞。凡介·春卜等, 覓粮事, 入去州內, 而春卜, 遇賊見害, 驚恪。

十六日[356]。晴。
往觀音寺水落庵, 得見寶晶禪師。師乃長川人, 而禪林之拔萃者也。素聞水落勝致, 而未曾一玩, 今因亂離, 偶然來覽, 懸流千仞, 連筒注引, 以供庵僧之用。廬山·朴淵, 恐未必遠過是瀑, 憂鬱之中, 忽覺有出塵思想也。今之遠尋, 非爲探勝也。盖欲托兩稚子於晶師, 圖

---

347) 不得自由: 누락
348) 根耕除草等事 亦皆失時 此尤可慮: 누락
349) 予: 斯
350) 稀少: 旣小
351) 唱義: 倡義
352) 叫率: 糾率
353) 狼貝: 狼狽
354) 倒置大阿 猶恐或拂: 누락
355) 5월 15일자 일기 전부 누락
356) 5월 16일자 일기 전부 누락

保朝夕之性命也。流離之中, 率此五雛, 脫有急變, 萬無俱全之理,
得減兩兒分處, 則前頭生死, 雖未必彼此之利害, 而目前倉皇之際,
冀或減一分之憂也。人事至此, 良可痛心。豈謂昇平之世, 猝遇喪亂,
甚至父子之不相保也? 師亦聞言惻怵, 見許無怍, 極慰極慰。仍宿庵
寺, 師炊黍款接, 特出常情, 性曰雅素之人, 而亦不易之事也。

十七日。晴。

聞化寧倉分賑之奇, 自水落率童奴, 步歸縣底。監官尹孝仁, 厺其
出納, 趍不開倉, 日暮不給, 竟至空還, 痛憎奈何? 州倉已爲賊穴, 報
恩諸邑, 倭寇遍滿, 朝夕之間, 當到此縣, 雖有餘儲, 而將不免爲賊
攘無疑, 而不肯分賑, 嗷嗷之民, 無所控訴, 枵然散還, 孝仁可謂有
人心乎? 士族之親去求得者, 亦過四十餘人, 而俱至空還, 此尤可
憐[357]。○ 夕, 自州內通文兩道火迫疊到, 文意[358]略曰:"留州賊倭, 僅
滿數三十徒, 而人皆亡匿, 無計捕殺者久矣。自數日來, 山谷間山尺
等七八十人, 持弓矢, 追捕所殺, 已至十餘人。其餘則皆避入城內,
今欲圍城披捕, 而軍人不多, 勢不得施手, 令各處散亡之人, 當日內
急急齊會, 赴急云云.[359]"矣[360]。卽與諸士族等, 約以明日早朝, 各領
人聚會于洛西村。

357) 聞化寧倉分賑之奇 自水落率童奴 步歸縣底 監官尹孝仁 厺其出納 趍不開倉 日
暮不給 竟至空還 痛憎奈何 州倉已爲賊穴 報恩諸邑 倭寇遍滿 朝夕之間 當到此
縣 雖有餘儲 而將不免爲賊攘無疑 而不肯分賑 嗷嗷之民 無所控訴 枵然散還 孝
仁可謂有人心乎 士族之親去求得者 亦過四十餘人 而俱至空還 此尤可憐: 누락

358) 文意: 누락

359) 略曰留州賊倭 僅滿數三十徒 而人皆亡匿 無計捕殺者久矣 自數日來 山谷間山尺
等七八十人 持弓矢 追捕所殺 已至十餘人 其餘則皆避入城內 今欲圍城披捕 而
軍人不多 勢不得施手 令各處散亡之人 當日內急急齊會 赴急云云: 문서의 내용을
작은 글씨체로 옮겨 씀. 이를 『 』기호로 표시함.

360) 矣: 누락

十八日。晴。

早朝, 率此洞軍人等三十餘名, 將赴洛西之際[361], 路遇姜進士丈, 聞德山前亦聚軍人之奇, 仍偕姜丈赴彼[362], 則無一人來會者。日候已斜, 吾亦徒步[363], 軍人等亦[364]◇[365]聞竹岩屛風城津賊船來泊之報, ◇[366]皆有散還[367]之心, 不得已還來寓所, 可恨。還路遇金寶男, 自長川避賊而來也。其言曰: "昨見賊船二十隻, 來泊伴鷗亭前, 此必是鹽商輩, 爲輸所攫雜物及倉穀而來也。若是倭寇, 則必由陸路而上京, 豈肯由洛江?"云, 此說近是。 夕[368], ◇[369]遇孤山文擇善奴於路上[370], 乃自京下來也。備聞其說: "去廿六日, 被擄於浦柳藪中, 仍爲僕夫[371], 持卜馱以行, 及到忠州, 則自左道上來之倭, 其數亦多, 分作兩陣, 本國元帥申砬, ◇[372]領兵來到, 倭奴先圍忠州, 我軍從後圍賊, 賊徒一陣後至, 又圍我軍[373], 我軍腹背受擊[374], 十不一活, 賊徒亦多有死亡者, 申帥僅免遁去。本州及畿甸倉庫收稅倉等, 並皆焚之[375], 賊奴乏食[376]◇[377], 取路陰竹縣[378], ◇[379]指驪州, 渡江於[380]楊根津, 水

---

361) 將赴洛西之際: 赴洛西

362) 路遇姜進士丈 聞德山前亦聚軍人之奇 仍偕姜丈赴彼: 누락

363) 日候已斜, 吾亦徒步: 不但孤軍無可爲之勢

364) 軍人等亦: 누락

365) 且

366) 軍人

367) 散還: 散渙

368) 還路遇金寶男 自長川避賊而來也 其言曰昨見賊船二十隻 來泊伴鷗亭前 此必是鹽商輩 爲輸所攫雜物及倉穀而來也 若是倭寇 則必由陸路而上京 豈肯由洛江云 此說近是 夕: 누락

369) 路上

370) 於路上: 누락

371) 被擄於浦柳藪中, 仍爲僕夫: 被擄爲僕夫

372) 大敗於彈琴臺前

373) 領兵來到 倭奴先圍忠州 我軍從後圍賊 賊徒一陣後至 又圍我軍: 누락

374) 腹背受擊: 누락

375) 申帥僅免遁去 本州及畿甸倉庫收稅倉等 並皆焚之: 누락

深僅半身[381]。◇[382]月初三日, 長驅入都, 則城門四開, 寂無人聲。往往唯女人, 潛伏街巷[383], 三闕各寺宗廟諸倉庫等, 皆已焚蕩, 而閭閻則依舊[384]。◇[385]倭寇留陣於鍾樓下, 抄粮以食, 四日之朝, 又率渠分略於閭巷, 渠輒從委洞逃走, 仍留楊根地, 登山覓食, 輾轉下還."云。且聞其說, "倭奴一運, 由楊根入城[386], 二運[387]則直路到[388]沙平院, ◇[389] 欲渡無舟, 入城之倭, 出去江頭, 探得船隻, 則津船皆掘地埋置, 一時撥出, 盡令渡江[390]。前後入城之倭, 其麗不億◇[391], 而本國之人, 居半相雜, 皆削髮變服, 與賊混迹, 而其中被擄者, 則稍稍逃走, 心實無他矣。上去之時, 所向無防備, 如鳥嶺·懸寺遷等處, 可以設伏要擊, 而並無一人, 觸處坦然, 如入無人之境."云[392]。且曰: "詮聞[393]大

---

376) 乏食: 누락

377) 一運

378) 縣: 누락

379) 直

380) 江於: 누락

381) 水深僅半身: 누락

382) 本

383) 往往唯女人 潛伏街巷: 누락

384) 閭閻則依舊: 누락

385) 而

386) 四日之朝 又率渠分略於閭巷 渠輒從委洞逃走 仍留楊根地 登山覓食 輾轉下還云 且聞其說 倭奴一運 由楊根入城: 누락

387) 二運: 一運

388) 到: 由

389) 渡漢江而入

390) 欲渡無舟 入城之倭 出去江頭 探得船隻 則津船皆掘地埋置 一時撥出 盡令渡江: 누락

391) 云

392) 而本國之人 居半相雜 皆削髮變服 與賊混迹 而其中被擄者 則稍稍逃走 心實無他矣 上去之時 所向無防備 如鳥嶺·懸寺遷等處 可以設伏要擊 而並無一人 觸處坦然 如入無人之境云: 누락

393) 詮聞: 누락

駕, 晦日四更, 避出松都, 城中之人, 一時並³⁹⁴⁾發, 人馬蹂躪而死者, 在在枕藉, 而門外尤甚, 積屍如丘, 慘不忍見." 今聞此言, 始知前日 金彦希之言, 非虛報也。國勢至此, 夫復何言。痛哭痛哭! 奴凡介等, 得殖穀八九石, 冒夜還來, 乃出於可隱里, 金至元・申應漑家也。與 諸處及金雲龍分用, 可以支旬餘之用矣³⁹⁵⁾。

十九日。雨。

留蘆洞。流聞倭寇留住空城, 粮餉亦窘, 將欲窮追大駕所在, 仍指 燕京, 以爲荐食之計, 且欲以其俗易吾俗云。果如此言, 寧蹈魯連之 海, 何忍苟活於裔夷之世乎? 痛哭痛哭³⁹⁶⁾! ○ 聞長川洞人金鎰陣 亡, 韓良佑³⁹⁷⁾之女, 被擄死節云。一州士族之家, 被汚於賊奴者, 非 一二人, 而未聞捐生取義之者³⁹⁸⁾。獨此³⁹⁹⁾村巷間凡民, 旣無家訓, 又 乏聞見之益⁴⁰⁰⁾, 而倉卒遇變, 能以義自守, 至以縛束驅迫, 而終不渝 其素志云⁴⁰¹⁾。信乎秉彝之在人性者, 無貴賤愚智⁴⁰²⁾, 而均賦也。可 欽可欽⁴⁰³⁾!

二十日。陰。

留蘆洞。曾聞⁴⁰⁴⁾鶴峯令公, 以日本⁴⁰⁵⁾通信之還, 獨言倭變不必速

---

394) 並: 幷
395) 痛哭痛哭 奴凡介等 得殖穀八九石 冒夜還來 乃出於可隱里 金至元・申應漑家也 與諸處及金雲龍分用 可以支旬餘之用矣: 누락
396) 痛哭痛哭: 누락
397) 韓良佑: 韓佑良
398) 一州士族之家 被汚於賊奴者 非一二人 而未聞捐生取義之者: 누락
399) 獨此: 누락
400) 之益: 누락
401) 云: 누락
402) 愚智: 智愚
403) 可欽可欽: 누락

出之罪⁴⁰⁶⁾, ◇⁴⁰⁷⁾ 自上有拿推之命◇⁴⁰⁸⁾, 而路梗不通, 今聞近者始由
湖西路上去云。領相李山海·兵判洪汝淳·許銘·金公亮, 亦皆被
論, 大駕未發之前, 曾己遠竄云。○ 聞前日聚軍射殺賊奴數口, 外南
之人亦射殺五六人, 則皆本國之人, 叛入倭徒, 假着倭服, 侵害尤酷
云。其餘在州中者, 不滿數十云, 而未克剿除, 可歎。○ 午上後峯望
見, 則咸昌·玉山·銀尺·于曲·晉谷諸處, 倭徒散抄焚蕩, 烟熖漲
天, 此去彼地未滿一息, 慮有侵及之患。深悶深悶⁴⁰⁹⁾。◇⁴¹⁰⁾ ◇⁴¹¹⁾

二十一日⁴¹²⁾。晴。

聞化寧縣賑租, 親去則監官尹孝仁不來。飢民數百餘人, 憤其慳
吝, 且聞色吏庫子等, 偸出倉穀之奇, 突入其家, 搜探所莊, 各自分
執, 有固强盜, 而無能禦之者。窮則斯濫, 豈不信乎? 留宿縣倉。

二十二日⁴¹³⁾。晴。

監官晚後始來, 而猶無肯賑之意, 吝斂不分, 無異己物。群聚力言,

---

404) 曾聞: 누락
405) 以日本: 曾於
406) 之罪: 누락
407) 而今者賊勢如此 故
408) 云
409) 而路梗不通 今聞近者始由湖西路上去云 領相李山海·兵判洪汝淳·許銘·金公
亮, 亦皆被論 大駕未發之前 曾己遠竄云 ○ 聞前日聚軍射殺賊奴數口 外南之人
亦射殺五六人 則皆本國之人 叛入倭徒 假着倭服 侵害尤酷云 其餘在州中者 不
滿數十云 而未克剿除 可歎 ○ 午上後峯望見 則咸昌·玉山·銀尺·于曲·晉谷諸
處 倭徒散抄焚蕩 烟熖漲天 此去彼地未滿一息 慮有侵及之患 深悶深悶: 누락
410) 鶴峯前在右廂 軍令極嚴 略不饒貸 群下震慄 莫不畏服 一與接戰 賊醜退縮 其所斬
伐亦多 軍聲將有再振之勢 而遽被拿去: 5월 23일자 일기의 일부를 이곳으로 옮김.
411) 憂憫
412) 5월 21일자 일기 전부 누락
413) 5월 22일자 일기 전부 누락

則不得已開庫, 而斈其實穀, 却以陳久不可用者出給矣。方今賊奴
遍滿州縣, 竊據倉廩, 民皆失所, 入處深谷, 巢居土處, 已過一朔, 饑
困之甚, 莫此時若。吾州四縣, 惟此縣, 時未經賊變, 餘儲尙存, 闔境
嗷嗷者, 待賑而擧火, 其情誠可悶, 而其勢誠亦急矣。縱令留在, 而賊
奴之來, 朝不保夕, 與其爲賊供粮, 孰愈亟賑吾民之爲得計, 而此公
自徇私意, 敢丟公家之惠, 其心實難測也。古有爲飢民矯制而開倉
者, 若此輩雖曰無知, 苟有一毫不忍人之心, 豈至若此之自用乎? 痛
愕痛愕!

二十三日。大雨終日。
尹孝仁[414]聞鶴峯令公中道放赦, 更拜招諭使下來云, 所謂招諭者,
意必招諭散亡之人, 使之急赴勤王之擧云也[415]。鶴峯前在右廂, 軍
令極嚴, 略不饒貸, 群下振慄[416], 不敢喘息[417]。一與接戰, 賊醜退縮,
其所誅伐亦多, 軍聲將有再振之勢, 而遽被拿去[418]。舊元戎曺大坤,
年老且怯, 不能當陣騁勇, 竟至陷城, 何憾如之?云。盖尹之子植, 有
武才年少出身者也, 頃以裨將, 在鶴峯幕下, 及其上京後, 移隸曺帥,
而曺公接不以義。不可與共濟大事, 故托故出還, 尹公以此審知其
大槪云矣。○ 與趙佩卿諸君, 冒雨衝泥, 艱得還寓。平日非惟不學徒
步, 如此等事, 一未嘗親進爲之, 而遽遭變故, 饑餓切身, 未免屈身而
强求, 其苦不可言, 不可言。諸友之同來者亦多, 得遇玄景達, 聞昨日
山尺等數十人, 執荒唐人男五女二, 來告于渠寓處, 卽與韓仲瑩問

----

414) 尹孝仁: 누락
415) 所謂招諭者 意必招諭散亡之人 使之急赴勤王之擧云也: 누락
416) 振慄: 震慄
417) 不敢喘息: 莫不畏服
418) 鶴峯前在右廂 軍令極嚴 略不饒貸 群下振慄 不敢喘息 一與接戰 賊醜退縮 其所
　　誅伐亦多 軍聲將有再振之勢 而遽被拿去: 5월 20일자 일기로 옮겨짐.

訊, 則皆是我民, 而黨賊者也。或居下道, 或居本州, 檢其所擔, 則皆裹卉服·長劍·倭旗等物, 女人則乃邑內所居者, 而交嫁倭奴, 出入官府, 受其贈賂, 潛通本國之事, 且具酒饌, 逐日勸餉之人也, 情狀旣露, 卽皆斬梟云云[419]。

二十四日。晴。

留蘆洞。因往來人[420], 聞自京下來之倭[421], 陸續不絶, 多者六七十, 少者三四十◇[422], 沿路人家, 到輒焚燒, 所餘牛馬無遺取去云[423]。似此不多之賊, 捕斬不難, 而人皆亡匿, 莫或有爲君父擧義除讐者, 痛入心骨, 誰與告語? 氣悶氣悶。○ 前日上來之船, 皆載卜物, 已盡下去云, 此必是下道黨賊之徒也無疑矣[424]。賊奴入都後, 更未得彼處[425]的報, 日馳出巡, 今舍何所, 西望長安, 消息無由[426], 臣民此日之痛, 極天罔籲。南渡君臣輕社稷, 中原父老望旌旗, 昔誦此句, 爲前代處付一嘆, 豈謂於吾身親見之也? 可苦可苦[427]。

---

419) 舊元戎曺大坤 年老且怯 不能當陣騁勇 竟至陷城 何憾如之云 盖尹之子植 有武才年少出身者也 頃以裨將 在鶴峯幕下 及其上京後 移隷曺帥 而曺公接不以義 不可與共濟大事 故托故出還 尹公以此審知其大槪云矣 ○ 與趙佩卿諸君 冒雨衝泥 艱得還寓 平日非惟不學徒步 如此等事 一未嘗親進爲之 而遽遭變故 饑餓切身 未免屈身而强求 其苦不可言 不可言 諸友之同來者亦多 得遇玄景達 聞昨日山尺等數十人 執荒唐人男五女二 來告于渠寓處 卽與韓仲瑩問訊 則皆是我民 而黨賊者也 或居下道 或居本州 檢其所擔 則皆裹卉服·長劍·倭旗等物 女人則乃邑內所居者 而交嫁倭奴 出入官府 受其贈賂 潛通本國之事 且具酒饌 逐日勸餉之人也 情狀旣露 卽皆斬梟云云: 누락

420) 因往來人: 聞往來倭賊

421) 聞自京下來之倭: 누락

422) 云

423) 沿路人家 到輒焚燒 所餘牛馬無遺取去云: 누락

424) 前日上來之船 皆載卜物 已盡下去云 此必是下道黨賊之徒也無疑矣: 누락

425) 得彼處: 聞

426) 無由: 茫然

427) 可苦可苦: 누락

二十五日[428]。陰。

留蘆洞。申文叔樞伯昆季, 自台峯來訪。渠亦於四月卅日出來, 闔族尙幸無事云, 久別之餘, 邂逅蘇叙, 慰不可喩。日暮留宿。

二十六日[429]。雨。

留蘆洞。聞倭寇再入中牟縣, 焚略尤酷, 金山人避入直指山者, 多被殺害云。李義述一家, 想亦避入其山, 何以寄活, 消息未通, 可慮可慮。夕雨止, 文叔兩君還。

二十七日[430]。晴。

往拜魯谷叔母主于三岐前, 兼見洪胤禎 · 金審美伯。仍聞湖南亦有倭變, 康津 · 海南兩邑見陷, 而旋皆殲滅, 賊船皆逃走, 全羅防禦使, 來到金山郡接戰, 所殺倭奴, 亦百餘人云。湖俗悍猛, 將士臨陣不怯, 勇進如風霆, 其能取勝者, 以此也。嶺南則人心柔懦, 見賊先怯, 加以主將無死義之心, 到處回避, 冀得苟活之路, 其所以致敗者, 無怪矣。

二十八日。雨。

留蘆洞。聞自京下來之倭, 今尙不絶云, 未知所由。豈粮盡難於留住? 不然則彼無禦之者, 窃據都城, 以爲窟穴, 何所憚而遞爾下來耶[431]? 聞自京傳通內, 士族及平民無故者, 斬倭三級以上, 賜武科及第, 公私賤則從良云。且聞防禦 · 助防等狀啓內, 嶺外守令, 擧皆棄城逃走, 而唯尙牧某[432], 率其子弟及屧卒, 獨守孤城, 效死不去, 咸昌倅某[433], 敗軍而還, 逃走不現云云, 自上深褒尙牧, 而命誅咸倅云。咸昌 · 尙州, 厥罪惟均, 而其無意國事, 任其自爲, 賊勢將及, 不思所以悍禦之方, 而遞作逃走之計者, 尙州尤甚[434]。而彼輩敢逞私臆, 欺罔入啓, 以致賞罰之乖常[435], 可痛可痛。大槩石田虛警之潰, 罪在兩倅, 向使防禦 · 巡邊等使, 先梟此兩人之頭, 以懲其餘, 則四散之卒, 曰: "退怯之故, 已斬主帥, 吾等不進, 則後難免誅, 不如亟聚力戰, 求生於必死之中." 數萬之卒, 可以立致, 接戰之際, 亦必有殊死之心矣。計不出此, 而上下相蒙, 務循姑息, 雖欲不敗, 得乎[436]?

二十九日。雨。

與權汝深及命兒, 往訪李士擴 · 士會于蘇夜洞, 去此十餘里矣。仍謁李叔母, 與士會, 乘夕往宿于可隱金至元家, 將欲往拜光州叔母主計。

---

432) 某: 누락

433) 某: 누락

434) 而其無意國事 任其自爲 賊勢將及 不思所以悍禦之方 而遞作逃走之計者 尙州尤甚: 누락

435) 乖常: 乖當

436) 大槩石田虛警之潰 罪在兩倅 向使防禦 · 巡邊等使 先梟此兩人之頭 以懲其餘 則四散之卒 曰退怯之故 已斬主帥 吾等不進 則後難免誅 不如亟聚力戰 求生於必死之中 數萬之卒 可以立致 接戰之際 亦必有殊死之心矣 計不出此 而上下相蒙務循姑息 雖欲不敗 得乎: 누락

六月小 己丑朔

一日。晴。

主人殺鷄爲黍, 兼設白酒矣。嶺外之地, 皆遭焚蕩, 無有寧靜之處, 而獨此一面, 尙得保存, 根耕刈麥, 無異平日, 盖以村巷深僻之故也。食後往宮基, 則姨母闔門, 已於昨日, 移寓于華山上頂之上庵矣。姨母·洪舅及昌寧兄嫂·良遇嫂·玉山妹·國信嫂·士行嫂諸親, 各率其家累, 會于此, 相與蘇叙, 有同再生之人。各說亂離中艱苦, 十生九死, 得至今日, 重見面目, 豈非不幸之幸也? 悲哀交激, 殊不能定情矣[437]。聞可隱里人及訓鍊奉事宋建等百餘人, 謀擊咸昌縣留在之倭[438], 得射七八人後[439], 我軍中鐵丸, 退走[440]殞命者六人, 而宋建亦死。建乃興陽人, 而中武科者也。勇[441]爲防禦使軍官, 敗軍之後, 脫身逃走[442], 來在于宮基里[443], 思欲徇身[444]討賊, 志氣激昂, 而竟未大成其志, 人皆惜之。

---

437) 主人殺鷄爲黍 兼設白酒矣 嶺外之地 皆遭焚蕩 無有寧靜之處 而獨此一面 尙得保存 根耕刈麥 無異平日 盖以村巷深僻之故 食後往宮基 則姨母闔門 已於昨日 移寓于華山上頂之上庵矣 姨母·洪舅及昌寧兄嫂·良遇嫂·玉山妹·國信嫂·士行嫂諸親 各率其家累 會于此 相與蘇叙 有同再生之人 各說亂離中艱苦 十生九死 得至今日 重見面目 豈非不幸之幸也 悲哀交激 殊不能定情矣: 누락

438) 縣留在之倭: 尙州留賊

439) 後: 누락

440) 退走: 누락

441) 勇: 曾

442) 脫身逃走: 누락

443) 里: 누락

444) 徇身: 殉身

二日。晴。

朝發路, 遇詩僧弘靖, 乃屛川秀禪也。藉草溪邊, 穩話移日, 牧伯在寺後龍虎庵云[445]。○ 適遇自京之人[446], 乃於五月十八日, 被執於倭奴, 領其卜馱, 來到于尙州, 而逃出者也[447]。渠云[448]: "當初倭寇之未入城時, 起復金命元爲都元帥, 出師漢濱, 方爲禦敵[449]之計。而卒伍遽見賊勢鴟張, 稍稍逃走, 元帥度其不濟, 亦並遁[450]去。賊入空城, 無所忌憚, 分遣數千餘倭, 窮追大駕所在, 又分遣畿下諸邑, 逐日攻怯, 米穀物貨等, 積聚如山, 在在皆然[451]。倭將則留住都中, 以爲久住之計, 所攫之物旋皆輪下[452]。都內之人, 自相爲盜, 使刃攘奪, 殺傷無數, 士族之家, 則出門之後, 餒死窮谷者, 亦不可勝計。"云云[453]。國事至此, 萬無再振之勢, 生而爲人, 目見此時, 痛哭何言? ○ 夕過申文叔 · 宋彦明寓所, 暫時留話, 乘昏還蘆谷[454]。

三日[455]。晴。

留蘆谷。聞下來之倭, 多被山尺輩所射, 不得下去, 留在州內, 厥數極多, 窮尋人物, 觸輒屠殺云, 何悶如之?

---

445) 朝發路 遇詩僧弘靖 乃屛川秀禪也 藉草溪邊 穩話移日 牧伯在寺後龍虎庵云: 누락
446) 適遇自京之人: 遇自京來人
447) 乃於五月十八日 被執於倭奴 領其卜馱 來到于尙州 而逃出者也: 누락
448) 渠云: 聞
449) 禦敵: 禦賊
450) 並遁: 退
451) 又分遣畿下諸邑 逐日攻怯 米穀物貨等 積聚如山 在在皆然: 누락
452) 所攫之物旋皆輪下: 누락
453) 云云: 云
454) 夕過申文叔 · 宋彦明寓所 暫時留話 乘昏還蘆谷: 누락
455) 6월 3일자 일기 전부 누락

四日。晴。

留蘆谷[456]。流聞倭寇, 侵及化寧縣, 且焚蕩關音寺[457]洞, 諸庵僧輩
亦[458]多被害云。榮兒, 往寓水落[459], 未知生死, 心緒極亂, 卽欲送人往
探, 而賊報漸迫, 只有一奴, 恐有倉卒之急, 不得送去, 尤極痛心[460]。

五日。晴。

◇[461] 食時, 猝聞倭寇自化寧入來, 里人及他來寓者, 盡數亡匿。吾
與竑弟奉慈氏, 艱得踰後峴, 取路崖麓, 顚沛走避, 而山路峻險, 慈氏
力盡, 扶負倉皇, 恐有追及之患, 悶不可言。妻屬則四散各走, 不知去
處, 及到四五里許, 始得相遇, 而命兒獨不在, 不暇尋覓。竑則奉母直
歸蘇夜洞李弘道兄寓所,   蓋爲其洞府深邃林茂草密,   利於莊身故
也。妻屬及季妹 · 歧州嫂等, 指迭于達田申文叔 · 宋彥明諸益寓所。
吾以卜物點檢事, 還到蘆谷, 則奴僕牛馬等, 皆避匿岩藪間, 卜物亦
莊諸石罅, 不至漏失, 是亦不幸之一幸也。乘昏入主家詳問, 則主人
輩亦自山谷間, 乘夕還家曰: "倭寇十餘, 自南嶺放鐵丸, 下及山腰,
旋復上去, 搜括山外所藏牛馬十餘頭, 且圍城山, 人多見害。"云, 此
里幸免焚抄之變, 何慰如之? 夜深, 與金雲龍 · 金順生輩, 還到卜物
所莊處, 聚坐岩石上, 俄而雨下如澍, 惡獸且至, 萬身盡沾, 不知所
爲, 相與擊木投石, 僅避其害。到曉冒雨下來, 而卜馬蹄蹶, 倒落千仞
之坂, 意謂折脊, 趂急扶起, 則蹇足而已。日晚, 來到達田之里, 則諸
屬, 皆無盖矣[462]。

---

456) 蘆谷: 蘆洞
457) 關音寺: 觀音寺
458) 亦: 누락
459) 水落: 水落菴
460) 卽欲送人往探 而賊報漸迫 只有一奴 恐有倉卒之急 不得送去 尤極痛心: 누락
461) 猝聞倭賊逼至 與竑弟奉慈氏扶負 蒼黃入蘇夜洞

六日。陰。

率諸累入深谷, 乘夕而還, 爲避賊鋒也[463]。賊徒分抄攻怯者, 每趁
午前而來, 午後則各還其陣, 故人之[464]避亂者, 夜宿村里, 曉必登山,
無村里處, 則皆伐薪爲障, 以度晝夜[465]。賊徒詗知其狀, 各山深洞,
並[466]皆搜索, ◇[467] 取其牛馬物貨而去, 人物則逢輒殺害, 女人則率
去, 將至人畜俱盡[468]。自古喪亂, 何代不有[469], 巷里空虛[470], 未[471]有若
是之慘也。○ 竑弟往蘇夜洞, 奉慈氏而來[472]。

七日。雨。

奉慈氏及諸累, 登峻巘, 潛伏茂林之中, 乘夕還來[473]。得金達可
書云: "頃見一友自丹陽來者, 謂曰: '傳聞京報[474], 慶尙左右道各設
方伯, 左道則李成任除授, 起復申大進爲都事.'" 且見平丘驛子所持
傳通內, "倭徒一二運已皆殲盡, 以此賊勢稍挫, 方皆下歸."云云[475]。
士行以此處賊勢不絶, 粮餉垂盡, 方爲奉親入歸關東之計, 勸我偕
發矣[476]。

---

462) 6월 5일자 일기를 '猝聞倭賊逼至 與竑弟奉慈氏扶負 蒼黃入蘇夜洞'으로 간략히 대
　　　체하여 기록하고는 거의 다 누락

463) 爲避賊鋒也: 누락

464) 人之: 누락

465) 無村里處 則皆伐薪爲障 以度晝夜: 누락

466) 並: 幷

467) 逢人輒殺

468) 取其牛馬物貨而去 人物則逢輒殺害 女人則率去 將至人畜俱盡: 누락

469) 自古喪亂 何代不有: 兵燹之禍, 自古有之

470) 巷里空虛: 누락

471) 未: 而豈

472) 而來: 還蘆洞

473) 奉慈氏及諸累 登峻巘 潛伏茂林之中 乘夕還來: 누락

474) 云 頃見一友自丹陽來者 謂曰傳聞京報: 누락

475) 云云: 云

八日[477]。陰雨。

奉慈氏及諸累, 登山避賊, 午後下來。吾以蘆谷主家, 有料理事, 進去, 適遇奴莫生・猛乞・春長等, 此皆不從主令, 任意橫行者也。輒皆縛榜訊之際, 有一人於山頂, 急走而呼曰: "倭寇遽至矣。" 擧里之人, 一時警動, 奔走避匿, 吾亦隨衆走避。俄而, 審知, 則竟是者傳此, 必是竄窮之徒, 謀逐里人, 偸取粮物之計也。吾以一計, 致其急呼者, 訊之, 則曰: "吾亦實不見倭寇, 而適聞嶺上有傳告之聲, 故走來通喩。" 云云, 其詐窮難掩可知矣。痛憎痛憎。留宿主家, 主人炊黎以饋, 意甚慇懃矣。

九日。陰雨。

榮兒自水落還。始聞其寺再度逢倭, 搜括太甚, 財藏雜物, 一無遺者, 人物則以善避之故, 免害凶刃, 寺刹亦不焚之云。聞變之後, 久不聞的報[478], 心事煎慮[479], 忽此相見, 悲喜交並[480], 父子之天, 寧有紀極[481]也?

十日。晴。

擧屬登山夕還。與竤弟上絶頂回望, 則尙州・咸昌・龍宮・聞慶・槐山・報恩等諸處, 皆無烟氣, 而獨於化寧南面, 烟熖極熾矣[482]。聞

---

476) 士行以此處賊勢不絶 粮餉垂盡 方爲奉親入歸關東之計 勸我偕發矣: 누락

477) 6월 8일자 일기 전부 누락

478) 始聞其寺再度逢倭 搜括太甚 財藏雜物 一無遺者 人物則以善避之故 免害凶刃 寺刹亦不焚之云 聞變之後 久不聞的報: 누락

479) 心事煎慮: 煎慮之餘

480) 並: 幷

481) 紀極: 其極

482) 擧屬登山夕還 與竤弟上絶頂回望 則尙州・咸昌・龍宮・聞慶・槐山・報恩等諸處 皆無烟氣 而獨於化寧南面 烟熖極熾矣: 누락

自槐山・報恩下來之倭, 動至數萬[483], 皆有化寧路, 入尙州[484], 搜
索[485]俗離山・城山・道藏山諸處, ◇[486] 所得牛馬卜物, 不可勝計云.
且[487]於德通驛驛館前及[488]洛驛・◇[489]求道谷沿路諸處, 伐木撤屋,
橫作假屋, 連亘十餘里, 多至數百餘間云. 此不知爲何用而作也. 豈
亦爲久留, 以爲往來還接之館耶? 近來下來之倭, 逐日不絶, 其數不
可勝記, 而皆留寓其假屋, 或入居州城中, 然彌滿, 道路阻梗, 兵火之
酷, 有甚當初上去之時, 可痛可痛. ○ 流聞全羅・忠淸・京畿三道方
伯, 領兵十五餘萬, 赴戰于都城, 皆不利潰散云. ○ 且聞龍宮倅禹伏
龍, 擇得精卒千餘人, 入處其邑之境花莊之里, 分伏要路, 遏絶賊徒,
所殺極多, 賊徒畏憚, 不得侵犯, 以此自醴泉以東北諸邑, 則尙皆完
全, 不經賊變, 農作如舊云. 嶺外凡幾州縣, 而惟此倅, 能辦此事, 此
可謂不嵬食人食, 而臨亂不負國也. 可欽可欽[490].

十一日[491]. 晴.

食後, 上崗覽洞壑, 爲擇倉卒藏身之所也. 流聞在京倭將二人被

---

483) 數萬: 萬數
484) 皆有化寧路 入尙州: 누락
485) 搜索: 抄掠
486) 由化寧路, 入尙州
487) 所得牛馬卜物 不可勝計云 且: 누락
488) 驛館前及: 누락
489) 及
490) 此不知爲何用而作也 豈亦爲久留 以爲往來還接之館耶 近來下來之倭 逐日不絶
其數不可勝記 而皆留寓其假屋 或入居州城中 然彌滿 道路阻梗 兵火之酷 有甚
當初上去之時 可痛可痛 ○ 流聞全羅・忠淸・京畿三道方伯 領兵十五餘萬 赴戰
于都城 皆不利潰散云 ○ 且聞龍宮倅禹伏龍 擇得精卒千餘人 入處其邑之境花莊
之里 分伏要路 遏絶賊徒 所殺極多 賊徒畏憚 不得侵犯 以此自醴泉以東北諸邑
則尙皆完全 不經賊變 農作如舊云 嶺外凡幾州縣 而惟此倅 能辦此事 此可謂不
嵬食人食 而臨亂不負國也 可欽可欽: 누락
491) 6월 11일자 일기 전부 누락

誅, 自此賊勢稍挫, 俱爲退兵還國之計云。且聞金嗣宗輩, 要路射殺
下歸之倭十餘人, 賊徒挾憾, 皆入外南之里, 焚燒殺害, 有甚他處, 士
族輩多見害云。可愕可愕。

十二日[492]。晴。
留達田。夕聞倭寇多至加恩縣, 焚爇人家, 爲將留陣之計云。此里
去彼縣不遠, 擧屬冒夜而發, 移寓深邃之谷, 以爲豫避之計。初伏。

十三日[493]。晴。
日晚, 登崗騁望, 則四無烟氣, 疑昨日加恩之倭, 非信傳, 抑或旣聚
而還卽散歸耶? 流離山谷, 已涉三朔, 非但足胝力倦, 粮餉垂盡, 勢
難支遺。一升之米, 至饋三口, 奴僕飢困, 俱有散亡之意, 可慮可慮。
○ 聞龍宮倅與新方伯李成任等, 領兵堅禦倭徒, 兩度進攻, 皆不利,
退處咸昌云。

十四日。晴。
留達田。夕申文叔諸公之奴[494], 自長川入來[495], 始聞申元龍兄, 去
月二十五日, 見害於倭刀。且聞[496]倭徒, 自竹峴至州內, 沿路◇[497]作
假屋, 幾至百餘所, 或盖以瓦, 以爲往來投宿之計, 往來者[498]逐日不
絶[499], 彌滿道上, 以此兩麥, 已至枯腐, 而一切不得收獲◇[500], 人將盡

---

492) 6월 12일자 일기 전부 누락
493) 6월 13일자 일기 전부 누락
494) 夕申文叔諸公之奴: 누락
495) 自長川入來: 自長川來者言
496) 始聞申元龍兄 去月二十五日 見害於倭刀 且聞: 누락
497) 亦
498) 或盖以瓦 以爲往來投宿之計 往來者: 누락
499) 逐日不絶: 逐日來往者

斃於山谷之中, 無疑云。孤山繞浦上下諸里之人被害者, 幾至廿餘
人, 避回◇[501]之人, 則以發軍捍禦之故, 遭禍尤酷, 橫罹兇刃者七十
餘人云[502]。此尤痛心痛心[503]。此日, 與宋丈希平及希澤・申文叔・樞
伯・宋彦明諸君, 生活於溪石之上, 夕炊而還。大暑[504]。

十五日。晴。
往拜慈氏于蘆谷舊主人之家[505], 夕還達田[506]。聞功城・外南・青
里居人金嗣宗・權署・盧珹等, 各聚軍人, 幾至千百人[507], 捍拒倭賊,
所殺傷多, 至百餘人[508], 以此賊徒終不得入抄其里。厥後, 軍人等,
任意各散[509], 不肯堅守, 倭奴乘釁猝至, 金嗣宗躍馬射殺七八人[510],
後矢盡且[511]中鐵丸, 馳出。倭奴銜憾, 恣其凶慝, 士族多被殺[512], 金進
士有聲, 其弟有振・有聞及其父伸四父子, 辛進士鳳瑞, 鄭進士國
成, 黃裕元及李叔平之父母, 皆被害, 鄭內翰景任, 中鐵丸僅免, 其慈
氏及其弟興世俱見害云[513], 不勝驚悼驚悼[514]。

---

500) 云
501) 협주【村名】추가
502) 云: 누락
503) 痛心痛心: 痛心
504) 此日 與宋丈希平及希澤・申文叔・樞伯・宋彦明諸君 生活於溪石之上 夕炊而還
    大暑: 누락
505) 往拜慈氏于蘆谷舊主人之家: 누락
506) 夕還達田: 留達田
507) 幾至千百人: 누락
508) 百餘人: 數百人
509) 軍人等 任意各散: 軍人懈散
510) 七八人: 十餘級
511) 矢盡且: 누락
512) 被殺: 被害
513) 金進士有聲 其弟有振・有聞及其父伸四父子 辛進士鳳瑞 鄭進士國成 黃裕元及
    李叔平之父母 皆被害 鄭內翰景任 中鐵丸僅免 其慈氏及其弟興世俱見害云: 而
    李叔平・鄭景任家消息

十六日[515]。晴。

明日乃外王母初忌也。繼舅進士公及姨母光州宅, 奉主來住于華山之上庵, 故略備白酒·雜魚等物, 偕審仲, 前期進去。外王母壽至八十五歲, 前此捐館, 不見喪亂之苦, 想於神道無憾, 而不肖孱孫, 獨延頑命, 旣失所依, 逢此百罹, 生之不辰, 痛哭何極? 午憩屛川寺, 夕到上庵, 闔門之來住者, 俱無恙, 但以粮饌俱乏, 方皆爲憂矣。○ 流聞入都之倭一二運, 皆殲滅, 中道作賊者, 不入京城, 還皆下來, 恢復庶有望云。洪聖民·尹斗壽, 相繼爲相, 臨海君遠竄云, 未知是否。日候極熱。

十七日[516]。晴。

祭後下山, 暫憩于屛川, 仍過佛一寺, 訪申諶信叔, 夕還寓次。中暑氣不平, 日候極熱。

十八日[517]。晴。

極熱, 氣不平, 朝出磵邊, 終日僵臥, 食不甘味, 可悶可悶。聞左道, 以龍宮倅善禦之故, 倭徒三度<進>戰, 俱不利而退, 以此醴泉·豐基·榮川·禮安·奉化·安東等邑, 時尙無事云。吾方以粮盡, 欲挈家眷, 入去臨河之計甚切, 而賊勢不息, 道路多阻, 玆未得決行, 何悶如之? 槖儲垂盡, 鹽醬已乏, 雖或避害於賊手, 而將至饑死。生理無由, 莫知所措, 奈何?

---

514) 不勝驚悼驚悼: 尤極驚慘

515) 6월 16일자 일기를 '備薄需行外王母初祥【本孫亂中漂泊故也】'으로 간략히 대체하여 기록하고는 거의 다 누락. 다만

516) 6월 17일자 일기 전부 누락

517) 6월 18일자 일기 전부 누락

十九日⁵¹⁸⁾。晴。

日候極熱。氣不平, 留達田。同避人申君汝柱·朴君天植, 設麵餠麥酒, 爲餉諸人, 累月饑餒之餘, 得此時羞, 爲感如何? ○ 聞金丈邦善及子亨諸公, 各率其家屬, 自長川入來于扇椒之洞, 長川諸人, 俱不遠避, 常在其家鄕近處, 累逢賊徒, 奔走草莽間, 難窘倍他, 知其不得免, 然後今始入來云。

二十日⁵¹⁹⁾。晴。

氣不蘇, 留達田。伐松爲簧, 以避庚熱, 作豆粥, 爲餉同避諸君二十餘人, 童子不與焉。○ 聞近邑往來之倭, 俱向龍宮·醴泉等邑, 相持累日, 動輒被挫云。曾聞忠淸諸郡及自京將士, 驅逐賊奴, 近將到界云, 南人得此報, 驚喜如狂, 咸有其蘇之望, 而迄不來臨。一路往來之倭, 逐日不絶, 豈前聞不實耶? 不勝怪慮, 悶鬱之至。以收得鹽醬事, 送奴于州內。

二十一日⁵²⁰⁾。晴。

日候極熱。留主達田。宋彦明家, 炊麥飯, 爲餉諸人。自此輪設點心, 仍以爲例。

二十二日⁵²¹⁾。晴。

中伏。留達田。申克·金德秀, 設豆粥。

---

518) 6월 19일자 일기 전부 누락
519) 6월 20일자 일기 전부 누락
520) 6월 21일자 일기 전부 누락
521) 6월 22일자 일기 전부 누락

二十三日[522]。晴。

留達田。申文叔·朴文軫, 設豆粥, 同避諸人, 射的不勝者, 徵麥酒。○ 奴莫生, 率奴天乙·得壽及婢个德·金令等, 自長川入來。聞彼地倭寇, 逐日不絶, 兩麥迄未收打, 天乙只賣牟米·稻米並數斗來納, 他餘奴婢, 無一人來見者。身爲奴隷, 當此極變, 背棄其主, 一不衮問, 罪當誅戮。而家國崩分, 法禁解弛, 强吞衆暴, 慢不知上下奴主之分。時變至此, 何以聊生? 家藏書冊及雜物, 遭火之餘, 秋毫不遺云, 埋主之地, 亦被掘發云。此尤痛哭痛哭。

二十四日。晴。

留達田。聞牧伯曾匿于俗離之谷[523], 頃移[524]屛川寺, 以化寧[525]倉穀偸出事, 斬州吏一人[526], 本州[527]吏房拒逆不現事, 亦行刑, 且方[528]知委諸吏, 收聚軍卒云。蓋因[529]頃日[530]自京中傳通內[531], 都中倭奴, 多數[532]勦滅, 西北道將士, 近將驅逐散賊[533], 踰嶺到界, 列邑等[534]各聚來民[535]待候云[536]云, 故◇[537]始有生氣, 欲爲支待之計, 且兼圖免

---

522) 6월 23일자 일기 전부 누락
523) 曾匿于俗離之谷: 누락
524) 頃移: 移住
525) 化寧: 누락
526) 斬州吏一人: 누락
527) 本州: 以
528) 方: 누락
529) 因: 누락
530) 頃日: 頃
531) 傳通內: 有傳通 略日
532) 多數: 幾至
533) 散賊: 散卒
534) 等: 其
535) 來民: 軍
536) 都中倭奴多數勦滅 西北道將士 近將驅逐散賊 踰嶺到界 列邑等各聚來民待候云:

前日棄師棄城負國偸活之罪[538]，此甚可笑[539]。執其所爲，窃揣其心，
當初之驚怯先遁者，其意以爲邊警，非直島夷衝突，或者內寇乘釁
作逆，則與其進戰輕死，不如退伏偸生，以爲徐俟異時易面搖尾之
計。以此州家崩析[540]，閭里[541]焚蕩，略不恤念，◇[542]唯以深入密伏爲
得計[543]，見人則必低頭反面。且禁外人往來其處者，恐惟或人之得
窺其形影也。及今國賊，果非內寇[544]，且京來之報[545]，亦適如彼，
故[546]始乃◇[547]以州伯自居，發號施令，謀掩前日之罪[548]，其計雖狡，
而人之旁視者，如見其肺肝，焉得以瘦[549]之哉? 不然，則百里封疆，
乃其所守也。當初被陷，勢甚拯溺，何不於其時，汲汲效職，以爲報
國救民之計，而却於數月之餘，專城覆陷落無餘痕然後，承奉傳通
內指揮，始乃抽身岩穴，以爲聚軍禦賊之計，此其情狀自露，不待審
量而可知矣。今日之臨危，負國者何限，而若此之輩，特鄙夫之尤甚
者也。朝廷使此輩任官，欲國不亡，得乎? 可痛可痛[550]。聞中路作賊

통신문의 내용을 작은 글씨체로 옮겨 씀. 이를 〖 〗기호로 표시함.

537) 州伯

538) 且兼圖免前日棄師棄城負國偸活之罪: 究其情狀

539) 此甚可笑: 甚可笑也

540) 執其所爲 窃揣其心 當初之驚怯先遁者 其意以爲邊警 非直島夷衝突 或者內寇乘
釁作逆 則與其進戰輕死 不如退伏偸生 以爲徐俟異時易面搖尾之計 以此州家崩
析: 누락

541) 閭里: 當州里

542) 而

543) 得計: 計

544) 見人則必低頭反面 且禁外人往來其處者 恐惟或人之得窺其形影也 及今國賊 果
非內寇: 누락

545) 且京來之報: 及聞京報

546) 亦適如彼 故: 누락

547) 抽身巖穴

548) 謀掩前日之罪: 圖免前日棄城負國偸活之罪

549) 以瘦: 而廋

550) 不然 則百里封疆 乃其所守也 當初被陷 勢甚拯溺 何不於其時 汲汲效職 以爲報

之倭, 往來無常[551], 或上或下, 陸續道途, 且旁抄醴泉・安東等諸邑,
我軍漸至退挫, 自京將士, 徒有先聲, 而迄無影響, 人民寧戢, 邈無
其期。而時月易失[552], 已迫秋候, 四野荒廢[553], 一苗不立, 至於根耕,
則全不播種[554], 不出秋冬, 而[555]人將盡塡於溝壑矣。大抵, 民爲邦
本, 本固然後, 邦可以得寧。◇[556]監司金睟, 欲得勤幹之名, 以爲賭
恩之地, 嶺外築城之役, 始自前秋, 至今春三月之初[557], 猶未就畢,
齎粮遠赴, 十九破産, 晝夜課役, 丁壯多斃。胼胝呻吟之慘, 無異秦
民之苦。萬口嗷嗷, 咸有曷喪[558]之怨, 遽値兵火, 一時潰散, 金湯之
固, 反爲賊奴所據, 睟之築怨, 因此可知矣。◇[559]睟[560]旣身爲方伯,
道內節制, 都在其手, 效死盡忠, 以捍南國, 乃其職分, 而及玆逢變,
惟思保身, 伺候賊奴聲息[561], 置身無梗之境, 竟亦不知其[562]去處, 原
其罪狀, 擢髮難盡, 身爲大臣, 亦若是乎[563]? 大駕蒙塵, 已浹三朔, 凡
有血氣者, 孰不痛心? 而嶺外列郡, 了無一介唱義[564]之人, 草野負暄

國救民之計 而却於數月之餘 專城覆陷落無餘痕然後 承奉傳通內指揮 始乃抽身
岩穴 以爲聚軍禦賊之計 此其情狀自露 不待審量而可知矣 今日之臨危 負國者
何限 而若此之輩 特鄙夫之尤甚者也 朝廷使此輩任官 欲國不亡 得乎 可痛可痛:
누락

551) 聞中路作賊之倭, 往來無常: 聞往來之倭
552) 易失: 已失
553) 荒廢: 荒野
554) 至於根耕, 則全不播種: 누락
555) 而: 누락
556) 而
557) 至今春三月之初: 至于今春
558) 曷喪: 呼祈
559) 且
560) 旣身: 身
561) 聲息: 누락
562) 其: 누락
563) 身爲大臣 亦若是乎: 누락
564) 唱義: 倡義

之士, 豈專無[565]揭竿敵愾之心? 而朝論作歧, 世路益險, 妨賢[566]嫉能
之徒, 竊據城社, 稍忤其己, 輒加以[567]不道之名, 以爲網打之計。有
智·慮者, 率皆袖手深藏, 以避事後之嫌, 莫肯爲首事戡亂之計。時
事至此, 亦極寒心。生之不辰, 尙寐無寤[568]。

二十五日[569]。晴。
往拜慈氏于蘆谷。奴天乙等還長川。夕還寓次。

二十六日。晴。
往訪權察訪從卿及汝霖·汝深等于山谷中, 仍[570]訪金內禁嗣宗·
金景樞諸公。嗣宗[571], 武士之有才勇者也。前於外南, 接戰之日[572],
◇[573] 率數百餘卒迎擊, 倭奴亦幾數百餘人, 軍士皆潰, 而嗣宗躍馬
獨當, 射殺十餘級後[574], 中鐵丸退走。丸入外踝中[575], 痛不可忍[576],
瘡處成浮, 其大如腰, 萬無差快[577]之勢。可惜可惜。殺[578]前後所殺,
幾三十餘倭云。午逢驟雨, 同行申文叔·從卿等, 盡被沾濕。雨止,

---

565) 專無: 全無
566) 妨賢: 防賢
567) 以: 누락
568) 生之不辰 尙寐無寤: 누락
569) 6월 25일자 일기 전부 누락
570) 往訪權察訪從卿及汝霖·汝深等于山谷中 仍: 누락
571) 金景樞諸公 嗣宗: 누락
572) 前於外南 接戰之日: 問外南接戰之語
573) 則果如向日所聞
574) 率數百餘卒迎擊 倭奴亦幾數百餘人 軍士皆潰 而嗣宗躍馬獨當 射殺十餘級後:
　　누락
575) 中鐵丸退走 丸入外踝中: 而鐵丸入外踝中
576) 痛不可忍: 누락
577) 差快: 回蘇
578) 殺: 此人

更上高峰北望, 則加恩縣里, 賊火漲天, 所見極慘。夕還寓。

二十七日[579]。雨。

留達田。朝見自加恩來者, 問之, 則倭奴數百餘人, 昨入縣里, 焚掠閭閻, 攫取卜物三十餘駄, 人民以善避之故, 俱免殺傷云。大槩賊中, 我國人太半相雜, 面目慣熟者, 皆着紙假面先導云。近來倭奴輩, 留住中道, 不上不下, 日以攻却, 取貨爲務, 聞慶·新院·茅谷等地, 結屋留屯者, 不知其數, 橫行于龍宮·安東等地者, 亦無數, 義城縣終始善禦, 被害不甚, 而頃亦見陷云, 可痛。○ 申兌自長川入來, 曾遇賊鋒, 幾被刺傷, 僥幸得脫, 臀肉有劍痕如縷矣。

二十八日[580]。陰。

留達田。仍自尙州來人, 聞本州留倭, 彌滿城內縣, 而昨日出向龍宮地云。蓋龍倅四五次接戰, 或勝或退, 而猶不自挫, 倭徒以此銜憾, 期於必勝, 每每進戰, 輒至空還云。

二十九日[581]。晴。

留達田。聞倭奴入寇加恩縣里, 略取申應漑家稻穀四十餘駄而去。立秋。

---

579) 6월 27일자 일기 전부 누락
580) 6월 28일자 일기 전부 누락
581) 6월 29일자 일기 전부 누락

七月大 戊午朔

一日⁵⁸²⁾。晴。

求得殖租事, 偕諸友躬詣加恩申諢家, 出豆太栗粟牟並七八石,
日暮留宿其家。

二日⁵⁸³⁾。晴。

畏賊變, 乘曉發程還寓。聞賊徒食時已到其里, 挐攪如虎云, 可痛
可痛。

三日⁵⁸⁴⁾。晴。

早朝率家累, 還寓蘆谷舊主人之家。夕, 聞倭寇復入加恩, 焚蕩三
十餘家云。光州姨母, 自華山移寓蘆舍, 親屬得會一處, 深慰深慰。
末伏。

四日⁵⁸⁵⁾。晴。

此日乃外王考忌辰, 略備飯羹奠獻。金景樞・李士會・申文叔諸
君, 各自其寓所來叙。

五日。晴。

留蘆谷。主家鬱隘, 伐木作假屋數三間, 以安家累。時節已換, 而

---

582) 7월 1일자 일기 전부 누락
583) 7월 2일자 일기 전부 누락
584) 7월 3일자 일기 전부 누락
585) 7월 4일자 일기 전부 누락

賊勢尙熾, 還土無期, 何痛如之? 因人⁵⁸⁶⁾得見招諭使鶴峯令公所移
檄書, 盖招諭逃散之人, 使之各執兵器, 爲國敵愾也。詞旨愷切, 令人
感動。今日之事, 非徒軍民潰散, 未有死上之心, 大槩列邑守令, 擧皆
脫身潛隱⁵⁸⁷⁾, 首竄偸活, 無一人唱義導率者⁵⁸⁸⁾, ◇⁵⁸⁹⁾方伯·連帥·巡
邊·防禦使等, 亦皆散歸各處, 未有定所, 上無統領, 有同亂繩。其間
縱有有志於成功⁵⁹⁰⁾者, 將何所倚以⁵⁹¹⁾自效也? 國事至此, 不亡何待?
聞牧伯以私罪, 殺州吏尹文卿, 且多發差使, 搜括山谷間流民所齎
粮物, 積聚于其寓處, 以爲自用之資云。噫! 累月逃竄, 有如無骨之
人, 而一朝起頭, 暴生威焰, 誅罰狼藉, 加以徵索無厭如此, 人益失
所, 怨讟四起。此皆有人有以縱曳指嗾而爲之云。此何時世良可害
云⁵⁹²⁾, 武科尹湜, 曾赴龍宮陣接戰⁵⁹³⁾, 射殺◇⁵⁹⁴⁾數級而來, 牧伯以不
捕本州之賊, 而遠赴他邑之故, 重杖五十度云。湜之赴彼, 非其所願
欲也⁵⁹⁵⁾。直以此州無主將, 聚軍攻賊, 其路無由⁵⁹⁶⁾, ◇⁵⁹⁷⁾彼邑則主倅
爲國效死⁵⁹⁸⁾, 捴兵勤禦, 終始不怠, 可以倚而成事故也。不論彼此,

---

586) 留蘆谷 主家鬱陿 伐木作假屋數三間 以安家累 時節已換 而賊勢尙熾 還土無期
何痛如之 因人: 누락
587) 潛隱: 逃遁
588) 者: 근육
589) 而
590) 成功: 討賊
591) 以: 自
592) 聞牧伯以私罪 殺州吏尹文卿 且多發差使 搜括山谷間流民所齎粮物 積聚于其寓
處 以爲自用之資云 噫 累月逃竄 有如無骨之人 而一朝起頭 暴生威焰 誅罰狼藉
加以徵索無厭如此 人益失所 怨讟四起 此皆有人有以縱曳指嗾而爲之云 此何時
世良可害云: 누락
593) 接戰: 누락
594) 倭
595) 願欲也: 欲
596) 聚軍攻賊 其路無由: 누락
597) 而
598) 爲國效死: 누락

其殺國賊[599]則一也。而土主之爲政如此, 其志之[600]不在國家, ◇[601]
掩能忌功, 動必自營之實, 據此可知矣。可歎可歎[602]。恭聞大駕播越
之後, 冊封光海君爲世子, 以係民望云。國本有定, 何慰如之? 天命
未絶, 豈無中興之期, 而京鄉阻隔, 消息莫通, 賊奴之攻劫者, 無日無
之, 是可悶也[603]。

六日[604]。晴。
留蘆谷。聞自下道上來之倭, 多入州內, 厥數極多云。盖以招諭使
率諸士, 極力防禦之故, 不得下去, 中道還復上來云。

七日。晴。
留蘆谷。明日乃昌寧兄初忌之辰。情當匍匐, 而適傷暑氣, 不得徒
步, 粮物亦乏, 一壺薄奠, 不得指送, 愧負幽冥情理, 極可憾痛。送豚
兒, 俾叅奠獻[605]。○ 聞金沔・鄭仁弘・趙宗道・朴惺・文德粹・李魯
六七人, 謀擧義兵, 已得五六千人, 今方勦遏賊路[606], 期於敵愾, 而只
以兵粮俱不給爲慮云。大駕蒙塵, 已浹四朔, 而迄未聞唱義之有
人[607], 今得此報, 其喜可言可言[608]。

599) 國賊: 賊
600) 之: 누락
601) 而
602) 矣 可歎可歎: 누락
603) 天命未絶 豈無中興之期 而京鄉阻隔 消息莫通 賊奴之攻劫者 無日無之 是可悶
也: 누락
604) 7월 6일자 일기 전부 누락
605) 留蘆谷 明日乃昌寧兄初忌之辰 情當匍匐 而適傷暑氣 不得徒步 粮物亦乏 一壺
薄奠 不得指送 愧負幽冥情理 極可憾痛 送豚兒 俾叅奠獻: 누락
606) 賊路: 賊奴
607) 唱義之有人: 倡義之人
608) 可言可言: 可言

八日。雨。

留蘆谷。金雲龍, 自其本家, 收麥入來。渠云州內入來之倭, 不啻
千萬, 遍滿于二沙伐·中東·飛羅里·開岩等諸處, 自左道來倭, 亦
過數百, 取路多仁縣, 皆入尙州, 盜劫四散, 無處無之, 人無避身之
地, 多被殺略云[609]。○ 聞招諭使及義兵大發, 勦截之故, 自星州[610]以
下, 賊奴如掃, 道路皆通, 而唯[611]尙州·咸昌·金山·開寧·聞慶等
諸邑, 衆倭咸聚, 時或橫抄龍宮·醴泉之[612]地云。傳聞京城亦無倭,
惟自龍仁以下之路, 往來不絶云[613]。

九日[614]。驟雨。

聞倭奴入寇化寧縣, 今已三日云。○ 宋佐郎周賓, 在京爲賊奴所
害云, 卽金達可之妻娚也。○ 傳得辛進士翰龍之報, 李義述遇害於
賊刃, 其妻子則時不知所在云。極爲驚痛, 而倭寇遍滿, 往探無路,
想其諸雛, 雖或免害於凶鋒, 而必罹飢渴, 上有老親, 旁無家長, 將何
所依賴耶? 益可慘怛可慘怛。

十日[615]。晴。

留蘆谷。申兊往來于長川曰: "倭寇多至其里, 焚劫之後, 幾盡還
歸, 有四五人, 落後單行[616], 書堂僧及里人等, 一時[617]打殺◇[618], 盡斬

---

609) 留蘆谷 金雲龍 自其本家 收麥入來 渠云州內入來之倭 不啻千萬 遍滿于二沙伐·
    中東·飛羅里·開岩等諸處 自左道來倭 亦過數百 取路多仁縣 皆入尙州 盜劫四
    散 無處無之 人無避身之地 多被殺略云: 누락

610) 星州: 星

611) 唯: 惟

612) 之: 누락

613) 傳聞京城亦無倭, 惟自龍仁以下之路, 往來不絶云: 누락

614) 7월 9일자 일기 전부 누락

615) 十日: 十月

其首埋置[619]."云。◇[620]

十一日[621]。驟雨。

偕審仲, 往吊鄭景任于蘇夜洞。景任曾於六月中, 喪其慈闈及舍
弟於賊手, 景任亦中鐵丸, 幾死復甦云。日暮留宿, 金景樞·李士擴
·士會同寢。

十二日[622]。晴。

食後, 往見申文叔諸友于達田, 午後旋向東谷, 訪權從卿·汝霖,
日昏還寓。聞州內入來之倭, 皆發程向鳥嶺云。且聞關東諸邑, 倭寇
亦遍滿, 江陵被陷, 安東·龍宮亦見陷云。臨河諸人, 不知避泊何所,
遙慮罔喩。

十三日。晴。

日晚[623], 聞倭入達田, 驚動登山, 則達田諸里, 烟焰漲天。家眷一
時走避, 竢日昏卽發程, 以爲移寓龍化村里之計, 而吾則牛馬俱僵
仆不起[624], 荊布及兩稚子, 皆足繭不得善步, 不得已中途落後, 仍上
馬奪山。使正字與[625]審仲◇[626], 陪慈氏及季妹, 直歸彼地。心緒益亂,

---

616) 申兌往來于長川曰倭寇多至其里 焚劫之後 幾盡還歸 有四五人 落後單行: 聞長川
617) 一時: 누락
618) 四五倭
619) 埋置: 누락
620) 7월 11일자 일기 내용 가운데 '往吊鄭景任於蘇夜洞'을 옮겨옴.
621) 7월 9일자 일기 내용 가운데 '往吊鄭景任於蘇夜洞'을 제외하고 나머지 누락
622) 7월 12일자 일기 전부 누락
623) 日晚: 누락
624) 驚動登山 則達田諸里 烟焰漲天 家眷一時走避 竢日昏卽發程 以爲移寓龍化村里
之計 而吾則牛馬俱僵仆不起 荊布及兩稚子 皆足繭不得善步 不得已中途落後 仍
上馬奪山: 누락

生逢聖代, 目見昇平之日, 豈謂干戈之禍, 遽至於骨肉之不相携也? 痛心痛心。光州姨母, 亦同慈氏[627], 往[628]龍化矣。◇[629]

十四日[630]。晴。

往龍化, 省慈氏而還。以馬奪山近路, 且其洞無水, 黃昏率家累, 還來蘆谷主人之家, 則權汝霖擧族已先來到, 李士廓·鄭景任·金景樞諸兄, 亦自蘇夜洞, 逢倭奴, 牛馬粮物, 盡被劫取, 奉其慈氏及諸累, 僅能免害, 而來寓于隣舍矣。景任曾在外南接戰之日, 已抱戴天之痛, 而今又不免疊遭兇寇, 豈非不幸之甚也? 可歎可歎。是日化寧縣, 倭寇亦入, 大略而歸。

十五日[631]。晴。

慮有意外之患, 偕權從卿·鄭景任諸君, 終日上山, 日暮還來。○流聞倭寇, 或上鳥嶺, 或下善山, 而留州之倭, 則長在不歸云。處暑。

十六日[632]。晴。

食後上山。長川奴輩還, 右奴等十餘人, 各持牟麥三四斗入來, 大小家今夏所收, 各不滿數三石, 眼前諸累, 得活無計, 何悶如之? 長川田庄, 皆在大路傍, 倭奴之往來者, 陸續不絶, 其不得任意收拾固

---

625) 使正字與: 與棐仲

626) 협주【竤字】추가

627) 及季妹 直歸彼地 心緒益亂 生逢聖代 目見昇平之日 豈謂干戈之禍 遽至於骨肉之不相携也 痛心痛心 光州姨母 亦同慈氏: 누락

628) 往: 移

629) 荊布及兩稚子 足繭不能步 中路落後 仍上馬奪山 心緒益亂

630) 7월 14일자 일기 전부 누락

631) 7월 15일자 일기 전부 누락

632) 7월 16일자 일기 전부 누락

矣。而然其田結不至甚尠, 苟能以誠收穫, 則豈至若此之不實乎? 奴僕之不忠不謹, 到此極矣。痛憎痛憎。

十七日⁶³³⁾。雨。

曉聞倭奴昨寇華山・屛川・藏岩・栗峴等諸處, 乘夕回還, 留宿加恩之西面云。慮有侵及此地之患, 率家屬上山頂, 終日被雨, 衣服雜物, 全數沾濕, 夕還寓。

十八日⁶³⁴⁾。晴。

早朝登山, 候賊氣, 夕還寓。

十九日⁶³⁵⁾。晴。

早登馬奪山頂, 候賊氣。傳聞倭寇自加恩, 直歸松面侵略, 夕向藏岩留宿云。夕還主寓。

二十日。雨。

留蘆谷⁶³⁶⁾。僮奴自俗離, 持慈氏及正字書來。書云: "龍化近莊岩, 難於久住, 去十七夜, 陪一行, 移泊俗離寺, 將復移寓小庵, 報恩之無倭, 已浹月餘。"云⁶³⁷⁾。且⁶³⁸⁾得京報, 倭寇侵及平壤, 平壤亦見陷, 大駕再移, 今駐龍川地, 中朝以我朝請援之故, 命將領向化獼子五千

---

633) 7월 17일자 일기 전부 누락
634) 7월 18일자 일기 전부 누락
635) 7월 19일자 일기 전부 누락
636) 蘆谷: 蘆洞
637) 僮奴自俗離 持慈氏及正字書來 書云龍化近莊岩 難於久住 去十七夜 陪一行 移泊俗離寺 將復移寓小庵 報恩之無倭 已浹月餘云: 見棐仲書
638) 且: 云

兵, 已渡鴨綠, 又出五萬兵, 駐江邊, 以爲繼援云, 是則可慰。領右兩
相◇[639]及諸大臣, 陪王世子, 駐江界, 將聚兵, 爲監國之計云。我殿
下亦親領天兵及其道沿海之卒, 將爲進取之計, 軍聲因此稍有再振
之勢云。且天朝遣山東道舟師十萬, 直擣日域倭奴之巢穴云。且流
聞京城士夫之被殺於賊刃者, 幾至五十餘員, 如李大海 · 金順命 ·
申硈 · 邊璣 · 禹弘積 · 南以恭 · 以信 · 朴慶先 · 慶深 · 柳熙緖 · 金光
烈 · 金汝岉 · 許銘 · 金誠立等, 亦在其中[640]。◇[641]高敬命唱義擧兵,
與其子因厚, 俱接戰同死云, 可歎可歎[642]。金千鎰領舟師, 直赴行
在, 以爲勤王之計云[643]。

二十一日[644]。陰雨。
留蘆谷。申文叔諸君亦同留, 文叔與其族屬十餘輩, 曾寓達田, 不
意爲倭冠抄畧, 脫身僅免, 偕其屬逃竄山谷中, 再昨夜, 將移俗離之
天王峯, 中道復遇賊火, 還到此地, 仍姑留住矣。

二十二日[645]。雨。
僮奴持復書, 還歸俗離寺慈氏之所。

---

639) 협주【崔興源 · 兪泓】추가

640) 我殿下亦親領天兵及其道沿海之卒 將爲進取之計 軍聲因此稍有再振之勢云 且
天朝遣山東道舟師十萬 直擣日域倭奴之巢穴云 且流聞京城士夫之被殺於賊刃
者 幾至五十餘員 如李大海 · 金順命 · 申硈 · 邊璣 · 禹弘積 · 南以恭 · 以信 · 朴慶
先 · 慶深 · 柳熙緖 · 金光烈 · 金汝岉 · 許銘 · 金誠立等 亦在其中: 누락

641) 聞

642) 可歎可歎: 可欽

643) 金千鎰領舟師, 直赴行在, 以爲勤王之計云: 누락

644) 7월 21일자 일기 전부 누락

645) 7월 22일자 일기 전부 누락

二十三日⁶⁴⁶⁾。雨。

留蘆谷⁶⁴⁷⁾。得朴佐郎【號大菴 名惺】德凝書⁶⁴⁸⁾, 方在居昌, 義兵處
檢馬事⁶⁴⁹⁾云。

二十四日。晴。

與申文叔輩, 俱上馬奪山, 文叔輩仍留宿, 吾夕還。昏, 聞賊徒多
入加恩縣里, 結陣云。○ 奴守弘, 自慈氏所, 持柬來, 伏審彼地平安,
極慰。

二十五日。晴。

率家累登山, 夕還寓所。

二十六日。晴。

咸昌倅李國弼, 自洛陽山過去⁶⁵⁰⁾, 將往黃嶺寺, 爲聚卒捕賊之計。
蓋此倅, 以前日潰軍之故, 囚繫聞慶, 未及論罰, 而聞慶見陷, 脫身潛
山⁶⁵¹⁾者久矣。近來欲爲立功自效之計, 報使請行公, 方伯許其仍任
縣事, 故下來矣⁶⁵²⁾。○ 淸州人李逢, 年迫七十, 少時事武, 擧業不就,
亦能詩文, 有氣節, 召募其邑山尺二十人, 唱義討賊, 欲爲報國之計。
其甥蔡有喜, 亦力贊擧事, 今日並聚黃嶺寺, 措得軍粮, 方謀設伏于
加恩縣境云云。吾乘夕徒步, 與宋彦明, 偕進彼寺, 參聽軍謀, 李逢疉

---

646) 7월 23일자 일기를 7월 22일자 일기로 옮김
647) 蘆谷: 蘆洞
648) 朴佐郎【號大菴 名惺】德凝書: 朴德凝【惺】書
649) 馬事: 事
650) 過去: 누락
651) 潛山: 藏山
652) 矣: 누락

鑠人也, 但未免有志大才踈之弊矣。草莽之士, 莫不有奮忠敵愾之
志, 恢復舊物, 豈無其期也? 夜與諸公同寢[653]。

二十七日。晴。

日出發還寓次[654]。聞湖南僧, 領得[655]僧軍七百餘人, 今到淸州, 與
其道防禦使及牧判官等[656], 謀擊留州之倭, 僧將自募爲先鋒, 刻日
促事, 而防禦諸將士[657], 逗留不許云。此僧才力過人, 智計不淺, 軍
法亦極嚴明, 且以時未捕賊之故, 不食官粮云。○ 得見使關, 唐兵五
萬, 已渡鴨江, 四千則今到宣川地, 賊奴聞中朝遣援之奇, 亦稍稍下
來, 爲還海之計, 且右水使, 與全羅道舟使[658]◇[659]及固城倅等, 同謀
接戰[660], 撞破倭舡七十餘隻, 斬首三百餘級, 其餘投水溺死之倭, 不
知其數云。所謂倭舡者, 必是下去之賊, 而[661]以◇[662]善禦之故, 右道
郡縣如晉州·咸安·泗川·丹城·居昌·咸陽·山陰·安陰[663]·陜川
等九官, 尙爲全城, 方伯·招諭使等行, 亦在其地云[664], 金沔·趙宗

---

653) 淸州人李逢 年迫七十 少時事武 擧業不就 亦能詩文 有氣節 召募其邑山尺二十
人 唱義討賊 欲爲報國之計 其甥蔡有喜 亦力贊擧事 今日並聚黃嶺寺 措得軍粮
方謀設伏于加恩縣境云云 吾乘夕徒步 與宋彦明 偕進彼寺 參聽軍謀 李逢臞鑠人
也 但未免有志大才踈之弊矣 草莽之士 莫不有奮忠敵愾之志 恢復舊物 豈無其期
也 夜與諸公同寢: 누락

654) 日出發還寓次: 누락

655) 得: 누락

656) 牧判官等: 牧使·判官

657) 士: 누락

658) 舟使: 舟師

659) 협주【李舜臣】 추가

660) 同謀接戰: 合謀

661) 所謂倭舡者 必是下去之賊 而: 누락

662) 舟師

663) 山陰·安陰: 安陰·山陰

664) 云: 탈락

道・朴惺等義兵, 亦在居昌縣撑柱云。若得良將, 自上道驅逐, 則勦
滅廓淸之慶, 可指日以期也。

二十八日[665]。晴。

食後帶奇兒, 往訪金子亨于乾川洞深谷, 兼拜姜進士丈。子亨不
相見, 已浹四箇月, 遭亂之後, 仍住長川近山, 常被賊奴尋逐, 不勝其
苦, 入來此山云云。且昨日倭奴, 入來其山, 姜進士諸人盡被劫奪,
子亨則以谷深之故, 賊未及入而還去云。白刀・山尺輩, 是日射殺賊
六首云。

二十九日[666]。陰。

聞留州賊分掠山谷之奇, 人皆理任登山頂以避。

三十日。晴。

食後, 偕權察訪從卿・鄭內翰景任, 往會于黃嶺洞口, 爲◇[667]討賊
事也。其始李弘道【士廓】・蔡有喜等[668], 首謀唱義[669]之擧[670], 蔡公仲
惧[671], 往淸州, 奉其舅李逢及弓手十七八人來。咸昌・聞慶等地弓
手及[672]士族輩, 亦同聲相應, 俱會于此, 士族近四十餘員, 操弓者合
淸州人[673], 亦近五十餘人矣。僉議推李逢爲主將[674], 咸昌李天斗爲

---

665) 7월 28일자 일기 전부 누락
666) 7월 29일자 일기 전부 누락
667) 倡義
668) 其始李弘道【士廓】・蔡有喜等: 始與李士擴【弘道】・蔡仲懼【有喜】等
669) 唱義: 擧義
670) 之擧: 누락
671) 蔡公仲惧: 蔡仲懼
672) 弓手及: 누락
673) 操弓者合淸州人: 操弓之手

中衛將, 全湜·宋光國·趙光綬及余爲佐幕, 蔡天瑞·洪慶業爲掌
書, 以余並兼之。議訖, 士將北向再拜, 哭以誓日, 諸座中繼亦北向
拜訖, 且拜于主將。主將曰: "國辱至此, 今日之盟, 有死勿渝." 咸曰:
"諾." 且命鄭景任, 記同盟之意, 書諸篇名之首[675], 仍立三章之法, 臨
賊先退者斬, 約後謀退者斬, 違令·失期者斬, 訛言惑衆者, 亦依[676]
軍律論斷。◇[677] 噫! 今日之會, 非出於得已而不已也。何者[678]猾夏
之變, 至陷都城, 日駕蒙塵, 已浹五朔, 而各邑守令·軍帥等[679], 擧皆
逃遁, 莫或有爲國事殫職者, 臣民之痛, 莫此爲甚。近因[680]自上下責
己求助之教, 稍知大義者, 莫不揮涕扼腕, 咸有敵愾之心, 唱義[681]討
賊之師, 處處蜂起[682]。而獨我尙州及咸昌·聞慶等地, 寂無一人爲
之挺身而出, 心甚憾缺[683]。幸賴同志之人, 得成今日之約, 私心喜
慰, 曷可勝喩? 然所議討賊者, 不過要路設伏, 射殺一二零賊往來者
耳, 於國家成敗之數, 懸知無益, 而勢力不逮, 別無可爲之端, 姑爲
其所及爲者爲之, 亦可以小酬漆室, 愛君憂國[684]之寸忱矣。主將之
爲人, 吾未曾知之[685], 而年今六十五歲矣[686]。少業武不就, 有氣節,
能詩律, 言論攫鑠[687], 行步如少年。且不以生死計活爲屑屑, 亦今世

---

674) 主將: 上將

675) 且命鄭景任 記同盟之意 書諸篇名之首: 누락

676) 亦: 幷

677) 且命鄭景任記同盟之意 書諸編名之首

678) 今日之會 非出於得已而不已也 何者: 누락

679) 等: 누락

680) 近因: 而因

681) 唱義: 倡義

682) 蜂起: 蠭起

683) 憾缺: 憤悗

684) 愛君憂國: 憂愛

685) 之: 누락

686) 矣: 누락

687) 攫鑠: 堂堂

不易得之人也[688]。不以年老爲辭, ◇[689]遠赴應募, 豈尋常士所可及
也? 夕雨, 事畢, 同景任犯夜而還[690]。

八月小 戊子朔

一日。雨。

今日白露。午後[691], 與申文叔·樞伯·金景樞·權從卿·汝霖等,
同赴黃嶺寺義兵所, 皆同約之人也。約中多有未備之條[692], 相議以
定[693]。當夕, 大將分遣伏兵于加恩縣里, 咸昌倅李國弼亦來寺, 方爲
設伏捕賊之事。得見使關, 唐兵已復平壤·松京等府, 今到漢陽, 邸
駕自江界府, 亦親領咸鏡一道之兵, 自將下來云。大槩[694], ◇[695]近來
捕賊者雲起, 賊勢衰弱, 稍稍下去云。且聞湖南之賊, 見敗於全州,
更由錦山郡入黃磵地, 焚略諸里云。日暮留宿[696]。

二日。陰。

具起兵之由, 移文咸倅, 使之轉報巡察·招諭諸使前, 慮有後嫌故

---

688) 且不以生死計活爲屑屑 亦今世不易得之人也: 누락

689) 而

690) 夕雨 事畢 同景任犯夜而還: 누락

691) 今日白露 午後: 누락

692) 皆同約之人也 約中多有未備之條: 누락

693) 相議以定: 議定約條

694) 里 咸昌倅李國弼亦來寺 方爲設伏捕賊之事 得見使關 唐兵已復平壤·松京等府
今到漢陽 邸駕自江界府 亦親領咸鏡一道之兵 自將下來云 大槩: 누락

695) 聞

696) 且聞湖南之賊 見敗於全州 更由錦山郡入黃磵地 焚略諸里云 日暮留宿: 누락

也。鄭景任來爲參聽軍謀, 夕與景任·從卿·文叔諸君還。竑弟自靈臺菴來, 得慈氏書。伏審不安極慰。開岩奴持稻麥來[697]。

三日。晴。

覓租事, 送奴于開岩。○ 得候望人報, 龍宮·醴泉·洛東·長川·金山等處, 烟氣極熾云。且[698]得見龍倅之通, 安東之賊, 爲左兵使所逐, 數百餘人, 一時來入于尙州, 左帥方陣于[699]永嘉云。○ 中牟·化寧等縣, 亦連日焚蕩云, 必是自錦山下來之倭也。吾州, 嶺外之要衝, 而一路之巨鎭也。苟得良將, 有以指揮之, 則臨陣勦賊, 不患無精兵健卒。而主倅之爲政, 動輒拂民, 人皆怨背, 莫肯用力。村巷間往往討賊者, 憤其功不歸己, 不肯獻馘。牧伯不自反省, 而却發狂怒, 至於推捉榜撻, 以威劫奪所得倭物如銀甲環刀之類, 並皆自占, 托備軍粮, 而發差伏兵, 奪取山谷人所收之稻穀, 倭擄牛馬, 亦皆收納, 搬移于公州之地, 以供其妻子之奉。以此人心益難, 疾如讐賊, 有痺奚罪, 而當此喪亂之日, 添得此一秦耶? 然所攫倭頭, 多至數十餘級云, 後日論賞, 必得陞叙之褒, 白日欺明, 莫此爲甚, 可歎可歎[700]。○ 聞加恩縣野, 有賊倭十三人刈早稻, 伏兵等射斬五級, 奪其

---

697) 鄭景任來爲參聽軍謀 夕與景任·從卿·文叔諸君還 竑弟自靈臺菴來 得慈氏書 伏審平安極慰 開岩奴持稻麥來: 누락

698) 覓租事 送奴于開岩 ○ 得候望人報 龍宮·醴泉·洛東·長川·金山等處 烟氣極熾 云 且: 누락

699) 于: 누락

700) 中牟·化寧等縣 亦連日焚蕩云 必是自錦山下來之倭也 吾州 嶺外之要衝 而一路之巨鎭也 苟得良將 有以指揮之 則臨陣勦賊 不患無精兵健卒 而主倅之爲政 動輒拂民 人皆怨背 莫肯用力 村巷間往往討賊者 憤其功不歸己 不肯獻馘 牧伯不自反省 而却發狂怒 至於推捉榜撻 以威劫奪所得倭物如銀甲環刀之類 並皆自占 托備軍粮 而發差伏兵 奪取山谷人所收之稻穀 倭擄牛馬 亦皆收納 搬移于公州之地 以供其妻子之奉 以此人心益難 疾如讐賊 有痺奚罪 而當此喪亂之日 添得此一秦耶 然所攫倭頭 多至數十餘級云 後日論賞 必得陞叙之褒 白日欺明 莫此爲甚 可歎可歎: 누락

牛馬・環刀・火筒等物云[701]。

四日。晴。

食後[702], 登山遠望, 加恩東面, 烟氣極漲, 盖賊徒爲報昨日射殺之憤也。龍宮・安東等地, 亦有烟氣矣[703]。○ 當午[704], 與文叔・樞伯・景樞・申兌, 同赴黃嶺寺, 料理軍中之[705]事, 設伏累日, 而未獲一級。深痛深痛[706]。

五日。晴。

撥送[707]軍器・粮物于設伏所。咸昌人斬倭頭一級, 來見于其倅。○ 因使關, 得知邸駕領軍近住伊川, 大駕亦自龍川移駐平山。且聞西原之賊, 以我軍進功之故, 乘夜遁去, 未及勦殺云, 一恨一快[708]。○ 苞山郭再祐, 方起義旅, 今到星山, 用兵頗神, 咸安倅柳崇仁, 亦起兵討賊, 柳公年少有武略之人也。賊徒遇之, 輒自膽慄, 相聚曰: "謹避柳將軍."云。宣城琴應夾・應壎・金垓等, 亦募兵唱義[709]云, 敵愾之師[710], 處處蜂起[711], 恢復舊都, 可指日以[712]期也。且得龍倅關,

---

701) 云: 누락
702) 食後: 누락
703) 龍宮・安東等地, 亦有烟氣矣: 누락
704) 當午: 누락
705) 之: 누락
706) 設伏累日 而未獲一級 深痛深痛: 누락
707) 撥送: 檢送
708) 咸昌人斬倭頭一級 來見于其倅 ○ 因使關 得知邸駕領軍近住伊川 大駕亦自龍川 移駐平山 且聞西原之賊 以我軍進功之故 乘夜遁去 未及勦殺云 一恨一快: 누락
709) 唱義: 倡義
710) 敵愾之師: 敵愾之士
711) 蜂起: 蠭起
712) 以: 而

則永嘉之賊, 爲左廂所逐, 移陣仇德里, 四出焚蕩, 慘不忍見, 醴泉
北面, 山谷深邃, 而賊皆窮探, 無處不到。關東之賊, 亦白江陵 · 二陟
等邑, 踰入永嘉之梓山 · 小川等縣, 到處攻劫, 人物俱被害, 然我軍
斬獲亦多云。

六日[713]。晴。

食後因事, 與樞伯, 往九滿村, 吊大父趙某氏之墳, 仍見洪別監約
澄。樞伯, 爲其要事, 往化寧, 吾則到門岩洞, 訪金吉甫 · 洪禎之兩侍
及金晦仲。日暮留宿, 炊黃酌白, 容接甚勤。

七日。陰。

早朝還寓次。聞募兵等捕賊之奇[714], 與文叔 · 景樞 · 景任 · 從卿
等[715], 急赴[716]黃嶺寺, 則[717]大將率兵, 設伏于松院峴洞口, 遇倭奴六
人, 射夫畜憤已久, 一時齊發, 須更盡獲斬首, 得其所佩環刀, 大小
並[718]六柄, 火筒俱鐵丸 · 火藥等六事, 書簡封二十餘裹。乃是自此持
傳通, 還其地者也。書中有高麗國王退走平壤, 不及乞罪[719]及大明
· 全羅道 · 大丘等語, 而字畫皆胡草不正, 不類我國所書, 不能知悉
其梗槩矣。後日報使次, 吾等各逢受而來, 所斬雖小, 而皆是勁賊,
且得其軍器甚多, 間諜亦被獲不去, 此尤可喜。吾等旣到[720]寺庭, 參
謁, 大將坐廳事[721]上受賀。軍聲稍振, 莫不踊躍歡喜, 殊有死敵心。

---

713) 8월 6일자 일기 전부 누락
714) 早朝還寓次 聞募兵等捕賊之奇: 누락
715) 等: 누락
716) 急赴: 赴
717) 則: 누락
718) 並: 倂
719) 不及乞罪: 누락
720) 旣到: 到

○ 得聞京報, 邸駕今駐伊川, 方圖進取大都, 以復舊業, 且以慶尙, 分設左右方伯, 仍[722]以招諭使金謀[723]爲左道監司, 龍宮倅禹伏龍, 以戮力討賊之故[724], 褒陞通政云, 此乃前通津盧大河之奴所傳也. 右奴因事上去伊川, 王世子卽引見, 備問嶺外賊勢之衰盛, 且問俗離山險阻可避亂與未[725], 仍以朝報及備邊司公事, 付送此人, 盖以道途阻梗, 不得由驛路直傳故也. 夕, 還蘆谷. 奇兒自長川遠來, 彼地往來之賊, 尙陸續逐日不絶云[726].

八日。雨。

送人奉候安否于靈臺菴, 兼致糧物. 午後[727], 赴[728]黃嶺寺軍幕, 咸昌官軍[729]應募爲義兵者, 多至四十餘人[730]. 縣監初旣[731]不憚, 從自[732]願許入, 及今捕倭之後, 欲以爲己功[733], 頗有還奪之計, 吾等極力排之, 則不敢公然奪取, ◇[734]錄勳報使之際, 以其己[735]與義兵協力共捕措語, 以塡文狀. 其心回譎, 不言可想矣.

721) 事: 누락
722) 以復舊業 且以慶尙 分設左右方伯 仍: 누락
723) 金謀: 金誠一
724) 以戮力討賊之故: 누락
725) 與未: 與否
726) 夕還蘆谷 奇兒自長川遠來 彼地往來之賊 尙陸續逐日不絶云: 누락
727) 送人奉候安否于靈臺菴 兼致糧物 午後: 누락
728) 赴: 留
729) 官軍: 人
730) 人: 누락
731) 旣: 則
732) 自: 누락
733) 己功: 已功
734) 而
735) 其己: 已

九日[736]。陰。

大將午後, 領兵向加恩之地, 佐幕宋彦明·掌書蔡公緒陪歸。所領
皆精卒, 而數僅九十, 若逢衆賊, 則勢難接戰云。夕, 與景任·景樞·
士廓諸人, 步還蘆谷。得使關, 唐兵今到漢都, 倭奴盡遁, 出屯于江濱
云。又得槐山郡關, 近處之倭, 咸聚于忠州·槐山·延豐等境, 觀其
形止, 爲與我師接戰也, 無疑矣。

十日[737]。晴。

留蘆谷。聞河滿堅丈一家及李俊丁等, 在洛東淺山, 俱被殺害云,
驚愕。大槩, 賊徒近來, 以我軍措捕甚力之故, 處處焚蕩尤酷, 逢人輒
殺, 其所擄去之人, 不論男女, 亦皆殺戮云, 可痛可痛。

十一日。晴。

與士擴[738]·士會·全淨遠, 往黃嶺寺幕中, 有相議事。咸倅自義兵
捕倭之後, 猜嫌日深, 欲加我等[739]以豪俠之名, 且收取士族家弓矢,
使不爲義兵之用, 弓匠鐵匠, 亦禁修補義兵中軍械。觀其用心, 眞無
狀小人也。深悔當初與此等人謀事, 而今不可追, 痛恨痛恨[740]。大
槩, 咸倅所嫉者, 以其捕倭也。若以賊級與之, 其心必喜, 而軍卒輩
要功希賞, 重之如金, 勢難以幕中之力擅棄, 可歎。○ 聞今日下來之
倭, 六百三十餘人云。義軍設伏已久, 迄未報捷, 以其不遇相敵之賊
故也[741]。

---

736) 8월 9일자 일기 전부 누락
737) 8월 10일자 일기 전부 누락
738) 士擴: 士廓
739) 我等: 我
740) 痛恨痛恨: 痛恨
741) 大槩咸倅所嫉者 以其捕倭也 若以賊級與之 其心必喜 而軍卒輩要功希賞 重之如

十二日。晴。

食後⁷⁴²⁾, 自義幕還來⁷⁴³⁾。長川奴屬⁷⁴⁴⁾, 持果物租石入來⁷⁴⁵⁾, 以其用秋夕奠故也。因奴聞自善山上來之賊, 終日不絶云, 或上或下, 而⁷⁴⁶⁾其麗無窮, 此何故也? 長川·外南·州內⁷⁴⁷⁾諸處, 焚蕩甚酷, 前日所餘之家⁷⁴⁸⁾, 漸至無餘云。且聞鄭越·黃庭俊·柳應春之弟, 以覓粮事, 各歸其家, 當夜賊徒, 圍立搜殺云, 驚愕驚愕。近日來, 每乘夜抄略, 此尤可怖⁷⁴⁹⁾。

十三日⁷⁵⁰⁾。晴。
留蘆谷。長川奴屬還。

十四日。晴。
食後⁷⁵¹⁾, 與審仲, 同往俗離山之靈臺菴, 省覲慈氏。昨夜因虛警, 一行皆上絶項, 撥開蒙茸, 難得尋覓, 夕還菴子。以明日節日, 故略治奉奠之具。○ 沙潭昆季, 亦寓白雲菴矣⁷⁵²⁾。

金 勢難以幕中之力擅棄 可歎 ○ 聞今日下來之倭 六百三十餘人云 義軍設伏已久 迄未報捷 以其不遇相敵之賊故也: 누락

742) 食後: 누락

743) 還來: 還

744) 奴屬: 奴

745) 入來: 而來

746) 終日不絶云 或上或下 而: 누락

747) 此何故也 長川·外南·州內: 누락

748) 前日所餘之家: 人家

749) 且聞鄭越·黃庭俊·柳應春之弟 以覓粮事 各歸其家 當夜賊徒 圍立搜殺云 驚愕驚愕 近日來 每乘夜抄略 此尤可怖: 누락

750) 8월 13일자 일기 전부 누락

751) 食後: 누락

752) 昨夜因虛警 一行皆上絶項 撥開蒙茸 難得尋覓 夕還菴子 以明日節日 故略治奉奠之具 ○ 沙潭昆季 亦寓白雲菴矣: 누락

十五日。雨。

設紙牓, 奉奠祖先諸位。遭亂以來, 長在山谷, 東竄西奔, 不定所寓, 日月流邁, 已迫秋夕, 松楸展省, 亦無其路。言念及此, 忽欲忘生, 我辰如何? 一至此極, 痛歎痛歎。夕與寶晶上人, 同登浮圖臺玩景, 暮投大寺宿。三山儒士李汝楫來見, 生年少而有才氣者也[753]。

十六日。晴。

早朝三山倅在寺, 送人請見, 暫往打話, 食後還上菴子[754]。◇[755]路遇任父丈[756]·昌遠[757]·棐仲及盧通津諸公, 盖以募兵討賊事, 率諸人會議于洞口也。夕, 上本俗離, 拜光州姨母, 昏還慈氏所[758]。

十七日[759]。晴。

食後, 奉慈氏及諸弟妹, 登覽天王峯, 吾則仍還蘆谷寓次。來路拾得橡實幾數斗, 家屬避賊, 皆上山, 小兒輩僅免水火矣。

十八日。晴。

承大將傳令, 食後[760], 與權從卿·鄭景任·申文叔·金景樞諸公, 齊進于屛川大寺, 則寂無一人。仍宿龍虎菴[761]。

---

753) 痛歎痛歎 夕與寶晶上人 同登浮圖臺玩景 暮投大寺宿 三山儒士李汝楫來見 生年少而有才氣者也: 누락

754) 早朝三山倅在寺 送人請見 暫往打話 食後還上菴子: 누락

755) 俗離歸

756) 任父丈: 任父金丈【弘敏, 號沙潭】

757) 昌遠: 昌遠【弘微, 號省克堂, 沙潭之弟也。】

758) 夕上本俗離 拜光州姨母 昏還慈氏所: 누락

759) 8월 17일자 일기 전부 누락

760) 食後: 누락

761) 則寂無一人 仍宿龍虎菴: 누락

十九日。晴。

曉發, 踰雨峴, 到沙麻谷齋宮, 則大將以下皆聚會矣。仍與論事, 乘夕陪大將, 共進于加恩縣後設伏之所, 則諸軍以不遇賊, 故皆罷伏, 來聚于松汀矣。大將命罷還備糧, 期以二十三日, 來會也。吾與景樞[762], 冒夜還寓, 則夜[763]已向晨矣。景任·從卿等, 自齋宮, 夕已徑廻矣。○ 聞咸昌倅修飾說辭, 誣報于[764]巡察使曰: "李逢等, 率年少書生, 冒稱擧義, 以官軍爲義兵, 以官軍所捕首級, 爲己功, 使縣監不得措手."云云[765]。此人反覆邪險之狀, 極口難喩[766], ◇[767]將來必構出無狀之語, 謀成不測之禍, 亦不可料[768]。痛憤痛憤[769]。

二十日。雨晚止。

得巡察使回關, 則守令之禁遏募兵者, 一切不許曰: "均是討賊, 不可以官威奪去, 此後如有此弊, 必稱使關勿送."云云。○ 近來賊勢益熾, 來聚于尙州者尤多, 慮有深入之患, 結幕于馬奪山谷中, 率累移寓。夕, 大將率幕中諸人, 移鎭于蘆洞村舍[770]。

二十一日。晴。

終日, 陪大將論事。擧事之後, 賊不多捕, 而事多掣肘, 軍情日撓,

---

762) 則諸軍以不遇賊 故皆罷伏 來聚于松汀矣 大將命罷還備糧 期以二十三日 來會也 吾與景樞: 누락

763) 夜: 누락

764) 于: 누락

765) 云云: 云

766) 難喩: 難說

767) 而

768) 亦不可料: 누락

769) 痛憤痛憤: 憤痛憤痛

770) 近來賊勢益熾 來聚于尙州者尤多 慮有深入之患 結幕于馬奪山谷中 率累移寓 夕 大將率幕中諸人 移鎭于蘆洞村舍: 누락

須有關白[771]于巡察道處置之端[772]。◇[773]大將, 以僕[774]及李士擴[775]爲
使, 督以卄四日持文發程矣[776]。

二十二日。晴。

午後[777], 大將以說伏事, 出向寃遷。臨發, 大將書一絶[778]以別, "陣
琳飛檄草, 威勢振孫吳. 一言如撥亂, 吾刃血將無." 僕次韻曰: "諸葛
思存漢, 阿蒙尙守吳. 行裝一鞭在, 誰復謂秦無." 大將再用前韻曰:
"計同侯救趙, 事異鄧歸吳. 擊天憑隻手, 忠義世應無." 余又次曰:
"久絶江淮援, 襄陽不屬吳. 進明猶戴首, 一釰可容無."[779] ◇[780]

二十三日。晴。

留蘆谷[781]。權從卿·郭景澤諸公, 各持酒餠◇[782], 會岩上共破[783],
爲餞明日之行也。聞數日來下去之倭, 晝夜不絶云[784]。

---

771) 須有關白: 不可不陳聞

772) 巡察道處置之端: 巡察使以爲處置

773) 故

774) 僕: 余

775) 李士擴: 李士廓

776) 矣: 누락

777) 午後: 누락

778) 一絶: 二絶

779) 陣琳飛檄草 威勢振孫吳 一言如撥亂 吾刃血將無 僕次韻曰諸葛思存漢 阿蒙尙守
吳 行裝一鞭在 誰復謂秦無 大將再用前韻曰計同侯救趙 事異鄧歸吳 擊天憑隻手
忠義世應無 余又次曰久絶江淮援 襄陽不屬吳 進明猶戴首 一釰可容無: 누락

780) 余遂次韻【詩在元集】

781) 留蘆谷" 누락

782) 而來

783) 會岩上共破: 누락

784) 聞數日來下去之倭, 晝夜不絶云: 누락

二十四日[785]。晴。

以今日日不吉, 諸君力止, 更以明日發程爲計。食後, 與洞中諸公十餘輩上山, 摘得松蕈二十本, 炊飯共喫, 乘夕而還。

二十五日[786]。晴。

早食而發, 申克亦爲覲其慈氏于陜川地, 與之同行, 命兒同時發歸, 覲于俗離山慈氏之所。○ 夕, 投中牟縣, 金盞村里止宿。

二十六日[787]。雨。

曉發, 投川下村, 雨勢不止, 朝食仍留宿。其里士族申景信擘屬黃世弼·李士信·黃仁復·李福貞·黃曄等, 持酒來見, 爲餉留時飯。知舊黃玄慶, 亦自他村來見, 兼惠松蕈七八本。士信, 卽吾先祖考再從戚, 而福貞其子也。道舊悲今, 不覺泪落。

二十七日。晴。

曉發[788], 踰吾道峴, 歷黃磵縣, 縣宇及邑居, 盡爲灰燼, 草掩遺墟[789]矣。縣前道傍, 列豎長竿, 倒懸人屍者, 多至四五, 肢体半腐破[790], 卽前日倭奴入縣時所爲云。所見極慘, 目不忍接矣。朝炊于縣南全忠孝家前, 忠孝及其子汝德出見, 安國民景臨亦自其家來見, 景臨乃金景悅之妻娚也。憑全公備聞李義述遇害丁寧, 其家屬今寓于縣南物罕山谷中, 拒此僅一息之地云, 而回公下去, 勢難尋見, 可恨可

---

785) 8월 24일자 일기 전부 누락
786) 8월 25일자 일기를 '早朝發行'으로 대체하고 내용 전부 거의 다 누락
787) 8월 26일자 일기 전부 누락
788) 曉發: 누락
789) 草掩遺墟: 人煙蕭瑟
790) 肢体半腐破: 누락

恨[791]。午踰牛刀嶺，嶺頭，知禮軍三十餘名，來守矣。夕投嶺下村宿。自中牟歸居昌，直向秋風驛可也，而[792]今[793]之迂由黃磵者，以金山郡，方有賊奴故[794]也。聞義兵將趙憲，率其子及軍卒八百餘人，與僧軍，同赴錦山郡，輕犯賊陣，爲賊所圍，一軍幾盡被殺，而士人尤多，渠[795]父子同死陣中云。此人徒懷忠憤，不量己力，輕賊取敗，其[796]與臨事而懼者異矣。◇[797]

二十八日。始下霜。

曉發，踰牛峴，有武臣[798]卞渾◇[799]，領兵四百餘人，來守嶺頭矣。居昌以下山陰·安陰·丹城·晉州·咸陽·咸安·三嘉·宜寧·泗川·草溪·陜川等邑，以善禦之故，賊未入屯云[800]。義兵將金沔，率數千兵，謀討星州留賊，出陣加助縣，陜川鄭仁弘及[801]玄風郭再祐，亦各提義旅，分伏措捕，而郭公用兵頗神，賊徒膽慄[802]云。下道，則以招諭使措置得體之故，義兵之集，多至數萬，而糗粮器械，皆自官辦出，軍聲方振，庶有勦滅之朝[803]，而招諭令公，遞[804]陞左節移鎮，右道之人，

---

791) 朝炊于縣南全忠孝家前 忠孝及其子汝德出見 安國民景臨亦自其家來見 景臨乃金景悅之妻娚也 憑全公備聞李義逝遇害丁寧 其家屬今寓于縣南物罕山谷中 拒此僅一息之地云 而回公下去 勢難尋見 可恨可恨: 누락

792) 自中牟歸居昌 直向秋風驛可也 而: 누락

793) 行

794) 故: 누락

795) 渠: 其

796) 其: 雖

797) 而其節義 足令人欽歎

798) 武臣: 누락

799) 者

800) 居昌以下山陰·安陰·丹城·晉州·咸陽·咸安·三嘉·宜寧·泗川·草溪·陜川等邑 以善禦之故 賊未入屯云: 누락

801) 及: 누락

802) 賊徒膽慄: 누락

如失元首[805], 不勝缺望之至[806], 諸邑儒生, 咸聚[807]拜疏, 以籲行在云。知禮之賊, 曾爲義旅所討, 過半死亡, 餘亦逃歸云。○ 夕, 投宿永倉[808]。郡人卞希璡, 爲義兵運粮監官, 來在縣司, 官穀已竭, 收用私儲者, 亦過數千餘石, 一日所費米, 多至三十石云。大槩, 同是討賊, 而軍情應募則致力, 屬官則解體, 且厭係公簿, 而爭趨義籍。朝廷已知其有益, 故遣使招募者, 誠非偶然[809]。當此弘亂, 不賴義師, 則討賊無期, 募兵之有關於國家如是。而彼徒費國廩, 深伏岩竇, 不自措捕, 而又欲沮人之擧事者, 亦獨何心◇[810]? 痛憎痛憎[811]。

二十九日。晴。

曉發, 抵居昌縣, 卽拜于巡察使, 爲陳所來曲折, 仍呈文狀, 方伯疾手開見, 傾心採納, 所控諸事, 一一施行。夕飯而出, 與曺察訪胤祉, 同宿枕流亭。曺公, 金山人也, 爲避兵火, 客寓縣廨矣[812]。

---

803) 朝: 期
804) 遞: 누락
805) 如失元首: 누락
806) 之至: 누락
807) 咸聚: 咸萃
808) 永倉: 新倉
809) 朝廷已知其有益 故遣使招募者 誠非偶然: 누락
810) 哉
811) 痛憎痛憎: 누락
812) 夕飯而出 與曺察訪胤祉 同宿枕流亭 曺公金山人也 爲避兵火 客寓縣廨矣: 누락

九月大 丁巳朔

一日。陰。

早朝[813]，入拜方伯，仍論時務，方伯亦知義兵之有關於討賊矣[814]，力勸召募。乃以鄭景任爲尙州召募官・權從卿爲咸昌召募官・申譚爲聞慶召募官，使之各募鄕兵，勿拘官軍，並[815]皆許應，以受義兵大將指揮。且移關尙州，軍粮米五十石，弓子十丈[816]，長片箭各二十部，咸昌米二十石，聞慶米二十石，弓矢並[817]如尙州，題給義兵所，本營所儲弓子三丈[818]，長片箭並[819]十部，鳥銃七部[820]，菱鐵五百介[821]，鐵丸五百介[822]，見遣[823]矣。朝飯後，拜辭而出，適有緊故不得發行。聞主倅鄭三燮・都事金穎男，俱自陣所入來，兩君皆曾所相知之人也，卽往相見，金公有膽畧，亂後特選使幕來此，屢當賊鋒免害云。○夕，與曹公同宿枕流亭。曹於尙牧，爲五寸之親云，而數日接話，深言尙牧之失，寡助親叛，豈不信然？方伯亦因曹公，備聞尙牧事，故深有憤疾之意矣[824]。

---

813) 早朝: 朝

814) 方伯亦知義兵之有關於討賊矣: 누락

815) 並: 倂

816) 丈: 張

817) 並: 幷

818) 丈: 張

819) 並: 幷

820) 鳥銃七部: 누락

821) 介: 箇

822) 鐵丸五百介: 누락

823) 見遣: 見惠

824) 適有緊故不得發行 聞主倅鄭三燮・都事金穎男 俱自陣所入來 兩君皆曾所相知

二日。雨。

主倅來見, 仍對朝飯, 兼以紙束行饌見遣矣[825]。○ 得見唐人許儀俊◇[826]所送於大明文字。許本大明儒士也, 往在辛未年[827], 被擄入倭, 仍留不得還, 預知倭奴將有稱兵犯上之計, 備錄其舉事由折及臨時應變之策, 其說累數百言, 轉付往來人, 以達上國, 書[828]卽前年九月中所發也。其文甚詳, 俱述賊情, 若合符契。但其中, 有庚寅五月, 高麗遣使貢驢于日本, 且爲先鋒, 約入大明云, 此等數語, 太涉[829]誣妄[830], 不知何所據而云云耶? 可笑可愕。因彼固請。遣使則果有之, 豈有送驢之事乎? 且貢者以下奉上之辭, 設或有以是物投贈, 賜之云乎? 何可下貢字耶[831]?

三日。晴。

早發, 炊飯牛新倉[832], 踰牛旨峴, 見伏兵將卞渾, 暫叙寒暄[833]。暮投知禮村舍[834]。傳聞[835]密陽賊, 移入靈山縣, 靈山·玄風·星州之賊,

---

之人也 卽往相見 金公有膽畧 亂後特選使幕來此 屢當賊鋒免害云 ○ 夕 與曺公同宿枕流亭 曺於尙牧 爲五寸之親云 而數日接話 深言尙牧之失 寡助親叛 豈不信然 方伯亦因曺公 備聞尙牧事 故深有憤疾之意矣: 누락

825) 主倅來見 仍對朝飯 兼以紙束行饌見遣矣: 누락

826) 협주【懲毖錄, 作後】추가

827) 年: 누락

828) 書: 누락

829) 太涉: 全出

830) 得見唐人許儀俊◇所送於大明文字 許本大明儒士也 往在辛未年 被擄入倭 仍留不得還 預知倭奴將有稱兵犯上之計 備錄其舉事由折及臨時應變之策 其說累數百言 轉付往來人 以達上國 書卽前年九月中所發也 其文甚詳 俱述賊情 若合符契 但其中 有庚寅五月 高麗遣使貢驢于日本 且爲先鋒 約入大明云 此等數語 太涉誣妄: 9월 1일자 일기로 옮겨짐.

831) 不知何所據而云云耶 可笑可愕 因彼固請 遣使則果有之 豈有送驢之事乎 且貢者以下奉上之辭 設或有以是物投贈 賜之云乎 何可下貢字耶: 누락

832) 早發 炊飯牛新倉: 누락

833) 暫叙寒暄: 누락

亦皆以次[836]上來云, 其意未可知也[837]。

四日。晴。

曉發[838], 踰牛刀嶺, 士擴兄先歸, 吾則[839]以尋見義述◇[840]家屬事, 迂入勿罕谷, 日昏始得相遇[841]。◇[842] 李妻上奉老姑, 傍挈三兒[843], 寄在深谷, 而四無親知, 粮物亦乏[844], 將至餓死◇[845]。義述見害, 在六月二十六日, 厥後屢被擄劫, 盡失行資, 身且無衣[846], 所見極慘[847], 口難忍言, 可憐可憐。黃碉全忠孝, 亦寓其村, 邀我饋飯, 夜與朴事淨同宿[848]。

五日[849]。晴。

平明, 再見李妻, 約以月內上來蘆谷吾所寓之地, 偕往臨河, 先挈其胤子而來。此兒曾亦被擄, 頭髮盡削矣。促馬來到安國民景臨之家, 則士擴昨宿于此, 朝已發歸矣, 景臨炊飯以待。食後, 到中牟舊舘

834) 舍: 누락
835) 傳聞: 聞
836) 以次: 次次
837) 其意未可知也: 누락
838) 曉發: 曉
839) 士擴兄先歸 吾則: 누락
840) 협주【先生僚壻】 추가
841) 日昏始得相遇: 누락
842) 義述遇害於賊
843) 李妻上奉老姑 傍挈三兒: 其妻奉老絜幼
844) 而四無親知, 粮物亦乏: 누락
845) 之境
846) 義述見害 在六月二十六日 厥後屢被擄劫 盡失行資 身且無衣: 누락
847) 所見極慘: 所見慘惻
848) 口難忍言 可憐可憐 黃碉全忠孝 亦寓其村 邀我饋飯 夜與朴事淨同宿: 누락
849) 9월 5일자 일기 전부 누락

人之家。則士擴兄留在, 以待吾行矣。孼族李𥘏貞, 持白酒來侑, 士
人李崇健·崇信兄弟及申景忠·景信等, 亦來見。夕, 宿化寧縣地,
昏驟雨大作。

六日[850]。晴。

早發, 炊飯于蓴淵, 仍吊鄭見卿。見卿六月中, 喪其先子於賊鋒,
今寓于此山之谷。午後, 始入蘆谷, 家屬及谷中諸人, 皆得保全矣。
光州姨母, 自俗離, 曾亦來此谷矣。

七日。晴。

聞義兵昨於加恩薪田之地, 捕倭二級, 且得牛四頭云。士擴兄[851],
以拜大將事, 歸黃嶺寺, 吾則感寒氣愆[852], 未得偕進。○ 伻候安否[853]
于靈臺菴慈氏所。

八日[854]。晴。

病尙不快, 終日臥吟, 姨母上來, 夕飯而歸。昏, 大雨達曙。

九日。朝雨晚晴。

略備時物, 設紙牓, 奉奠于先考位。◇[855] 九秋本是祭禰之月, ◇[856]
今遇節日, 心緒盆撓[857], 悵望家山, 五內如割, 薄具虛設, 雖曰草草,

---

850) 9월 6일자 일기를 '還蘆洞'으로 대체 기록하고 거의 다 누락
851) 士擴兄: 士廓
852) 感寒氣愆: 累日行役 感疾委頓
853) 安否: 누락
854) 9월 8일자 일기 전부 누락
855) 噫
856) 而
857) 撓: 愴

亦安能自已也? 日晚, 送祭餘于慈氏所, 仍邀諸友, 暫話于岩石上[858]。

十日。晴。

與士擴[859]諸君, 往拜大將。午後[860], 大將領兵設伏于大峴, 吾等乘
昏還來[861]。聞下來之賊, 自幽谷以下, 連亘四十餘里, 留宿于咸昌之
境[862]云。○ 命兒及庶祖母·奇息等, 還自離山[863]。

十一日。晴。

曉頭望見, 賊火盛起于加恩·黃嶺·達田諸處, 率家屬急上山頂,
日暮下來。聞[864]掌書金喜男而慶[865], 自陣所還來[866], 暮投加恩村舍
止宿[867], 曉頭[868]爲賊鋒所害, ◇[869] 幕中文書等物, 盡數被奪, 不勝驚
悸驚悸[870]。

十二日。晴。

爲避賊, 乘曉登山, 夕下來[871]。鄭景任·金景樞及審仲, 曾以議合

---

858) 薄具虛說 雖曰草草 亦安能自已也 日晚 送祭餘于慈氏所 仍邀諸友 暫話于岩石
上: 누락

859) 士擴: 士廓

860) 午後: 누락

861) 吾等乘昏還來: 누락

862) 留宿于咸昌之境: 누락

863) 命兒及庶祖母·奇息等 還自離山: 누락

864) 曉頭望見 賊火盛起于加恩·黃嶺·達田諸處 率家屬急上山頂 日暮下來 聞: 누락

865) 金喜男而慶: 金而慶【喜南】

866) 自陣所還來: 누락

867) 暮投加恩村舍止宿: 宿加恩村舍

868) 曉頭: 누락

869) 不勝驚悸

870) 不勝驚悸驚悸: 尤爲痛切

871) 爲避賊 乘曉登山 夕下來: 누락

兵夜擊事, 往龍宮倅處, 阻梗留滯[872], 今日始還。伏見下慶尙道士民
敎書, 反躬深責, 其求助臣民之意, 節節剴切[873], 聞者莫不隕涕。與
變初哀痛敎, 大槪一意, 而語益加切, 凡爲臣子, 孰不欲張拳冒刃以
效其力哉? 只緣守土不良, 動輒沮抑, 討賊一事, 視同秦越, 擁兵峙
糧, 自謀保身, 何慣如之? 邸宮亦下敎書, 曉諭軍民, 而意與行在敎
書一樣[874]矣。

十三日。陰。
　以議陳疏[875]事, 幕中諸友, ◇[876]會于蘆洞後嶺。初[877]欲直遣儒生
賷送, 而慮有阻梗之虞, 更議封疏[878]憑付巡營, 使之轉達。○ 聞下來
之賊, 陸續不絶, 焚蕩于道淵·山陽·龍宮等地。以收米致溥于金而
慶次出回文, 夕還寓[879], 李叔平來宿。叔平兩老[880], 曾於外南之戰,
同日被害, 叔平方謀復讐, 與金進士覺氏募兵起事, 而軍粮無路求
得事[881], 今往龍華牧伯寓所云。

十四日。陰。
　義兵設伏于白也院前, 遇賊接戰, 斬首九級, ◇[882]且得環刀九柄,

<hr />

872) 阻梗留滯: 누락
873) 剴切: 懇惻
874) 一樣: 一般
875) 陳疏: 陳疏
876) 皆
877) 初: 누락
878) 封疏: 封疏
879) 聞下來之賊 陸續不絶 焚蕩于道淵·山陽·龍宮等地 以收米致溥于金而慶次出
　　回文 夕還寓: 누락
880) 兩老: 兩親
881) 而軍粮無路求得事: 以求得軍糧事
882) 射殺七八倭

鐵丸筒五事, 射殺者亦七八[883]。而但我軍亦中丸, 三人隕命, 驚痛驚痛[884]。

十五日。晴。
食後[885], 與權從卿·鄭景任諸君, 往黃嶺寺, 拜大將, 仍[886]錄軍功, 乘昏乃還[887]。

十六日。晴。
蔡仲惧·全淨源, 來議拜疏事[888]。○ 幕中收賻米四斗[889], 送而慶[890]喪次。

十七日[891]。晴。
荊妻, 以覲慈氏事, 入歸離山, 英兒·及女息隨之。

十八日[892]。晴。
以製疏事, 終日在寓次。聞賊上來者, 幾至數千云。近來, 連續下歸, 而今遽復上者, 何故也?

---

883) 射殺者亦七八: 누락
884) 驚痛驚痛: 驚痛
885) 食後: 누락
886) 仍: 因
887) 乘昏乃還: 而還
888) 蔡仲惧·全淨源 來議拜疏事: 누락
889) 四斗: 누락
890) 而慶: 金而慶
891) 9월 17일자 일기 전부 누락
892) 9월 18일자 일기 전부 누락

十九日。晴。

製疏[893]畢, 諸友同聚筆削。當初景任主製, 而語涉踈略[894], 故使余更製。吾亦[895]因其文而修潤, 但語多於前作矣。○ 康明甫, 自淵岳, 募得一兵而來, 仍留做話[896]。

二十日。晴。

大將, 自黃嶺委來, 見疏草[897], 日暮而還。○ 長川奴負租入來[898]。

二十一日。晴。

令[899]鄭經世寫疏[900]。○ 聞大將得其妾女婿趙瑗訃, 遽歸本家[901]。山陽林慶世, 應募而來[902], 自巡營, 曾已定諸將於義幕故也[903]。

二十二日。晴。

食後[904], 疏章畢寫[905], 幕員皆會[906], 拜送于路上, 以進士全湜 · 幼學蔡有喜, 陪進于巡營, 姜進士丈霔, 亦來同參。右丈, 曾以微過, 見斥於士林, 今乃自來修謝, 請入義籍, 故來參拜疏事。夕, 與全蔡兩

---

893) 製疏: 製疎
894) 踈略: 疏略
895) 吾亦: 余遂
896) 仍留做話: 누락
897) 疏草: 疏草
898) 日暮而還 ○ 長川奴負租入來: 누락
899) 令: 누락
900) 寫疏: 寫疎
901) 聞大將得其妾女婿趙瑗訃 遽歸本家: 누락
902) 鄭經世寫疏 ○ 山陽林慶世 應募而來: 9월 20일자 일기로 옮겨짐
903) 自巡營, 曾已定諸將於義幕故也: 누락
904) 食後: 누락
905) 疏章畢寫: 封疏
906) 幕員皆會: 幕中諸人

公, 同宿蘆洞[907]。

二十三日。陰。
朝送仲惧諸君于道左[908]。金憲【進士晦仲】[909], 自外南義幕來, 爲傳其大將金覺之命也。夕, 大雷下雨[910]。

二十四日。陰。
食後[911], 往靈臺菴, 省覲[912]慈氏。◇[913]金昌遠◇[914], 亦在隣菴, 乘夕相見[915]。淸州【沙潭】丈[916]及棐仲, 方謀擧義, ◇[917]求得軍粮事, 俱往湖西方伯處◇[918], 不還矣[919]。

二十五日[920]。陰。
留靈臺菴。午, 與昌遠會話。

---

907) 姜進士丈霏 亦來同參 右丈曾以微過 見斥於士林 今乃自來修謝 請入義籍 故來參拜疏事 夕與全蔡兩公 同宿蘆洞: 누락
908) 朝送仲惧諸君于道左: 누락
909) 【進士晦仲】: 협주 누락
910) 夕大雷下雨: 누락
911) 食後: 누락
912) 省覲: 省
913) 聞
914) 言
915) 亦在隣菴 乘夕相見: 누락
916) 淸州【沙潭】丈: 則沙潭丈及棐仲
917) 以
918) 云
919) 不還矣: 누락
920) 9월 25일자 일기 전부 누락

二十六日[921]晴。

食後, 陪慈氏, 出來于蘆谷, 光州姨母, 明將入歸禮安, 慈氏欲面別故也。

二十七日[922]。晴。

姨母發行。○ 大將, 今日與龍宮倅期會, 將以夜擊聞慶留賊次, 領兵出歸。吾亦追去, 中路聞軍行已遠, 還來。

二十八日。晴。

兩陣合兵, 吾等義難退在[923], 與景任[924], 同赴盤岩陣所, 行到鹽谷, 則日候已戾。且聞兩兵, 已向聞慶, 勢難追及, 不得已入宿申景鴻岳丈家。可歎[925]。

二十九日。晴。

早發, 到愚谷, 炊飯。夕, 還蘆谷, 則義述家屬, 自勿罕山中, 昨已來到矣。李妻欲來者久矣, 粮物僕從, 俱不得措[926]。適[927]鶴峯令公, 移拜右節, 今到居昌[928], 爲發人馬粮饌, 使之往訪護送, 故得憑其力, 今始發行, 義述眷祖母及其弟胤武, 亦與偕來矣。昏下雨[929]。

921) 9월 26일자 일기 전부 누락
922) 9월 27일자 일기 전부 누락
923) 兩陣合兵 吾等義難退在: 누락
924) 景任: 鄭景任
925) 行到鹽谷 則日候已戾 且聞兩兵 已向聞慶 勢難追及 不得已入宿申景鴻岳丈家 可歎: 누락
926) 早發到愚谷 炊飯 夕還蘆谷 則義述家屬 自勿罕山中 昨已來到矣 李妻欲來者久矣 粮物僕從 俱不得措: 누락
927) 適: 聞
928) 適鶴峯令公 移拜右節 今到居昌: 9월 28일자 일기로 옮겨짐
929) 爲發人馬粮饌 使之往訪護送 故得憑其力 今始發行 義述眷祖母及其弟胤武 亦與

三十日[930]。晴。

曾與李妻, 旣有偕往臨河之約, 故不得已治行具, 同發。夕投鹽谷,
則風雪交作, 寒烈斗甚。夕飯後, 冒昏作行, 比到龍宮邑內, 夜始向明
矣。當此天寒, 非但無衣, 代步亦闕, 吾與英兒·命兒等, 皆徒步以行,
其苦不可言。奇兒則緣事故, 留在蘆谷矣。

十月大 丁亥朔

一日[931]。晴。

朝飯于天德院里[932], 夕宿醴泉地位良谷[933]。道傍髑髏, 相枕纍纍
成塚者[934], 遍滿原野, 皆是夏間[935]龍宮倅與安東·醴泉·禮安諸邑
兵, 接戰◇[936]時所死云。當初[937], ◇[938]聞龍宮倅善守城之奇, 心每壯
之, 及此審問, 則夏間接戰, 動輒不利, 我軍殞命者, 過數百餘人, 而
捕賊則十餘馘◇[939], 實無大捷之功, 惟不離封彊, 僅免竄伏之罪而已

偕來矣 昏下雨: 누락
930) 9월 30일자 일기를 '爲陣事 兼以私故 拜辭大將 發向江左'로 대체 기록하고 거의
　　다 누락.
931) 一日: 누락
932) 朝飯于天德院里: 누락
933) 夕宿醴泉地位良谷: 過醴泉地
934) 道傍髑髏 相枕纍纍成塚者: 髑髏相枕
935) 夏間: 누락
936) 倭賊
937) 當初: 누락
938) 曾
939) 而已

云[940], 褒拜通政, 今除永嘉, 豈不自愧乎? 然其視棄城偸生, 無意討
賊◇[941], 如尙州·咸昌之輩[942], 相去遠矣。

二日。晴。

早發, 朝飯于豐山縣里。士人李軨·鄭叙·鄭憲等四五人出見, 各
出騎僕[943], 送[944]至安東。李君則且以米兩斗, 惠扶行資矣。夕, 投[945]
府內留宿[946]。金翰林涌, 今[947]爲守城將, 在城內, 乘昏[948]來見。◇[949]
夜, 下雨如瀉[950]。

三日[951]。陰且風。

食後發行, 午入臨河, 一門諸屬, 並無恙矣。氷母亦於四月念三,
避出遠地, 家藏雜物蕩盡, 無一遺者。農作亦失時荒廢, 所收極小,
許多諸累, 資活爲難, 可歎。但家舍則尙全, 是可幸耳。

四日[952]。晴。

留在里中, 知舊咸來致慰, 深以得保軀命爲幸云。

---

940) 已云: 누락
941) 者
942) 如尙州·咸昌之輩: 누락
943) 早發朝飯于豐山縣里 士人李軨·鄭叙·鄭憲等四五人出見 各出騎僕: 누락
944) 送: 누락
945) 李君則且以米兩斗 惠扶行資矣 夕投: 누락
946) 留宿: 누락
947) 今: 方
948) 在城內 乘昏: 누락
949) 因論陣事
950) 夜下雨如瀉: 누락
951) 10월 3일자 일기 전부 누락
952) 10월 4일자 일기 전부 누락

五日。晴。

聞鄕兵大將金垓達遠[953]，來[954]在秋月村，往見◇[955]。仍拜治源慈
圍，治源解襦衣以贈，爲眘天寒衣薄故也[956]。

六日[957]。晴。

以求得禦寒之資，將作強顔之行，食後發歸安德地，行到黔谷秣
馬。崔立之家屬亦寓其里矣。冒夜，到安德閔座首家，順原亦在同枕，
此里不經賊變云。

七日[958]。雨。

留閔宅，權訓導子迷來見。夕，往見申習讀演公。

八日[959]。晴。

諸公各以租石・木疋・衣件見惠。食後發行，夕宿靑松府內，南叔
繼祖方在官，與之同枕。

九日[960]。晴。

食後，發向寧海之英陽縣，行到眞寶縣，稅馬金訓導亨胤家。金丈
見卽解襦衣以贈。夕，投英陽南奉事士明家。

---

953) 金垓達遠: 金達遠【垓】

954) 來: 누락

955) 議事

956) 仍拜治源慈圍 治源解襦衣以贈 爲眘天寒衣薄故也: 누락

957) 10월 6일자 일기 전부 누락

958) 10월 7일자 일기 전부 누락

959) 10월 8일자 일기 전부 누락

960) 10월 9일자 일기 전부 누락

十日⁹⁶¹⁾。晴。

留汝晦家。朝, 進南叔胤祖家, 食後, 與汝晦對話。英陽, 亦經賊變,
而搜攫不至已甚, 且不焚蕩云。

十一日⁹⁶²⁾。

留汝晦家。食後, 往見趙光義景制, 乘夕而還, 作書寄白文瑞·李
養源情史。

十二日⁹⁶³⁾。晴。

食後發還, 汝晦以足巾·豆斛見遺, 景制亦送租斗矣。家屬俱罹寒
餓, 何物不關, 而慈氏及季妹, 俱無厚衣, 尙在離山之谷, 天日漸寒,
禦冬無策, 戀係日增, 罔知所措。今吾作行, 意盖爲此, 而所得皆不合
用, 奈何奈何? 尤爲悶塞。

十三日⁹⁶⁴⁾。晴。

申丈以租粟各一斛, 衣材一疋見惠, 沉公亦以粟五斗·弊衣一事
見遺, 所得不貲, 感且未安。食後發還, 歷拜鶴峯令公夫人于申谷。
夫人曾於賊變之初, 自京城奔出, 取路關東, 轉輾寄食, 率四子女, 幾
至塡壑者屢矣, 且屢逢賊鋒, 輒以術免禍, 一行俱得無恙, 九月中始
得還家云。何其幸矣? ○ 夕, 入臨河, 兒屬並好在矣。

---

961) 10월 10일자 일기 전부 누락
962) 10월 11일자 일기 전부 누락
963) 10월 12일자 일기 전부 누락
964) 10월 13일자 일기 전부 누락

十四日⁹⁶⁵⁾。晴。

午, 與諸公, 往道一公獵魚之所, 恣食鮮膾。崔季升, 白義城來。季升曾在一善, 累逢倭奴, 身幸免禍, 而無所歸托, 逡巡知舊之處, 身且無衣, 甚可矜惻。

十五日⁹⁶⁶⁾。晴。

金乃純捉巢魚見邀, 與季升同往, 飽食而還。聞咸昌一路, 賊勢極熾, 新方伯韓孝純, 方在安東, 徵發寧海·眞寶·淸河·盈德·長鬐·迎日·靑松等邑兵, 往守龍宮縣界。

十六日⁹⁶⁷⁾。晴。

與季升, 同話于治源家。

十七日⁹⁶⁸⁾。晴。

治行具, 將以明日入歸離山慈氏所故也。

十八日⁹⁶⁹⁾。晴。

食後發行, 到府內。聞都事昌遠公在官, 入見, 仍與同枕。權察訪從卿, 自宣城亦來。吾方以單行爲憂, 權丈適到, 偕行, 深慰深慰。

---

965) 10월 14일자 일기 전부 누락
966) 10월 15일자 일기 전부 누락
967) 10월 16일자 일기 전부 누락
968) 10월 17일자 일기 전부 누락
969) 10월 18일자 일기 전부 누락

十九日⁹⁷⁰⁾。晴。

午後發行, 夕宿于鼎夜村舍。左兵之赴防龍宮者, 連亘道路。

二十日⁹⁷¹⁾。晴。

曉頭發行, 偕權丈, 投宿于申堂谷。

二十一日⁹⁷²⁾。陰。

早發, 到龍宮石峴, 則賊勢極盛, 道淵·永順·浦內諸處, 烟焰漲天, 決難通道, 不得已還到申堂谷, 止宿。

二十二日⁹⁷³⁾。晴。

觀此賊勢, 勢難作行, 霪滯累日, 粮物已乏。權丈歸龍宮倅李愈家, 李有從行故也。吾則歸渚谷權景初家。金而晦亦在殷豐, 方爲伏兵將, 往守縣界, 卽送人邀來, 同枕于權時家, 景初弟景虛, 亦同宿。而晦之不相見, 今七閱月矣。邂逅客土, 幸各保存, 其喜兩極兩極。

二十三日⁹⁷⁴⁾。晴。

而晦歸, 金子昆【名斑號西潭】亦來同話。子昆作贅權門, 方居渚谷, 於吾爲同鄕竹馬契也。午後, 往金谷, 訪見邊嫂及李氏妹。景閑亦在其處, 相與穩叙。景閑, 曾於夏間, 自京城奉其慈闈, 出關東地, 以疾奄丁內艱云, 方持養母服未闋, 而又遭深疚, 甚可矜惻。朴苞·朴筍及金溜來見, 申諟亦來見。乘昏, 還渚谷, 與子昆·景虛·全景

---

970) 10월 19일자 일기 전부 누락
971) 10월 20일자 일기 전부 누락
972) 10월 21일자 일기 전부 누락
973) 10월 22일자 일기 전부 누락
974) 10월 23일자 일기 전부 누락

先·李汝美, 同宿。山陽黃公會, 亦來同話。

二十四日[975]。自夜大雨。
與子昷諸公, 終日打話。聞賊勢尙熾云。

二十五[976]日。陰。
景初, 以足巾·單袴及內襦衫, 各一事見遺, 公會亦遺衣材半疋,
綈袍之戀, 到此可見。食後, 發還申堂, 則權丈已來留待矣。金達遠,
率鄕兵八百餘人, 來陣集勝亭前, 暫與做話。日暮仍宿申堂。

二十六日[977]。晴。
食後, 偕從卿發行, 先到達遠陣所, 則裵明瑞來自縣內, 曰: "賊騎
五十餘人, 朝已入縣, 其勢甚熾, 難於輕犯, 官軍留陣者, 一時驚退,
萬無可禦之理。"云云。吾等則其決不可作行, 與權丈還來。聞賊之
下歸者, 逐日不絶, 而留屯於唐橋以上及永順·盤岩等諸處者, 亦彌
滿一路, 結幕二百餘所, 侵劫人物, 恣行屠戮, 山陽人被殺者, 過數
百餘云, 其意豈欲并吞左道諸邑, 以爲過冬之計耶? 痛心痛心。與
權從卿, 投宿豐山村舍。道遇金侃, 自長川流離寄食於縣地, 憔悴之
容, 慘不忍見, 與之同枕。傾橐以給, 其子女, 多至六七, 冬間豈得免
凍餒於道傍耶? 可憐可憐。

二十七日[978]。晴。
蓐食而發, 入府內, 見金昌遠。從卿歸禮安, 吾則歸臨河。聞去二

---

975) 10월 24일자 일기 전부 누락
976) 10월 25일자 일기 전부 누락
977) 10월 26일자 일기 전부 누락
978) 10월 27일자 일기 전부 누락

十一日夜, 仁同留賊, 猝入于軍威縣內, 劫殺數百餘人, 人皆入寢, 未及避出云。

二十八日。晴。

◇[979] 聞金海之賊, 與釜山 · 東萊諸賊合勢, 進攻昌原 · 咸安等邑, 兵使柳崇仁, 再戰皆敗, 我軍陣亡者一千四百餘人, 兵使退走, 賊追入晋陽, 圍城七日, 兵使與泗川縣監, 在城外, 中丸[980]殞命, 牧使金時敏, 判官成天慶, 昆陽郡守李光岳等, 堅壁閉城, 賊多方謀越, 終不得入, 第七日始接戰, 我軍發矢如雨, 或放鐵丸, 或注沸湯, 賊乃解圍, 死傷者不知其數, 餘賊退入丹城, 攻劫而歸云。晋陽之戰, 若非牧使之力, 則陷在呼吸, 而終能大捷。功不可言, 但額角中丸重傷云, 可歎[981]。賊之下歸者無數, 而行到邊地, 不卽乘舡, 留屯郡邑, 日以焚刦爲事, 晋州一境, 久爲完邑, 而頃日之戰, 盡被焚蕩, 今無餘舍云[982]。

二十九日[983]。陰。

荊布歸申谷, 爲參右方伯家醮席故也。

三十日[984]。晴。

夢拜京居從祖, 且與郭再祐接談。

---

979) 在臨河

980) 中丸: 中鐵丸

981) 可歎: 驚歎

982) 賊之下歸者無數 而行到邊地 不卽乘舡 留屯郡邑 日以焚刦爲事 晋州一境 久爲完邑 而頃日之戰 盡被焚蕩 今無餘舍云: 누락

983) 10월 29일자 일기 전부 누락

984) 10월 30일자 일기 전부 누락

十一月大 丁巳朔

一日[985]。 晴。
日候甚烈。

二日[986]。 晴。
日甚寒。 荊布自申谷還。

三日[987]。 晴。

四日。 晴。
聞昨日唐橋留屯之賊, 乘夜闌入于體泉之柳川, 龍宮之天德院,
周回四十餘里, 一時焚蕩, 我軍被圍不出者[988], 多値屠戮。 其勢漸次
深入, 左路一帶, 恐亦難保[989], 防禦之軍, ◇[990]逐日逃歸, 而不得禁遏,
◇[991] 是尤可悶[992]。 是日被害者, 皆是僧兵, 而他餘避亂出歸而死者,
亦過百餘云[993]。

---

985) 11월 1일자 일기 전부 누락
986) 11월 2일자 일기 전부 누락
987) 11월 3일자 일기 전부 누락
988) 不出者: 누락
989) 其勢漸次深入 左路一帶 恐亦難保: 누락
990) 亦
991) 左路一帶 恐亦難支
992) 是尤可悶: 是尤可憫
993) 是日被害者 皆是僧兵 而他餘避亂出歸而死者 亦過百餘云: 누락

五日。晴。

六日。晴。

七日。晴。

八日。微雨。

聞賊勢甚逼, 頃日[994]龍宮縣舍, 盡數焚蕩, 今秋所收[995]倉穀, 亦皆輸去, 列邑軍卒, 幾盡逃潰, 了無可禦之勢, ◇[996]方伯留鎭于[997]安東者久矣[998], 慮有不虞, 昨昨已向禮安。龍醴兩境及豐山‧安東府內等處, 閭里一空, 人皆深入, 姑爲避死之計[999], 賊欲長驅, 何憚而不爲耶? ○ 得見聞慶人申以吉書, 渠亦[1000]同參義幕者也。月初四日, 自黃嶺入來金塘, 近將還歸, 要余同行。其書曰: "去月二十七日, 大將命李丑率精兵五十, 夜擊于[1001]唐橋, 射殺者[1002]十五倭, 奪取牛馬並[1003]十七駄."云。幕中促余速還, 而賊勢如彼, 末由發行, 悶極奈何[1004]?

---

994) 頃日: 누락
995) 今秋所收: 누락
996) 而
997) 于: 누락
998) 者久矣: 누락
999) 人皆深入 姑爲避死之計: 누락
1000) 渠亦: 卽
1001) 于: 누락
1002) 者: 누락
1003) 並: 倂
1004) 悶極奈何: 憫極

九日。陰。

聞知舊申禮男文吉遇害, 文吉, 眞寶申溤公之胤子也。娶婦[1005]淸州地, 仍居焉[1006]。夏間被擄, 賊劫着卉服, 欲令降附, 文吉抵死不屈, 終拒不受。賊捽髮扶曳, 拔劒[1007]擬之, 猶不屈。少焉[1008], 賊捨令自便, 而猶使人圍擁, 文吉度不得逃去, 卽[1009]拔所佩刀, 自刎以死。賊將聞之, 驚悼曰: "此眞義人也." 追惜不已[1010], 令其衆, 羿其屍, 送埋于山麓云[1011]。文吉之妻, 亦被擄, 賊欲汚之, 力拒[1012]不屈, 賊找劒[1013]脅之, 終不肯從。躬冒白刃, 肌膚盡傷, 血流遍體, 賊竟捨之云。節義雙成, 今亦有之, 孰謂古今[1014]不相及也? ◇[1015]

十日[1016]。陰。

因自仁同來人, 聞賊徒近來連續下歸。

十一日。晴。

十二日[1017]。微下霰。

陪外姑, 往南面奴子之家, 近來賊熖漸迫, 恐有長驅之患, 以此預

1005) 娶婦: 贅居

1006) 地 仍居焉: 누락

1007) 劒: 釰

1008) 少焉: 누락

1009) 逃去 卽: 脫

1010) 追惜不已: 누락

1011) 送埋于山麓云: 送埋山麓

1012) 拒: 排

1013) 劒: 釰

1014) 古今: 古今人

1015) 可欽

1016) 11월 10일자 일기 전부 누락

1017) 11월 12일자 일기 전부 누락

避深處, 圖免倉卒蒼皇之急。

十三日[1018]。晴。
日候極寒, 仍留山谷中。

十四日。晴。
極寒。食後發還, 歷見南申之, 始[1019]聞軍威張士珍遇害。張公校生而有武才者也。以其[1020]有勇略, 方伯差爲本邑伏兵大將, 累遇多賊, 輒射斬, 又斬錦衣賊將一級[1021], 以此軍聲大振, 將欲入擊仁同縣留賊。其志不安於小捷, 每遇賊, 身先士卒, 勇敢無出其右[1022]。去十日, 賊小許, 焚蕩于近隣, 張公率敢死者三十人赴戰。俄而, 衆賊四面猝至, 士珍以下皆被殺。蓋賊◇[1023]欲報前日斬魁之讐◇[1024], 豫設伏兵, 陽遣單兵, 以示孤弱, 故爲引出之謀, 而士珍不悟, 敢敗至此, 尤極痛心[1025]。義城以下諸邑, 以士珍爲藩捍, 遽至此極[1026], 賊如[1027]長驅, 則遏折[1028]無計, 是尤可惜。

1018) 11월 13일자 일기 전부 누락
1019) 極寒 食後發還 歷見南申之 始: 누락
1020) 其: 누락
1021) 一級: 누락
1022) 其志不安於小捷 每遇賊 身先士卒 勇敢無出其右: 누락
1023) 設伏示弱 故爲引出
1024) 也
1025) 豫設伏兵 陽遣單兵 以示孤弱 故爲引出之謀 而士珍不悟 敢敗至此 尤極痛心: 누락
1026) 此極: 於此
1027) 如: 若
1028) 則遏折: 遏截

十五日。晴。

基遠, 自蘆谷入來, 得奉慈氏及諸弟妹書, 始審彼地, 俱得支安。
竣弟, 亦自京取路湖西, 月初七日, 得抵慈氏, 所其爲蘇, 喜不盡言
喩, 喜不盡言諭。遭亂以後, 南北邈然, 其存其沒, 兩不聞知, 豈料今
日, 各得保全, 重見面目乎? 第伏聞從祖父內外, 曾於六月中, 在金
城, 俱被賊鋒云, 驚慘痛苦, 無地可喩。兩老春秋, 皆近八耋, 而不得
令終, 不幸孰甚焉? 竣家屬及具氏妹一行, 倉卒分播, 俱未知時在某
所云。且$^{1029)}$得鄭景任書, 幕中諸事, 日至解弛, 促余急還, 渠則以軍
粮圖得事, 曾往公州體察使所云$^{1030)}$。且聞$^{1031)}$陣中令李軸・鄭範禮
等, 領$^{1032)}$精卒, 累次$^{1033)}$夜擊于唐橋◇$^{1034)}$, 斬首十餘級, 射殺百餘賊,
射中不知其數$^{1035)}$, 奪取牛馬, 亦多云$^{1036)}$。金沙潭公, 亦已$^{1037)}$聚軍,
斬得四級, 吾州新半刺鄭起龍, 赴任纔浹旬, 勇於討賊, 射斬亦多云,
極$^{1038)}$令人增氣。

十六日。陰。
$^{1039)}$

1029) 基遠 自蘆谷入來 得奉慈氏及諸弟妹書 始審彼地 俱得支安 竣弟 亦自京取路湖
　　　西 月初七日 得抵慈氏 所其爲蘇 喜不盡言喩 喜不盡言諭 遭亂以後 南北邈然
　　　其存其沒 兩不聞知 豈料今日 各得保全 重見面目乎 第伏聞從祖父內外 曾於六
　　　月中 在金城 俱被賊鋒云 驚慘痛苦 無地可喩 兩老春秋 皆近八耋 而不得令終
　　　不幸孰甚焉 竣家屬及具氏妹一行 倉卒分播 俱未知時在某所云 且: 누락
1030) 渠則以軍粮圖得事 曾往公州體察使所云: 누락
1031) 聞: 言
1032) 領: 率
1033) 累次: 누락
1034) 留賊
1035) 賊 射中不知其數: 누락
1036) 云: 누락
1037) 亦已: 누락
1038) 云 極: 누락

十七日¹⁰⁴⁰⁾。晴。
崔直長立之, 自其寓所, 委來見訪。

十八日¹⁰⁴¹⁾。晴。
立之留宿, 與汝章·士善諸公, 同會宿。冬至。

十九日¹⁰⁴²⁾。晴。
立之, 歸見亞使金昌遠於臨河縣, 昌遠陪使行, 今入眞寶, 故到縣也。得光州姨母書, 始審今到英陽縣南別監家, 一行安穩, 極慰極慰。

二十日¹⁰⁴³⁾。陰微雪。
權叔晦來見。

二十一日¹⁰⁴⁴⁾。晴。
往拜外姑南面寓所, 留宿。

二十二日¹⁰⁴⁵⁾。
早, 往毛老谷村, 爲擇妻子移寓之所也。豐山鄭憲景誠·鄭恕推卿, 皆來寓此村。仍往可音谷, 訪見金順伯, 順伯以弊袍見遺。夕, 還

1039) 發還
1040) 11월 17일자 일기 전부 누락
1041) 11월 18일자 일기 전부 누락
1042) 11월 19일자 일기 전부 누락
1043) 11월 20일자 일기 전부 누락
1044) 11월 21일자 일기 전부 누락
1045) 11월 22일자 일기 전부 누락

南面, 柳汝章亦來矣。

二十三日[1046]。晴。
晚還臨河, 歷見以源內助于思位村舍。

二十四日[1047]。陰。
金徵, 歷見仍留。徵, 乃門庶族, 而夏秋間同寓于蘆谷之人也。渠亦失所, 率其妻子, 來寓府境云。邂逅相見, 蘇慰蘇慰。

二十五日[1048]。晴。

二十六日[1049]。晴。
食後發還, 金道源·權叔晦·金治源·金士善來別。夕, 投宿松馬李士會寓所, 鄉友韓擇之, 亦避亂來寓于是里矣。

二十七日[1050]。陰。
朝飯于府內。夕, 宿求德, 本金忠義家。是里亦盡焚燼無餘矣。昏下雪。

二十八日[1051]。極寒晴。
朝飯于李進士明之家, 是里亦盡焚, 惟餘進士公寢房矣。明之以

1046) 11월 23일자 일기 전부 누락
1047) 11월 24일자 일기 전부 누락
1048) 11월 25일자 일기 전부 누락
1049) 11월 26일자 일기 전부 누락
1050) 11월 27일자 일기 전부 누락
1051) 11월 28일자 일기 전부 누락

木花 · 足巾等物見遺。夕, 宿于多仁縣里, 里舍焚蕩, 什無一二矣。

二十九日。晴。

日午[1052), 行到梅湖邊[1053), 將欲渡江之際, 忽見烟氣起自墨谷, 乃焚蕩之[1054)賊火也。顚倒退步, 泊于遂山驛里[1055)。待日昏發行[1056), 冒夜鞭馬[1057), 行[1058)到奈峴, 夜始[1059)向曙矣。

三十日[1060)。晴。

行到扇箭洞遷路, 卜馬躓足, 墜落千丈之崖, 卽斃, 所載囊槖, 亦皆折裂, 可恨可恨。夕, 投道藏谷, 與鄭景任 · 李士擴 · 康明甫同宿。

十二月小 丁亥朔

一日[1061)。晴。

日晩, 到蘆谷主人家, 留宿。峴路永雪埋覆, 十步九僵, 雖有鞍馬,

1052) 日午: 누락
1053) 邊: 누락
1054) 焚蕩之: 누락
1055) 遂山驛里: 首山驛村
1056) 發行: 누락
1057) 鞭馬: 누락
1058) 行: 누락
1059) 始: 已
1060) 11월 30일자 일기 전부 누락
1061) 12월 1일자 일기를 '到蘆洞'으로 대체 기록하고 거의 전부 누락

不得乘行, 尤可悶也。

二日。晴。
曉發[1062], 入歸[1063]福泉寺[1064]◇[1065]慈氏所[1066], 冒昏始達[1067]寓, 中皆平安[1068], 極慰極慰[1069]。聞義卒夜擊州城, 斬◇[1070]一級, 得馬四疋[1071]云。

三日。陰。
明日, 乃先君諱辰, 終日齋居。

四日。雪。
晨起, 設紙牓, 略行奠禮。此日永慕[1072]之痛, 平日之[1073]所不堪, 況今國破家亡[1074], 漂迫岩谷[1075], 悲痛之私, 如何盡喩[1076]?

1062) 曉發: 누락

1063) 入歸: 入

1064) 福泉寺: 福泉菴

1065) 省

1066) 所: 누락

1067) 冒昏始達: 누락

1068) 平安: 安

1069) 極慰極慰: 極慰

1070) 賊

1071) 疋: 匹

1072) 永慕: 昊天

1073) 平日之: 平時

1074) 今國破家亡: 今君父蒙塵

1075) 漂迫岩谷: 擧家漂泊之日乎

1076) 悲痛之私 如何盡喩: 누락

五日。晴。

早發¹⁰⁷⁷⁾, 入離山大刹¹⁰⁷⁸⁾, 暫¹⁰⁷⁹⁾拜沙潭丈, 密議唐橋夜擊事。夕, 投蘆谷¹⁰⁸⁰⁾, 氷崖路滑, 屢次顚躓, 氣極不調¹⁰⁸¹⁾。

六日。陰。

日候甚冽。 近來連日陰晦, 寒冽至此¹⁰⁸²⁾, 道傍凍死者, 比比有之¹⁰⁸³⁾。況西土慘裂, 有甚南方, 行在起處, 有不忍言, 而賊路猶梗, 消息無由。言念及玆, 五內如割, 痛哭痛哭。全淨遠來話, 仍留宿。夜下雪¹⁰⁸⁴⁾。

七日¹⁰⁸⁵⁾。晴。

淨源歸屛川陣所, 蔡景休來宿。夕, 往見景任于道藏洞寓次, 冒昏還來。

八日。晴。

景休歸¹⁰⁸⁶⁾。○ 偕從卿丈¹⁰⁸⁷⁾, 往見咸昌假守于黃嶺寺, 假守有染疾, 不得相見¹⁰⁸⁸⁾。○ 被擄女人, 自唐橋賊陣, 持文字, 許放而來。其文

1077) 早發: 누락
1078) 離山大刹: 俗離寺
1079) 暫: 누락
1080) 夕投蘆谷: 夕還蘆洞
1081) 氷崖路滑 屢次顚躓 氣極不調: 누락
1082) 近來連日陰晦 寒冽至此: 누락
1083) 道傍凍死者 比比有之: 凍死者甚多
1084) 痛哭痛哭 全淨遠來話 仍留宿 夜下雪: 누락
1085) 12월 7일자 일기 전부 누락
1086) 景休歸: 누락
1087) 從卿丈: 權從卿
1088) 假守有染疾 不得相見: 누락

云: "諸民百姓等, 土貢之粮米等[1089], ◇[1090]致運上者, 遣免許放, 倍可撫育, 不從之者, 悉可誅伐, 此返答之紙面, 早可回酬者也[1091]。十一月二十六日, 日本軍將, 朝鮮國下民百姓中."云云。夜下雪[1092]。

九日[1093]。晴。
極, 終日閉戶, 不得出頭。

十日。晴。
偕從卿[1094], 往拜大將于屛川[1095], 留宿[1096]。

十一日[1097]。晴。
在陣所。

十二日。晴。
在陣所。趙士甲等, 率精兵數十[1098], 夜擊于唐橋, 無數射殺, 斬首一級, 乃外庶族郭應和所斬也[1099]。入冬以來, 兵疲食盡, 雖不大捷, 而[1100]夜斫十餘次, 殺傷甚多, 得馘通許五十級也[1101]。

1089) 等: 누락
1090) 收
1091) 此返答之紙面 早可回酬者也: 누락
1092) 夜下雪: 누락
1093) 12월 9일자 일기 전부 누락
1094) 偕從卿: 누락
1095) 往拜大將于屛川: 12월 9일자 일기로 옮겨짐.
1096) 留宿: 누락
1097) 12월 11일자 일기 전부 누락
1098) 數十: 누락
1099) 乃外庶族郭應和所斬也: 누락
1100) 而: 누락

十三日¹¹⁰²⁾。晴。

以陣中相議事, 大將要見鄭景任于獐項道中, 吾與全淨遠, 皆隨之, 日暮還陣所。

十四日。晴。

鄭景任來陣所, 爲議軍粮·器械覓得事也。

十五日。晴。

◇¹¹⁰³⁾修報都體察, 上使鄭相澈也, 副使金鑽也。鄭公, 以一代元老, 起自竄謫之中¹¹⁰⁴⁾, 來主兩湖之事, 其任大矣。到界以後, 日事沉湎, 全不治事云, 可歎¹¹⁰⁵⁾。○ 尙義幕佐金弘慶, 持關來到, 盖爲合近處¹¹⁰⁶⁾官義兵, 謀擊甘文之¹¹⁰⁷⁾賊故也。書中, 有'當封豕隳突之日, 痛連鷄不栖之患'等語, 辭順理直, 而措語亦工¹¹⁰⁸⁾。其文出自叔平手云。此議若成, 必能大捷, 無疑矣¹¹⁰⁹⁾。

十六日。晴。

以大將命, 持尙義軍關子, 往見聞慶倅于宮址, 則右倅¹¹¹⁰⁾辭以兵單, 不肯聽從, 可恨。

1101) 級也: 餘矣
1102) 12월 13일자 일기 전부 누락
1103) 以陣事
1104) 之中: 中之
1105) 到界以後 日事沉湎 全不治事云 可歎: 누락
1106) 近處: 누락
1107) 之: 누락
1108) 辭順理直 而措語亦工: 누락
1109) 此議若成 必能大捷 無疑矣: 누락
1110) 右倅: 누락

十七日。晴。

自宮址還, ◇[1111]拜大將于屛川。以覓得軍粮事, 全淨遠持檄文[1112],
入歸[1113]左道書院及閭里諸處, 鄭景任發向湖西, 體察道及列邑諸
處, 李守基・權瀿陪歸[1114]。

十八日。晴。

尙義軍將, 以來日會諸陣于報恩馬來里[1115], 同議合勢事, 大將
適[1116]氣不平, 以吾[1117]代送, 故日晚發行[1118], 夕宿炙岩村[1119]。○ 金得
宗, 還自巡營, 得箭竹千介[1120]・細木二十疋[1121]而來。

十九日。

早發, 朝飯于孤峯具德容亭舍, 則鄭景任昨夕來宿此亭[1122], 時未
發行, 仍暫[1123]打話。助戰將宣義問, 亦方留陣此地, 炊飯以饋[1124]。向
晚, 偕助戰將, 馳[1125]赴馬來里, 諸陣帥俱會約束。曰尙州牧使金澥,
曰忠報軍金弘敏, 代以召募官趙翊, 曰善山府使丁景達, 曰助戰將

1111) 還

1112) 檄文: 檄

1113) 入歸: 往

1114) 李守基・權瀿陪歸: 누락

1115) 馬來里: 馬來

1116) 適: 누락

1117) 吾: 余

1118) 晚發行: 晚發

1119) 夕宿炙岩村: 宿炙巖

1120) 介: 箇

1121) 疋: 匹

1122) 此亭: 누락

1123) 暫: 蹔

1124) 炊飯以饋: 누락

1125) 馳: 누락

宣義文, 曰尙州判官鄭起龍, 曰尙義將金覺, 曰報恩縣監具惟謹, 曰
昌義將李逢, 代以左幕趙靖, 曰忠義將李命百, 曰崇義將盧景任, 以
右九陣, 爲左衛, 以鄭起龍·宣義問·具惟謹, 爲將以屬之。曰助防
將永義將永同縣監韓明胤, 曰黃義將朴以龍, 懷義將姜節, 曰靑義
將南忠元, 曰鎭岑縣監邊好謙, 曰懷德縣監南景誠, 曰黃澗縣監朴
夢說, 以右七陣, 爲右衛, 以南景誠曰·朴夢說, 爲將以屬之將。以今
月二十五日, 與下道義兵將金沔合勢, 謀擊甘文·善山兩邑之賊。此
事尙義軍, 與永義將韓明胤, 主議以爲之[1126]也。韓公, 自變初, 戮力
討賊, 與士卒同苦, 以此群下樂赴, 爰戴如父母。朝廷特加通政云。
○ 是日終夕下雪, 諸人各散, 而吾與裵仲, 仍宿村家[1127]。

二十日。雪。
偕裵仲晚發[1128], 直到俗離, 省觀慈氏, 兼拜忠報大將[1129]。右丈, 以
疫疾, 新喪胤子琢, 哀悴過度, 可慮[1130]。

二十一日[1131]。晴。
留俗離。

二十二日[1132]。晴。
午後發行, 暮宿龍華寺, 與河丈景浹, 洪伯仁·景仁, 同枕。

1126) 以爲之: 누락
1127) 韓公 自變初 戮力討賊 與士卒同苦 以此群下樂赴 爰戴如父母 朝廷特加通政云
   ○ 是日終夕下雪 諸人各散 而吾與裵仲 仍宿村家: 누락
1128) 晚發: 누락
1129) 忠報大將: 忠報將
1130) 右丈 以疫疾 新喪胤子琢 哀悴過度 可慮: 누락
1131) 12월 21일자 일기 전부 누락
1132) 12월 22일자 일기 전부 누락

二十三日。晴。

午, 到藏岩, 歷見盧通津大海, 兼求殖租, 爲送慈氏所故也[1133]。○ 夕, 投屛川, 告大將以合勢約束[1134]之事[1135], 則非但粮乏, 軍卒四散, 難於猝聚廿五甘文之擧勢及措云[1136]。

二十四日。晴。

巡相, 因咸昌·聞慶兩邑之報, 傳令義陣, 義兵所屬官軍, 盡令解送[1137]云。以此軍卒被侵[1138], 將至盡散, 深可慮也。

二十五日。晴。

修報使草, 兼書軍功案, 以吾[1139]將以明日, 赴巡營故也[1140]。○ 義兵金繼男, 托稱軍官, 作賊山幕, 爲人所訴, 訊問得情, 卽日行刑。

二十六日。晴。

午後, 拜辭[1141]大將, 夕宿蘆谷[1142], 裨將權綏隨行, 申樞伯亦以其私故, 同行歸[1143]。今行所齎賊首四級◇[1144], 帶行郭應和·李石守, 皆有軍功者也[1145]。

1133) 午到藏岩 歷見盧通津大海 兼求殖租 爲送慈氏所故也: 누락
1134) 約束: 누락
1135) 夕投屛川 告大將以合勢約束之事: 12월 22일자 일기로 옮겨짐.
1136) 則非但粮乏 軍卒四散 難於猝聚廿五甘文之擧勢及措云: 누락
1137) 解送: 解還
1138) 被侵: 누락
1139) 以吾: 누락
1140) 赴巡營故也: 使余赴巡營
1141) 辭: 누락
1142) 蘆谷: 蘆洞
1143) 申樞伯亦以其私故 同行歸: 누락
1144) 矣

二十七日[1146]。晴。

早發冒昏, 投中牟川下村, 宿申景智家。權景逸, 自夜間得霍亂, 氣極不平, 可慮。

※[1147]

1145) 帶行郭應和·李石守 皆有軍功者也: 누락
1146) 12월 27일자 일기 전부 누락
1147) 초서본에는 12월 29일자 일기가 없으나, 초서정서본부터 나옴.

판각정서본[규장각본]과
목판본의 이본 대조

: 규장각본에서 목판본으로의 변주 양상

萬曆壬辰 四月 庚寅

十四日。

得官帖, 始聞倭寇數百艘現形于釜山·東萊等水界云。公家以軍馬調發事, 號令星馳, 閭里驛騷矣。

十五日。

聞鶴峯令公, 以刑曹參議【懲毖錄承旨】, 特拜右庿。

十七日。

右庿之行, 取路竹峴, 顚倒出去, 立敍馬頭, 則"昨夕在中原【忠州】, 聞變終夜馳驅, 平明入州, 急赴本營, 而釜山·東萊·梁山等地, 皆已陷城, 主將被殺。"云。經幄儒臣, 不閑弓馬之技, 而猝遇勁敵, 何以制變? 昇平日久, 遽聞此報, 心膽俱墜, 罔知所措。

十八日.

流聞邊報日急, 羽書旁午, 沿邊列陣, 以次見陷云, 而連見烽燧, 每準一炬, 此甚可疑, 或云變出左道, 故右火一炬, 又云賊計奸黠, 先滅邊烽, ◇[1]擧一炬, 以杜內兵之援, 故烽火常一炬云.

十九日.

得裴仲【先生之仲弟, 諱翊】在州內書, 倭奴連陷東萊·蔚山等巨鎭, 已迫密陽, 先圍無訖驛里云. 邊報益急, 而制勝無策, 人心洶懼, 擧有深入避禍之計. 言念國事, 五內如焚, 如我駑劣, 上不能爲國謀, 下不能爲家計, 老母妻孥, 無地安頓. 我生不辰, 何至此極?

二十日.

早朝聞州伯【金澥】, 自下道敗還, 出見于路左, 仍問所由, 則曰: "與咸昌倅【李國弼】, 率領一二運軍數千餘人, 到星州地, 承方伯指揮, 旋向大丘, 將以爲外援之地, 纔到洛津【在仁同星州兩邑界】, 則石田地, 有倭寇數十餘輩, 自山脊下來, 接戰, 我軍之前行者, 盡被鏖滅, 勢不得支吾, 吾等僅以身免, 達夜馳還."云. 咸倅亦隨後而至, 一行飢餒, 憑余求飯甚懇, 卽邀致到家, 出饋酒食, 備聞其所未聞, 咸昌·聞慶·尙州三邑軍, 全數被戮云, 其說尤慘. 自聞此報, 莫知所爲, 家藏什件, 未遑料理, 奉神主納於櫃中, 埋安潔處, 當晩. 裴仲奉慈氏先發, 向州西北長之山, 妻屬及上下老弱五十餘人隨而偕去. 吾與次兒, 留待基遠【先生之長子, 十六日作醮行, 而未返故也.】還, 當午乃發, 暮投北長寺, 則一行皆無事已到矣. 州內及諸處士族之家, 擧皆奔竄, 顚沛劻勷, 道途騈闐, 號哭之聲, 上徹雲霄.

----

1) 自

二十二日。

一行俱發, 入住于寺西九滿村【金潤之家】。夕, 聞助防將梁士俊
入州。

二十三日。

留九滿。始聞石田之敗, 非眞倭奴也。乃其近處避亂之人, 屯聚
山谷, 見我軍至, 相與奔走往來之際, 我軍先驚, 以爲[2]倭寇潛伏, 以
遏徂旅, 訛言洶起, 不能止息。牧伯與咸昌倅, 內怯外眩, 棄師徑退。
弓矢糧糧, 充滿道途, 至有棄其乘馬而去者。州人金俊臣, 以率領
將, 領初運先導, 故未知軍驚失師之由, 過峴留宿, 怪其後軍不繼,
偵探其故, 進退狼狽, 不得已領其所率, 前到大丘琴湖之濱, 則或騎
或步, 自府內出來者, 陸續不絕, 意其倭寇陷大丘而上來也。擧軍亦
一時驚動, 棄甲曳兵, 逃走之不暇, 有如昨日石田之潰, 俊臣亦計無
所出, 撥馬馳還云。噫! 徵兵赴援, 本欲禦敵, 而虛聲所動, 尙且如
此, 設遇賊鋒, 誰肯有冒矢石竭死力者哉? 民散久矣, 蚩蚩固不足
言, 食祿委質者, 庶可以殉國, 而臨亂苟免, 甚至棄師先逃, 如彼負
國, 擢髮難救。○ 夕聞防禦使趙儆入州。○ 自石田·琴湖之潰, 本
州軍馬, 并皆亡匿, 牧伯來住空城, 莫知所爲, 先遣其妻屬, 置之深
谷, 自匿郊藪間, 以爲觀勢走避之計。而下吏官屬, 倂許散去, 城門
四開, 寂無一人。以故助防·防禦等, 使之入, 徵發無由, 供億饋餉,
亦無主管, 艱得水漿, 救其飢渴, 旋卽發向下道云。牧伯逃去之意甚
切, 而首吏一人, 獨守空城, 牢執不捨, 不得自由, 玆尙留滯, 而祕其
蹤跡, 潛藏深密之處, 了無倡義勤王以守堡障之意, 守土者如此, 他
尙何言?

---

2) 以爲: 以謂

二十四日。

留九滿, 聞巡邊使李鎰, 自咸寧入州。午, 遇巡邊裨將卞有獻於路上, 則曰: "主將入州, 將欲留陣以爲禦寇之計, 而軍民盡散, 只餘空城, 使余巡審山谷間, 溫言通諭于逃民, 使之及時還聚。而倭寇聲息, 則密陽陷城後, 更無他報。尹暹·朴箎, 今爲從事, 來在幕下云, 隱避之人, 自聞此語, 俱有還聚之心, 負擔下歸者, 旁午不絶, 軍卒之入城者, 亦近四五百云。噫! 若使牧伯曾無石田之逃, 而繕治甲兵, 以爲堅守之計, 則民心豈至於渙散, 軍容豈至於挫却也? ○ 夕, 聞半刺城主權吉, 率三運軍, 到高靈縣, 前有騎步, 幷三四十人, 自玄風路, 驅馳而來, 我軍疑其爲倭奴, 一時潰散, 無異琴湖之敗云。大槪, 前聞咸倅之言, 石田之變, 一軍盡斃, 兩倅僅以身免云云。而今聞逃卒之言, 則所謂石田·琴湖·高靈等三處之變, 皆未接戰而潰, 故別無殞命者。且點檢奴僕及閭里之赴軍者, 則亦皆生還。以此推之, 咸倅所謂盡斃云者, 是必以無端棄師, 懼其不免於軍律, 構出無實之語, 而欲掩其己罪也。傳聞星州·大丘等守宰, 亦皆棄城逃歸云, 嶺外諸鎭, 將有不攻, 自破之勢矣。

二十五日。

昨聞裨將之言, 倭寇聲息, 似不迫急, 故將欲還家, 更候邊報緩急, 以爲再避之計。闔族凌晨發行, 朝炊北長岐路傍。忽見一人持鎗釰[3]急來曰: "倭奴已迫州南五臺里, 向晚將犯邑城。"云。雖聞此奇, 而昨得裨將之言甚悉, 故猶不聽信, 姑向山寺, 竢[4]得的報矣。纔入寺門, 忽聞倭奴已入城底接戰云。食頃, 亡卒敗兵, 自露陰山頂, 赤身逃躱而來者, 不可勝記, 或被槍矢, 或中鐵丸, 血流遍體, 慘不忍見, 皆曰:

---

3) 鎗釰: 槍劍
4) 竢: 俟

“我軍今已見敗, 死於戰場者甚多, 諸將士一時奔北, 俱入此山, 倭奴追逐, 今當上山.”云。我等業已到此, 猝聞此奇, 莫知所爲。吾與棐仲, 奉慈氏及諸屬, 取路壑谷, 直越前山, 山高萬仞, 峻急如削, 寸進尺退, 十步九僵。前挽後擁, 或負或携, 過午始得踰嶺, 促飮糜水, 然後氣暫蘇差。俄而, 鞍馬追到, 山路亦不甚險, 故內行皆乘馬, 吾與兩兒, 徒步以隨。初更得投狐洞, 假宿於村氓之家。路中, 遇禆將之敗來者十餘騎, 皆是出身之人也。問其取敗之由, 則答曰: “我等, 皆是忠淸道防禦使邊璣之禆隊也。昨自淸州, 聞賊報甚急, 陪主將, 晝夜倍道, 今早始達此州, 將與巡邊令公, 合謀禦敵, 籌畫未定, 賊鋒已迫, 相與接戰于北川之邊。賊勢滔天, 勇悍百倍, 鐵丸四面如雨, 我軍奪氣, 併皆退縮, 了無殊死之意, 雖帶弓箭, 百不一發, 相接未久, 有同瓦解。兩帥皆抽身遁去, 生死莫知.”云。

二十六日。

聞賊奴尋覓諸山, 抄掠滋甚。一行皆入狐洞前深谷, 潛藏巖穴, 折薪爲障, 仍宿于巖間。州人之避亂者, 中爲巡邊禆將所諭, 二十四日, 無遺下還, 忽於卄五日之朝, 倭奴猝至, 乘勝長驅, 四面追逐。閭里士女, 僵仆道傍, 死傷無數, 而露陰諸麓, 則以將士亡入之故, 搜剔特甚, 見輒殺戮, 山蹊林莽之間, 積尸如丘, 不知其幾千百人。巡邊·防禦等使, 自京所齎來軍裝, 幾至四五十馱, 分授軍卒, 使各售勇, 而不發一矢, 併皆投棄, 倭奴皆收拾而去。所謂藉寇兵者不幸近之矣。○ 河師傅洛及其子鏡輝, 皆遇害。鏡輝則可以疾走免禍, 而以其父母之故, 不得獨避。倭奴見其執弓, 斷其兩臂云, 此尤可哀也。【後旌閭】

二十七日。

流聞倭奴窮探深谷之報。去夜, 夜未分發行, 取路西麓, 平明到一
壑, 去狐洞幾三十餘里[5]矣。逐日步行, 兩足皆繭, 扶杖側偏[6], 困不可
言。洞西有一山甚高峻, 山頂有土城, 乃故人避亂之所也。牧伯衙屬
來住其處云。聞倭寇入州城, 焚其官舍諸處, 城外巨室, 亦多遭火。
餘倭, 則散處州城內外, 日以攻劫爲事, 馬匹則無遺收去, 輸其卜物,
鷄犬牛隻, 亦皆攫去, 以供朝夕, 率妓張樂, 連日醉拏云。

二十八日。

夕後, 踰北嶺, 宿于村舍。坊名蘆洞, 乃聞慶地也。

三十日。

留蘆洞。以木一匹, 得皮粟三斗·黃豆三斗二升·赤豆一斗於隣
嫗。又用木半匹, 換橡實十五斗, 搗整去皮, 則僅七斗許矣。垂槖之
際, 得此數種, 可以供上下八九日費, 何幸如之? 平日, 只知橡實之
爲可食, 而未嘗親嘗之, 今始取啖, 則味頗溫甘, 有勝黍粟之飯, 於療
飢, 亦甚有力, 此眞吾長物也。○ 奴子來自長川, 始聞消息。兩家所
藏, 盡數探出, 縱火閭里, 五十餘家, 一時灰燼云。當初, 出避之時,
勢極窘迫, 破衣十餘件外, 他物一切不齎, 異日設不死於鋒鏑, 而數
多家屬, 何以聊生[7], 旣無室家, 不可以土處, 又無衣食, 不可以蟄藏。
却悔當日輕作遠遁之計, 與其中途狼狽, 僵死於窮谷之中, 不若堅
坐故里, 效死於先廬側之爲愈也。

---

5) 餘里: 里餘
6) 側偏: 偏側
7) 聊生: 料生

五月 庚申

二日。

留蘆洞。奴輩自州內還, 傳言州內倭寇連續不絶, 散處閭閻, 晝夜攻抄, 人不安接。大槪, 賊徒之中, 本國之人, 太半相雜。人或諦審其顏面, 則多是積年往來之鹽商, 其言語不類島夷, 假著倭服, 削髮混迹, 如見前日識面之人, 則輒藏頭回避。此輩, 肆毒尤酷, 窮搜深僻之地, 其害有甚於本倭, 將來之患, 亦不啻外寇而止, 痛甚痛甚!

三日。

聞申砬來住鳥嶺, 設柵塞路, 以爲勦截之計云。

四日。

聞申砬, 以鳥棧阻險, 不可以用武, 退陣中原之地云。將來勝敗, 雖未逆覩, 而天險重關, 棄而不守, 防禦之策, 亦豈云得?

五日。

主媼, 進粟米酒半壺, 橡實酒數鉢, 金澄亦送櫻桃一笥。仍念今日, 是天中節也。節物猶在, 時變至此, 流離一隅, 不得還土, 松楸一酹, 奠酌無由, 覩物興感, 方寸若煎。我生不辰, 尙寐無覺, 仍記少陵賞應歌棣杜歸及薦櫻桃之句, 此得捷報所作也。喪亂之丁, 適符古時, 而歸及薦新, 邈無其期, 三復遺篇, 悲感塞胸, 推食仰屋, 知我者其誰? 稚兒輩不知爲客土之可苦, 此日之可悲, 嬉戱膝下, 有若平時在家者然, 賴此遣懷, 誰得以嗔喝也? ○ 變作之後, 流民相聚, 乘其

無守, 偸竊爲事, 或假倭威, 白晝攻劫, 所在成黨, 其勢亦熾, 腹心之
憂, 有甚海寇。今當農月, 而四野無荷鋤之民, 來秋不稔, 執此可卜。
設令外寇退去, 而將來城中之警, 豈保其必無也? 民憂國計, 百無善
策, 天步艱難, 何至此極? 言念及此, 氣塞忘言。噫! 生逢聖君, 睿哲
出天, 休養生息, 垂三十年, 內無嗜音雕墻之失, 外絶遊畋驅騁之豫,
深居側席, 勵精求治, 此誠三代下不易得之良會。而以言其內, 則朝
著之不靜如彼, 以言其外, 則醜虜之陸梁至此, 天乎時乎? 厲階誰
生? 肉食者謀之, 而謀之不臧, 藿食者幷受其殃, 志士漆室之膽, 安
得不輪困也?

六日。

遇自京逃來之人, 乃是吾州之上番騎士金彦希也。言申砬見敗於
忠州, 京畿防禦使領精兵來, 禦于竹山也[8], 亦不利退去。倭奴長驅,
如入無人, 一兩日之間, 直抵漢津, 城中吹角徵發, 而無一人赴義者,
自上知其有瓦解之勢, 前月之晦, 大駕西狩于平壤, 大內無主, 人心
益撓, 百僚奔避, 有同鳥竄, 門外之人, 爭相撤産入城, 城中之人, 則
已知城守之不固, 騈闐出門, 惟恐不及, 宮闕諸寺, 烈火遽起, 煙焰漲
天, 咫尺不辨, 城中上下, 只以偸活苟免爲意, 了無持甲堅守之計, 大
都見陷, 不出朝夕, 吾等雖欲留番, 上無所屬, 外無所援, 不得已循山
逃來云。噫! 嶺外凡幾邑, 而曾無一人男子倡義勤王, 以致賊奴衝斥
直搗內地, 所恃者, 惟京城諸郡也, 賊徒雖多, 而豈過於本土之林立,
刀劍雖利, 而亦豈能當我騎射之强勁乎? 苟能據有城池, 堅壁固守,
俟其自困而出戰, 兼擧嶺外精卒, 自下挾擊[9], 則腹背受敵, 進退狼
狽, 匪茹之徒, 將見自殪於鋒鏑之下矣。計不出此, 賊騎所向, 惟恐奔

8) 也: 地
9) 挾擊: 夾擊

潰之不暇, 空城棄陣, 任其自來, 何憚而不入也? 此非力屈而不勝也,
乃我之不肯求勝也, 非倭奴困我也, 乃我之自取滅亡也, 憤歎之懷,
已不可言, 而二百年衣冠, 一朝將變而用夷, 凡有血氣者, 寧能處此
壤地求活耶? 遷邠之辱, 太王之所不免也。而從者如市, 竟基瓜眕之
鑣, 幸蜀之禍, 玄宗之所不幸也, 而干城得人, 卒成中興之業, 若使天
命未絶, 則轉敗爲功, 固亦不難。而第未知今日之人心, 猶周民之如
歸市乎? 今日之摠兵, 猶唐家之郭子儀乎? 社稷不守而金湯爲虛設
之險, 國本未定而民心無係望之地。人謀至此, 天道寧論? 言念及
此, 長痛欲絶。○ 聞自湖西上來之倭, 其麗亦多, 歷陷靑山·懷仁·
報恩·淸州等諸邑, 直抵[10]京城云。自聞大駕出巡, 人心益撓, 雖在
深山窮谷之人, 莫不喪心墜膽。若無所倚, 擧作分散之計, 失業之人,
切於飢渴, 相聚爲盜, 攻劫以資, 道路阻塞, 人物不通, 强吞弱, 衆凌
寡, 胥矣賤人, 最矜者士族也。遭世不辰, 傷如之何?

八日。

留蘆洞。流聞上京之倭, 用書契, 欲邀見李德馨以講和事, 且令我
國先導, 直指燕都, 將欲侵犯上國云。此報信否, 時未的知, 而若果如
此, 則國事不幸, 有不忍言。趙宋之於金元, 前驗已明, 況棄順從逆,
謀及天朝, 豈有此理也? 國可亡, 其不可聽從, 決矣。昨年, 見鶴峯令
公, 語及通信之事, 詳聞其言: "鶴峯前在日本之日, 彼虜已有吞噬大
明之志, 欲令我國爲先驅, 而所答國書, 亦及此語。" 鶴峯不勝憤惋,
連書累牘, 極陳其不可越禮犯分之義, 則彼虜瑟縮, 回互其說, 以掩
其狡詐之迹, 鶴峯欲窮辭强辨, 發其情狀, 以爲防微杜漸之計, 而上
使黃允吉·書狀官許筬輩, 謾不慮國事, 只以觸忤倭奴, 將見僇辱爲
大懼, 自立異論, 以逢倭意, 以此鶴峯却被掣肘, 終不得伸其志節云。

---

10) 直抵: 直指

越至今日, 虜果以此事恐喝, 則當初不能力折之罪, 黃·許豈能免萬
死哉? 且其令我國先導者, 蓋將陰求釁端, 意在於減虢也, 其將俯首
而聽命乎? 爲今日計, 上下協力, 務講修攘之策, 銳意自治, 盆堅攻
守之計, 則彼懸軍越海之寇, 曠日持久, 將有不戰自斃之勢矣. 或者
以人心渙散, 各自逬播, 遽難收合爲慮, 此則不然. 狃安之餘, 猝遇勁
寇, 加以上無良將, 軍律不明, 望風奔潰, 列鎭皆然, 則以無恒不敎之
民, 其誰肯冒死地而不避也? 今則變作浹月, 齊民之避入山谷者, 晝
不得緣畒, 夜不得入室, 齎糧且乏, 將至顚罄. 爺孃妻子, 各不相保,
莫不扼腕切齒, 相與偶語曰: "蕞爾島醜, 令我輩至此, 我等若能各自
致力, 賊勢雖銳, 寧無勦滅之期也?" 窮谷之人, 或相屯聚其徒, 倭奴
之三四分抄者, 輒皆奮擊捕殺者, 比比有之, 獸窮則搏, 其理固然.
苟有才略兼人者, 倡義特立, 發號求募, 以爲敵愾戡亂之擧, 則嘔吟
之民, 知有所歸, 倚以爲重, 數萬之卒, 將見不日而自集矣. 提此敢死
之人, 以攻久勞之賊, 勝勢在我, 軍容必振, 除兇雪憤, 其不在玆?
而[11]嶺下諸守道臣, 棄城先遁, 在在皆然. 巨邑大鎭, 無一守城血戰
之處, 至如吾州之伯, 寄宿山寺, 乞米以資. 當此主辱臣死之日, 以偸
生苟活爲得計, 可勝痛哉. 惟半刺權公, 接戰之日, 冒死鋒鏑, 可尙可
尙. 當日之戰, 巡邊棄城外陣, 故接刃未久, 軍皆潰走, 所謂能射者,
亦皆擁馬袖手, 無一人發矢, 以致敗北. 若令當初入城堅守, 則我軍
無避走之所, 而必擁盾城上, 各致死力, 可以售弓矢之技矣. 倭奴所
恃者, 只在於鐵丸刀劍等兩技而已. 彼在城外. 則安得有售勇之路?
終之勝敗, 未可逆料, 而塗地之慘, 豈至於此極耶? 大槪當日, 巡邊
初到, 而士卒且小, 本州及咸昌之卒, 摠不過六七百, 持此單弱之師,
乃敢舍城而野戰, 其見敗無疑矣. 國之安危, 在此一擧, 而身爲命帥,
料事不密, 卒致敗衄, 遁逃苟免, 其亦與守孤城蔽江淮者異矣.

---

11) 而: 以

十一日。

流聞淸州亦見陷。

十二日。

流聞倭寇之上京者, 屯聚沙平院, 以四出分抄爲事, 畿內諸邑倉
儲, 焚蕩無餘, 故下來嶺外, 輸穀以上, 而聞慶・咸昌, 亦皆蕩盡, 來取
尙州云。吾州官租, 自前陳陳, 賑給所餘, 尙不下十餘萬斛, 向來倭奴
之入, 費用狼藉, 州民之取去亦不貲, 而猶且多在。以此倭奴之留在
本州者, 堅據不散, 以至輸取上京, 以爲久留決勝之計。噫! 多峙糇
糧, 本爲軍國之用, 而今反爲齋盜糧, 安有若是之痛心者哉? ○ 閭里
牛馬, 倭奴全數掠去, 或以輸糧, 或以騎行, 或以供膳, 而不能勝用,
委棄路傍者亦無數。山谷間飢餓之民, 爭相殺食, 一日所屠者, 不下
十餘頭。不出旬朔, 閭閻所畜, 殆至不遺, 設使賊變就戢, 人歸本業,
而耕墾所需, 將倚何物? 自古喪亂, 無代無之, 而人畜幷盡, 豈有如
今日者也?

十三日。

有飛檄一紙自宋彦明所, 不知誰所作也。【其略曰: "徂兹秀吉, 恃
其慓悍, 侵我大邦, 長驅入洛, 而連帥列郡, 望風奔潰, 無或有堅守力
戰之人, 倭奴如入無人之境, 分抄閭閻, 阻搪道途, 國家垂亡, 朝不保
夕。凡爲臣子者, 義難恝視, 守令・都將, 留鄕所及士子中, 有志諸人
等, 各自致身, 召號勤王, 克勤醜奴, 以復邦家."云云】今見此檄, 甚
强人意, 不量區區, 心膽輪困, 而自顧才力, 百不及人, 徒自腐心而
已。州伯雖在, 而竄伏巖穴, 無意國事, 倉儲軍米, 盡數帖出, 費用如
土, 負國之罪, 固不容逃, 而監司・主將, 置而不問, 務循姑息, 王綱至
此, 賊勢之長驅固矣。○ 有一州吏, 得見檄文, 意州伯, 或有所處置,

持以稟令, 答曰: "此非朝廷指揮也, 乃中間士族輩, 所爲也。吾別無可施爲之端, 爾可退去。"云云。

十四日。

聞留州賊徒, 不過數十餘人, 晝則散抄閭里, 夜則閉城自守, 近日上來者, 亦不多, 自京乏食下來取糧者, 比比有之云。似此數小飢困之倭, 得強弩十餘手, 猶可以一擧盡殲, 而上無倡率之人, 人皆亡匿山谷無所歸屬, 徒自張拳永慨而已。○ 遭變日久, 兩麥已熟, 登山者率皆乏食, 雖欲下去收麥, 而道路不通, 將至餓斃。民是天民, 天胡忍斯? 上京之倭, 勢難容易殄滅, 而自嶺以下, 則賊徒旣小, 若有倡義之人, 糾率精士數百徒, 以遏中路, 絶其往來傳通之倭, 則非但流離之民, 得歸本業, 彼入京之賊, 進退狼狽, 腹背受敵, 爲日已久, 則勢將自困, 而計不出此。自畿甸以下, 遠至沿邊, 凡幾百州郡, 而寂無一人擧兵討賊, 方伯連帥, 乃是國家生民之司命, 而亦皆避藏, 不知去處。傾城棄陣, 付與賊手, 賊徒審知國勢解弛, 了無忌憚, 出入往來, 有同空境, 人謀使然, 何痛如之?

十七日。

夕, 自州內通文兩道火迫疊到【略曰: "留州賊倭, 僅滿數三十徒, 而人皆亡匿, 無計捕殺者久矣。自數日來, 山谷間山尺等七八十人, 持弓矢, 追捕所殺, 已至十餘人。其餘則皆避散入城內, 今欲圍城搜捕, 而軍人不多, 勢不得施手, 令各處散亡之人, 當日急急齊會, 赴急。"云云】卽與諸士族等, 約以明日早朝, 各領人聚會于洛西村。

十八日。

早朝, 率此洞軍人等三十餘名, 赴洛西, 則無一人來會者。不但孤

軍無可爲之勢, 且聞竹巖屛風城津賊船來泊之報, 軍人皆有散渙之
心, 不得已還來寓所, 可恨。路上遇孤山文擇善奴, 乃自京下來也。
備聞其說: "去廿六日, 被虜爲僕夫, 持卜馱以行, 及到忠州, 則自左
道上來之倭, 其數亦多, 分作兩陣, 本國元帥申砬, 大敗於彈琴臺前,
我軍十不一活, 賊徒亦多有死亡者。賊奴一運, 取路陰竹, 直指驪州,
渡陽根津。本月初三日, 長驅入都, 而城門四開, 寂無人聲。三關各
寺宗廟諸倉庫等, 皆已焚蕩。而倭寇留陣於鍾樓下, 抄糧以食。一運
則直路由沙平院, 渡漢江而入。前後入城之倭, 其麗不億。"云。且曰:
"大駕晦日四更, 避出松都, 城中之人, 一時幷發, 人馬躪蹂而死者,
在在枕藉, 而門外尤甚, 積尸如丘, 慘不忍見。" 今聞此言, 始知前日
金彦希之言, 非虛報也。國勢至此, 夫復何言。

十九日。
留蘆洞。流聞倭寇留住空城, 糧餉亦窘, 將欲窮追大駕所在, 仍指
燕京, 以爲荐食之計, 且欲以其俗易吾俗云。果如此言, 寧蹈魯連之
海, 何忍苟活於裔夷之世乎? ○ 聞長川洞人金鎰陣亡, 韓佑良之女,
被虜死節云。村巷間凡民, 旣無家訓, 又乏見聞, 而倉卒遇變, 能以義
自守, 至以縛束驅迫, 而終不渝其素志。信乎秉彝之在人性者, 無貴
賤智愚, 而均賊也。

二十日。
留蘆洞。鶴峯令公, 曾於通信之還, 獨言倭變不必速出, 而今者賊
勢如此, 故自上有拿推之命云。鶴峯前在右廂, 軍令極嚴, 略不饒貸,
群下震慄, 莫不畏服。一與接戰, 賊醜退縮, 其所斬伐亦多, 軍聲將有
再振之勢, 而遽被拿去。憂悶。

二十三日。

聞鶴峯令公中道放赦, 更拜招諭使下來云。

二十四日。

留蘆洞。聞往來倭賊, 陸續不絶, 多不過六七十, 小者三四十云。
似此不多之賊, 捕斬不難, 而人皆亡匿, 莫或有爲君父擧義除讐者,
痛入心骨, 誰與告語? ○ 賊奴犯都後, 更未聞的報, 日馭出巡, 今舍
何所, 西望長安, 消息茫然, 臣民此日之痛, 極天罔籲。南渡君臣輕
社稷, 中原父老望旌旗, 昔誦此句, 爲前代虛付一嘆, 豈謂於吾身親
見之也?

二十八日。

留蘆洞。聞自京傳通內, 士族及平民無故者, 斬倭三級以上, 賜武
科及第, 公私賤則從良云。且聞防禦 · 助防將等狀啓內, 嶺外守令,
擧皆棄城逃走, 而惟尙州牧, 率其子弟及屛卒, 獨守孤城, 效死不去,
咸昌倅敗軍而還, 逃走不現云云, 自上深褒尙牧, 而命誅咸倅云。咸
昌 · 尙州, 厥罪惟均, 而彼輩敢逞私臆, 欺罔入啓, 以致賞罰之乖當,
可痛可痛。

六月 己丑

一日。

聞加恩里人及訓鍊奉事宋建等百餘人, 謀擊咸昌 · 尙州留賊, 得

射七八人。我軍中鐵丸殞命者六人, 而宋建亦死。建乃興陽人, 而中
武科者。曾爲防禦使軍官, 敗軍之後, 來在于宮基, 思欲殉身討賊,
志氣激昂, 而竟未大成其志, 人皆惜之。

二日。
遇自京來人。聞當初倭寇之未入城時, 起復金命元爲都元帥, 出
師漢濱, 方爲禦賊之計。而卒伍遽見賊勢鴟張, 稍稍逃走, 元帥度其
不濟, 亦退去。賊入空城, 無所忌憚, 分遣數千餘倭, 窮追大駕所在。
倭將則留住都中, 以爲久住之計。都內之人, 自相爲盜, 使刃攘奪,
殺傷無數, 士族之家, 則出門之後, 餓死窮谷者, 亦不可勝計云。國事
至此, 萬無再振之勢, 生而爲人, 目見此時, 痛哭何言?

四日。
留蘆洞。流聞倭寇, 侵及化寧縣, 且焚蕩觀音寺洞, 諸菴僧輩多被
害云。榮兒, 往寓水落菴, 未知生死, 心緒極亂。

五日。
猝聞倭賊逼至, 與竑弟奉慈氏扶負, 蒼黃入蘇夜洞。

六日。
率諸累入深谷, 乘夕而還。賊徒分抄攻劫者, 每趁午前而來, 午後
則各還其陣, 故避亂者, 夜宿村里, 曉必登山。賊徒詗知其狀, 名山深
洞, 幷皆搜索, 逢人輒殺。兵燹之禍, 自古有之, 而豈有若是之慘也。
○ 竑弟往蘇夜洞, 奉慈氏還蘆洞。

七日。

得金達可書, 慶尙左右道各設方伯, 左道則李成任除授, 起復申
大進爲都事。且見平丘驛子所持傳通內, 倭徒一二運已皆殲盡, 以
此賊勢稍挫, 方皆下歸云。

九日。

榮兒自水落還。煎慮之餘, 忽此相見, 悲喜交幷, 父子之天, 寧有
其極也?

十日。

聞自槐山‧報恩下來之倭, 動至萬數[12], 抄掠俗離山‧城山‧道藏
山諸處, 由化寧路, 入尙州。於德通驛‧洛驛及求道谷沿路諸處, 伐
木撤屋, 橫作假屋, 連亘十餘里, 多至數百餘間云。

十四日。

留達田。自長川來者言, 倭徒自竹峴至州內, 沿路亦作假屋, 幾至
百餘所, 逐日來往者, 彌滿道上, 以此兩麥, 已至腐枯, 而一切不得收
獲云, 人將盡斃於山谷之中, 無疑矣。孤山繞浦上下諸里之人被害
者, 幾至廿餘人, 避回【村名】之人, 以發軍捍禦之故, 遭禍尤酷, 橫罹
兇刃者七十餘人。此尤痛心。

十五日。

留達田。聞功城‧外南‧靑里居人金嗣宗, 權署, 盧珹等, 各聚軍
人, 捍拒倭賊, 所殺傷多, 至數百人, 以此賊徒終不得入抄其里。厥
後, 軍人懈散, 不能堅守, 倭奴乘釁猝至, 金嗣宗躍馬射殺十餘級, 後

---

12) 萬數: 數萬

中鐵丸馳出。倭奴銜憾, 恣其兇慝, 士族多被害, 而李叔平 · 鄭景任 家消息, 尤極驚慘。

十六日。
備薄需行外王母初祥【本孫亂中漂泊故也】。

二十四日。
留達田。聞牧伯移住屛川寺, 以倉穀偸出事, 斬縣吏, 以吏房拒逆 不現事, 亦行刑, 且知委諸吏, 收聚軍卒云。蓋頃自京中有傳通,『略 曰: "都中倭奴, 幾至勦滅, 西北道將士, 近將驅逐散卒, 踰嶺到界, 列 邑其各聚軍待候云』, 故州伯始有生氣, 欲爲支待之計, 究其情狀, 甚 可笑也。當州里焚蕩, 略不恤念, 而唯以深入密伏爲計。及聞京報, 始乃抽身巖穴, 以州伯自居, 發號施令, 圖免前日棄城負國偸活之 罪, 其計雖狡, 而人之傍視者, 如見其肺肝, 焉得而庾之哉? 聞往來 之倭, 或上或下, 陸續道途, 且傍抄醴泉 · 安東等諸邑, 我軍漸至退 挫, 自京將士, 徒有先聲, 而迄無影響, 人民寧戢, 邈無其期。而時月 已失[13], 已迫秋候, 四望荒野, 一苗不立, 不出秋冬, 人將盡塡於溝壑 矣。大抵, 民爲邦本, 本固然後, 邦可以得寧。而監司金睟, 欲得勤幹 之名, 以爲賭恩之地, 嶺外築城之役, 始自前秋, 至于今春, 猶未就 畢, 齎糧遠赴, 十九破産, 晝夜課役, 丁壯多斃。胼胝呻吟之慘, 無異 秦民之苦。萬口嗷嗷, 咸有呼祈之怨, 遽値兵火, 一時潰散, 金湯之 固, 反爲賊奴所據, 睟之築怨, 因此可知矣。且睟身爲方伯, 道內節 制, 都在其手, 效死盡忠, 以捍南國, 乃其職分, 而及玆逢變, 惟思保 身, 伺候賊奴, 置身無梗之境, 竟亦不知去處, 原其罪狀, 擢髮難盡。 大駕蒙塵, 已浹三朔, 凡有血氣者, 孰不痛心? 而嶺外列郡, 了無一

---

13) 已失: 易失

介倡義之人, 草野負暄之士, 豈全無揭竿敵愾之心? 而朝論作岐, 世路益險, 防賢嫉能之徒, 竊據城社, 稍忤其己, 輒加不道之名, 以爲網打之計。有智·慮者, 率皆袖手深藏, 以避事後之嫌, 莫肯爲首事戡亂之計。時事至此, 亦極寒心。

二十六日。

訪金內禁嗣宗。武士之有才勇者也。問外南接戰之語, 則果如向日所聞, 而鐵丸入外踝中, 瘡處成浮, 其大如腰, 萬無回蘇之勢。可惜可惜。此人前後所殺, 三十餘倭云。

七月 戊午

五日。

得見招諭使鶴峯令公所移檄書, 蓋招諭逃散之人, 使之各執兵器, 爲國敵愾也。詞旨愷切, 令人感動。今日之事, 非徒軍民潰散, 未有死上之心, 大槪列邑守令, 擧皆脫身逃遁, 首鼠偸活, 無一人倡義導率, 而方伯·連帥·巡邊·防禦使等, 亦皆散歸各處, 未有定所, 上無統領, 有同亂繩。其間縱有有志於討賊者, 將何所倚而自效也? 國事至此, 不亡何待? ○ 武科尹湜, 曾赴龍宮陣。射殺倭數級而來, 牧伯以不捕本州之賊, 而遠赴他邑之故, 重杖五十度云。湜之赴彼, 非其所欲, 直以此州無主將, 而彼邑則主倅摠兵勤禦, 可以倚而成事故也。不論彼此, 其殺賊則一也。而土主之爲政如此, 其志不在國家, 而掩能忌功, 動必自營之實, 據此可知。○ 恭聞大駕播越之後, 冊封光海君爲世子, 以係民望云。國本有定, 何慰如之?

七日。

聞金沔·鄭仁弘·趙宗道·朴惺·文德粹·李魯六七人, 謀擧義
兵, 已得五六千人, 今方勦遏賊奴, 期於敵愾, 而只以兵糧不給爲慮
云。大駕蒙塵, 已浹四朔, 而迄未聞倡義之人, 今得此報, 其喜可言。

八日。

聞招諭使及義兵大發, 勦絶之故, 自星以下, 賊奴如掃, 道路皆通,
而惟尙州·咸昌·金山·開寧·聞慶等諸邑, 衆倭咸聚, 時或橫抄龍
宮·醴泉地云。

十月。

留蘆谷。聞長川書堂僧及里人等, 打殺四五倭, 盡斬其首云。○ 往
弔鄭景任於蘇夜洞。

十三日。

聞倭入達田。與棐仲·審仲【竑字】, 陪慈氏, 移寓龍化。荊布及兩
稚子, 足繭不能步, 中路落後, 仍入馬奪山, 心緒益亂。

二十日。

留蘆洞。見棐仲書, 云得京報, 倭寇侵及平壤, 平壤亦見陷, 大駕
再移, 今住龍川地, 中朝以我朝請援之故, 命將領向化獺子五千兵,
已渡鴨綠, 又出五萬兵, 駐江邊, 以爲繼援云, 是則可慰。領右兩相
【崔興源·兪泓】及諸大臣, 陪王世子, 駐江界, 將聚兵, 爲監國之計
云。○ 聞高敬命唱義擧兵, 與其子因厚, 俱接戰同死云, 可欽。

二十二日。

留蘆洞。得朴德凝【惺】書, 方在居昌, 義兵處檢事云。

二十六日。

咸昌倅李國弼, 自洛陽山, 將往黃嶺寺, 爲聚卒捕賊之計。蓋此倅, 以前日潰軍之故, 囚繫聞慶, 未及論罰, 而聞慶見陷, 脫身藏山者久矣。近來欲爲立功自效之計, 報使請行公, 方伯許其仍任縣事, 故下來。

二十七日。

聞湖南僧, 領僧軍七百餘人, 今到淸州, 與其道防禦使及牧使·判官, 謀擊留州之倭, 僧將自募爲先鋒, 刻日促事, 而防禦諸將, 逗留不許云。此僧才力過人, 智計不淺, 軍法亦極嚴明, 且以時未捕賊之故, 不食官糧云。○ 得見使關, 唐兵五萬, 已渡鴨江, 四千則今到宣川地, 賊奴聞中朝遣援之奇, 亦稍稍下來, 爲還海之計, 且右水使, 與全羅道舟師【李舜臣】及固城倅等合謀, 撞破倭船七十餘隻, 斬首百餘級, 其餘投水溺死之倭, 不知其數云。以舟師善禦之故, 右道郡縣如晉州·咸安·泗川·丹城·居昌·咸陽·安陰·山陰·陜川等九官, 尙爲全城, 方伯·招諭使等行, 亦在其地, 金沔·趙宗道·朴惺等義兵, 亦住居昌縣撑柱云。若得良將, 自上道驅逐, 則勦滅廓淸之慶, 可指日以期也。

三十日。

食後, 偕權察訪從卿·鄭內翰景任, 往會于黃嶺洞口, 爲倡義討賊事也。始與李士擴【弘道】·蔡仲懼【有喜】等, 首謀擧義, 蔡仲懼往淸州, 奉其舅李逢及募弓手七八人而來。咸昌·聞慶等地士族輩亦同聲相應, 俱會于此, 士族近四十餘員, 操弓之手, 亦近五十餘人矣。
僉議推李逢爲上將, 以咸昌李天斗爲中衛將, 全湜·宋光國·趙光
綬及余爲佐幕, 蔡天瑞·洪慶業爲掌書, 以余兼之。議訖, 主將北向
再拜, 哭以誓日, 諸座中繼亦北向拜訖, 且拜于主將。主將曰:"國辱
至此, 今日之盟, 有死勿渝." 咸曰:"諾." 仍立三章之法, 臨賊先退者
斬, 約後謀退者斬, 違令·失期者斬, 訛言惑衆者, 倂依軍律論斷。且
命鄭景任記同盟之意, 書諸編名之首。噫! 猾夏之變, 至陷都城, 日
駕蒙塵, 已浹五朔, 而各邑守令·軍帥, 擧皆逃遁, 莫或有爲國事殫
職者, 臣民之痛, 莫此爲甚。而因自上下責己求助之敎, 稍知大義者,
莫不揮涕扼腕, 咸有敵愾之心, 倡義討賊之師, 處處蠭起。而獨我尙
州及咸昌·聞慶等地, 寂無一人爲之挺身而出, 心甚憤惋。幸賴同志
之人, 得成今日之約, 私心喜慰, 曷可勝喩? 然所議討賊者, 不過要
路設伏, 射殺一二零賊往來者耳, 於國家成敗之數, 懸知無益, 而勢
力不逮, 別無可爲之端, 姑爲其所及爲者爲之, 亦可以小酬漆室, 憂
愛之寸忱矣。主將爲人, 吾未曾知, 而年今六十五歲。少業武不就,
有氣節, 能詩律, 言論堂堂, 行步如少年。不以年老爲辭, 而遠赴應
募, 豈尋常士所可及也?

八月 戊子

一日。

與申文叔·樞伯·金景樞·權從卿·汝霖等, 同赴黃嶺寺義兵所,
議定約條。當夕, 大將分遣伏兵于加恩縣。○ 聞近來捕賊者雲起, 賊

勢衰弱, 稍稍下去云。

二日。

具起兵之由, 移文咸倅, 使之轉報巡察・招諭諸使, 慮有後嫌故
也。

三日。

得見龍倅之通, 安東之賊, 爲左兵使所逐, 數百餘人, 一時來入于
尙州, 左帥方陣永嘉云。○ 加恩縣野, 有賊倭十三人刈早稻, 伏兵等
射斬五級, 奪其牛馬・環刀・火筒等物。

四日。

登山遠望, 加恩東面, 煙氣極漲, 蓋賊徒爲報昨日射殺之憤也。○
與文叔・樞伯・景樞・申兗, 同赴黃嶺寺, 料理軍中事。

五日。

檢送軍器・糧物于設伏所。○ 苞山郭再祐, 方起義旅, 今到星山,
用兵頗神, 咸安倅柳崇仁, 亦起兵討賊, 柳公年少有武略之人也。賊
徒遇之, 輒自膽慄, 相謂曰: "謹避柳將軍."云。宣城琴應夾・應壎・
金圾等, 亦募兵倡義云, 敵愾之士, 處處蠭起, 恢復舊都, 可指日而期
也。且得龍倅關, 則永嘉之賊, 移陣仇德里, 四出焚蕩, 關東之賊, 亦
自江陵・三陟等邑, 踰入永嘉之梓山・小川等縣, 到處攻劫, 人物俱
被害, 然我軍斬獲亦多云。

七日。

與文叔・景樞・景任・從卿, 赴黃嶺寺, 大將率兵, 設伏于松院峴

洞口, 遇倭奴六人, 射夫畜憤已久, 一時齊發, 須臾盡獲斬首, 得其
所佩環刀, 大小并六柄, 火筒具鐵丸·火藥等六事, 書簡封廿餘裒。
乃是自此持傳通, 還其地者也。書中有高麗國王退走平壤, 及大明
·全羅道·大丘等語, 而字畫皆胡草不正, 不類我國所書, 不能知悉
其梗槪矣。後日報使次, 吾等各逢受而來, 所斬雖小, 而皆是勁賊,
且得其軍器甚多, 間諜亦被獲不去, 此尤可喜。吾等到寺庭, 參謁,
大將坐廳上受賀。軍聲稍振, 莫不踊躍歡喜, 殊有死敵心。○ 得聞
京報, 邸駕今駐伊川, 方圖進復大都, 以招諭使金誠一爲左道監司,
龍宮倅禹伏龍, 褒陞通政云, 此乃盧通津大河之奴所傳也。右奴因
事上去伊川, 王世子卽引見, 備問嶺外賊勢之衰盛, 且問俗離山險
阻可避亂與否, 仍以朝報及備邊司公事, 付送此人, 蓋以道途阻梗,
不得由驛路直傳故也。

八日。
留黃嶺寺軍幕, 咸昌人應募爲義兵者, 多至四十餘。縣監初則不
憚, 從願許入, 及今捕倭之後, 欲以爲已功, 頗有還奪之計, 吾等極力
排之, 則不敢公然奪取, 而錄勳報使之際, 以已與義兵協力共捕措
語, 以塡文狀。其心回譎, 不言可想矣。

十一日。
與士廓·士會·全淨遠, 往黃嶺寺幕中, 有相議事。咸倅自義兵捕
倭之後, 猜嫌日深, 欲加我以豪俠之名, 且收取士族家弓矢, 使不爲
義兵之用, 弓匠鐵匠, 亦禁修補義兵中軍械。觀其用心, 眞無狀小人
也。深悔當初與此等人謀事, 而今不可追, 痛恨。

十二日。

自義幕還。長川奴, 持果物租石而來, 以其用秋夕奠故也。因奴聞自善山上來之賊, 其麗無窮, 諸處焚蕩甚酷, 人家漸至無餘云。

十四日。

與審仲, 同往俗離山靈臺菴, 省覲慈氏。

十五日。

設紙牓, 奉奠祖先諸位。遭亂以來, 長在山谷, 東竄西奔, 不定所寓, 日月流邁, 已迫秋夕, 松楸展省, 亦無其路。言念及此, 忽欲忘生, 我辰如何? 一至此極。

十六日。

俗離歸路。遇任父金丈【弘敏, 號沙潭】·昌遠【弘微, 號省克堂, 沙潭之弟也。】·棐仲及盧通津諸公, 蓋以募兵討賊事, 率諸人會議于洞口也。

十八日。

承大將傳令, 與權從卿·鄭景任·申文叔·金景樞諸公, 齊進于屛川大寺。

十九日。

曉發, 踰兩峴, 到沙麻谷齊宮, 則大將以下皆聚會矣。仍與論事, 夕陪大將, 共進于加恩縣後設伏之所, 冒夜還寓, 則已向晨矣。○ 聞咸昌倅修飾說辭, 誣報巡察使曰: "李逢等, 率年少書生, 冒稱擧義, 以官軍爲義兵, 以官軍所捕首級, 爲己功, 使縣監不得措手,"云。此人反覆邪險之狀, 極口難說, 而將來必構出無狀之語, 謀成不測之禍, 憤痛憤痛。

二十日。
得巡察使回關, 則守令之禁遏募兵者, 一切不許曰: "均是討賊, 不可以官威奪去, 此後如有此弊, 必稱使關勿送."云云。

二十一日。
終日, 陪大將論事。 擧事之後, 賊不多捕, 而事多掣肘, 軍情日撓, 不可不陳聞于巡察使以爲處置。 故大將, 以余及李士廓爲使, 督以廿四日持文發程。

二十二日。
大將以設伏事, 出向兔遷。 臨發, 大將書二絕以別, 余遂次韻【詩在元集】。

二十三日。
權從卿·郭景澤諸公, 各持酒餅而來, 爲餞明日之行也。

二十五日。
早朝發行。

二十七日。
踰吾道峴, 歷黃澗縣, 縣宇及邑居, 盡爲灰燼, 人煙蕭瑟矣。 縣前道傍, 列豎長竿, 倒懸人屍者, 多至四五, 卽前日倭奴入縣時所爲云。 所見極慘, 目不忍接矣。 午踰牛刀嶺, 嶺頭, 知禮軍三十餘名, 來守

矣。夕投嶺下村宿。今行之迂由黃澗者，以金山郡，方有賊奴也。○
聞義兵將趙憲，率其子及軍卒八百餘人，與僧軍，同赴錦山郡，輕犯
賊陣，爲賊所圍，一軍幾盡被殺，而士人尤多，其父子同死陣中云。
此人徒懷忠憤，不量己力，輕戰取敗，雖與臨事而懼者異矣。而其節
義，足令人欽歎。

二十八日。

曉發，踰牛峴，有卞渾者，領兵四百餘人，來守嶺頭矣。義兵將金
沔，率數千兵，謀討星州留賊，出陣加助縣。陜川鄭仁弘，玄風郭再
祐，亦各提義旅，分伏措捕，而郭公用兵尤神云。下道，則以招諭使措
置得體之故，義兵之集，多至數萬，而粮糧器械，皆自官辦出，軍聲方
振，庶有勦滅之期，而招諭令公，陞左節將移鎭，右道之人，不勝缺
望，諸邑儒生，咸萃拜疏，以籲行在云。知禮之賊，曾爲義兵所討，過
半死亡，餘亦逃歸云。○ 夕，投宿新倉。郡人卞希璡，爲義兵軍糧監
官，來在縣司，官穀已竭，收用私儲者，亦過數千餘石，一日所費米，
多至三十石云。大槩，同是討賊，而軍情應募則致力，屬官則解體，
且厭係公簿，而爭趨義籍。當此弘亂，不賴義師，則討賊無期，募兵之
有關於國家如是。而彼徒費國廩，深伏巖竇，不自措捕，而又欲沮人
之舉事者，亦獨何心哉？

二十九日。

曉發，抵居昌縣，卽拜于巡察使，爲陳所來曲折，仍呈文狀，方伯疾
手開見，傾心採納，所控諸事，一一施行。

九月 丁巳

一日。

朝, 入拜方伯, 仍論時務, 力勸召募。乃以鄭景任爲尙州召募官·權從卿爲咸昌召募官·申譚爲聞慶召募官, 使之各募鄕兵, 勿拘官軍, 倂皆許應, 以受義兵大將指揮。且移關尙州, 軍糧米五十石, 弓子十張, 長片箭各二十部, 咸昌米二十石, 聞慶米二十石, 弓矢幷如尙州, 題給義兵所, 本營所儲弓子三張, 長片箭幷十部, 菱鐵五百箇, 見惠矣。朝飯後, 拜辭而出。○ 得見唐人許儀俊【懲毖錄, 作後】所送於大明文字。許本大明儒士也, 往在辛未, 被虜入倭, 仍留不得還, 預知倭奴將有稱兵犯上之計, 備錄其擧事曲折及臨時應變之策, 其說累數百言, 轉付往來人, 以達上國, 卽前年九月中所發也。其文甚詳, 俱述賊情, 若合符契。但其中, 有庚寅五月, 高麗遣使貢驢于日本, 且爲先鋒, 約入大明云, 此等數語, 全出誣妄。

三日。

蹄牛旨峴, 見伏兵將卞渾。暮投知禮村。聞密陽賊, 移入靈山縣, 靈山·玄風·星州之賊, 亦皆次次上來云。

四日。

曉蹄牛刀嶺。以尋見李義述【先生僚婿】家屬事, 迂入勿罕谷。義述遇害於賊, 其妻奉老絜幼, 寄在深谷, 將至餓死之境, 所見慘惻。

六日。

還蘆洞。

七日。

聞義兵昨於加恩薪田之地, 捕倭二級, 且得牛四頭云。士廓以拜大將事, 歸黃嶺寺, 吾則累日行役, 感疾委頓, 未得偕進。○ 佇候于靈臺菴慈氏所。

九日。

略備時物, 設紙牓, 奉奠于先考位。噫! 九秋本是祭禰之月, 而今遇節日, 心緒益愴, 悵望家山, 五內如割。

十日。

與士廓諸君, 往拜大將。大將領兵設伏于大峴。聞下來之賊, 自幽谷以下, 連亘四十餘里云。

十一日。

掌書金而慶[喜南], 宿加恩村舍, 爲賊鋒所害, 不勝驚怛。幕中文書等物, 盡數被奪, 尤爲痛切。

十二日。

鄭景任·金景樞及審仲, 曾以議合兵夜擊事, 往龍宮倅處, 今日始還。伏見下慶尙道士民敎書, 反躬深責, 其求助臣民之意, 節節懇惻, 聞者莫不隕涕。與變初哀痛敎, 大槪一意, 而語益加切, 凡爲臣子, 孰不欲張拳冒刃以效其力哉? 只緣守土不良, 動輒沮抑, 討賊一事, 視同秦越, 擁兵峙糧, 自謀其身, 何憤如之? 邸宮亦下敎書, 曉諭軍民, 而意與行在教書一般矣。

十三日。
以議陳疏事, 幕中諸友, 皆會于蘆洞後嶺。欲直遣儒生賫送, 而慮有阻梗之虞, 更議封疏憑付巡營, 使之轉達。○ 李叔平來宿。叔平兩親, 曾於外南之戰, 同日被害, 叔平方謀復讐, 與金進士覺氏募兵起事, 以求得軍糧事, 今往龍華牧伯寓所云。

十四日。
義兵設伏于白也院前, 遇賊接戰, 斬首九級, 射殺七八倭。且得環刀九柄, 鐵丸筒五事。而但我軍亦中丸, 三人殞命, 驚痛。

十五日。
與權從卿·鄭景任諸君, 往黃嶺寺, 拜大將, 因錄軍功而還。

十六日。
幕中收賻米, 送金而慶喪次。

十九日。
製疏畢, 諸友同聚筆削。當初景任主製, 而語涉疏略, 故使余更製。余遂因其文而修潤, 但語多於前作。○ 康明甫, 自淵嶽, 募得一兵而來。

二十日。
大將, 自黃嶺來, 見疏草。鄭經世寫疏。○ 山陽林慶世, 應募而來。

二十二日。

封疏, 幕中諸人, 拜送于路上, 以進士全湜 · 幼學蔡有喜, 陪進于
巡營。

二十三日。

金憲, 自外南義幕來, 爲傳其大將金覺之命也。

二十四日。

往靈臺菴, 省慈氏。○ 聞金昌遠言, 則沙潭丈及裴仲, 方謀擧義,
以求得軍糧事, 俱往湖西方伯處云。

二十八日。

與鄭景任, 同赴盤巖陣所。○ 聞鶴峯令公, 移拜右節, 今到居昌。

三十日。

爲陣事, 兼以私故, 拜辭大將, 發向江左。

十月 丁亥

過醴泉地, 髑髏相枕, 遍滿原野, 皆是龍宮倅與安東 · 醴泉 · 禮安
諸邑兵, 接戰倭賊時所死云。曾聞龍宮倅善守城之奇, 心每壯之, 及
此審問, 則夏間接戰, 動輒不利, 我軍殞命者, 過數百餘人, 而捕賊則
十餘馘而已。實無大捷之功, 惟不離封疆, 僅免竄伏之罪, 而褒拜通

政, 今除永嘉, 豈不自愧乎? 然其視棄城偸生, 無意討賊者, 相去遠矣。

二日。
到安東府內。金翰林涌, 方爲守城將, 來見, 因論陣事。

五日。
聞鄕兵大將金達遠【垓】, 在秋月村, 往見議事。

二十八日。
在臨河, 聞金海之賊, 與釜山·東萊諸賊合勢, 進攻昌原·咸安等邑, 兵使柳崇仁, 再戰皆敗, 我軍陣亡者一千四百餘人, 兵使退走, 賊追入晉陽, 圍城七日, 兵使與泗川縣監, 在城外, 中鐵丸殞命, 牧使金時敏, 判官成天慶, 昆陽郡守李光岳等, 堅壁閉城, 賊多方謀越, 終不得入, 第七日始接戰, 我軍發矢如雨, 或放鐵丸, 或注沸湯, 賊乃解圍, 死傷者不知其數, 餘賊退入丹城, 攻劫而歸云。晉陽之戰, 若非牧使之力, 則陷在呼吸, 而終能大捷。功不可言, 但額角中丸重傷云, 驚歎。

十一月 丁巳

四日。
聞昨日唐橋留屯之賊, 乘夜攔入于醴泉之柳川, 龍宮之天德院, 一時焚蕩, 我軍被圍, 多値屠戮。防禦之軍, 亦逐日逃歸, 而不得禁遏。左路一帶, 恐亦難支, 是尤可憫。

八日。

聞賊勢甚逼, 龍宮縣舍, 盡數焚蕩, 倉穀亦皆輸去, 列邑軍卒, 幾盡
逃潰, 了無可禦之勢, 而方伯留鎭安東, 慮其不虞, 昨昨已向禮安。
龍醴兩境及豊山 · 安東府內等處, 閭里一空, 賊欲長驅, 何憚而不爲
耶? ○ 得見聞慶申以吉書, 卽同參義幕者也。其書曰: "去月二十七
日, 大將命李丑率精兵五十, 夜擊唐橋, 射殺十五倭, 奪取牛馬倂十
七馱."云。幕中促余速還, 而賊勢如彼, 末由發行, 憫極。

九日。

聞知舊申禮男文吉遇害, 文吉, 眞寶申滉公之胤子也。贅居淸州。
夏間被虜, 賊劫著卉服, 欲令降附, 文吉抵死不屈。賊捽髮扶曳, 拔
釰[14]倚之, 猶不屈。賊捨令自便, 而猶使人圍擁, 文吉度不得脫, 拔所
佩刀, 自刎以死。賊將聞之, 驚悼曰: "此眞義人也." 令其衆, 羿其屍,
送埋山麓。文吉之妻, 亦被虜, 賊欲汚之, 力排不屈, 賊拔劍[15]贅之,
終不聽從。躬冒白刃, 肌膚盡傷, 流血遍體, 賊竟捨之云。節義雙成,
今亦有之, 孰謂古今人不相及也。可欽。

十四日。

聞軍威張士珍遇害。張公, 校生而有武才者也。以有勇略, 方伯差
爲本邑伏兵大將, 累遇多賊, 輒射斬, 又斬錦衣賊將, 以此軍聲大振,
將欲擊仁同縣留賊。去十日, 賊小許, 焚蕩于近隣, 張公率敢死者三
十人赴戰。俄而, 衆賊四面猝至, 士珍以下皆被殺。蓋賊設伏示弱,

14) 釰: 劍
15) 釰: 劍

故爲引出, 欲報前日斬魁之讐也。義城以下諸邑, 以士珍爲藩捍, 遽至於此, 賊若長驅, 遏截無計, 是尤可惜。

十五日。

得鄭景任書, 幕中諸事, 日至解弛, 促余急還。且言陣中令李丑·鄭範禮等, 率精卒, 夜擊唐橋留賊, 斬首十餘級, 射殺百餘, 奪取牛馬亦多。金沙潭公聚軍, 斬得四級, 吾州新牛刺鄭起龍, 赴任纔浹旬, 斬獲亦多, 令人增氣。

十六日。

發還。

二十九日。

行到梅湖, 將欲渡江之際, 忽見煙氣起自墨谷, 乃賊火也。顚倒退步, 泊于首山驛村。待日昏, 冒夜, 到奈峴, 夜已向曙矣。

十二月 丁亥

一日。

到蘆洞。

二日。

入福泉菴省慈氏, 寓中皆安, 極慰。聞義卒夜擊州城, 斬賊一級,得馬四匹云。

三日。
明日, 乃先君諱辰, 終日齊居。

四日。
晨起, 設紙牓, 略行奠禮。此日昊天之痛, 平時所不堪, 況今君父蒙塵, 擧家漂泊之日乎?

五日。
入俗離寺, 拜沙潭丈, 密議唐橋夜擊事。夕, 還蘆洞。

六日。
日候甚洌。凍死者甚多。況西土慘裂, 有甚南方, 行在起處, 有不忍言, 而賊路猶梗, 消息無由。言念及玆, 五內如割。

八日。
偕權從卿, 往見咸昌假守于黃嶺寺。被虜女人, 自唐橋賊陣, 持文字, 許放而來。【其文云: "諸民百姓等, 土貢之糧米, 收致運上者, 遣免許放, 倍加撫育, 不從者悉可誅伐。十一月廿六日, 日本軍將, 朝鮮國下民百姓中."云云】。

九日。
往拜大將于屛川。

十二日。

在陣所。趙上甲等, 率精兵, 夜擊唐橋, 無數射殺, 斬首一級。入冬以來, 兵疲食盡, 雖不大捷, 夜斫十餘次, 殺傷甚多, 得馘通計五十餘矣。

十四日。

鄭景任來陣所, 爲議軍糧·器械覓得事也。

十五日。

以陣事修報都體察。上使鄭相澈也, 副使金鑽也。鄭公, 以一代元老, 起自竄謫中之[16], 來主西湖之事, 其任大矣。○ 尙義幕佐金弘慶, 持關來到, 蓋爲合官義兵, 謀擊甘文賊故也。書中, 有'當封豕嘷突之日, 痛連鷄不棲之患'等語。其文出自叔平手云。

十六日。

以大將命, 持尙義軍關子, 往見聞慶倅于宮址, 則辭以兵單, 不肯聽從, 可恨。

十七日。

自宮址還, 還[17]拜大將于屛川。以覓得軍糧事, 全淨遠持檄, 往左道書院及閭里諸處, 鄭景任發向湖西, 體察道及列邑諸處。

十八日。

尙義軍將, 以來日會諸陣于報恩馬來, 同議合勢事, 大將氣不平,

---

16) 中之: 之中
17) 還: 누락

以余代送, 故日晚發, 宿炙巖。○ 金得宗, 還自巡營, 得箭竹千箇 · 細
木二十匹而來。

十九日。
早發, 朝飯于孤峯具德容亭舍, 則鄭景任昨夕來宿, 時未發行, 仍
暫打話。助戰將宣義問, 亦方留陣此地。向晩, 偕助戰將, 赴馬來里,
諸陣帥俱會約束。尙州牧使金澥, 忠報將金弘敏代以召募官趙翊,
善山府使丁景達, 助戰將宣義問, 尙州判官鄭起龍, 尙義將金覺, 報
恩縣監具惟謹, 昌義將李逢代以佐幕趙靖, 忠義將李命百, 崇義將
盧景任, 以右九陣, 爲左衛, 以鄭起龍 · 宣義問 · 具惟謹, 爲將以屬
之。助防將 · 永義將 · 永同縣監韓明胤, 黃義將朴以龍, 懷義將姜節,
靑義將南忠元, 鎭岑縣監邊好謙, 懷德縣監南景誠, 黃澗縣監朴夢
說, 以右七陣, 爲右衛, 以南景誠 · 朴夢說, 爲將以屬之將, 以今月二
十五日 · 與下道義兵將金沔合勢, 謀擊甘文 · 善山兩邑之賊。此事
尙義軍, 與永義將韓明胤, 主議也。

二十日。
偕棐仲, 直到俗離, 省覲慈氏, 兼拜忠報將。

二十二日。
夕投屛川, 告大將以合勢之事。

二十四日。
巡相, 因咸昌 · 聞慶兩邑之報。傳令義陣, 義兵所屬官軍, 盡令解
還云。以此軍卒, 將至盡散, 深可慮也。

二十五日。
修報使草, 兼書軍功案, 將以明日, 使余赴巡營。

二十六日。
午後, 拜大將, 夕宿蘆洞, 裨將權綏隨行, 今行所賫賊首四級矣。

二十九日。
曉發, 到牛旨嶺義陣, 則嶺路植木爲柵, 中作軍門, 必通符信, 然後
許入, 故良久始入。先見佐幕郭公越, 因入拜大將, 卽金沔也。今爲
義兵都大將, 摠制慶尙一道諸義兵矣。夕宿性奇驛, 明日卽元朝也。
歲律將更, 賊氛猶熾, 此日之感, 口難容言。

영인 자료

초서본 임진일기
(양진당 기증, 상주박물관 소장)

초서정서본 진사일기
(오작당 기증, 상주박물관 소장)

판각정서본 진사일록
(서울대학교 규장각한국학연구원 소장)

목판본 진사일록
(국학진흥원 소장)

여기서부터는 영인본을 인쇄한 부분으로 692쪽부터 보십시오.

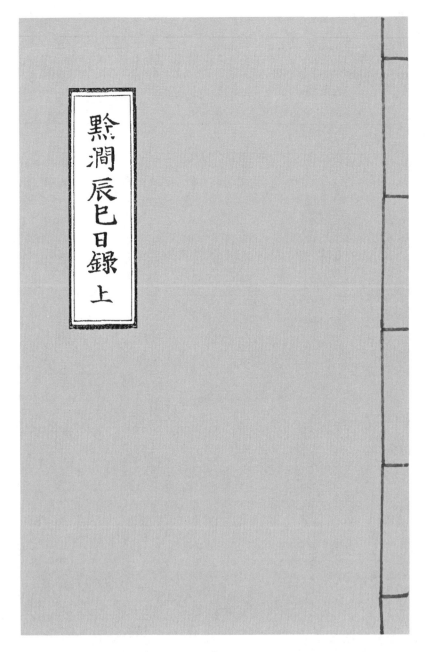

黔澗 辰巳日錄 上

黔澗先生辰巳日録

萬曆壬辰四月庚寅十四日得官帖始聞倭寇數百艘現形

于釜山東萊等水界云公家以軍馬調發事號令星馳間

里驛騷矣○十五日聞鶴峯令公以刑曹參議承旨特

拜右廟○十七日右廟之行取路竹嶺顚倒出去立叙馬

頭則昨夕在中原忠州聞變終夜馳驅平明八州急赴本營

而釜山東萊梁山等地皆已陷城主將被殺云經幄儒臣

不閑弓馬之技而猝遇勁敵何以制變昇平日久遠聞此

報心膽俱隆固知所措○十八日流聞邊報日急羽書旁

午淤邊刺陣以次見陷云而連見烽燧每準一炬此甚可

疑或云變出左道故右火一炬又云賊計奸黠先滅邊烽

自舉一炬以杜內兵之援故烽火常一炬云○十九日得

裴仲先生之仲_{弟諱珝}在州內書倭奴連陷東萊蔚山等巨鎮巳

迫密陽先圍無訖驛里云邊報益急而制勝無策人心洶

懼舉有深入避禍之計言念 國事五內如焚如我駑劣

上不能爲國謀下不能爲家計老母妻孥無地安頓我生

不辰何至此極○二十日早朝聞州伯_{澥金}自下道敗還出

見于路左仍問所由則曰與咸昌倅_{彌孝國}率領一二運軍

數千餘人到星州地承方伯指揮旋向大立將以爲外援

之地纔到洛津_{州在仁同星兩邑界}則石田地有倭冠數十餘輩自

山齋下來接戰我軍之前行者盡被屠滅勢不得支吾吾
等僅以身免達夜馳還云咸倅亦隨後而至一行飢餒憊
余求飯甚懇即邀致到家出饌酒食備聞其所未聞咸昌
聞慶尚州三邑軍全數被殺云其說尤慘自聞此報莫知
所爲家藏什件未遑料理奉神主納於櫃中埋安潔處當
晚輩仲奉慈氏先發向州西北長之山妻屬及上下老弱
五十餘人隨而偕去吾與次兒雷待基遠（先生之長子十六日作醮行而）
故也遂還當午乃發暮投北長寺則一行皆無事已到矣州
內及諸處士族之家擧皆奔竄顚沛勸道途驛闐號哭
之聲上徹雲霄○二十二日一行俱發八住于寺西九滿

村之金潤 夕間助防將梁士俊入州〇二十三日晉九㴱始
聞石田之敗非直倭奴也乃其近處避亂之人屯聚山谷
見我軍至相與奔走往來之際我軍先驚以謂倭寇潛伏
以過徂旅訛言洶起不能止息牧伯與咸昌倅內怯外眩
棄師徑退弓矢糗糧充溢道之途至有棄其兼馬而去者州
人金俊臣以率領將領初運先導故未知軍驚失師之由
過峴畱宿怙其後軍不繼偵探其故進退狼狽不得已領
其所率前到大丘琴湖之濱則或騎或步自府內出來者
陸續不絕意其倭寇陷大丘而上來也舉軍亦一時驚動
棄甲曳兵逃走之不暇有如昨日石田之潰俊臣亦計無

所出撥馬馳還云噫徵兵赴援本欲禦敵而虛聲所動尚

且如此設遇賊鋒誰肯冒矢石竭死力者哉民散久矣

虽虽固不足言食祿委質者庶可以殉國而臨亂苟免甚

至棄師先逃如彼負國擢髮難赦○夕聞防禦使趙儆八

州○自石田琴湖之濱本州軍馬軒皆亡匿牧伯來住空

城莫知所為先遣其妻屬置之深谷自匿郊藪間以爲觀

勢走避之計而下吏官屬從許散去城門四開寂無一人

以故助防防禦等使之入徵發無由供億饋餉亦無主管

艱得水漿救其飢渴旋即發向下道云牧伯逃去之意甚

切而首吏一人獨守空城牢執不捨不得自由茲尚留滯

辰

徐闦美

而秘其蹤跡潛藏深密之處了無倡義勤

之意守土者如此他尚何言○二十四日雷九滿開巡邊

使李鎰自咸寧八州午遇巡邊裨將下有斃於路上則曰

主將八州將欲雷陣以爲禦冦之計而軍民盡散只餘空

城使余巡審山谷間溫言通諭于逃民使之及時還聚而

倭冦聲息則密陽陷城後更無他報尹遑朴篦今爲從事

來在幕下云隱避之人自聞此語俱有還聚之心負擔下

歸者麋午不絕軍卒之八城者亦近四五百云憶若使牧

伯曾無石田之逃而繕治甲兵以爲堅守之計則民心豈

至於潰散軍容豈至於挫却也○夕聞半剌城主權吉率

三運軍到高靈縣前有騎步徙三四十人自玄風路驅馳
而來我軍疑其爲倭奴一時潰散無異琴湖之敗云大髹
前聞咸倅之言石田之變一軍盡斃兩倅僅以身免云云
而今聞逃卒之言則所謂石田琴湖高靈等三處之變皆
未接戰而潰故別無殞命者且黜撿奴僕及閭里之赴軍
者則亦皆生還以此推之咸倅所謂盡斃云者是必以無
端棄師懼其不免於軍律撰出無實之語而欲掩其巳罪
也傳聞星州大丘等守宰亦皆棄城逃歸云嶺外諸鎮將
有不攻自破之勢矣○二十五日昨聞裨將之言倭冠聲
息似不迫急故將欲還家更候邉報緩急以爲冊避之計

間族凌晨發行朝炊止長歧路傍忽見一人持槍釰急求

曰倭奴已迫州南五臺里向晚將犯邑城云雖聞此奇而

昨得禪將之言甚悉故猶不聽信姑向山寺竢得的報矣

繞入寺門忽聞倭奴已入城底接戰云食頃亡卒敗兵自

露陰山頂赤身逃躱而來者不可勝記或被槍矢或中鐵

丸血流遍體慘不忍見曰我軍今已見敗死於戰塲者

甚多諸將士一時奔此俱入此山倭奴追逐今當上山云

我等業已到此猝聞此奇莫知所爲吾與裴仲奉慈氏及

諸屬取路磎谷直越前山山高萬仞峻忿如削寸進尺退

十步九僵前挽後擁或負或攜過千始得踰嶺促飮糜水

然後氣暫蘇羡俄而鞍馬追到山路亦不甚險故內行皆
乘馬吾與兩兒徒步以隨初更得投狐洞假宿於村氓之
家路中遇禪將之敗來者十餘騎皆是出身之人也問其
取敗之由則答曰我等皆是忠清道防禦使邊璣之禪隊
也昨自淸州聞賊報甚急陪主將畫夜倍道今早始達此
州將與巡邊令公合謀禦敵籌畫未定賊鋒巳迫相與接
戰于北川之邊賊勢滔天勇悍百倍鐵九四面如雨我軍
奪氣僅皆退縮了無殊死之意雖帶弓箭百不一發相接
未久有同尾解兩帥皆抽身遁去生死莫知云〇二十六
日聞賊奴尋覓諸山抄掠滋甚一行皆八狐洞前深谷潛

巖穴折薪為障仍宿于巖間州人之避亂者中為巡邊

裨將所論二十四日無遺下還忽於廿五日之朝倭奴猝

至乘勝長驅四面追逐閭里女僮仆道傍死傷無數而

露陰諸麓則以將士亡入之故搜剔特甚見輒殺戮山蹊

林莽之間積尸如丘不知其幾千百人巡邊防禦等使自

京所賷來軍裝幾至四五十馱分授軍卒使各售勇而不

發一矢儳皆投棄倭奴皆收拾而去所謂籍寇兵者不幸

近之矣○河師傅洛及其子鏡輝皆遇害鏡輝則可以疾

走免禍而以其父母之故不得獨避倭奴見其執弓斷其

兩臂云此尤可哀也 間後旌○二十七日流間倭奴竊採深

谷之報去夜夜未命發行取路西麓平明到一塁去狐洞
幾三十里餘矣逐日步行兩足皆蠒扶杖偃側困不可言
洞西有一山甚高峻山頂有土城乃故人避亂之所也救
伯衛屬求住其處去聞倭寇八州城焚其官舍諸處城外
巨室亦多遭火餘倭則散處州城內外日以攻刦爲事馬
匹則無遺収去輸其卜物雞犬牛隻亦皆攫去以供朝夕
率妓張樂連日醉挐云〇二十八日夕後踰北嶺宿于村
舍坊名蘆洞乃聞慶地也〇三十日晒蘆洞以木一匹得
皮粟三斗黃豆三斗二升赤豆一斗於隣嫗又用木半匹
撥穀實十五斗搗整去皮則僅七斗許矣垂橐之際得此

數種可以供上下八九日費何幸如之平日只知橡實之
爲可食而未嘗親嘗之今始取噉則味頗溫甘有勝柔棠
之飯於療飢亦甚有力此真吾長物也〇奴子來自長川
始聞消息兩家所藏盡數探出縱火閭里五十餘家一時
灰燼云當初出避之時勢極窘迫破衣十餘件外他物一
切不齎異日設不死於鋒鏑而數多家屬何以料生飢無
室家不可以土處又無衣食不可以蟄藏却悔當日輕作
遠逃之計與其中途狼狽僵死於窮谷之中不若堅坐故
里效死於先廬側之爲愈也
五月哽二日雷蘆洞奴輩自州內還傳言州內倭冠連續

不絶散處間閻晝夜攻抄人不安接大觺賊徒之中本國
之人太半相雜人或諦審其顏面則多是積年往來之鹽
商其言語不類島夷假著倭服削髪混迹如見前日識面
之人則輒藏頭回避此輩肆毒尤酷窮搜深僻之地其害
有甚於本倭將來之患亦不啻外宼而止痛甚痛甚○三
日聞申硈來住鳥嶺設柵塞路以爲勦截之計云○四
聞申硈以鳥棧阻險不可以用武退陣中原之地云將來
勝敗雖未逆覩而天險重關棄而不守防禦之策亦豈云
得○五日主熅進粟米酒半壺橡實酒數鉢金澄亦送櫻
桃一笥仍念今日是天中節也節物猶在時憂至此流離

一隅不得還士抅掇一酌奠酹無由觀物興感方寸若煎
我生不辰尚庶無覺仍記火陵賞應歌㠯㰅歸及薦櫻挑
之句此得捷報所作也要亂之丁適符古時而歸及薦新
邈無其期三復遺篇悲感塞膺推食仲屋知我者其誰稚
兒輩不知爲客士之可苦此日之可悲嬉戲滕下有若平
時在家者然頼此遣懷誰得以噴喝也〇爰作之後流民
相聚乘其無守偸竊爲事或假倭威白晝攻刧所在成黨
其勢亦熾腹心之憂有甚海冦今當農月而四野無荷鋤
之民來秋不稔執此可卜設令外冦退去而將來域中之
警豈保其必無也民憂國計百無善策天步艱難何至此

極言念及此氣塞忘言噎生逢　聖君睿哲出天休養生
息毖三十年內無嗜音雕墻之失外絕遊畋驅騁之豫深
居側席勵精求治此誠三代下不易得之良會而以言其
內則朝著之不靜如彼以言其外則醜虜之陸梁至此天
子時乎廊階誰生肉食者謀之而謀之不藏藿食者行受
其殃志士漆室之膽安得不輪困也○六日遇自京逃來
之人乃是吾州之上番騎士金彥希也言申硇見敗於忠
州京畿防禦使領精兵來禦于竹山地亦不利退去倭奴
長驅如入無人一兩日之間直抵漢津城中吹角徵發而
無一人赴義者目　上知其有瓦解之勢前月之晦　大

余聞集

駕西狩于平壤大内無主人心益撓百僚奔避有同鳥竄

門外之人爭相撤產入城城中之人則已知城守之不固

駈闔出門惟恐不及宮闕諸寺烈火遽起烟焰漲天咫尺

不辨城中上下只以偸活苟免爲意了無持甲堅守之計

大都見陷不出朝夕吾等雖欲雷番上無所屬外無所援

不得已循山逃來云噫嶺外凡幾邑而曾無一人男子倡

義勤　王以致賊奴衝斥直擣内地所恃者惟京城諸郡

也賊徒雖多而豈過於本土之秌立力劎雖利而亦豈能

當義騎射之强勁乎苟能據有城池堅壁固守俟其自困

而出戰兼擧嶺外精卒自下夾擊則腹背受敵進退狼狽

匪茹之徒將見自殪於鋒鏑之下矣計不出此賊騎所向

惟恐奔潰之不暇空城棄陣任其自來何憚而不入也此

非力屈而不勝也乃我之不肯求勝也非倭奴困我也乃

我之自取滅亡也憤歎之懷已不可言而二百年衣冠一

朝將變而用夷凡有血氣者當能虙此壤地求活耶遷邠

之厄太王之所不免也而從者如市竟基丕峽之鎬幸蜀

之禍玄宗之所不幸也而干城得人卒成中興之業若使

天命未絕則轉敗為功固亦不難而竿未知今日之人心

猶周民之如歸市乎今日之摠兵猶唐家之郭子儀乎

社稷不守而金湯為虛設之險　國本未定而民心無係

民

余閒集

望之地人謀至此天道寧論言念及此長痛欲絶〇聞自

湖西上來之倭其麗亦多歷陷青山懷仁報恩清州等諸

邑直指京城云自聞　大駕出巡人心益撓雖在深山窮

谷之人莫不喪心隳膽若無所倚擧作分散〇計失業之

人功於飢渴相聚爲盜攻刦以資道路阻塞人物不通強

吞弱衆凌寡哿矣賊人寇矜者士族也遭世不辰傷如之

何〇八日畱蘆洞流聞上京之〈倭用書契欲邀見李德馨

以講和事且令我國先遣直指燕都將欲侵犯　上國云

此報信否時未的知而若果如此則　國事不幸有不忍

言趙宋之於金元前驗已明況棄順從逆謀及　天朝豈

有此理也國可亡其不可聽從決矣昨年見鶴峯令公語

及通信之事詳聞其言鶴峯前在日本之日役虜巳有呑

噬　大明之志欲令我國為先驅而所答國書亦及此語

鶴峯不勝憤惋連書累牘極陳其不可越禮犯分之義則

役虜瑟縮回互其說以掩其狡詐之迹鶴峯欲窮辯強辯

發其情狀以為防微杜漸之計而上使黃允吉書狀官許

筬輩謢不慮國事只以觸忤倭奴將見僇辱為大懼自立

異論以逢倭意以此鶴峯却被掣肘終不得伸其志節六

越至今日虜果以此事恐喝則當初不能力折之罪黃許

豈能免萬死哉且其令我國先導者蓋將陰求釁端意在

於滅虢也其將俯首而聽命乎為今日計上下協力務講
修攘之策銳意自治益堅攻守之計則彼懸軍越海之寇
曠日持久將有不戰自斃之勢矣或者以人心渙散各自
逋播遼難收合為慮此則不然狃安之餘猝遇勁寇加以
上無良將軍律不明望風奔潰列鎮皆然則以無恒不教
之民其誰肯冒死地而不避也今則變作溟月齊民之避
入山谷者晝不得緣畝夜不得八室齎粮且之將至顛壑
爺孃妻子各不相保莫不扼腕切齒相與偶語曰蕞爾島
醜令我輩至此我等若能各自致力賊勢雖銳寧無勦滅
之期也窮谷之人或相屯聚其徒倭奴之三四分抄者輒

皆舊賊擒捕殺者比比有之歟窮則搏其理固然苟有才略

兼人者倡義特立發號求募以為敵愾戡亂之舉則嘔吟

之民知有所歸倚以為重數萬之卒將見不日而自集矣

提此敢死之人以攻久勞之賊勝勢在我軍容必振除兇

雪憤其不在茲而領下諸守道臣棄城先遁在在皆臣

邑大鎮無一守城血戰之處至如吾州之伯寄宿山寺乞

米以資當此主辱臣死之日以偷生苟活為得計可勝痛

哉惟半刺權公接戰之日冒死鋒鏑可尚可尚當日之戰

恐邊襄城外陣故接刃未久軍皆潰走所謂能射者亦皆

擁馬袖手無一人發矢以致敗北者今當初入城堅守則

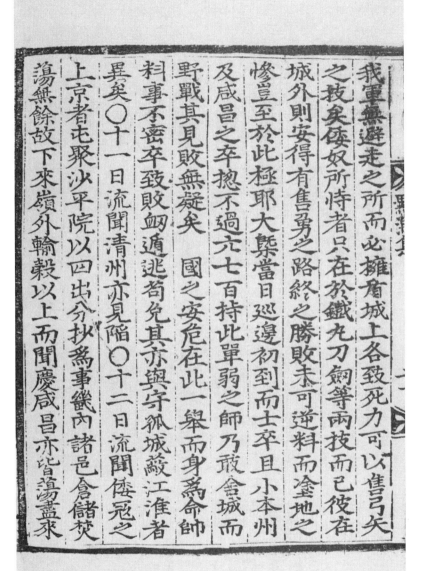

我軍無避走之所而必擁肩城上各致死力可以售弓矢
之技矣倭奴所恃者只在於鐵丸刀劒等兩技而已彼在
城外則安得有售勇之路終之勝敗未可逆料而塗地之
慘豈至於此極耶大槩當日巡邊初到而士卒且小本州
及咸昌之卒摠不過六七百持此單弱之師乃戒舍城而
野戰其見敗無疑矣 國之安危在此一舉而身爲帥
料事不密卒致敗衄通逃苟免其亦與守孤城蔽江淮者
異矣〇十一日流聞清州亦見陷〇十二日流聞倭冠之
上京者屯聚沙平院以四出分抄爲事畿內諸邑倉儲焚
蕩無餘故下來嶺外輸穀以上而聞慶咸昌亦皆蕩盡求

取尚州云吾州官租自前陳賑給所餘尚不下十餘萬

斛向來倭奴之入費用狼籍州民之取去亦不貲而猶且

多在以此倭奴之畱在本州者堅據不散以至輸取上京

以爲久畱決勝之計憶多峙粮本爲軍國之用而今反

爲齎盜糧安有若是之痛心者哉○閭里牛馬倭奴全數

掠去或以輸糧或以騎行或以供膳而不能勝用委棄路

傍者亦無數山谷間飢餓之民爭相殺食一日所曆者不

下十餘頭不出旬朔間閭所畜殆至不遺設使賊變就戢

人歸本業而耕墾所需將倚何物自古喪亂無代無之而

人畜幷盡豈有如今日者也○十三日有飛撥一紙自宋

辰

彦明所不知誰所作也其略曰徂兹秀吉恃其慓悍侵我
大邦長驅入洛而連帥列郡望
風奔潰無或有堅守力戰之人倭奴如入無人之境分抄
間閻阻搪道途國家垂亡朝不保夕兄爲臣子者義難
怨視守令都將雷鄉所及士子中有志諸人等各
自致身召號勤醮欲以復邦家云云今見此
撒甚強人意不量區區心膽輪囷而自顧才力百不及人
徒自腐心而已州伯雖在而竄伏巖穴無意國事倉儲軍
米盡數帖出費用如土貢國之罪固不容逃而監司主將
置而不問務循姑息　王綱至此賊勢之長驅固矣○有
一州吏得見撒文意州伯或有所處置持以稟令答曰此
非朝廷指揮也乃中間士族輩所爲也吾別無可施爲之
端爾可退去云云○十四日聞雷州賊徒不過數十餘人

畫則散抄閭里夜則閉城自守近日上來者亦不多自京
乏食下來取糧者比此有之云似此數小飢困之倭得強
弩十餘手猶可以一舉盡殲而上無倡率之人人皆亡匿
山谷無所歸屬徒自張拳永慨而已○遭變日久兩麥已
熟登山者率皆乏食雖欲下去收麥而道路不通將至餓
斃民是天民天胡忍斯上京之倭勢難容易殄滅而自嶺
以下則賊徒既小若有倡義之人斜率精士數百徒以過
中路絶其徃來傳通之倭則非但流離之民得歸本業彼
八京之賊進退狼狽腹背受敵爲日已久則勢將自困而
計不出此自戲甸以下遠至泌邊凡幾百州郡而寂無一

人舉兵討賊方伯連帥乃是　國家生民之司命而亦皆

避藏不知去處傾城棄陣付與賊手賊徒審知國勢解弛

了無忌憚出入往來有同空境人謀使然何痛如之〇十

匪無討捕殺者久矣自數日家山谷間山尺等七八十人　略曰西州賊倭僅滿三十徒而人皆亡

持弓矢追捕所殺已至十餘人其餘則皆避入城內今欲

圍城搜捕而軍人不多勢不得施手令各

處散亡之人當日急急齊會起急云　即與諸士族等

約以明日早朝各領人聚會于洛西村〇十八日早朝率

此洞軍人等三十餘名赴洛西則無一人來會者不惟孤

軍無可爲之勢且聞竹巖屏風城津賊舩來泊之報〇人

皆有散渙之心不得已還來寓所可恨路上遇孤山文擇

善奴乃自京下來也備聞其說 去廿六日被虜慶爲僕夫持
卜駄以行及到忠州則自左道上來之倭其數亦多分作
兩陣本國元帥申砬大敗於彈琴臺前我軍十不一活賊
徒亦多有死亡者賊奴一運取路陰竹直指驪州渡陽根
津本月初三日長驅八都而城門四開寂無人聲三關各
寺宗廟諸倉廩等皆已焚蕩而倭寇留陣於鍾樓下抄糧
以食一運則直路由沙平院渡漢江而入前後入城之倭
其麗不億云且曰 一大駕晦日四更避出松都城中之人
一時幷發人馬躪躒而死者在在枕藉而門外尤甚積尸
如丘慘不忍見今聞此言始知前日金彦希之言非虛報

也國勢至此夫復何言○十九日畓蘆洞流聞倭冦畓住

空城糧餉亦窘將欲窮追　大駕所在仍指燕京以爲將

食之計且欲以其俗易吾俗云果如此言寧蹈魯連之海

何忍苟活於喬奧之世乎○聞長川洞人金鑑陣七韓佑

良之女袚虜死節云村巷間凡民銃無家訓又多見聞而

倉卒遇變能以義自守至以縛束驅迫而終不渝其素志

信乎隸藝之在人性者無貴賤智愚而均賦也○二十日

畓蘆洞鶴峯令公曾於通信之還獨言倭變不必速出而

今者賊勢如此故自　上有拿推之命云鶴峯前在右廂

軍令極嚴略不饒貸鏖下震慄莫不畏服一與接戰賊醜

退縮其所斬代亦多軍聲將有再振之勢而遽被拿去憂

憫○二十三日聞鶴峯令公中道放赦更拜招論使下來

云○二十四日雷蘆洞聞往來倭賊陸續不絕多不過六

七十小者三四十云此不多之賊捕斬不難而人皆已

匿莫或有為 君父舉義除讎者痛入心骨誰與告語○

賊奴犯都後更未聞的報 日馭出巡今 舍何所西望

長安消息惄然臣民此日之痛極天罔籲南渡君臣輕社

稷中原父老堅旌旗咨誦此句為前代虛付一嘆豈謂於

吾身親見之也○二十八日雷蘆洞聞自京傳通內士族

及平民無故者斬倭三級以上賜武科及第公私賤則從

良云且聞防禦助防將等狀啓內嶺外守令舉皆棄城逃

走而惟尚州牧率其子弟及屬卒獨守孤城效死不去咸

昌倅敗軍而還逃走不現云云自　上深襃尚牧而命誅

咸倅云咸昌尚州厭罪惟均而彼輩敢逞私臆欺罔八

啓以致賞罰之秉當可痛可痛

六月初一日聞加恩里人及訓鍊奉事宋建等百餘人謀

擊咸昌尚州雷賊得射七八人我軍中鐵丸殞命者六人

而宋建亦死建乃興陽人而中武科者曾爲防禦使軍官

敗軍之後來在于宮基思欲殉身討賊志氣激昂而竟未

大成其志人皆惜之○二日遇自京來人聞當初倭寇之

未入城時起復金命元爲都元帥出師漢濱方爲禦賊也
計而卒伍遽見賊勢鴟張稍稍逃走元帥度其不濟亦退
去賊入空城無所忌憚分遣數千餘倭竊追 大駕所在
倭將則雷住都中以爲久住之計都內之人自相爲盜使
乃攘奪殺傷無數士族之家則出門之後餓死窮谷者亦
不可勝計云 國事至此萬無再振之勢生而爲人目見
此時痛哭何言○四日畱蘆洞流聞倭寇侵及化寧縣且
焚蕩觀音寺洞諸菴僧輩多被害云榮兒往寓水落菴未
知姓死心緒極亂○五日猝聞倭賊逼至與蕊房奉慈氏
扶負蒼黃入蘇夜洞○六日率諸累入深谷乘夕而還賊

徒分抄攷劫者每趂午前而來弇後則各還其陣故避亂

者夜宿村里曉必登山賊徒詗知其狀名山深洞拜皆搜

索逢人輒殺兵燹之禍自古有之而豈有若是之慘也○

竟窮衖蘇夜洞奉慈氏還蘆洞○七日得金達可書慶尚

左右道各設方帕左道則李成任除授起復申大進爲都

事且見平丘驛予所持傳通內倭徒一二運已皆殲盡以

此賊勢稍挫方皆下歸云○九日榮兒自水落還煎廬之

餘忽此相見悲喜交拜父子之天寧有其極也○十日聞

自槐山報恩下來之倭動至數萬抄掠俗離山城山道藏

山諸處由化寧路入尚州於德通驛洛驛及求道谷泣路

諸處伐木撤屋橫作假屋連亘十餘里多至數百餘間云

○十四日雷達田自長川來者言倭徒自竹峴至州內沿

路亦作假屋幾至百餘所逐日來往者彌滿道上以此兩

麥已至腐枯而一切不得收穫云人將盡斃於山谷之中

無疑矣孤山繞浦上下諸里之人被害者幾至廿餘人避

回名村之人以發軍捍禦之故遭禍尤酷橫罹兇刃者七十

餘人此尤痛心○十五日雷達田聞功城外南青里居人

金嗣宗權署盧瑊等各聚軍人捍推倭賊所殺傷多至數

百人以此賊徒終不得八抄其里厭後軍人懈散不能堅

守倭奴乘釁逩猝至金嗣宗躍馬射殺十餘級後中鐵丸馳

其肺肝焉得而廋之哉聞徃來之倭或上或下陸續道途

前日棄城貟國倫活之罪其計雖狡而人之傍視者如見

計及聞京報始乃抽身巖穴以州伯自居發號施令圖免

狀甚可笑也當州里焚蕩略不恓念而唯以深入密伏爲

嶺到界列邑其各聚軍待候云故州伯始有生氣欲爲支待之計究其情

軍卒云蓋頃自京中有傳通略曰都中倭奴幾至勦滅西北道將士近將驅逐散卒諭

事斬縣吏以吏房拒逆不現事亦行刑且知委諸吏收聚

故也○二十四日畱達田聞牧伯移住屏川寺以倉穀偸出

消息尤極驚慘○十六日備簿需行外主母初祥本孫亂中漂泊

出倭奴銜憾恣其黨匿士族多被害而李叔平鄭景任家

且傍抄醴泉安東等諸邑我軍漸至退挫自京將士徒有
先聲而迄無影響人民寧戢邈無其期而時月易失已迫
秋候四望荒野一苗不立不斗秋冬人將盡塡於溝壑矣
大抵民爲邦本本固然後邦可以得寧而監司金睟欲得
勤幹之名以爲賭恩之地頗外築城之役始自前秋至于
今春猶未就畢斂糧遠赴十九破産晝夜課役丁壯多斃
胅眒呻吟之慘無異秦民之苦萬口嗷嗷咸有呼祈之怨
遠值兵火一時潰散金湯之固反爲賊奴所據睟之築怨
因此可知矣且睟身爲方伯道內節制都在其手效死盡
忠以捍南國乃其職分而及玆逢變惟思保身伺候賊奴

置身無梗之境竟亦不知去處原其罪狀擢髮難盡　大

駕蒙塵巳浹三朔凡有血氣者孰不痛心而嶺外列郡了

無一介倡義之人草野賢疃之士豈全無揭竿敵愾之心

而朝論作歧世路益險防賢嫉能之徒窺據城社稍怵其

巳輒加不道之名以爲網打之計有智慮者率皆袖手深

藏以避事後之嫌莫肯爲首事戡亂之計時事至此亦極

寒心〇二十六日訪金內禁嗣宗武士之有才勇者也問

外南接戰之語則果如向日所聞而鐵丸入外踝中瘡處

成浮其大如腰萬無回甦之勢可惜可惜此人前後所殺

三十餘倭云

七月戊五日得見招諭使鶴峯令公所移檄書盖招諭逃
散之人使之各執兵器爲國敵愾也詞旨愷切令人感動
今日之事非徒軍民潰散未有死上之心大槩列邑守令
舉皆脫身逃遁首鼠偷活無一人倡義道守率而方伯連帥
巡邊防禦使等亦皆散歸各處未有定所上無統領有同
亂繩其間縱有有志於討賊者將何所倚而自效也國事
至此不亡何待○武科尹湜曾赴龍宮陣射殺倭數級而
來牧伯以不捕本州之賊而遠赴他邑之故重杖五十度
云湜之赴彼非其所欲直以此州無主將而彼邑則主倅
惣兵勤禦可以倚而成事故也不論彼此其殺賊則一也

而土主之爲政如此其志不在　國家而搚能忌功動必
自營之實據此可知○恭聞　大駕播越之後冊封光海
君爲世子以係民望云國本有定何慰如之○七日聞金
沔鄭仁弘趙宗道朴惺文德粹李魯六七人謀擧義兵已
得五六千人今方勤遏賊奴期於敵愾而只以兵糧不給
爲慮云　大駕蒙塵已浹四朔而迄未聞倡義之人今得
此報其喜可言○八日聞招諭使及義兵大發勤絕之故
自星以下賊奴如掃道路皆通而惟尚州咸昌金山開寧
聞慶等諸邑衆倭咸聚時或橫抄龍宮醴泉地云○十日
雷蘆洞聞長川書堂僧及里人等打殺四五倭盡斬其首

云〇往吊鄭景任於蘇夜洞〇十三日聞倭入達田與輩
仲審仲崒陪慈氏移寓龍化荆布及兩稚子足蹇不能步
中路落後仍八馬奪山心緒益亂〇二十日雷蘆洞見輩
仲書云得京報倭冠侵及平壤平壤亦見陷　大駕再移
今住龍川地　中朝以我朝請援之故命將領向化㺚子
五千兵已渡鴨綠又出五萬兵駐江邊以爲繼援云是則
可慰領右兩相崔興源俞泓及諸大臣陪　王世子駐江界將
聚兵爲監國之計云〇聞高敬命倡義擧兵與其子因厚
俱接戰同死云可欽〇二十二日雷蘆洞得朴德凝惺書
方在居昌義兵慶檢事云〇二十六日咸昌倅李國弼自

洛陽山將往黃嶺寺為聚卒捕賊之計蓋此倅以前日潰

軍之故囚繫聞慶未及論罰而聞慶見陷脫身藏山者久

矣近來欲馬立功自效之計報使請行公方伯許其仍任

縣事故下來○二十七日聞湖南僧領僧軍七百餘人今

到清州與其道防禦使及牧使判官謀擊雷州之倭僧將

自募為先鋒刻日促事而防禦諸將逗雷不許云此僧才

力過人智計不淺軍法亦極嚴明且以時未捕賊之故不

食官糧云○得見使關唐兵五萬已渡鴨江四千則今到

宣川地賊奴聞　中朝遣援之奇亦稍稍下來為還海之

計且右水使與全羅道舟師臣李舜及固城倅等合謀撞破

倭船七十餘隻斬首百餘級其餘投水溺死之倭不知其
數云以舟師善禦之故右道郡縣如晉州咸安泗川丹城
居昌咸陽安陰山陰陜川等九官尚為全城方伯招論使
等行亦在其地金沔趙宗道朴惺等義兵亦住居昌縣撐
拄云若得良將自上道驅逐則勦滅廓清之慶可指日以
期也○三十日食後偕權察訪從卿鄭內翰景任往會于
黃嶺洞口為倡義討賊事也始與李士擴弘道蔡仲懽喜等
首謀舉義蔡仲懽往清州奉其舅李逢及募弓手七八人
而來咸昌聞慶等地士族輩亦同聲相應俱會于此士族
近四十餘負操弓之手亦近五十餘人矣僉議推李逢為

上將以咸昌李天斗爲中衛將全湜宋光國趙光毅及余
爲佐幕蔡天瑞洪慶蕃爲掌書以余兼之議訖主將北向
再拜哭以誓曰諸座中繼亦北向拜訖且拜于主將主將
曰　國辱至此今日之盟有死勿渝咸曰諾仍立三章之
法臨賊先退者斬約後謀退者斬違令失期者斬詿言惑
衆者催依軍律論斷且命鄭景任記同盟之意書諸編名
之首噫擖夏之變至陷都城　日駕蒙塵已浹五朔而各
邑守令軍帥擧皆逃遁莫或有爲　國事殫職者臣民之
痛莫此爲甚而因目　上下責已求助之　教稱知大義
者莫不擗溻扼腕咸有敵愾懥之心倡義討賊之師虗處鏖

起而獨我尙州及咸昌聞慶等地寂無一人爲之挺身而
出心甚憤惋幸賴同志之人得成今日之約私心喜慰昌
可勝喩然所議討賊者不過要路設伏射殺一二零賊徃
求者耳於 國家成敗之數懸知無益而勢力不逮別無
可爲之端姑爲其所又爲者爲之亦可以小酬漆室憂愛
之寸忱矣主將爲人吾未曾知而年今六十五歲少業武
不就有氣節能詩律言論堂堂行步如少年不以年老爲
辭而遠赴應募豈尋常士所可及也
八月子一日與申文叔摳伯金景摳攊從卿汝霖等同赴
黃嶺寺義兵所議定約條當夕大將分遣伏兵于加恩縣

○間近來捕賊者雲起賊勢衰弱稍稍下去云○二日具
起兵之由移文咸倅使之轉報巡察招諭諸使慮有後嫌
故也○三日得見龍倅之通安東之賊爲左兵使所逐數
百餘人一時來八于尙州左帥方陣永嘉云○加恩縣野
有賊倭十三人刈早稻伏兵等射斬五級奪其牛馬環刀
火筒等物○四日登山遠望加恩東西烟氣極漲蓋賊徒
爲報昨日射殺之憤也○與文叔摳伯景摳申兇同赴黃
嶺寺料理軍中事○五日撿送軍器粮物于設伏所○苍
山郭再祐方起義旅今到星山用兵頻神咸倅抑崇仁
亦起兵討賊柳公年少有武略之人也賊徒遇之輒自膽

慄相謂曰謹避柳將軍云宣城琴應夾應壎金坊等亦募
兵倡義云敵愾之士處處蠭起恢復舊都可指日而期也
且得龍倅關則永嘉之賊移陣仇德里四出焚蕩關東之
賊亦自江陵三陟等邑踰八永嘉之梓山小川等縣到處
攻刼人物俱被害然我軍斬獲亦多云〇七日與文叔景
摳景任從卿赴黃嶺寺大將率兵設伏于松院峴口遇
倭奴六人射夫畜憤已久一時齊發須更盡獲斬首得其
所佩環刀大小俓六柄火筒具鐵丸火藥等六事書簡封
廿餘裹乃是自此持傳通還其地者也書中有高麗國王
退走平壤及大明全羅道大丘等語而字畫皆胡草不正

不類我國所書不能知悉其梗槩矣後日報使次吾等各

逢受而來所斬雖小而皆是勁賊且得其軍器甚多聞諜

亦被獲不去此尤可喜吾等到寺庭參謁大將坐廳上受

賀軍聲稍振莫不踊躍歡喜殊有死敵心○得聞京報

郎駕今駐伊川方圖進復大都以招諭使金誠一爲左道

監司龍宮倅禹伏龍褒陞通政云此乃盧通津大河之奴

所傳也右奴因事上去伊川 王世子卽引見備問嶺外

賊勢之衰盛且問俗離山險阻可避亂與否仍以朝報及

備邊司公事付送此人蓋以道途阻梗不得由驛路直傳

故也○八日雷黃嶺寺軍幕咸昌人應募爲義兵者多至

四十餘縣監初則不憚從願許八及今捕倭之後欲以爲
巳功頗有還奪之計吾等極力排之則不敢公然奪取而
錄勳報使之際以巳與義兵協力共捕措語以塡文狀其
心回譎不言可想矣○十一日與士廓士會全淨遠徃黃
嶺寺幕中有相議事咸悴自義兵捕倭之後猜嫌日深欲
加我以豪俠之名且收取士族家弓矢使不爲義兵之用
弓匠鐵匠亦禁修補義兵中軍械觀其用心真無狀小人
也深悔當初與此等人謀事而今不可追痛恨○十二日
自義幕還長川奴持杲物粗石而來以其用秋夕奠故也
因奴聞自善山上來之賊其麗無窮諸處焚蕩甚酷人家

辰　叢開集　二十日

漸至無餘云○十四日與審仲同往俗離山靈臺菴省觀

慈氏○十五日設紙榜奉奠祖先諸位遭亂以來長在山

谷東竄西奔不定所寓日月流邁已迫秋夕松楸展省亦

無其路言念及此忽欲忘生我辰如何一至此極○十六

日俗離歸路遇任父金丈沙潭 弘敏號 昌遠沙潭之弟也 弘微號省克堂 非

仲及盧通津諸公蓋以募兵討賊事率諸人會議于洞口

也○十八日承大將傳令與權從卿鄭景任申文叔金景

摳諸公齊進于屏川六寺○十九日曉發踰雨峴到沙麻

谷喬宮則大將以下皆聚會矣仍與論事夕陪大將共進

于加恩縣後設伏之所冒夜還寓則已向晨矣○聞咸昌

倅修節說辭誣報巡察使曰李逢等率年必書生冒稱舉

義以官軍為義兵以官軍所捕首級為已功使縣監不得

措手云此人反覆邪險之狀極口難說而將來必攛出無

狀之語謀成不測之禍憤痛憤痛○二十日得巡察使回

關則守令之禁過募兵者一切不許曰均是討賊不可以

官威奪去此後如有此㢢必稱使關勿送云云○二十一

日終日陪大將論事與軍事之後賊不多捕而事多掣肘軍

情日撓不可不陳聞于巡察使以為處置故大將以余爻

李士彥為使督以廿四日持文發程○二十二日大將以

設伏事出向兔遷臨發大將書二絕以別余遂次韻 詩在 元集

○二十三日權從卿郭景澤諸公各持酒餅而來爲餞明
日之行也○二十五日早朝發行○二十七日踰吾道峴
歷黃澗縣縣宇及邑居盡爲灰燼人烟蕭瑟必矣縣前道傍
列竪長竿倒懸人屍者多至四五卽前日倭奴入縣時所
爲云所見極慘目不忍接矣午踰牛刀嶺嶺頭知禮軍三
十餘名來守矣夕投嶺下村宿今行之迂由黃澗者以金
山郡方有賊奴也○聞義兵將趙憲率其子及軍卒八百
餘人與僧軍同赴錦山郡輕犯賊陣爲賊所圍一軍幾盡
被殺而士人尤多其父子同死陣中云此人徒懷忠憤不
量已力輕戰取敗雖與僨事而懼者異矣而其節義足令

人欽歎○二十八日曉發諭牛峴有卞渾者領兵四百餘
人來守嶺頭矣義兵將金沔率數千兵謀討星州亩賊出
陣加助縣陜川鄭仁弘玄風郭再祐亦各提義旅分伏措
捕而郭公用兵尤神云下道則以招諭使措置得體之故
義兵之集多至數萬而糗粮器械皆自官辦出軍聲方振
庶有勦滅之期而招諭令公陞左節將移鎮右道之人不
勝缺望諸邑儒生咸華拜跪以籲一行在云知禮之賊會
為義兵昨討過半死亡餘亦逃歸云○夕投宿新倉郡人
卞爺瑣為義兵軍粮監官來在縣司官穀已竭收用私儲
者亦過數千餘石一日所費采多至三十石云大槩同是

討賊而軍情應募則致力屬官則解體且厭係公簿而爭

趙義籍當此弘亂不賴義師則討賊無期募兵之有關於

國家如是而彼徒費國廩深伏巖竇不自措捕而又欲

沮人之擧事者亦獨何心哉〇二十九日曉發抵居昌縣

即拜于巡察使爲陳所來曲折仍呈文狀方伯疾手開見

傾心採納所控諸事一一施行

九月旬一日朝八拜方伯仍論時務力勸召募乃以鄭景

任爲尚州召募官權從卿爲咸昌召募官申譚爲聞慶召

募官使之各募鄉兵勿拘官軍俱皆許應以受義兵大將

指揮且移關尚州軍粮米五十石弓子十張長片箭各二

十部咸昌米二十石聞慶米二十石弓矢幷如尚州題給

義兵所本營所儲弓子三張長片箭十部菱鐵五百箇

見惠矢朝飯後拜聲而出〇得見唐人許儀俊懋錄所

送於 大明文字許本 大明儒士也徃在辛未被虜入

倭仍囬不得還預知倭奴將有稱兵犯上之計備錄其舉

事曲折及臨時應變之策其說累數百言轉付徃來入以

達 上國卽前年九月中所發也其文甚詳俱述賊情若

先鋒約八 大明云此等數語全出誣妄〇三日踰牛吉

合符契但其中有庚寅五月高麗遣使貢驢于日本且爲

嵬見伏兵將卞渾暮投知禮村聞密陽賊移入靈山縣靈

山玄風星州之賊亦皆次次上來云○四日曉喩牛刀嶺

以尋見李義述 先生僚壻家屬事迻入勿罕谷義述遇窒害於賊

其妻奉老挈幼寄在深谷將至餓死之境所見慘惻○六

日還蘆洞○七日聞義兵昨於加恩薪田之地捕倭二級

且得牛四頭云士廓以拜大將事歸黃嶺寺吾則累日行

役感疾頗未得偕進○俟候于靈臺養慈氏所○九日

略備時物設紙牓奠奠于先考位憶九秋本是祭禰之月

而今遇節日心緒愴悵墍家山五內如割○十日與士

廓諸君往拜大將大將領兵設伏于大峴聞下來之賊自

幽谷以下連亘四十餘里云○十一日掌書金而慶南宿

加恩村舍為賊鋒所害不勝驚惋幕中文書等物盡被

奪无為痛切○十二日鄭景任金景樞及審仲曾以議合

兵夜擊事往龍宮俺處今日始還伏見　下慶尚道士民

教書及躬深責其求助臣民之意節節懇惻聞者莫不

隕涕與變初哀痛　教大槩一意而語益加切凡為臣子

孰不欲張誊冒刃以效其力哉只緣守土不民動輒沮抑

討賊一事視同耆越擁兵峙糧自謀其身何憤如之　邸

宮亦下　教書曉諭軍民而意與　行在教書一般矣○

十三日以議陳疏事幕中諸友皆會于蘆洞後嶺欲直遣

儒生賫送而慮有阻梗之虞更議封疏憑付巡營使之轉

達○李叔平來宿叔平兩親曾於外南之戰同日被害叔
平方謀復讎與金進士覺氏募兵起事以求得軍粮事今
徃龍華牧伯寓所云○十四日義兵設伏于白也院前遇
賊接戰斬首九級射殺七八倭且得環刀九柄鐵九筒五
事而倡我軍亦中九三人殞命驚霸○十五日與攤從卿
鄭景任諸君徃黃嶺寺拜大將因錄軍功而還○十六日
幕中收購米送金而慶喪次○十九日製疏畢諸友同聚
肇削當初景任主製而語涉踈略故使余更製余遂因其
文而修潤但語多於前作○康明甫自淵嶽募得一兵而
來○二十日大將自黃嶺來見疏草鄭經世寫疏○山陽

林慶世應募而來○二十二日封疏幕中諸人拜送于路
上以進士全湜幼學蔡有喜陪進于巡營○二十三日金
憲自外南義幕來為傳其大將金覺之命也○二十四日
往靈臺養省慈氏○聞金昌遠言則沙潭夬及裴仲方謀
舉義以求得軍粮事俱徃湖西方伯處云○二十八日與
鄭景任同赴籃嵓陣所○聞鶴峯令公移拜右節今到居
昌○三十日為陣事象以私故拜辭大將發向江左
十月丁亥過醴泉地髑髏相拋遍滿原野皆是龍宮㡡與安
東醴泉禮安諸邑兵接戰倭賊時所死云曾聞龍宮㡡善
守城之奇心每壯之及此審問則夏間接戰動輒不利我

軍殞命者過數百餘人而捕賊則十餘馘而已實無大捷

之切惟不離封疆僅免竄伏之罪而襲琛通政今除永嘉

豈不自愧乎然其視棄城偸生無意討賊者相去遠矣○

二日到安東府內金翰林涌方爲守城將來見因論陣事

○五日聞鄕兵大將金達遠境在秋月村往見議事○二

十八日在臨河聞金海之賊與釜山東萊諸賊合勢進攻

昌原咸安等邑兵使柳崇仁再戰皆敗我軍陣亡者一千

四百餘人兵使退走賊追入晉陽圍城七日兵使與泗川

縣監在城中鐵丸殞命牧使金時敏判官成天慶昆陽

郡守李光岳等堅壁閉城賊多方謀越終不得入第七日

始接戰我軍發矢如雨或放鐵丸或注沸湯賊乃解圍死

傷者不知其數餘賊退入丹城攻刦而歸云晉陽之戰若

非牧使之力則陷在呼吸而終能大捷功不可言俚額角

中丸重傷云驚歎

十一月卄四日聞昨日唐橋㗉屯之賊乘夜攔入于醴泉

之柳川龍宮之天德院一時焚蕩我軍被圍多値屠戮防

禦之軍亦逐日逃歸而不得禁過左路一帶恐亦難支是

尤可憫〇八日聞賊勢甚逼龍宮縣舍盡數焚蕩倉穀亦

皆輸去列邑軍卒幾盡逃潰了無可禦之勢而方伯㗉鎮

安東慮其不虞昨昨已向禮安龍醴兩境及豊山安東府

內等處間里一空賊欲長驅何憚而不爲耶○得見聞慶

申以吉書即同參義幕者也其書曰去月二十一日大將

命李丑率精兵五十夜擊唐橋射殺十五倭奪取牛馬徃

十七駄云幕中促余速還而賊勢如彼末由發行憫極○

九日聞知舊申禮男文吉遇害文吉真寶申滿公之胤子

也贅居淸州夏間被虜賊刼著卉服欲令降附文吉抵死

不屈賊捽髮曳拔劒倚之猶不屈賊捨令自便而猶使

人圍擁文吉度不得脫援所佩刀自刎以死賊將聞之驚

悼曰此直義人也令其衆翠其屍送埋山麓文吉之妻亦

被虜賊欲污之力排不屈賊拔劒賀之終不聽從躬冒白

刃肥膚盡傷流血遍體賊竟捨之云節義襲成今亦有之

孰謂古今人不相及也可欽○十四日聞軍威張士珍遇

害張公校生而有武才者也以有勇略方伯差爲本邑伏

兵大將累遇多賊輒射斬又斬錦衣賊將以此軍聲大振

將欲擊仁同縣留賊去十日賊小許焚蕩于近隣張公率

敢死者三十人赴戰俄而衆賊四面猝至士珍以下皆被

殺蓋賊設伏示弱故爲引出欲報前日斬魁之饟也義城

以下諸邑以士珍爲藩捍遂至於此賊若長驅遇載無計

是尤可惜○十五日得鄭景任書幕中諸事日至解弛俀

余急還且言陣中令李丑鄭範禮等率精卒夜擊唐橋雷

賊斬首十餘級射殺百餘奪取牛馬亦多金沙潭公聚軍

斬得四級吾州新半剌鄭起龍赴任繞浹旬斬獲亦多令

人增氣○十六日發還○二十九日行到梅湖將欲渡江

之際忽見烟氣起自墨谷乃賊火也顚倒退步泊于首山

驛村待旦冒夜到柰峴夜巳向曙矣

十二月初一日到蘆洞○二日八福泉卷省慈氏寓中皆

安極慰聞義平夜擊州城斬賊一級得馬四四六○三日

明日乃先君諱辰終日齊居○四日晨起設紙牓略行奠

檀此日昊天之痛平時所不堪況今　君父蒙麗舉家漂

泊之日乎○五日八俗離寺拜沙潭夫密議唐橋夜擊事

夕還蘆洞○六日日候甚洌凍死者甚多況西土慘裂有

甚南方　行在起處有不忍言而賊路猶梗消息無由言

念及玆五內如割○八日偕權從卿徃見咸昌假守平黃

嶺寺被虜女人自唐橋賊陣持文字許放而來　其文云諸民百姓等

土産之粮米收致運上者遺兎許放倍加撫育不從者恣
可誅伐十一月廿六日日本軍將朝鮮國下民百姓中云
云

○九日徃拜大將于屛川○十二日在陣所趙士甲等

率精兵夜擊唐橋無數射殺斬首一級入冬以來兵疲食

盡雖不大捷夜所十餘次殺傷其多得馘通計五十餘矣

○十四日鄭景任來陣所爲議軍粮器械覓得事也○十

五日以陣事修報都體察上使鄭相澈也副使金瓚也鄭

辰

公以一代元老起自竄謫之中來主西湖之事其任大矣

○尚義幕佐金弘慶持關來到蓋爲合官義兵謀擊干甘文

賊故也書中有當封豕隨突之日痛連鷄不棲之患等語

其文出自叔平乎云○十六日以大將命持尚義軍關子

往見聞慶倅子宮址則辭以兵單不肯聽從可恨○十七

日自宮址還拜大將于屛川以覓得軍粮事全淨遠持檄

往左道書院及問里諸處鄭景任發向湖西體察道及列

邑諸處○十八日尚義軍將以來日會諸陣于報恩馬來

同議合勢事大將氣不平以余代送故日晚發宿灸巖○

金得宗還自巡營得箭竹千箇細木二十四而來○十九

日早發朝飯于孤峯具德容亭舍則鄭景任昨夕來宿時
未發行仍甃打話助戰將宣義問亦方馳陣此地向晚偕
助戰將赴馬來里諸陣帥帥俱會約束尚州牧使金澥忠報
將金弘敏代以召募官趙翊善山府使丁景達助戰將宣
義問尚州判官鄭起龍義將金覺報恩縣監具惟謹昌
義將李逢代以佐幕趙靖忠義將李命百崇義將盧景任
以右九陣為左衛以鄭起龍宣義問具惟謹為將以屬之
助防將永義將永同縣監韓明胤黃義將朴以龍懷義將
姜節青義將南忠元鎮岑縣監邊好謙懷德縣監南景誠
黃澗縣監朴夢說以右七陣為右衛以南景誠朴夢說為

黑浦集 三十三

將以屬之將以今月二十五日與下道義兵將金沔合勢
謀擊甘文善山兩邑之賊此事尚義軍與永義將韓明胤
主議也○二十日偕裴仲直到俗離省觀慈氏兼拜忠報
將○二十二日夕投屛川告大將以合勢之事○二十四
日巡相因咸昌聞慶兩邑之報傳令義陣義兵所屬官軍
盡令解還云以此軍卒將至盡散深可慮也○二十五
修報使草兼書軍功案將以明日使余赴巡營○二十六
日午後拜大將夕宿蘆洞禪將權綏隨行今行所責賊首
四級矣○二十九日曉發到牛舌嶺義陣則嶺路植木爲
柵中作軍門必通符信然後許入故良久始入先見佐幕

郭公趑因入拜大將卽金沔也今爲義兵都大將摠制慶

尚一道諸義兵矣夕宿性奇驛明日卽元朝也歲律將更

賊氛猶熾此日之感口難容言

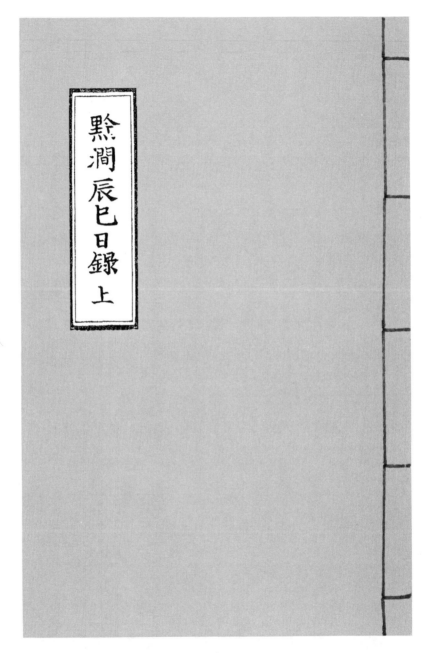

黔澗辰巳日錄 上

黔澗先生 辰巳日錄

萬曆壬辰四月庚寅十四日得官帖始聞倭寇數百艘現形

于釜山東萊等水界云公家以軍馬調發事號令星馳罔

里驛騷矣○十五日聞鶴峯令公以刑曹參議承旨錄持

拜右廂○十七日右廂之行取路竹峴顚倒出去立叙馬

頭則昨夕在中原州聞邊於夜馳驅平明入州急赴本營

而釜山東萊梁山等地皆已陷城主將被殺云經幄儒臣

不閑弓馬之技而猝遇勁敵何以制變昇平日久邊聞此

報心膽俱陸罔知所措○十八日流聞邊報日急羽書旁

午沿邊列陣以次見陷云而連見烽燧每準一炬此甚可

辰

熙澗集

一

疑武云燹出左道故右火一炬又云賊計奸黠先滅邊烽

皆擧一炬以杜內兵之援故烽火常一炬云〇十九日得

柴仲先生之仲 在州內書倭奴連陷東萊蔚山等巨鎮已

迫密陽先圍無說驛里云邊報益急而制勝無策人心洶

懼擧有深入避禍之計言念國事五內如焚如我篤勞

上不能為國謀下不能為家計老母妻孥無地妥頓戎生

不辰何至此極〇二十日早朝聞伯淵自下道敗還出見

于路左仍問所出則曰與咸昌倅李國率領一二運軍

數千餘人到星州地承方伯韓揮旋何大丘將以為外援

之地縋到洛津在仁同星州兩邑界則石田地有倭寇數十餘葦有

山谷下來接戰我軍之前行者盡被廢滅勢不得支吾
等僅以身免達夜馳還云感悸亦随後而至一行飢餒憑
余求飯甚懇即邀致到家出饋酒食備聞其所未聞感曰
聞慶尙州三邑軍全數被戮天其說尤慘自聞此報莫知
所爲家藏什件未遑料理奉神主納於櫃中埋安潔處當
晚葉仲奉慈氏先發何州西北長之山妻孥及上下老弱
五十餘人随而偕去吾焕次兒畱待基達六日先生之長子十
未返還當午乃發暮投北辰寺則一行皆無事已到矣州
故也
内及諸處士族之家舉皆奔竄顚沛勧道駢闐號哭
之聲上徹雲霄○二十二日一行俱發八住于寺西九滿

辰

野澗集

二

村之家夕聞賊防將梁士俊入州○二十三日雷九滿始
聞石田之敗非真倭奴也乃其近處避亂之人屯聚山谷
見我軍至相與奔走往來之際我軍先驚以為倭冦潛伏
以過狙旅訛言洶起不能止息牧伯與咸昌倅內恇外眩
棄師徑退弓矢糧亢滿道途至有棄其來馬兩去者州
人金俊臣以率領將頭初運先導故未知軍驚失師之由
過峴雷宿怕其後軍不繼偵探其故進退狼狽不得已領
其所率前到大丘琴湖之濱則或騎或步有府內此來者
陸續不絕意其倭冦陷大丘而上來也擧軍亦一時驚動
棄甲曳兵逃走之不眠有如昨日石田之潰俊臣亦計無

所出撥馬馳逐云噫徵兵赴援本欲禦敵而虛聲所動尚

且如此設遇賊鋒誰肯有冒矢石蹈死力者哉民散久矣

食魚固不旦言食祿委質者廢可以殉國兩臨亂苟免甚

至棄師先逃如彼預國權髮難救○夕開防禦使趙儆入

尚州 自石田琴湖之潰本州軍馬并溶此匿牧伯來住空城

莫知所爲先遣其妻屬置之深谷自匿郊藪間以爲觀

勢走避之計而下吏官屬促許散去城門四開寂無一人

以故助防防禦等使之入徵發無由供億賚餉亦無主管

艱得水漿救其飢渴旋卽發向下道云牧伯逃去之意甚

辰 野潭集 三

切兩首吏一人獨守空城牢執不捨不得自由兹尚遷滯

兩祀其蹤跡潛藏深密之處了無倡義勤　王以守堡障
之意守土者如此他尚何言○二十四日雷九滿聞巡邊
使李鎰有威寧入州午遇巡邊裨將下有馘於路上則曰
主將入州將欲雷陣以為禦寇之計而軍民盡散只餘空
城便余巡審山谷間溫言通諭于逃民使之及時還聚而
倭寇聲息則家陽陷城後更無他報尹暹朴麗今為從事
來在幕下云隱避之人自聞此語俱有還聚之心有擔下
歸者亭午不絕軍卒之入城者亦近四五百云噫若使牧
伯曾無石田之逃而繕治甲兵以為堅守之計則民心豈
主於溪散軍容豈至於挫却也○夕聞半刺城主權吉牽

三運軍到高病縣前有騎步僅三四十人目玄風路驅馳
而來我軍疑具為倭奴一時潰散無異琴湖之敗又大緊
前聞咸倅之言石田之變一軍盡斃兩倅僅以身免云云
而今聞逃卒之言則所謂石田琴湖高靈等三處之變皆
未接戰兩潰故別無殞命者且點撿奴僕及閭里之赴軍
者則亦皆生還以此推之咸倅所謂盡斃云者是必以無
端棄師懼其不免於軍律構出無實之語而欲掩其已罪
也傳聞星川大丘等守寧亦皆棄城逃歸云嶺外諸鎮將
有不攻自破之勢矣○二十五日昨聞裨將之言倭寇聲
息似不迫急故將欲還家更候邊報緩急以為再避之計
辰

野潭集

閤族凌晨發行朝坎北長岐路衛忽見一人持鎗釰意来
日倭奴已迫州南五臺里何晚將犯邑城云難聞此奇而
昨得神將之言甚巷故猶不聽信姑何山寺娛得的報矣
纔入寺門忽聞倭奴已入城底接戰云食頃込辛敗共自
露陰山頂赤身逃躱而来者不可勝託或被槍天或中鐵
尼血流過軆修不忍見日我軍今巳見敗死於戰塲者
甚多諸將士一時奔北俱入此山倭奴追逐今當上山云
我等業已到此醉聞此奇莫和所為吾與業仲奉慈氏及
諸屬取路壑谷直越前山山高萬何峻意如削寸進天退
十步九僵前挽後擁或負或携過午怕得瑜嶺偲飲糜水

眜後氣暫蘇羞俄而鞍馬追到山路亦不甚險故內行皆

乘馬吾與兩兒徒步以隨初更得投狐洞假宿作村氓之

家路中遇禆將之敗來者十餘騎皆是出身之人也問其

取敗之由則答曰皆是是光清道防禦使邊職之禆像

也昨自清州聞賊報甚悉隱主將晝夜信道今早始達此

州將與延遷令公合謀禦敵籌畫未定賊鋒已追相與接

戰于北川之邊賊甚淌天勇悍百倍鐵丸四面如雨我軍

奪氣低皆退縮了無殊死之意離帶亐前百不一發相倭

未久有同尾解兩帥皆袖身遁去生死莫知云○二十六

日開賊仅等貢諸山扰滋甚一行皆入狐洞前深谷潛

辰

駘羽集

五

藏巖穴析薪為障仍痛于巖間州人之避亂者中為巡邊

裨將所輸二十四日無遺下遷忽於廿五日之朝倭奴擇

至東勝長驅四面進逐閭里士女便仆道傍死傷無數而

露陰諸麾則以將士亡入之故搜剔特甚見輒殺幾山谿

林莽之間積尸如立不知其幾千百人巡邊防禦等使自

京所賣來軍卒纔至四五十脉分撥軍卒使各售勇而不

終一天難皆乘倭奴皆收拾兩去所謂老兵者不幸

近之矣○河師傅洛及其于鏡輝皆遇冒鏡輝則可以疾

走免禍而以其父母之故不得獨避倭奴見其執弓斷其

兩臂云此尤可哀也間倭旅○二十七日流聞倭奴窮探深

谷之報去夜於未分發行取路西麓平明到一壑去狐洞

幾三十餘里矣逐日步行兩足皆繭扶杖側僵困不可言

洞而有一山甚高峻山頂有土城、夜故人避亂之所也妝

伯衙屬來往其處云開倭冠入州城焚其官舍諸處城外

巨室亦多遭大餘倭則散處州城内外日以攻刦焉事焉

匹則無遺收去輸其卜物雖犬牛隻亦皆攫去以供朝夕

率妓張樂連日醉拏云○二十八日夕後踰北嶺宿于村

合坊名蘆洞乃聞慶地也○三十日留蘆洞以木一匹得

皮粟三斗黄豆三斗二升赤豆一斗於隣嫗又用木半四

換綵寶十五斗搗鱉皮則僅七斗許矣東萊之餘得此

辰

黔澗集

六

數種可以供上下八九日費何幸如之平日只知橡實之
為可食而未嘗親甞之今始取嘗則味頗溫甘有勝荼栗
之飯於療飢亦甚有力此真吾長物也○奴子來自長川
始聞消息兩家所藏盡數探出縱大間里五十餘塚一時
灰燼云當初出避之時勢極蒼皇破衣十餘伴外他物一
切不齎興日設不死於鋒鏑而數多家屬何以聊生既無
室家不可以土處又無衣食不可以藝藏却悔當日輕作
遠遁之計與其中途很狽僵死於窮谷之中不若堅坐故
里效死於先廬側之為愈也
五月順二日留廬洞奴軰自州內遷傳言州內倭冠運續

辰

野間魚

不能散處閭閻盡夜攻抷人不安接大縈賊徒之中本國
之人太半相雜人或諦審其顔面則多是積年住來之鹽
商其言語不類島夷假著倭服削髮混迹如見前日識面
之人則輒藏頭回避此輩肆充酷窮搜深僻之地其窩
有甚於本倭將來之患亦不啻外寇而止痛甚痛甚○三
日聞申砬以爲棧阻險不可以用武退陣中原之地云將來
聞申砬來任鳥嶺設柵塞路以爲勦截之計云○四日
勝敗雖未逆覩而天陰重關棄而不守防禦之策亦宣云
得○五日主媼進粟米酒丰壺檓實酒數鉢金澄亦送櫻
桃一筍仍念今日是天中節也節物猶在時變至此流離

七

一隅不得還土松楸一酹奠時無由觀物與感方寸若煎

我生不辰尚寐無覺仍託少陵實應歌棵杜帰及蒿櫂桃

之句此得捷報所作也喪亂之丁適符古時而帰及蒿新

邇無其期三復遺篇悲感塞膺催食師屋知我者其誰稚

兒輩不知為容土之可苦此日之可嬉戲縢下有若平

時在家省視賴此遣懷誰得以嘖喝也〇變作之後流民

相聚棄其無守偷竊為事武修倭感白晝攻刦所任戍壘

其勢亦熾腹心之憂有甚海寇令當農月而四野無荷鋤

之民來秋不穧執此可卜歎令外寇退去而將來試中之

警豈豈保其必無也民憂國計百無善策天炎艱難何至此

極言念及此氣塞危言噫生逢　聖君齊哲出天休養生
息垂三十年内無嗜音雕墻之失外絶遊敗驅騁之驕深
唐側席勵精求治此誠三代下不易得之良會而以言其
内則朝著之不靜如彼以言其外則醜虜之陸梁至此天
宁時予驅階誰生肉食者謀之而謀之不臧薦者食并受
其殃志士潛室之膓安得不輪困也○六日遇自京逃來
之人乃是吾州之上番騎士金彦希也言申砬見敗扵忠
州京畿防禦使領精兵來禦于竹山也亦不利退去倭奴
長驅如入無人之間直抵漢津城中吹角徵發而
無一人赴義者耳　上知其有尾辭之勢前月之晦　大
辰　點潤集

八

— 17 —

駕西狩于平壤大內無主人心益撓百僚奔避有同鳥竄
門外之人爭相撤産入城城中之人則已知城守之不固
駈閗出門惟恐不及官闕諸寺烈火遍起烟焰漲天咫尺
不辨城中上下只以偸活苟免為意了無恃甲堅守之計
大都見臨不出朝夕吾等雖欲留者上無所屬外無所援
不得循山逃來云噫嶺外化幾邑而曾無一人男子倡義
勤　王以致賊奴衝斥直擣內地所恃者惟凉城諸郡
也賊徒雖衆而靁過於本土之林立刀釰雖利而亦豈能
當我騎士之強勁乎苟能撼有城池堅壁固守俟其自困
而出戰兼擧嶺外精卒自下枝擊則扼背受敵進退狼狽

匪茹之徒將見自殲於鋒鏑之下矣計不出此賊騎所向
惟恐奔潰之不暇空城棄陣任其自來何憚而不入乎此
非力屈而不勝也乃我之不肯求勝也非倭奴困我也乃
我之自取滅亡也憤歎之懷已不可言而二百年衣冠一
朝將變而用夷凡有血氣者寧能鹿此壞地求活耶遷邠
之亡太王之所不免也而從者如市竟基瓜峽之籙幸蜀
之禍玄宗之所不幸也而于城得人卒成中興之業若使
天命未絕則轉敗為功固亦不難而第未知今日之人心
猶周民之如歸市乎今日之挑兵猶唐家之郭子儀乎
社稷不守而金湯為虛設之險　國本未定而民心無係

辰

黔閏集

九

望之地人讓至此天道寧論言念及此長痛欲絕○聞自
湖西上來之倭其麗亦多歷晻青山懷仁報恩清州等諸
邑直抵京城云自聞 大駕出巡人心益惶雖在深山窮
谷之人莫不喪心墮膽若無所恃舉作分散之計失業之
人切於飢渴相聚為盜 攻刦以資道路阻塞人物不通強
呑弱眾凌寡咢矣賊人家殺者士族也遭世不辰傷如之
何○八日雷蘆洞流聞上京之倭用書契欲選見李德馨
以講和事且令我國先導直指燕都將欲侵犯 上國云
此報信否時未的知而 若果如此則 國事不幸 有不忍
言趙宋之金元前驗已明況乘順候延 讓及 天朝豈有

此理也國可止其不可聽從決矣昨年見鶴峰令公語
及通信之事詳聞其言鶴峰前在日本之日彼虜己有呑
噬 大明之志欲令我國為先驅而所答國書末及此語
鶴峰不勝憤惋連書累牘極陳其不可越禮犯分之義則
彼虜琵縮回互其說以掩其狡詐之迹鶴峰欲窮強辯
發其情狀以為防微杜漸之計而上使黃允吉書狀官許
筬董謾不慮國事只以觸忤倭奴見陷為大懼自立
異論以逢倭意以此鶴峰却被劾時終不得伸其志節云
越至今日虜果以此事恐嚇則當初不能力折之罪黃許
崙能免萬死哉且其令我國先導者蓋將陰求釁端意在

辰

野潤集

十

於滅虎也其將俯首而聽命于為今日計上下協力務講
修攘之策鋭意自治益堅攻守之計則彼懸軍越海之寇
曠日持久將有不戰自斃之勢矣或者以人心渙散各自
連播遯報收合為廳此則不脱狂妄之餘倖遇勁寇加以
上無良將軍伴不明望風奔潰列頷皆照則以無恒不敎
之民其誰肯冒死地而不避也今則變作浹月齊民之遑
入山谷者盡不得緣夜不得入室齎粮且之將至顚塵
爺懷惠于各不相保莫不扼腕切齒相與偶語曰最甫島
醜令我輩至此我等若能各自致力賊勢雖鋭寧無勦滅
之期也窮谷之人或相屯聚其徒倭奴之三四分抄者輒

皆奮擊捕殺者比比有之獸窮則博其理固然苟有才略

氣人者倡義特立發號求募以為敵愾戡亂之擧則嘔吟

之民知有所歸倚以為重數萬之卒將見不日兩目集矣

提此敢死之人以攻久勞之賊勝勢在我軍必振除先

雪憤其不杜茲而嶺下諸道臣棄城先遁在在皆然臣

邑大鎮無一守城血戰之處重如吾州之伯寄宿山寺乞

米以資當此主辱臣死之日以偷生苟活為得計可勝痛

哉惟丰刺權公接戰之日冒死鋒鏑可尚可尚當日之戰

迎邊棄城外陣故接刃未久軍皆潰走所謂能射者亦暗

擁馬袖手無一人發矢以致敗北若令當初入城堅守則

辰

嶺澗集

十二

我軍無避走之所而且擁盾誠上各致死刀可以售予矣
之技矢倭奴所情者只在於鐵丸刀釰等兩技而已彼在
城外則安得有售勇之路終之勝敗未可逆料而塗地之
慘豈至於此檟耶大緊當日巡邊初到而士卒且小本州
及咸昌之卒抱不過六七百持此軍弱之師乃敢舍城而
野戰其見敗無疑矣　國之安危在此一舉而身為令帥
料事不察率致敗衂遒逭苟免其亦悞守孤城蔽江淮者
上京者屯聚沙平院以四出抄掠為事識內諸邑倉儲焚
要矣○十一日流聞清州亦見陷○十二日流聞傳寇之
蕩燼餘故下來嶺外輸穀以上而聞慶咸昌貴賤蕩盡來

辰

取尚州云吾州官租自前陳陳賑給所餘尚不下十餘萬
鮮向來倭奴之入費角狼藉州民之取去亦不貲而猶臣
多在以此倭奴之留在本州者堅據不散以至輸取上京
以爲久留決勝之計噫多時糗糧本爲軍國之用而今反
爲蕭盜糧安有若是之痛心者哉○閭里牛馬倭奴全敷
掠去或以輸糧或以騎行或而供膳而不能勝用委棄路
傍者亦無數山谷間飢餓之民爭相殺食一日所屠者不
下十餘頭不出旬間閭閻所產姶至不遺設使賊變就戰
人歸本業而耕墾所需將倚何物自古喪亂無代無之而
人畜幷盡宣有如今日者也○十三日有飛檄一紙自宋

黔澗集

十二

彦明所不知誰所作也

怯懦曰袒庇旁言惜其望悍侵我
周奉潰無或自塾守力戰之人倭尒
間間阻撓通途之如凡人之無人之
慈視守令都將及士子中有老諸人等各
自敕身於賊賊以月各省齋難
王克勤賊颭汝以復邦家云云　今見此

橫甚強人意不量區區心膽輸困而自顧才力百不及人

徒自僞心而乙州伯雖在而竄伏巖穴無意國事倉儲軍

米盡數帖出費用如土負國之罪固難容逃而監司主將

置而不問務酒帖見　王綱至此賊勢之長驅固尖〇有

一州使得見橫文意州伯或有所處置特以稟令答曰此

非朝指揮也乃中間士族輩所為也吾別無可施為之

端甫可退去云云〇十四日間雷州賊徒不過數十餘人

晝則散抄閭里夜則閉城自守近日上來者亦不多自京
乏食下來取糧者比比有之云似此數小飢困之倭得強
弩丁餘手猶可以一朞盡殲而上無倡率之人人皆止匿
山谷無所歸屬徒自張拳永慨而已○遺孽日久兩麥已
熟登山者寧皆乏食雖欲下去刈麥而道路不通將至餓
斃民是天民天胡忍斯上京之倭勢難容場殄滅而自嶺
以下則賊徒既小羞有倡義之人糾率精士數百徒以遏
中蹯絕其往來傳通之倭則非但流離之民得婦本業彼
入京之賊進退狼狽背受敵禹日已久則勢將自困而
計不出此自戕甸以下遠至沿邊尼幾百州郡而寂無一

辰

野潡集

十三

人擧兵討賊方伯連卽乃是　國家生民之司命而亦皆

避藏不知去處傾城棄陣付與賊手賊徒審如國勢解弛

了無忌憚出入往來有同空境人謀便然何庸如之○十

七日夕自州內通之兩道火迫彌到數三十徒而人皆止

略日留州賊倭傳滿

特方矢進捕所殺者久矣自數日來山谷間山天等七八十人

匿藏斫殺之者久矣自數日來山谷間遇入城內令斫

圍城搜捕而軍人不至十餘人具餘則皆

退散此之人當日憲章會赴急走令各

此洞軍人等三十餘名赴洛西則無一人來會者不但孤

軍無可爲之勢且聞竹嶺屏風城津賊船來泊之報軍人

約以明日早朝各領人聚會于洛西村○十八日早朝率

皆有散渙之心不得已還來寓所可恨路上遇孤山文擇

善奴乃自京下來也備聞其說去廿六日被虜為僕夫持

卜駄以行及到忠州則自左道上來之倭其數亦多分作

兩陣本國元帥申砬大敗於彈琴臺前我軍十不一活賊

徒亦多有死亡者賊奴一運取路陰竹直指驪州渡陽根

津本月初三日長驅入都而城門四開寂無人聲三關各

寺宗廟諸倉庫等皆已焚蕩而倭冠留陣於鍾樓下抄糧

以食一運則直路由沙平院渡漢江而入前後入城之倭

其麗不億云且曰 大駕曉日四更避出松都城中之人

一時幷發人馬蹴躞而死者在於枕藉而門外尤甚積尸

如丘慘不忍見今聞此言始知前日 金彥希之言非虛報

辰

黔澗集

十四

世國勢至此夫復何言○十九日留蘆洞流聞倭冠留住
空城糧餉亦窘將欲窮迫　大駕所在仍指燕京以為荐
食之計且欲以其俗易吾俗云果如此言寧踏魯連之海
何忍苟活於裔夷之世乎○聞長川洞人金鑣陣亡韓佑
良之女被擄死節云村巷間凡民旣無家訓又乏見聞而
倉猝遇變能以義自守至以縛束驅迫而終不渝其素志
信乎東籛之在人性者無貴賤智愚而均賦也○二十日
醬蘆洞鶴峯令公曾於通信之還獨言倭變不必速出而
今者賊勢如此故有　上有拿推之命　云鶴峯前在石廂
軍令極嚴略不饒貸群下震慄莫不畏服一與接戰賊醜

退縮其所斬代亦多軍聲將有再振之勢而遄被拿去憂

憫○二十三日聞鶴峯令公中道放赦更拜招諭便下來

云○二十四日留蘆洞聞往來倭陸續不絶多不過六

七十小者三四十云似此不多之賊捕斬不難而人皆

匿莫或有爲　君父舉義除難者痛入心骨誰與告語○

賊奴犯都後更未聞的報　日馭出巡今　合何所西望

長安消息泯然臣民此日之痛極天同顧南渡君臣輕社

櫻中原父老望旋旗誦此句爲前代虛付一嘆豈謂於

吾身親見之也○二十八日留蘆洞聞自京傳通內士族

及平民無故者斬倭三級以上賜武科及第公私賤則從

辰

嶺洞集

十五

良云且聞防禦助防將等狀啓內嶺外守令舉皆棄城逃
走而惟尚州牧率其子弟及屬率獨守孤城效死不去咸
昌倅敗軍而還逃走不現云云自　上深襃尚牧兩命誅
咸倅云咸昌尚州厥罪惟拘而彼輩敢逞私臆欺同八
啓以致賞罰之乖當可痛可痛
六月旭一日間加恩里人及訓鍊奉事宋運等百餘人謀
擊咸昌尚州留賊得射七八人我軍中鐵丸殞命者六人
而宋運亦死運乃興陽人而中武科者曾為防禦使軍官
敗軍之後來在于官基思欲殉身討賊志氣激昂而竟未
大成其志人皆惜之〇二日遇目京來人聞當初倭寇之

未入城時起復金命元為都元帥出師漢濱方為禦賊之
計而卒伍遽見賊勢鴟張褊褊逃走元帥度其不濟亦退
去賊入空城無所忌憚分進數十餘倭窮追 大駕所在
倭將則留住都城以為久住之計都内之人自相為盜使
劚攘奪莿傷無數士族之家則出門之後餓死窮谷者亦
不可勝計云 國事至此萬無再振之勢生而為人目見
此時痛哭何言 ○四日雷蘆洞流聞倭寇侵及化寧縣且
焚蕩觀音寺洞諸庵僧輩多被害云柴兒往寓水落庵未
知生死心緒極亂○五日猝聞倭賊遍至㺚峴弟奉慈氏
扶負蒼黃入蘇夜洞○六日猝率諸累入深谷乘夕而還賊

辰

黔澗集

十六

徒分抄攻刦者毎起午前而來午後則各還其陣故避亂
者夜宿村里曉必登山賊徒詗知其狀名山深洞并皆搜
索逢人輒殺其燹之禍自古有之而豈有若是之惨也○
蛟弟佳蘇夜洞奉慈氏遷蘆洞○七日得金達可書慶尚
左右道各設方伯則李成任除授起復申大進為都
事且見平丘驛子所持傳通内倭徒一二運已皆殲盡以
此賊勢稍挫方皆下歸云○九日業兜自水落還煎廳之
餘忽此相見悲喜交并父子之天寧有其極也○十日聞
自槐山報恩下來之倭動全萬數抄掠徐離山城山道藏
山諸處由化寧路入尚州於德通驛洛驛及永道谷沿路

諸處代木撤屋橫作假屋連亘十餘里多至數百餘間云
○十四日番達田自長川來者言倭徒自竹幌至州內沿
路亦作假屋幾至百餘所逐日來往者彌滿道上以丙此
麥巳至瘠枯兩一切不得收穫云人將盡斃於山谷之中
無疑矣孤山繢浦上下諸里之人被害者幾至卄餘人避
回村之人以發軍捍禦之故遭禍尤酷橫罹兇刃者七十
餘人此尤痛心○十五日留達田間功城外南青里居人
金嗣宗權晉廬珹等各聚軍人捍拒倭賊所殺傷多至數
百人以此賊徒終不得入抄其里厭後軍人慚散不能堅
守倭奴來襲捽至金嗣宗躍馬射殺十餘級後中鐵丸馳

辰

黙翁集

十七

出倭奴銜憾恣其黨匪士族多被害而李叔平鄭景任家

消息无極驚慘○十六日備薄需行外王母初祥中漂泊

哎○二十四日雷達田開牧伯移住屏川寺以倉穀偷出

事斬縣吏以吏房拒逆不現事亦行刑且知委諸吏收聚

軍卒云蓋頃自京有傳通故州伯始有生氣欲為支待之計究其情

狀甚可笑也當川里焚蕩略石恤念而唯以深入密伏為

計及聞京報始乃抽身巖穴以州伯自居發號施令圖免

前日棄城負國偷活之罪其計難狡而人之傍視者如見

其肺肝焉得兩度之哉聞往來之倭武上武下陸續道途

且傍拁醸泉安東等諸邑我軍漸至退挫目京將士徒有

先聲而迄無影響人民寧戢邀無其期而時月已失已追

秋候四壁荒野一苗不立不出秋冬人將盡填於溝壑矣

大抵民為邦本本固照後邦可以得寧而監司金睟欲得

勤幹之名以為賭恩之地嶺外築城之役始自前秋至于

今春猶未就畢齎糧遠赴十九破產晝夜課後丁壯多艶

肝腑呻吟之慘無異秦民之苦萬口嗷嗷咸有呼祈之怨

遽值兵火一時潰散金湯之固反為賊奴所據睟之築怨

因此可知矣且睟身為方伯道內節制都在其手效死盡

忠以捍南國乃其職分而及茲逢變惟思保身伺候賊奴

辰

黔澗集

十八

置身無楗之境竟亦不知去處原其罪狀擢髮難盡　大
駕蒙塵已浹三朔尙有血氣者孰不痛心而嶺外列郡了
無一介倡義之人草野負暄之士崖全無揭竿敵愾之心
而朝論作歧世路盆險防賢嫉能之徒竊據城社稍忤其
己輒加不道之名以為網打之計有智慮者率皆袖手深
藏以避事後之嫌莫肯為首事戡亂之計時事至此亦極
寒心〇二十六日訪金內禁嗣宗武士之有才勇者也問
外南接戰之說則果如何日所聞而鐵九入外踝中瘀處
成浮其大如腰萬無回甦之勢可惜可惜此人前後所殺
三十餘倭云

七月䄄五日得見招諭使鶴峯令公所移檄書盖拓諭逃
散之人使之各執兵器為國敵愾也詞旨愷切令人感動
今日之事非徒軍民潰散未有列上之心大繄列邑守令
擧皆脫身逃遁首竄偸活無一人倡義導率而方伯連帥
巡邊防禦使等亦皆散歸各處未有定所上無統領有同
亂繩其間縱有有志於討賊者將何所倚而有效也國事
至此不凶何待○武科尹湜曾赴龍宫陣射殺倭數級而
來牧伯以不捕本州之賊而遠赴他邑之故重杖五十度
云湜之赴彼非其所欲直以此州無主將而彼邑則主倅
惣兵勤禦可以倚而成事故也不論彼此其殺賊則一也

辰

黔澗集

十九

而土主之為政如此其志不在　國家而掩能忌功動如

自營之實據此可知○恭聞大大駕播越之後冊封光海

若為世子以係民望云國本有應何慰如之○七日聞金

河鄭仁弘趙宗道朴惺文德粹李魯六七人謀舉義兵已

得五六千人今方勦過賊奴期於敵愾而只以兵糧不給

為慮云　大駕蒙塵已浹四朔而迄未聞倡義之人今得

此報其喜可言○八日聞招諭使及義兵大發勦絶之故

自星以下賊奴如掃道路皆通而惟尚州咸昌金山開寧

聞慶等諸邑衆倭聚時或橫挑龍宮醴泉地云○十月

雷邊谷聞長川書堂僧及里人等打殺四五倭盡斬其首

黔澗集

云〇往吊鄭景任於蘇夜洞〇十三日聞倭入達田奥柴
仲審仲蜓陰慈氏移寓龍化荊布及兩稚子足繭不能步
中路落後仍入馬奪山心結益亂〇二十日留蘆洞見柴
仲書云得京報倭寇侵及平壤平壤亦見陷　大駕再移
今住龍川地　中朝以我朝請援之故命將領向化獿子
五千兵已渡鴨綠又出五萬兵駐江邊以為繼援云是則
可慰頗右兩相　崔泓源　俞泓源　及諸大臣陪　王世子駐江界將
聚兵爲監國之計云〇聞高敬命唱義舉兵與其子因擧
俱接戰同死云可欽〇二十二日留蘆洞得朴德凝懽書
辰　方在居昌義兵處檢事云〇二十六日咸昌倅李國弼自

二十

洛陽山將往黃嶺寺為聚卒捕賊之計蓋此倅以前日潰
軍之故因繫聞慶未及論罰而聞慶見陷脫身藏山者久
矣近來欲為立功自效之計報使請行公方伯許其仍任
縣事故下來○二十七日聞湖南僧領僧軍七百餘人今
到清州與其道防禦使及牧使判官謀擊留州之倭僧將
自募為先鋒刻日倳事而防禦諸將逗雷不許云此僧才
力過人智計不淺軍法亦極嚴明且以時未捕賊之故不
食官糧云○得見使關唐兵五萬已渡鴨江四千則今到
宣川地賊奴聞　中朝遣援之奇亦補補下來為遣海之
計且在水使與全羅道舟師　及固城倅等合謀撞破

倭船七十餘隻斬首百餘級其餘投水溺死之倭不知其
數云以舟師善禦之故右道郡縣如晉州咸安泗川丹城
居昌咸陽安陰山陰陝川等九官尚為金城方伯招論使
等行亦在其地金沔趙宗道朴惺等義兵亦住居昌縣撑
柱云若得良將自上道驅逐則勦滅廓清之慶可指日以
期也○三十日食後偕權案訪從卿鄭內翰景任往會于
黃嶺洞口為倡義討賊事也始與李士擴蔡仲懽等
首謀峯義蔡仲懽往清州奉其舅李逢及募弓手七八人
而來咸昌聞慶等地士族輩亦同聲相應俱會于此士族
近四十餘員操弓之手亦近五十餘人僉議推李逢為
辰

黔澗集

三十一

上將以咸昌李天斗為中衛將全湜宋國趙光綬及余
為佐幕蔡天瑞洪慶業為掌書以余兼之議訖主將北向
再拜哭以誓曰諸座中繼亦北向拜訖且拜于主將主將
曰 國辱至此今日之盟有死勿渝咸曰諾仍立三章之
法臨賊先退者斬約後謀退者斬違令失期者斬訛言惑
衆者惟依軍律論斬且令鄭景任記同盟之意書諸編名
之有憶猾夏之變至扵都城、 日駕蒙塵已浹五朔而各
邑守令軍帥擧皆逃遁莫或有為 國家殉職者臣民之
痛莫此為甚而因目 上下責已求助之 敎稍知大義
者莫不揮涙扼腕咸有敵愾之心倡義討賊之師處處蠭

起而獨我尚州及咸昌聞慶等地寂無一人為之梃身而

出心甚憤悵幸賴同志之人得成今月之約私心喜慰豈

可勝喻哉昨議討賊者不過要路設伏射殺一二寒賊往

來者耳於　國家成敗之數熟知無益而勢力不逮別無

可為之端怙為具所及為者為之亦可以小酬漆室憂愛

之寸忱矣主將為人吾未曾知而今年六十五歲少業武

不就有氣節能詩律言論蘯堂行裝如少年不以年老為

辭而遠赴雁慕豈尋常士所可及也

八月初一日與申文叔樞伯金景樞權從卿汝霖等同赴

黃嶺寺義兵所議定約條當夕大將分遣伏兵于加恩縣

辰

黔澗集

二十二

○聞近來捕賊者雲起賊勢衰弱稍稍下去云○二日具
起兵之由移文咸悴便之轉報巡察招諭諸使處有後慮
故也○三日得見龍悴之通安東之賊為左兵使所逐數
百餘人一時來入于尙州左帥方陣永嘉云○加縣恩野
有賊倭十三人刈早稻伏兵等射斬五級奪其牛馬擇刀
火筒等物○四日登山遠坐加恩東面烟氣極漲盖賊徒
爲報昨日射殺之憤也○與文叔樞伯景樞申兇同赴黃
嶺寺料理軍中事○五日檢送軍器粮物于設伏所○苞
山郭再祐方起義旅今到星山用兵頗神咸安悴柳崇仁
亦起兵討賊柳公年少有武略之人也賊徒遇之輒目瞪

慄相謂曰謹避柳將軍云宣城琴應來應壞金垓等亦募
兵倡義云歃血之士處處蝟起恢復舊都可指日而期也
且得龍律開則永嘉之賊移陣仇德里四出焚蕩關東之
賊亦有江陵三陟等邑踰入永嘉之梓山小川等縣到處
攻刦人物俱被害照我軍斬獲亦多云○七日與文叔景
櫃景任從鄕赴黃嶺寺大將率兵設伏于松院峴洞口遇
倭奴六人射夫畜憤已久一時齊發須史盡獲斬首得其
所佩環刀大小倂六柄火筒其鐵九火藥等六事書簡封
廿餘果乃是自此持傳通遺其他者也書中有高麗國王
退走平壤及大明全羅道大丘等語而字畫皆胡草不正
辰　黔澗集　二十三

不類我國所書不能知悉其梗槩矣後日報使次吾等各
逢受而來所斬雖小而皆是勁賊且得其軍器甚多間諜
亦被獲不去此尤可喜吾等到寺庭參謁大將坐廳上受
賀軍聲稍振莫不踊躍歡喜殊有死敵心○得開京報
卽駐伊川方圖進復大都以扠諭使金誠一爲左道
監司龍宮倅徐伏龍襄陞通政云此乃廬通津大河之奴
所傳也右奴因事上去伊川　王世子即引見備問嶺外
賊勢之衰威且問俗離山陰阻可渡亂興否仍以朝報及
倫邊司公事付送此人蓋以道途阻梗不得由驛路直傳
故也○八日留黃嶺寺軍幕咸昌人應募爲義兵者多至

四十餘縣鹽初則不憚從願許入及今捕倭之後欲以為
已功頗有遷奪之計吾等極力排之則不敢公然奪取而
錄勲報便之除以已與義兵協力共捕捕語以填文狀其
心回謫不言可想矣○與士廟士會全浄遠往黄嶺寺幕
中有相議事咸倅自義兵捕倭之後猜嫌日深欲加我以
豪俠之名且收取士族家弓矢便不為義兵之用弓匠鐵
匠亦禁修補義兵中軍械觀其用心真無狀小人也溪
悔菴初興此等人謀事而今不可進痛恨○十二日
自義慕還長川奴持果物租石而来以其用秋夕奠故也
因奴聞自善山上来之賊其麗無窮諸處焚蕩甚酷人家

辰

黔澗集

二五

漸至無餘云○十四日與審仲同往俗離山靈臺菴省覲

慈氏○十五日設紙牓奉奠祖先諸位遭亂以來長在山

谷東奔西奔不定所寓日月流邁已迫秋夕松楸展省亦

無其路言念及此忽欲怠生我辰如何一至此極○十六

日俗離帰路遇任父金丈（沙潭弘敏號）昌遠（沙潭之第也）輩

仲及盧通津諸公蓋以募兵討賊事率諸人會議于洞口

世○十八日承大將傳令與權從卿鄭景任申文叔金景

樞諸公齊進于屏川大寺○十九日曉發踰兩峴到沙麻

谷齊官則大將以下皆聚會矣仍與論事夕陪大將共進

于加恩縣後設伏之所冒夜遠寓則已向晨矣○聞咸昌

倅修篩說辭記報巡察使曰李逢等率年少書生冒補擧

義以官軍為義兵以官軍所捕首級為己功使縣監不得

措手云此人反覆邪險之狀極口難說而將來必橫出無

狀之語謀成不測之禍憤痛憤痛○二十日得巡察使回

關則守令之禁過募兵者一切不許曰均是討賊不可以

官威棄去此後如有此獎必補使關勿送云○二十一

日終日陪大將論事繁事之後賊不多捕使□肘軍

情日撓不可不陳聞于巡察使以為慶置故大將以余及

李士廓為使督以廿四日持文發程○二十二日大將以

設伏事出向宪遷臨發大將書二絶以別余遂次韻元集

辰

黔澗集

二十五

○二十三日權從卿郭景澤諸公各持酒餅而來為餞明
日之行也○二十五日早朝發行○二十七日踰吾道峴
歷黃澗縣縣宇及邑居盡為灰燼人烟蕭艱縣前道傍
列竪長竿倒懸人屍者多至四五即前日倭奴入縣時所
為云所見極慘目不忍援牛刀踰嶺頭知禮軍三十
餘名來守矣夕後踰下村宿令行之透由黃澗者以金
山郡方有賊故也○聞義兵將趙憲卒其子及軍卒八百
餘人與僧軍同赴錦山郡輕犯賊陣為賊所圍一軍幾盡
被殺而士人尤多其父子同死陣中云此人徒懷忠憤不
量己力輕戰取敗雖與臨事而懼者異矣其節義足令

人欽歎〇二十八日曉發踰牛峴有下渾者領兵四百餘
人未守嶺頭矣義兵將金沔舉數千兵謀討星州畨賊出
陣加助縣陝川鄭仁弘玄風郭冉祐亦各提義旅分伏措
捕而郭公用兵尤神云下道則以招諭使猎置得體之故
義兵之集多至數萬而糧粮器械皆自官辦出軍聲方振
庶有勦滅之期而招諭令公陞左節將移鎮右道之人不
勝歎望諸邑儒生咸莘拜蹄以顧 行在云知禮之賊曾
為義兵所討過半死亡餘皆逃歸云〇夕投宿新倉廊人
卞希瑣為義兵軍粮監官來在縣司官穀已罄收用秕儲
者亦過數十餘石一日所費米多至三十石云火緊同是

限 歗閒集 二十六

討賊而軍情應募則致力屬官則解軆且嚴係公簿而爭

趙義稿當此弘亂不頼義師則討賊無期募兵之有關於

國家如是而彼徒費國廪深伏嚴實不惜自捕而又欲沮

人之舉事者亦獨何心哉○二十九日曉發抵居昌縣

即拜于巡察使為陳所來曲折仍呈文牒方伯疾手開見

傾心袱納聽控諸事一一施行

九月[初]一日朝八拜方伯仍論時務刀勸召募乃以鄭景

任為尚州召募官權使卿為咸昌召募官申譚為聞慶召

募官使之各募郷兵勿拘官軍惟皆許應以受義兵大將

指揮且移関尚州軍粮米五十石弓于十張長片箭各二

十部咸昌米二十石間慶米二十石弓矢并如尚州題給

義兵所本營所儲弓子三張長匕箭并十部菱鐵五百箇

見惠矣朝飯後拜辭而出○得見唐人許儀俊作後所
（戀恩錄）

送于 大明文字許本 大明儒士也往在辛未被虜入

事曲折及臨時應變之策其誑數百言轉付往來人以

倭仍雷不得還頒知倭奴將有稱兵犯上之計偏錄其舉

達 上國即前年九月中所發也其文甚詳俱述賊情若

合符契但其中有庚寅五月高麗遣使貢驢于日本且為

先鋒約入 大明云此等數語全出誣妄○三日瑜牛旨

峴見伏兵將卞渾暮後知禮村間豕陽賊移入靈山縣靈

辰見

黔澗集　　二十七

山玄風星州之賊亦皆次次上来云〇四日曉喩牛刀嶺
以尋見李義述先生儂城家儂事透入勿笍谷義述遇害於賊
其妻奉老孥初寄在深谷将至餓死之境所見慘惻〇六
日還蘆洞〇七日聞義兵昨作加見薪田之地捕倭二級
且得牛四頭云士廓以拜大将事婦黃嶺寺吾則累日行
役感疾委頓未得偕進〇伻候于靈基菴慈氏所〇九日
略備時物設紙牓奉奠于先考位九噫秋本是佘禰之月
兩今遇即日心緒益愴悵望家山五內如割〇十日興士
廓諸君往拜大将領兵說伏于大峴聞下来之賊目
坐谷以下連亘四十餘里云〇十一日掌書金以慶南嘉宿

加昆村舍為賊鋒所害 不勝驚恒幕中文書等物盡數被

奪尤為痛切○十二日鄭景任金⁎柜及審仲曾以議合兵 下慶尚道士民

夜擊軍住龍宮俾處今日始還伏見

教書及躬深責其求助臣民之意節節懇惻聞者莫不

隕涕嗚變初哀痛 教大槩一意兩語盖加切尼為臣子

孰不欲張拳冒刃以效其力哉只緣守士不良動輒沮抑

討賊一事視同秦越擁兵峙粮自謀其身何憤如之 邱

宮亦下 教書曉諭軍民而意與 行在教書一般笑○

十三日以議陳疏事幕中諸友皆會于蘆洞後洞欲直遣

儒生齎送兩廳有阻梗之虞更議封疏憑付巡營使之轉

辰
斷潤集
二十八

達○李叔平来宿叔平兩親曾於外南之戰同日被害叔
平方謀復讎與金進士募兵起事以求得軍粮事今
往龍華牧伯寓所云○十四日義兵設伏于自也院前遇
賊搏戰斬首九級射殺七八儂且得環刀九柄錢二筒五
事兩佃我軍亦中九三人殞命驚痛○十五日與權從卿
鄭景任諸君往黃嶺寺拜大將因錄軍功而還○十六日
幕中收賻米送金兩慶喪次○十九日製踈畢諸友同聚
筆削當初景任主製兩語踈略故使余更製余遂回具
文兩修潤佃語多扵前作○康明甫曰淵巖募得一兵而
來○二十日大將自黃嶺來見踈草鄭経世寫踈○山陽

林慶世應募而來○二十二日封琉幕中諸人拜送于路

上以進士全湜幼學蔡有喜陪進于巡營○二十三日金

憲負外甥義巖來爲傳其大將金覺之命也○二十四日

往靈臺養省慈氏○聞金昌遠言則沙潭丈及裴仲方謀

擧義以求得軍糧事俱往湖西方儀云○二十八日與鄭

景任同朴、鹽巖陣所○聞鶴峯令公移拜右節令到居

昌○三十日爲陣事薰以祗故拜辭大將發向江左

十月丁亥過醴泉地髑髏遍滿原野皆是龍官倅與安

東醴泉禮安諸邑其接戰使賊、時昕死云曾聞龍官倅善

守城之奇心每壯之及此審問則夏間接戰動輒不利我

辰 黔澗集

二十九

軍殞命過數百餘人而捕賊則十餘藏而已實無大捷之

功惟不離封疆僅免竄伏之罪而褒拜通政今除永嘉宣

不自愧乎照其視棄城偷生無意討賊者相去遠矣○

二日到安東府內金翰林涌方為守城將來見因論陣事

○五日聞鄉兵大將金達峺在秋月村往見議事○二

十八日在臨河聞金海之賊與釜山東萊諸賊合勢進攻

昌原咸安等邑兵使柳崇仁再戰皆敗我軍陣亡者一千

四百餘人兵使退走賊追入晉陽圍城七日兵使與泗川

縣監在城外中鐵丸殞命牧使金時敏判官成天慶昆陽

郡守李先岦等堅壁閉城賊多方謀越終不得入第七月

始接戰我軍發矢如雨武放鐵丸武注沸湯賊乃解圍死
傷者不知其數餘賊退入丹城攻刧而歸云晉陽之戰若
非牧使之力則陷在呼吸而終能大捷功不可言但嶺角
中尤重傷云驚歎

十一月丁四日間昨日唐橋雷屯之賊乘夜攔入于醴泉
之柳川龍官之天德院一時焚蕩我軍被圍多值屠戮防
禦之軍亦遂日逃歸而不得襟遑左路一帶恐亦難支是
尤可憫○八日間賊勢甚逼龍官縣舍盡燬焚蕩倉敖亦
皆輸去列是軍卒幾盡逃潰了無可禦之勢而方伯留鎮
安東廬其不虞昨昨己何禮安龍醴兩境及豊山安東府
辰

黔澗集　　　三十

內等處閭里一空賊欲長驅何憚而不爲耶○得見聞慶
申以吉書即同參義幕者也其書曰去月二十七日大將
命李壬率精兵五十夜擊唐橋射殺十五陸奪取半爲俘
十七馱云幕中僅余遲遲而賊執如彼末由發行悶極○
九日聞知舊申禮男文吉遇害文吉眞實申湯公之亂子
也贄居淸州夏間被擄賊劫著赤脈欲令降附文吉抵死
不屈賊捽髮扶曳拔釰倚之猶不屈賊捨令自便而猶使
人圍擁文吉度不得脫拔所佩刀自刎以死賊將聞之驚
悼曰此眞義人也令其家羿其屍送埋山麓文吉之妻亦
被擄賊欲污之刃排不屈賊拔釰賀之終不聽從躬冒白

刃肥膚盡傷流血遍體賊竟捨之云節義復成今亦有之

執謂古今人不相及也可欽○十四日聞軍威張士珍遇

害張公校生而有武才者也以有勇略方伯差為本邑伏

兵大將累遇多賊輒射斬又斬錦永賊將以此軍聲大振

將欲擊仁同縣雷賊去十日賊小許焚蕩于近隣張公寧

敢死者三十人赴戰俄而賊四面捽至士珍以下皆被

殺蓋賊設伏示弱故為引出欲報前日斬魁之讎也義城

以下諸邑以士珍為藩捍遽至扵此賊若長驅遇截無計

是尤可惜○十五日得鄭景任書幕中諸事日至解弛但

余急還且言陣中令李丑鄭範禮等率精卒夜擊唐橋賊

野闌集

辰

三十一

賊斬首十餘級射殺百餘奪取牛馬亦多全沙潭公聚軍
斬得四級吾州新率刺斬起龍赴任饒浹旬斬馘亦多令
人增氣○十六日發還○二十九日行到梅湖將欲渡江
之際忽見烟氣起自墨谷乃賊火也顛倒退步泊于首山
驛村待旦昏冒夜到柰峴夜已向曙矣
十二月初一日到舊洞○二日入福泉菴省慈氏寓中皆安
極慰聞義卒夜擊州城斬賊一級得馬四匹云○三日明
日乃先君諱辰終日齋居○四日晨起設紙牓略行奠
禮此日昊天之痛平時所不堪況今 君父蒙塵擧家漂
泊之日乎○五日入俗離寺 拜沙潭丈密議唐橋夜擊事

夕還廬洞○六日候甚冽凍死者甚多况西土慘裂有

甚南方　行在起處有不忍言而賊路猶梗消息無由言

念及茲五內如割○八日偕權從卿往見咸昌假守于黃

嶺寺被擄女人有唐橋賊陣持文字許放而來

其文云諸
士貞已艱
未敢致遲
上者遺覓
許救倍加
撫育不從
者處可誅
伐十一月
廿六日本
軍將朝鮮
國下民百
姓中云

云○九日往拜大將于屛川○十二日在陣所趙士甲等

率精兵夜擊唐橋無數射殺斬首一級入冬以來兵疲食

盡雖不大捷衣硏十餘次殺傷甚多得馘通計五十餘矣

○十四日鄭景任來陣所爲議軍粮器械覓得事也○十

五日以陣事修報都體察上使鄭相澈也副使金瓚也鄭

辰

黔澗集

三十二

公以一代元老身竄謫中之来主而湖之事其任大矣
○尚義幕佐金弘慶持關來到蓋爲合官義兵謀撃日文
賦故也書中有當封豕隨突之日痛連難不憚之患等語
其文出自叔平手云○十六日以大將命持尚義軍關予
往見聞慶倅于宮址則辭以其單不肯聽従可恨○十七
日自宮址還遷拜大將于屏川以覓得軍糧事全淨遠持
槩往左道書書院及閭里諸處鄭景任發向湖西體察道及列
邑諸處○十八日尚義軍將以來日會諸陣于報恩馬來
同議合勢事大將氣不平以余代送故日晚發宿灸嚴○
金得宗還自然營得箭竹千簡細末二十四而來○十九

日早發朝飯于孫峯具德容亭舍則鄭景任昨夕來宿時
未發行仍覽打話即戰義問亦方留陣此地何晩偕
助戰將赴馬來里諸陣卯俱會約束尙州牧使金澥忠報
將金弘敏代以召募官趙翊善山府使丁景達助戰將宣
義問尙州判官鄭起龍尙義將金覺恩縣官其惟謹昌
義將李逢代以佐幕趙靖忠義將李命日崇義將盧景任
以右九陣爲左衛以鄭起龍宣義問其惟謹爲將以屬之
助防將永義將永同縣監韓明瀾黃義將朴以龍懷義將
姜節靑義將南忠元鎭岑縣監邊好謙懷德縣監南景誠
黃澗縣監朴夢說以右七陣爲右衛以南景誠朴夢說爲

辰

黔澗集

三十三

將以屬之將以今月二十五日與下道義兵將金沔合勢
謀擊甘文善山兩邑之賊此事尙義軍與永義將韓明胤
主議也〇二十日偕業仲直到俗離省觀慈氏兼拜忠報
將〇二十二日夕投屏川告大將以合勢之事〇二十四
日巡相因咸昌聞慶兩邑之報傳令義師義兵所屬官軍
盡令解還云以此軍卒將至盡散深可慮〇二十五日
修報便草兼書軍功票將以明日使余赴巡善〇二十六
日午後拜大將夕宿蘆洞裩將權綏隨行今行所費賊首
四級兵〇二十九日曉發到牛晝嶺義陣則嶺路植木爲
柵中作軍門必通符信照後許入故良久始入先見佐幕

郭公趯曰入拜大將卽金<ruby>澥<rt>澥</rt></ruby>也今爲義兵都大將惣制慶
尙一道諸義兵矣夕箔性奇驛明日卽元朝也歲律將更
賊氛猶熾此日之感口難容言

辰

黔澗集

三十四

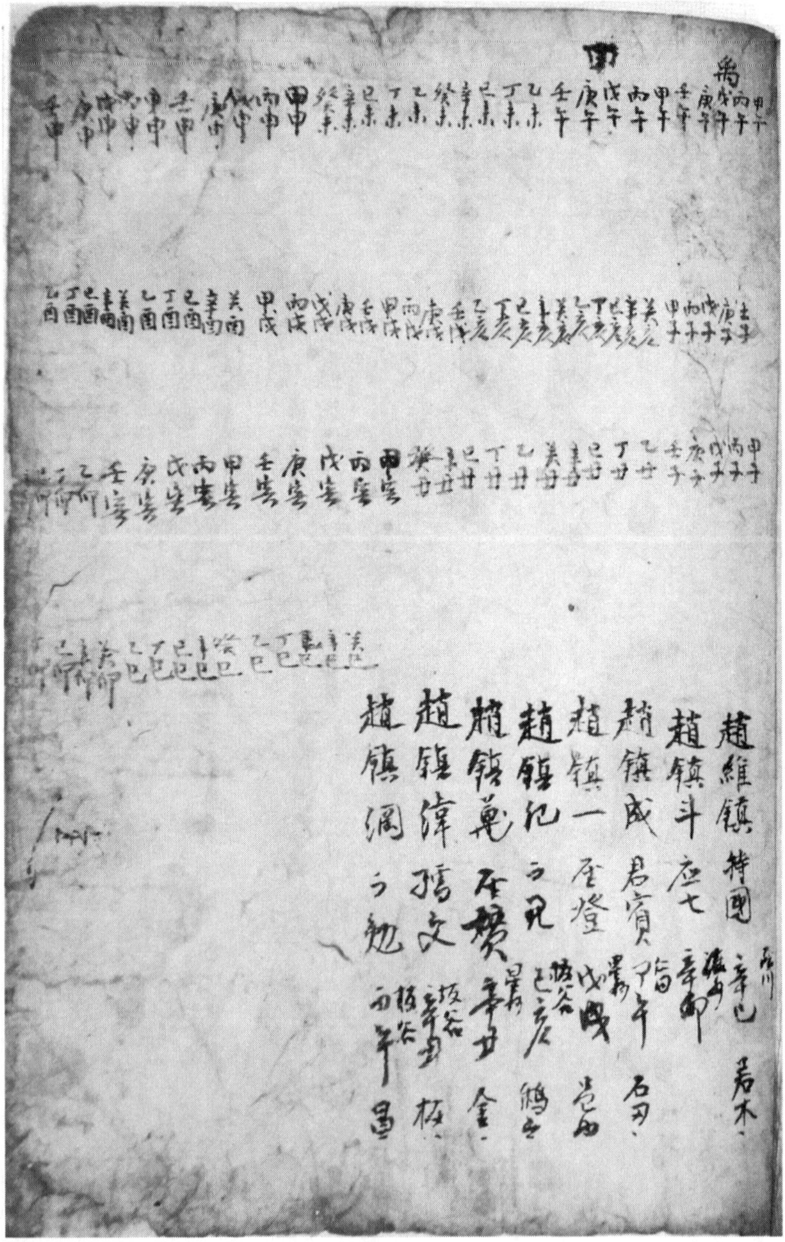

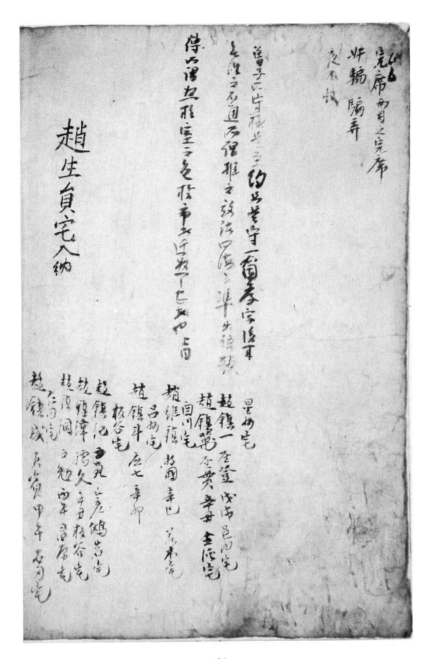

是乎公顧謂左右而歎曰循夏之變主陷都城日篤家慶山浹五期而

列邑守宰軍帥舉皆逃遁莫或有爲國事殫戰者臣民此日之痛當如我

近日自上有責已求助之敎稍知大義者莫不揮淚扼腕咸有敵愾之心倡

義討賊之師處。蜂起而獨我尚州及咸昌聞慶等地寂無一人爲之挺身而出甚

憾歟辜賴同志之人得成今日之約私心喜躍有不可言然昨議討賊者不遑要路設伏

射殺零賊之徒來者耳於國家成敗之數懸知無益而勢力不逮別無可爲之端姑爲基

所及爲趋亦可以小酬茶室嘗君愛國之寸忱矢聞者莫不感激爲之涕下旬日之間

應募者甚衆於是擇形勝設伏兵措捕勁賊頗多。咸昌太守李国獨寬身

逗伏之餘忌其成功誣報巡使曰李逢等卒年少書生冒稱舉義以官

軍爲義兵以官官軍所捕首級爲己功使縣監不得措手云。公以爲此辈

反潰邪險

血氣者寧能廢此壤地求活耶又曰苟有材器無備之人唱義特立鼓號

求募則山谷諂冷之民知有所歸倚以為重鸇萬之卒見將不日而集矣

提此敢死之人以攻夕勞之賊則勝勢在我軍容必振除凶雪憤寔在

於斯而朝論作歧世路蓋塗妨賢嫉能之徒窃擾城社稍忤其已輒加

不道之名以為網打之計有智慮者率皆袖手深藏以避事後之孃莫肯

為首事戡亂之舉時事至此志士添室之膽安得不於此為揄抇也或時深

溱扼腕不能瘞食者壹累次五月丙子尚州人欲擊當州賊飛機山谷請

援甚急丁卅詰朝公糾平三千餘人徒步赴難則無二人會者以是無功而

歸七月丁亥公典權察訪景庯鄭愚伏經世及李矿道蔡有喜等齊

會于咸昌之黃嶺寺將倡義推淸州人李逢為大將舞日曰義逢

之任遂典主將及諸人北向哭拜設立三章之法曰臨賊先退者斬後

即燊有喜之內舅而有武略者也於是金議以公為佐幕參謀無壹書

謀退者斬違令失朝者斬 訛言惑衆者並依軍律論斷 軍中皆懾伏於

知向裡之學及長遊鶴峯金先生門受賜朱子書益自惕勵以為篤衚
立脚之地而奉老家居至誠色養凡昕以永顏順旨者無不極其力孝義之
稱達於鄉邦萬曆戊子冬丁外艱廬于墓下省觀慈闈之外芝跡未嘗出墅
室婦人不浮見其面人稱其能緯家辭其後遂目堂下小溪之名而自号曰
鑒澗蓋曰忘丘墓之昕慶而寓其徐而不華之意也壬辰倭寇及奉母夫人避
亂于聞慶蘆蕩洞地而循慮賊火之或近使兩穿奉寓深入於俗離安頓公則
居蘆蕩洞凡昕以奉養之其竭力周旋未嘗絶之是時賊勢滔天列鎮尾鮮
都城失守日馭西巡公帝悵慨語曰嶺外凡幾邑而曾無一人男子唱義勤
王使賊奴衝斥直擣內地如是而可謂國有人乎寄能擾有城池堅壁固守
侯其自困而鳴鼓出戰蕉嶂嶺外精卒自下挾擊則彼蹙軍越海之寇
腹背受敵進退狼貝將有不戰自斃之勢而計不出此賊騎昕向惟恐
憒之或後空城棄陣任其恣行使我二百年承冠一朝將恚而為卓兒

重見識甚高事親至孝居喪盡禮為鄉里所敬眼後以孫貴贈通政大夫

承政院左承旨兼經筵泰贊官　妣贈淑夫人南陽洪氏寮訪胤崔之安以

嘉靖乙卯八月二十二日巳時生公生有異質神彩挺俗風解文字出語驚人金

六歲已有成人儀度見家中紛諱事輒正色斜之其在戲嬉坐作有法舉止

常同隊群兒推以為長出入奔趙一依其令直長公之居京也公常在膝下歲

乙丑嶺南八學士金開巖呂鐘輔松坡諸賢以請斬普雨事懷踪上京來訪直長公于蓮池洞

時直長公與永旨公遇下鄉惟公與穿可勝公出拜近接揖讓有節仍

俱酒饌待之甚礼諸賢甚奇之歎曰此真楊家談果兒也於疏廳日

記錄其事甚許時公年甫十一歲其鳳成如是之歲公隨直長公大歸于尚

興寄可勝公眼連訓無及之窮日夜讀書學業大成文辭稽蔚詩格尤為

人所推一世以雙璧聯輝稱之年縱勝冠束脩衣於寒岡鄭先生門下先

生一見異之句名獎許誘掖甚勤曰授之以小學心經筆書公眼雀不怠始

黔澗先祖家狀草

公諱靖字安仲姓趙氏其先楊州豊壤人高麗初有為門下侍中平

章事統合三韓璧上開國功臣太師三重大匡豊城府院君諱孟

即始祖也自是以後連世簪纓為麗朝大姓入我朝有諱崇官

至嘉靖大夫商議中樞院事都評議使司使於公為七世祖始家

于尚州商議生刑曹都官佐郎諱夏佐郎生議政府舍人諱廷舍

人生諱恢是為公高祖而早世不仕妣高靈申氏府使松舟之女曾王

父通訓大夫行春川都護府使諱允寧妣淑人仁同張氏領議政順

孫之女王父通訓大夫行司䆃寺直長 贈通禮院左通禮諱禧妣淑人

南陽洪氏郡守彦卿之女自漢京復居于尚考諱光憲字叔度氣慶

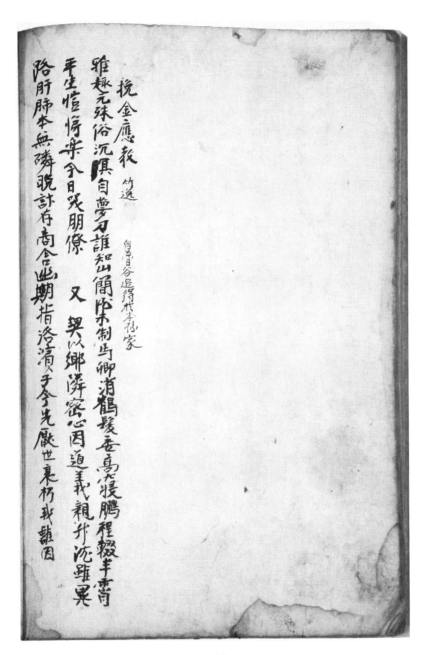

挽金應敎　竹逸

自□月谷退得枕本孫家

雅趣元殊俗沉淇自夢刀誰知山間際未制馬卿消鶴髮春高亮羨鵬程毅半霄

平生惜采今日哭朋僚　又　契以鄕隣密心因道義親升沈雖異

洛肝肺本無鄰說討存商合幽期指洛濱子李先歷世裏朽我雖因

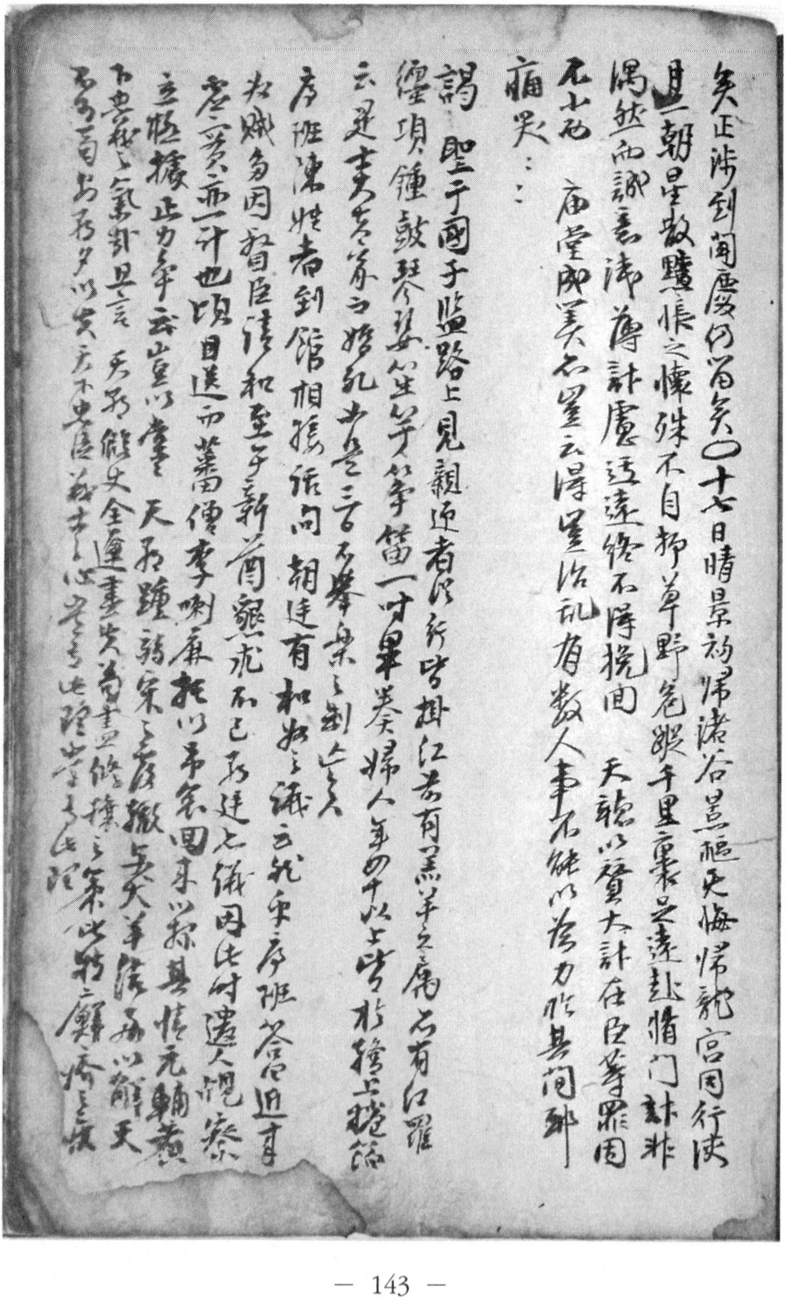

矣正涉到聞慶仍留矣○十七日晴景初歸諸谷盡撤天晦歸龍宮因行使
且一朝星散驥悵之懷殊不自抑荒野卷煙千里臺之逵赴惰問計非
偶然而諰言沸薄計慮逶逵終不得挽回 天聰以質大計在臣等罷歸
尼山矴 庿堂鹹美而星云歸沿訖有數人事不能以着力於其間那
痛哭〻〻

謁 聖于國子監路上見親迎者民行哭掛江去有黑牛之屬石有白羅
煙項鍾皷琴瑟笙竽箏笛一時畢奏婦人等四十以上皆於橋上楼船
云逆書差等之修乳步擧樂之到亡人
序班凍煙者到館相擁張句朝連有和好之誼立訖東序班答營迎于
我娥多因督臣清和室手新僧頗兆不已而逵亡儀因比付遺人覬察
虛實而一切項目送而薄便李喇康托以事緣圖來以弭其情元輔資
立恝擁正力年云堂以睪 天子跪弱策主虜撒氣失羊陵丙以龍天
卞忠敢之氣對是言 秀�能文全遙畫失菴以修擊之集以新廣僑之矣
〓〓〓〓〓〓〓〓〓〓〓〓〓〓〓〓〓〓〓〓〓

武十五武二十里相望不絶向皆撑高峯四通與得家為兵昌壯鍾盈傳也

菜土為邨外作壕少是吾三重勢些堅固客兵難進萬今侵略之理今為

十五日晴早農朝飯于團月驛芳吾全淨達為新行於朱清入飯之意稱

馬于安保驛里武士李燉乃李慶都之子也自體泉止烹避近于此為斷

社衆甚然勝於晉節有今正渉利乃其細枝云此行到嶺上李冠泉

畫養久言在嶺檄俊動尚是勉仍書围耽顧上設重城昌壯周中達開

門將臨嶺下名匹吳宏救將号軍士去時縱楽娜基渭石何以易就當來

法月己得畢察信于有志者竟成此冰別地設仿水准得計使娜有知署有

捨恒道西然世湯也為此妻討麼前多設伏弩候硤呈挾擊可也表效改州

雅迎之此元由此語明矣口十六日晴早農劒鷹巖州金光斗昌框金知漫

呑悔淫聞渴聖在近肩上去真城後宗此妻口見郢軍知得其詳向典供

远午列聞去孤八拜主人夫李棣事此手之自尚如偶劒因訪楊時叔平今為

憂警軍都有司多有康謝于約連事上歸真城云挟馬于店溪川監

郭慎爲說點心盂话良人日反乃農胄守授山陽寓處豈桓先悔石固昊賀第

十日晴 呈跡于政院 仍入侍講院 見金子臨鄭景任以自吏曹來 兩君
皆魚文學而左右院校也 〇夕令姜正陟呈書于備邊司 爲陳故賣了
判官權吉陳此事也 判官赴任多遇賊 爰當其爰 初吏民走散付
城一 云而公獨不雖官次 手執鎭餉以糧米士及李聲軍敗 一日同大陳中
道羅兒鋒 審於中爰 日識其姓名 衿中爲其人 罘罘官投骨
用此爲澄云之 其終收敖死之 固之先定与仍然陳此爲不同 务延高
前廢興等此一央〇十一日晴 今日水出城景初爲烊支金款男令
公爲島山地吾爲省先松取浽良于驛正陟有事的 明日追爰
期會于金山領苗同卩 公查爲見鴻 至試可浽以冐初八日判下苟也
臨爰宋欽南仁衛来別而君俱中解額而但敷有太和於講任云 〇
夕宿新院 酒盞甲〇廿一日晴 爲待品浽可困先中午浽正晴来
十二日晴 旱爰徍馬于竜仁院寄り另 金山領苗浮遇呈初〇り此期待早年
矢与之俱り夕宿臺村舍〇廿四日晴 旱爰不飯于大平院里徍馬
于道峝溪邊夕宿用安浽里巳 徍道浽自良于驛以下浽烖作呈慶
六七

日嶺南儒生千里裹足陳　國家大計其志可尙亟言性不得即爲罷
行自　上喜於甚誠意特賜獎諭以慰遠方士子之心闔風去有石
與趙尙水　啓依啓〇夕雨〇七日晴鄭景任來見數諭以不須再誅之
意崔先之意以民之善以至補於事而遂悟强帖極也〇得見　中批科
宦徐成楚彈石尙書星文善於石星陞批主和以請大計合創和
又不成〇石星湧已溝和石尙侍見夌弩多辭難與師掠以削罷端為甚
辛夌辟是自撤藩嚴星罪罪不可不懲云之其意嚴辭難吉有少正可治中
國有人矣夌多不祿于氏〇八日晴李助佶景閩金錫克度孝來
誄夕鄭星任及昌遠合公玄孟同在爲主家甚之後任條極欲〇罷服正合
生見申奏諫叙忘金玄玄上傳佶之教日公未陳流言慶云語中別若自為之意
公仍言尙收自　上傳佶之教日公未陳流言慶云語中別若自為之意
奏書考何據之説〇九日晴董廷翰寫疏日夕甚及〇呈夕金佶隆
招送來見權俉〇金白宏並東京已安東居張見紀六持酒來見張見

以指揮云夕偕克休公至暮初生赴世擇精家盃話栖稷仍為端
三日晴場至至還寓次金向時設食酒邀話午後園四人出訪高任金及
公至仍為話夕与暮任及權話可崔玄甫全尋達及其弟俠施達同入
三情同招覽立至风至和殊之飛目不能擔李里四之廳三言畫塘
肇路草暗不知爹日然盡掃氣後後此大平其基易也後八壹苑
署盤前還暮任家夜微雨是日初試放指扣舊為時中但全尋達乙座
四日晴朝送浮達施達南還公至還寓次吾至為製再踈仍為三第任家
時擇精持酒未訪与克休諸人共的于向時家在你而羅聞告豈使郵
期達今公東前入至為陳当救之無中朝謂已讜和私不見信郵告云
自縊誓死以明其二天至乃悟合出連斯精至七千餘名為先芨送云
五日晴製踈還寓尉夕崖相伴人邀見即偕李克休昆仲公至暮初
生拜夜深乃還沖楊天使那亭領吾七八萬出才云
六月晴鄒穆如书泛事見克欽克休帰鄉而時入至玉堂善後為備
搜授也詠次先氏芸友養及年卿昌達之云書送備邊司四啓草

寓于隣家俄向曉 指揮也李正言克休亦罷官左降◯舍喈◯當
相坐来李滉亦克欽亦陞仕左添与克休同寓乃克休之兄也爲
湖西傷二十餘人自前月中上来爲親征軍五上亮不豪 免◯退◯云
二十九日晴晨與同哭生候于匡相則方引疫杜門不得以珠令門童出
語以後日相見之意夕歸暮住金而臨李克休及宋敬祚欽甫棠祚
仁甫閔擧叔身業亦守緒星崔文甫来見悶懷

三日

一日晴昌遠令公書論䟽文啓下備邊司許思古擇精朴景承宋欽甫
及湖西李宗彦子美来見趙達六専見即去㢱子也共在去㢱曰
上命呂三公論以急送使臣于 中朝爲清傳位◯◯而左相金應南来
排而退云夕同公直坐見鄭景任仍宿其家◯二日晴興公直還寓
次金洗馬淮活源及金浄遠来見聞邊书捕得賊船粮三隻云
賊◯◯長約我共戰清正㤗去及泊岸◯而我團舟師去及整立概
事大語可勝痛慨清賊與◯長有渡兆欲相陷令◯復粮船◯◯長

連原驛始聞以来二十七日定別科初試取三百有講經云此是大舉而嶺南
之人時未得知朝命之趣不傳迤埭此可知矣○二十四日晴晨炭朝飯于
橫岩偕淨远来到午至可與里為阻驟而留宿○二十五日晴早炭淨远
及去村生員崔尚質文甫之為別飛同り朝飯于舉一村前秣馬澄竹峴上
夕宿利川邑內○二十六日晴早炭朝飯于雙橋前夕宿陰洞
二十七日晴早炭朝飯于麻田浦津夫屏其舡其舍意獲渉一再三妻出然
陵始乃取李而旋與同里人故為化剃自隱扸五崖俱其頭面流血被
体人～詮暴有如是亦可以觀俗習矣午後入埭歴訪金永音昌達乞
公不遇仍入嚴内見郢正郞旲任于侍講院告以上来之意從即呈疏
于政院而日暮未夕宿金持平而临寓所而临方引畑車家～車底
臺り廊後矣○二十八日晴路中有寶渡～慶会莒逵幹政冩午後
入旦于政院日暮未即入啟云昌達令公方以右副左房入話法容
昙任六自侍講院来話乗暮出来是日別举杨試闻偈也诸友
勸我輩見試後呈跞而茅慮委求之意不必此終石故焉是夕稿
六甲

十九日陰晨會明倫堂拜跪余及黃廷翰陪跪歸山陽權旭為辭其

益闊歸庸谷歷路入辭主倅則因事出北村未得相見矣

二十日晴為待權景物旭乃山陽洞中金丈瑞先金士宣權宜伯林荘

徧來見童高俗明婷亦勸酒求饌夕景初自比谷來

二十一日晴食後裝り往馬于席溪り到兎迁逢同典籍游自姑母黙軍

而還立馬蟄活路逢雨雪銀授聞喜孫主人乃姜丈雲雨南也出接甚

勤夜居而歸夫李至晚不止〇二十二日晴雪積後胜不得早發主

人丈邀致盃活谷深り比り為姜丈眼已有官守不得同進即命

其瓿凶航使そ辛り午後裝り投宿于鷹岩把守官申中元為飮夕

食此地設一字城以為匪割之計且於山嶺上及竹嶺亦方設城柵以防賊入

三四贅畫使李時發令公案任此そ經理云兩山嶺險阻甲於東方使不

失字則不待採城賊必不來今日費力於此慮恐不免水此勞也

二十三日晴食後裝り踰鎖虫坊牧使金佥亂方立嶺上監董排柵そ紋

鑿活道側徃馬于水涸村夕宿獐川余為訪全寮訪淨遠冒昏入

各自舊秩以来□月十五日□會于呂泉~嘗舍奉陳血踈一振我風不

滕章甚

二月十五日陰列邑士子安東權曄礼安金坪奉化金仲清堂川張汝頃

琴筆攷古豊基郭守智龍宮全讚趙元凱張汝愧朴成烈尹庸李

湖李惇高丗申景翼趙○黃廷翰李博金光斗金連振趙光璧聞寧

李沖霖李龍武善山朴弘度及呂泉權旭書友仁李恒音等人

善平人来會于醴泉鄉校書友仁金廷稶及全讚李沖持踈父已則有故不来

安高金允安豊基猶山斗堂川朴又長兼各割以送踈父一道事

夜雨○十六日晚晴金會擇踈見来踈文詞音未備雜於取用合會仲

淸及余更割○人馬不贍余誠以踈頭邑宰寫踈二次言送踈頭進士

權旭寫踈黃廷幹邑宰則余○十七日雨空交下擇踈用金以製

十八日晴寫踈書友仁筆也筍連累日為費不貲而皆自吾役也

用主倅李祺壽湖西人也亦致誠勤且以送馬二匹及来布紙地

等物為助路費其二厚氏又馬一匹及川資自吾當中办出匹金誠也

吾黨以至向送死卿貝今吾孫已迫厭敵日亮伏氣諸君子領此忠苦

者胡銓抗疏金盧自斷冤老枝斲直師乞以去初惡死之徒亡不為

騶々乎壬辰之後報此而不言吾黨以為樽俎胜越　君父可忘乎乘舂

氣百倍腹背相事萬眹可以失而富諺々雨者迫遂言美因仍畫

顔々衡內完器械以嚴甚塼要以督甚進我則　天威己臨勇

鼓死狂禩守國之已道躬探甲胄波警之大我為厚　在駕進住期

見湖西士友通文可想吾黨均有此悉不湛怕同之辭々庶烏可後也哗

賊進一步人乙一散雖可攷合袂至程束狄制衙翁厰迫人而陵之萬世

言々人睢於大計以退步為爱　君進眾為誤國殊不知我退一步

乃撤勵士氣者推左堅守都城以固甚根本奉迎盼飫以決甚親討而

悵莫可支吾三己悉古兇有謠一旅興夏今堂上策里以收拾民

日俱橫覠今國書晛非詒使虔巡身蠟々猥迫在另彑攣情洶

丁酉正月二十四日通道內吾黨文嗚呼吾連公載衰服間一我戴天泒能与

一日雨○二日晴○三日晴押个垈病起右伜乃剝布貿抱姆也積年使喚
而勞居多自占万屠乕沉綿雨及菇矢寒男且衣衣凍餒更格盡至頭
起男亦惻○糧海絶乏米水難得出於不已辛亦祖世及夢兄氷眺
食寧治地夕宿逹谷村舎○四日晴曉茂名銀于收禾偕家夕技内
靑杞金衍了家○五日晴�∇晚必门渡上逹雨途目爲山嶺技省于收内隐
逹家○六日晴去盡樑寒與晨晝末山飯夕技収咸山家○七日晴格
寒槁另门中枚鹿致家○南州申君因推∾推樑事事氏身延拒逹揎
歴可言同门有朴君沁紈偃父女者家立般豊而於申今刼族也相与同宿于
靑致家 地下坐有洁録向今ㅗ年ㅗ可和

丙申至目与鄕中諸友日事入都其時通信使黃愼自日夲陰 珊使
出還中路先通謂 回書見非和事不成一再考天戈遑近出島云之都
下洵悧莫知爲計自 上遣有遁出之志大臣或有逢迎者都人則
願出軍寛以爲城守之計 回是未定 一扉潰將左営大不幸也今夲
君垧抗疏請親正不報
六二

歸〻松西书様平秋念得於樺屬〻中島車可拳〇廿六日晴〇廿七日晴〇廿九日晴

苦〇 十月大 芙亥朔 自一日至十八日〻晴俱記事

十九日晴喜聘雲考童水入歸夢陪軍需于氏〇廿日暫雨中屢勿勿屯

天兵以伏兵出歸 歝孟業為〻賊相与搖我 天兵以手支兵覚〻板久

被告迯天兵舊於赴戰一人以長搶冒入賊中橫尋一賊衆俱嘗〻退生

搖二賊雨墨云〇廿一日霽大風終日暮速先流先公自南宇乃年困於飢

餓船艦水出不可傳〻〇流守季吉以大捷名難〻板自加等謝修

緼大同傳扁自信于其子云口苓仟 至為月私一日粗正瘴郗自氏

人工粗宁〻所有景平〻生〇廿二日晴大風〇廿三日晴大風〇廿四日晴

阿伏自真室奉〻寓〇廿六日晴李足歸〇廿七日晴李足歸金為己口〻歸〇廿八日晴〇廿九日晴

廿五日陰喜勵先自市事寓善山車撒〻李撒〇

卅日陰曉赴昌嶽出山為二原焦氏去姜扱也午後還夕与柳汝章及朴

守同寓朴乃二原焦友守澤〻赴也 元也

十一月大

家弟宿鳥君則負歸府內以廿一日陰自海邊夕還自父兄傳家李孝子莽原

自戶所還來與與同宿以見仍有以廿二日睛食後以入府內府伯亦明日

相見以食物送饋矣仍与鳥君同宿於高金錫良處歇自歇陸過來

同宿歇舂和本俊日托於私舍以資生居云以廿三日睛早朝府伯要

見相接甚歇且以年斗見盡李產首善道有旧分以人也令先教

莗場分賑官以鹽斗分給以有桥禮寮嗣字故以此也夕还文臨家李林

人崔李升著注夜今卽散李升處以此地回歇步細以人取左此矣

兩日睛以得哲石雜知以馬可運券原文偏名信石栗以旱荒程厚矣可

坦徙馬予割處夜板真宝新军村人皆南门莊得一窒金止宿

廿五日睛以持兩馬俱送還各訪安閭屋婆公飲飯歇接申君智男以立

其里卽卒於見仍出馬輪卜厚差以石村齊見以於是日還來顧

其言追及速於於大以地以足手�& 攻石得捕捉遍至長川完出石临仍

上黑石李省丘怳轉入林目地得拟其法又及拡還到尙石於馬為唐

岳西巢追到善山府內莊得摧出今始昌身云松揪本寄以献白本種

六一

即邀見以租斗見直夜与尹公宿孫內松第〇九日陰食後如進大灘
則府伯以事已向南矣　天岳左廬矣垂舍空还夕宿孫內主倅饋以食
物矣此是各日各戶居民各備節物終夜歌歌金以出服入雜遝
表側糊口畢方此日崗割痛毒地控告呂自吹臣且記陳簡今荷詩
龍山此日西鼠冷誰折黄花壽西宮一旬正謂名違也西出鼠宅
至篤南庵枝國處人蓬荻滿目盛物傷時痛堂有進夜雨
十日兩阻兩霽留間不可言〇十一日晴曉食而發午想豊山呂夜招府內發
十二日陰坐見金昌連松甚惘宅昌連以求浮药其事八月中舍氏竹事还
帰矣弃〇相法昌暮还高〇十三日陰〇十四日兩晶兩發見士摘兄松松
雁篤村舍弃夕抵家則間门相訪但壽見子吾同目發川而逆書画还未審
緣口達佛夜〇闷不可言〇十五日〇十六日〇十七日〇十八日晴爲辰雲以龍自竜
宮大竹地入帰寧海投宿于〇〇与同批高君松寧海停共切族心乞粮
事入帰吾六以子約与同り〇十九日晴早朝偕岌到楸峴逢兩り書痼
粮到制店投店〇廿日晴曉岌飯于江嶺下店柜兔差谷自天隔

安東来時身至一僕只頼大王以來而大王遷以大坂奔玄軰圖一身踽踽老傷

當此畏遑勢難單川逋厚今日赴豊山市人禀茭川情事狼貝甫

哭阿爲黒日徒步而去盡重川路二艱賊生窮困〻甚至料至少今日也乗暁

茭川夕宿大竹權君虫男家〇廿七日晴食後茭川夕宿豊山友人家

廿八日晴曉茭務飯于府内秉夕〻還河村家〻蒦至甚〇廿九日晴〇晦晴

九月小壬戌朔〇一日晴〇二日晴

三日晴有事真室夕宿張生貟惲元寓八張乃仁同〻人与妹壻亦成一同

爲流人以見侮爲族親而歎柁恓窮牧求托城底已陜一歳云鄒兄〻

子戡以〻連族〻牧束左而矣〇近相見水見鄒将去不可言

四日晴食後吾别夕還河村〇五日晴〇六日晴炸别令延長川牧千卜自礼

後避帰湘南地坎將事見仍曆辛帰可檜〻〇七日晴奇見以追揆邐㞓

事茭向豊山路吾〻以事茭向犬離以府伯右祗待天兵方在彼夌牧

也夕宿豊山友〻家〇八日晓茭抵龍宫邑内則日己向西禹鄒别㞓尹

漸有旧〻奴〻尋覓云玄則方際其而停許應吉監打右田租而停

久年惜用人列君好乃用之云列之先人審貞端重陞神妻後一見可知筆
不兄是君之嘗抗有金朴列一言一笑不輕承人苟非甚通達未近云中國
有人皇帝徑我○廿四日晴唐人本㐫全不識守屋人全不識者四年武
一之矣凡物貨交易之隱言語不道倒以矢字書矣豈可召就汲乃決
相接汲不護人雜甚相接氣且唐兵稱我國士強為宰相之也相毅
朴令公宗男在晉州時来赴任矣○倭賊自四峙乃未燒屋實攻使
㐫也松海者南為之相進性還以為堅守扑持之計汲天兵之不得歸還
李國朴於大兵營而地等墾壘當以為堅扑之云且係中等日忱惟發及
倭使未以講和割地之持平美古書契入㐫則 皇帝震怒不兄克期
㦸滅以後東出云 聖恩及此棄吾東方再造之時也䘆 皇威振罡晨舜年以
大心濤之救枕民而駭此令年幸賊勢劃䄯不賴 聖恩振罡晨舜年以
敫則棄虫之人鹿有遝類久矣晝早有今日我此不膡感臣
廿六日陰長川坡居漢拒一真丘聾荒蕪徂年廣者今出切無性富而由初目

一 格重似不可破云倅書可取于後子文表事室因入城內閱覽賊人去而空
云則城中土屋屋皆王山上云起二層爲閣或者以板或金以土或以瓦
以草者不知其數而自北門書逶迤至南門書積以柴以土可墨土爲埋而爲

七人土城上又立柱結木爲塗土爲壁擣其宝固望中等孔以便放銃其
對極巧自所作者蓋萬善之理我軍若以長箪八方去決之亦不重
一雾而或有所獲恐亦如世○天以宗侍郎唐昌李提督如松皆逆率
爲推列担岳艇呈遊聲手推出方領大眾入駐博中西水諸名嚴以志川
慶濟以爲萬隆率秋毫而敢有以犯善以令嚴放世○天吾漫棄似笑
者在云然然我國人不勝其苦高岩近教向雄列善而以軍得定其
告且那此李國流碍人敢來賑務令出集而以賢所以之人不岳逆
南岳小号太半孔雜向勞於别以南岳斬以人小岳遠
東人以至於放馳南岳爲最志川之良以絶勝以遠人云事以担兵苦
於用銅以抒以銅重七十餘斤而運於掌上捷以倍人以异先上下投擲有
同見武以於以先若以聞其將云且銅是閒水牙羽以佛以銅以朝以死後

意寧以粮米遺松子亦物見盡府伯乃夫岳牧因郞慎也性小違 若々枕向

寸主的初收尙在官以事矣權從之公之以怠 振子向夕末到抵治因寓于乡八

六日晴向晚入群 符伯性叔焿母于甚高八赴居粗安但粮道分之物至

飢餒弓豈之午後偕從以召義り乡校省于毛先穴爲可乙七日自晚以

大雨水鴻全年秋雪旱會後爰り午後入末向高權叅初婦岳東

八日晴乙咎晴都之床百孫枝性叔男枝之元○十六日雨庸仲自去岳入

・孝渠長私平甚家眷獨重于湖西因達地以覺振子出来豊山孫回

事爲訪礼雖望目血此九五次再生人之爲否弊谷存已宇及书性

才皆立俗雖叶便免義云尤至之吾和鈆以明日以り性誼串妹回左爻

以議书自身中役矣六絕振似孝 ︱資々勢々故不安得此似猶村草之汉

廿日雨乙廿百陰○卅三日晴乙廿四日晴辛家累獨入幐家束偏

廿五日晴此是居口氣存派易霖霰已近松樹之感人情不甚過之

英代禮鬼与左震土婦義之路一志性莫名之措辧々勢生此衆

子豬猶日宕○近事糧在柜窩粥小完治秋末爲非一釼以誉方伺

及市上飢餓人亦抵賊苦飢也一手把百餘人正分左右與防禦出兵往

一二三畢矣未見芝松不絕遇倭近年率已盡秋來云達道敗餓

殘在之不絕推得益矣來不出五音物些填望兒我人斯餘存我

同僚惜之〇善吒虜景他心亦若同年事左右與之推往

自正字侍息則今往推恩地矢樂支於蓮尉雜量〇係不雨玉子

自賊中役釋上去云〇平秀吉擋与中國講和陣江以小為中原以為尊

不使之奉呈　皇帝而其父祥甚而茶云未和　中府責直妤侵

也虜身以下賊為充乘未知情甚國必是待中原四　勑而甚之爲得

測知也大菜觀甚而爲自謂已情妤解物歉寂覬覦中原以爲荼乎年

李秋惜為之禍古已先向呈料今日之友甚至比快也王子之云之之

曉農到芥川申初尊家弟級中青松伴乃通食恨遊向喜松路〇

主可園初也〇三日晴〇罗晴有事專室信先農程以年兆到〇五日晴

喜史自家僑幕子還来恨附乙午後兆到喜江云別付伯即邀往乙情

極可憤慨○西厓相國以體察少年近日餞矢今去被 名還ツ去二○

事ツ晉陽ツ陷實冰效炮野味也賊人層適人挺破城座而我耳不知

ツ久城邊自懷賊從石軟邊入而偶蒙使金千鎰耳先自驚潰敢

乱不為守城ツ計賊從外登高見其快炕乃突入以此城中人盡被殺戰

老一差者死於被城ツ被矢而死者不知其在而娜多我憊坡終

至偏敗云金千鎰及岳使崔慶會立樓上知ツ不肯遂執手痛哭若

崔自死寓於金千鎰幷入樓被害云大半岳將ツ痛哭若辭援

城中ツ老至水各執已見号令不一旦以牧使徐礼元不医衆坐俱蒙使

ぁ抱謀城邊座ツ法允予解地內老王居ツ人洗全矢敗云ぅ痛ツ与蒸

濱編廿活于治家○苦名晴年萘見為覓粮貿萘ツ書事入帰害

海地川到申谷中忘皇詩別ぁ萘選出送多史為求諱勃出向

文編李孝源法尺妻也寸ぁ嬉王長川居金重還自孟虚市与ツ過ツ

歷尭柳座編夕運坊村童ツ万宿

一日晴 店柳事朴向蕈入羽尋我相見甚發慇憂為沾石分ツ散 池地底戈
立七

八月大壬午朔

早⬤執書東伇㴱保益家水得寫西伇化阿名懷都○廿三日晴
曾晴威昌居枊蘂枌董而公通遇自曹話故停枌昌蒙大水招
主簿宋彦明曹扫状落上去水㑆奈李冀徐軍卒係思者多雨和
能的初云○戶判李詠中云水軍粮都些下斗武昌地日床招脫云
廿四日晴雨和麥不登新穀束執近末饑強和望道連年昔去捺和
翌兄今日承一疋出凖安年二廿許云高去收發去有罜緩自子些
篠麦何以支活云痛○廿六日陰州子些見去見事性申谷浮遇捺鶴峰
㑆公家為相与叙氣種活稿時主玄金澤炊飯出捺夛夛還子些
之㴱因事伇同年伔上夕雨与子些之同彼終枚扵活○廿七日雨与子些
㑆食後同性蒸痕瘹家以終夕閒懷夕罢子些乞芎宿甚家○廿八左都
事邦君西享乃名農倉賑飢歸与子些之同性則都子之若母青松気
廿八日晴郚之重早還末扵飭後歸真室○儒賊滥雲堆以与不入玄奈
方衡示于蔚山罜之末法郚歡丹家妻乃云虜兵拒以講和和加我
都之計浅黄根倘任甚陸罜崗外諸之為敗己極萬玄女吾之勢

旋訪李公胤興則樂通出矣其子在家馰爲夕還川矣

十六日陰中柳君瑞及門中諸族金天一金雲柳永吉之子來彦至三日與圍中

被害云梅可爲悼鶴峯今公以方面元老絶擔孤城扶持歲餘天

不祐忠義至死廟萬未半年城又見陷使此先死堂堂丈夫人不

左險信不君矣痛哭◦乙送奇見于水谷早柳君瑞家眷仍令此相

鶴峯奇人于申谷君瑞養母年令古今後妻計未卅歲子女名各雅分

当左客次于之以依賴◦池惊不可言可痛之啓之使遠◦蔡滇瑞未訪

李晴蔡滇瑞八海云狄未的◦卅二日陰得紗子啸書水新其一家多衾

入歸居昌地之年三百連宋殺友万以賊入三嘉之極不得可彼還歸大

立枝土而粮盡之年係賴之路而得已率其家累寄托於阿阿孫地其事

賴之家紗見則真室停於切投免粮入之年真室孫中君左此地

殺之主而以雜中諸話連責以未死之西滿尋尋蒼亞虛之全委乃此

書吉不可飛◦第還云表祀多且之可托之地派持家主仍連一口与償

五二

得此平撫慰喜可言乙十六日兩崔自長立之移寓于府內伊人皇我
即世見我活會後疫徇以粮斗及臨河孫安穀一斛帖給此皆以文
一旬之用之用多慰之兩且皆寫宿校子家乙聞晉陽被圍九日矣自
先日城陷入城諸士皆遺者兵水使及達官被害者二十餘負甚
餘軍卒殆不下五六千人而皆是道內及湖南精銳之士矣未必為
皆入城同死云晉城賊陷定餘郡邑不攻自解不獨右道一節為為
賊窟甚勢將保入湖南之矣失更差根本之地國事全此有之
言晉陽三面阻險受敵以一面攻守城最易以此蒙秋賊賊不破
入矣至文捷今則城中防備備固指其日勇水劲卒皆空城中以勢而
言萬老見敗之理而賊遷故大銃簡完城自崩城賊因東入云儀人吕故
鳥銃不解此法惟 唐兵進攻平懷之日以此破堞防儀云而賊令亦解
此法純然全城之陷之日唐兵則謂之端而莫測其為何可慮也兩旁狀深�
得勅捕終始怡情迹頻有可疑之端而萬測其為何可慮也兩旁狀迩近
十七日晴早發歷向士鄭兄于松鷹鴛里則菽乘岛去永珍人不於道(因)故不得見

一日晴○兪兒~病漸劇○飯不入口○英兒亦不寧○乍熱○已四日內念極生~○
諭仲吾今被困谍涓云 天兵雄强滿一路而治店陸梁之輩終不得驅逐
掃情任其自火亟苏弦至此可勝痛哉○二日晴○三日晴○朴君歸自太府以有呈快事役世○五日晴○朴君伯献自槐山
寓況未見圀宿○四日晴○朴君歸出束府以有呈快事役世○五日晴○朴君伯献自槐山
還自府內圀宿○六日晴○朴君歸○事家累稿汙川弟村舍令史以病重
不得信末仍召召舍○七日晴○八日晴○兪兒自去寺末以汙○九日晴近
求久不雨未穀君焦~○二十日晴○十一日晴○十二日晴近來連日課農
粮盡四圣求助~幾不得已入府呈單情圀公議則府伯以粮物送饒矣
十三日晴○十四日曉雨僅一鋤久旱得此根種而後其盖~含~
○人符時適見土賊被捕扇八公三字俗人向告岁牛馬及越貨~澄巴向誌下
史則少此看远日不絕圀圀完備云嘿世和年飢良羡畫善為盗賊彼拘其孰
殺不赦死於賊死於病飢又死於獄人~欽將畫老馆可勝長痛○夕
投叔银善家金鐽善~子復辯其見仍与同圇中輩兒新自吾处長痛○夕
云憑□等炜文情真則正字以下時左扶昆地一小粗保亟久阻樹以渊亟澄

消息卽往相見頃夏初我自 川朝還曆慶寧蒙博大迎出毛還到寺處仍
求此地云 大駕令駐海州云後賊過半入歸其餘尚滯還毛平素春
內尚秋晉州接戰倭師大敗被彗者或二萬甚甚痛憤不可不狀仇仍遷改
晉山扶旅仍入湖南散勝後入本云奴餘賊奏自直入今方窺覬于咸安
郡以此天岳乍生食未莫通因向揭時引退費粮餉嶺下竟毛甚多
血心皆還鶍徒運走路云且十沈堆敏及黃廷馥自海島出還而兩王子
則亦未云崔立亦耳孫相与換話移保出還二廿六日陰今日乃李
家述初是同腹俱舍景出寺暫川奠礼吾亦畫舛性见呂呂各還東
布還高二兪兒之病舛石快羨使笑煇康六相徒卽二涌修生二廿日陰
中伏 御使農向書松府為得賑谷退送壽兒二廿日雨壽見自書松
還石得吏田采荒聖出寺泊宮利壯氏立受二兪兒之病寺嶄松
辛家屬移高于昌出寺和氏立受二兪兒之病嶄松莘
若暗去束二多炒金內窩埦得熟聒逝於慶州云亦煇二此公目和表配
坐久全氏人事先加痛所乙 七月小炊毋朔

吾已亦来此已決而朝而朔而奴僕死亡至一箇存者糧物亦乏必至不得丞還權廣
之而薰尋弟妹在廬範係一方五內常礼食不知味故不就寢加以諸累滿
為將羅流瑋而走計救百要兼中乙水風毒生之至有人事之時
我生必何遑此百羅呌莫遽為漬妾情窘憲之厄日甚一日百余里難得一死
帰送地下所飮小出於二矣捕哭之飮泰勸句○十八日晴崔景明自英陽率其家眷出
還茂母旧居詩救宗為之飮○夕號兩乙去日晴景以得夕號兩○眼
為使後忰糞陵浮病在布州日孫絕而埋歷歷人高靈芋莃初至晏骨格
可像但拳何之○廿日晴朝崔立之致泙相向薰以酊浮穀物見技多感之立上
家眷頃自土尻地令移寓內云曉大雨○廿日晴○廿三日晴因事
生真宝地踰遇盧景倫明仲自寧海出帰一善牧居親自員擔形負极
悼矣○夕宿申村導家其子智易公乙玄同枕矣○廿四日晴朝告還申文
乙乘乘來路加邙申谷金監司夫人夕到水谷見柳在詳
座端惠以租斗矣穩話移暮昌昏向還夕號雨○魚兒目昻得甬男日不差云
以秦米兩斗見惠多感之○尹公敎以督運
廿五日雨荊布旺親妣氏于景出孝ㅇㅇ 御史入郡為撩一以在
外④⑤

— 117 —

先日雨不止夕住昌山寺以將氏仍与金內翰道源同宿得見黃金元以書
道源書與応黃膓不敬着官令到三陟府云蓋 山陵有連支震今
將改葬為取檮官內於椒村技也甚書且以北虜之棄書化賊斷入內
地云極可驚愕南警而未必過浚有此狀 國事何以得酒壬衛任?
廿日晴夕自暮出還家居忘需客近富

六月小甲申朔
一日晴 徔善等皆以水漲而○二日晴中天乌近浚上去去而壬如賊低已
畢浚海与谷極可慮也徔善朴菴友悍 ○四日陰垂晚菱向本谷先
薄田权麥計也歟至李店氏暫張夕小雨○五日雨○六日晴始以麥一石
田石权隆十餘斗於比地田則此頻徔出向之歺之麥大棄小此非但賊織
瓦餘諸老困於徵菱南畝絶亦荷鋤人秋菜之歺亞生之照百口生活計
浚参何二甬同二○七日雨晚自李谷還邑李店德話稠日夕到堅
以水漲不得浚写宿柳以章一手舍○自晴午驟雨大他江水方多亦雨
道涉素原亥至利里想已絶狼恐以私之麥之書口緒改枝浚可同○中麥
之三

驟雨乘夕入府內則姨母氏方住于邑內私舍而得疾沉苦今已累月大
勢似歇而猶不永快形神極涌問慮何言達可則無事侍奉矣留
宿與吉川同枕流離歲餘奄失而侍只有一姨母謂可以依倚而生而休
未寧安且乏廚供將至飢餒中心痛苦言何能盡 ○ 廿四日陰晚發到
葛陰谷金順伯家從容打話仍留宿韓擇之妻流離糊口於花山地
以其女移天于眞寶地故來京此里於吾三從妹也夕就見則泳但困於
乞丐百窘急自前春擇之死後遇於僧痛斷髮毀水形如鬼貌不見極
可矜憐矣 ○ 廿五日晴早發取路毛老穴川到蔡淵仍逢金德暫話于
水邊夕到景出寺入拜外姑氏留還宿 ○ 諸累皆依旧而兒女亦善矣
○ 朴叢及金德善之子德輝來宿 ○ 廿六日雨德善自蔡淵書而次來
以雨留宿 ○ 廿七日雨妻屬以覲省事歸景出安宮德善朴叢德輝去
以雨留宿 ○ 廿八日大雨如注久旱得雨連日三農有望可慰 ○ 午後德輝
往見琴進士于郊舍得於 天兵陸續踰嶺先鋒則已到密陽清道
密陽以下今無賊云可慰 ○ 德及三人皆以小帳留

慌叅何~琴坐鳳瑞亦以軍粮都監未私亨与~打語

五日晴金君子亨自金壯京以委來呆尉自前秋作別久不相見今忽承訪尉不可

冷而曾未決歲人事大歎先恃餘隔四毛耶賴相對有哭知我者其誰邊時

孔疾寧散高懷盆覺也朴蘭亦偕子亨未見〇廿六日晴子亨歸吾亦散以

令日養り入帰弟妹在慶而壯奴盡運只餘僮僕又魚作戻不熱吉見反

聖腹僅朴懷席粥水亦〇夏問客迫~快言不可叅痛臣〇十七日晴朴

君伯獻自懷住寓次末見伯獻奴僕盡散奉毛盧髮~備加三子女相徒亦

赵只餘渠去帰及一女子在傍而猶不得相保隊雜南止糊口道上刑骸上木

條不旦見可憐~〇十八日晴〇末日晴前見~痛疤修苦可庫

廿日晴聞光女婢母氏自英陽移寓安東~寄食後養り~到居母驛村為金

継善所挽寄宿崔直長去~四子六住其慶援待甚篤〇廿一日晴飯後養

小午後到安東則婢母方左青松毛内云故不得奉拘日且傾晨投宿于閭

丈家〇廿二日雨以雨不得作り久早身南尉不可言夕小雪~性拝申習讀演

氏仍共同宿申夬即去氷岳再逢戚也〇廿三日晴食後養向喜松路過一

天兵善於騎戰故人人皆持馬戰馬多倍於軍額云○夕宿童宮縣之解舘

宇盡被焚礫火惟餘門閣而已○九日晴曉發炊飯于沙川傍夕宿安東界

內以天兵支饋次左道軍粮之獘連日轉馳夜人有物則必欲取而稽

不爲撩集之計一日食而一食七合而七合準我國一升五合○唐橋河陣之

人則各邑供億不至每日嗟菜而已○十日晴全進主自市場還歸吾則仍入

臨同省見家屬舉家皆得粗支可慰之云○十一日晴累日陸步氣困憊○

右方伯之計昨日亦到始審前月中浮深疾乃於二十九日不救云驚駭之痛莫極

自後後右路一帶扶持不共者都賴此先之力而令忽見棄生天未欲再造

我東方手普普牧金時敏兵使志海活令公薨抴人循惜之令氏先之必億北

之嗷嗷者何石擊望而爲重乎在公之私俱可痛哭之○十二日性外姑氏于

景出寺金內翁道原亦其慶與之暫話日黑乃于○十三日晴崔直長立之巡使

假幕過去八見而歸○十四日晴立之以天兵支待六軍粮督運事再到湖

縣見邀甚懇卽性見之始仲向匈蜀議去旬日專於下歸天兵大衆時方餘

嶺先騎已入尙州云中枚土牟賊喜不可滿任賊自下終不浮勒賊兗菖是甚痛

大將方留陣是寺三道防禦使李時彥自來率黃海道軍馬以百餘騎

來昏入寺將以明日歸報恩赤岩陣云○唐橋菊陳宗西漢田蒼及通事

韓彥儔等率吾陣軍之人以賊勢探候次歸善山地界時皆著馬由大路以

而暗时舍馬徒步取路山脊以到咸昌上元山谷中為俵奴所圍短兵相搏戰

不得免適遇吾陣軍官金克哲申磾鄭範禮李軸等軍人馳餘人

來到極力救解申磾金克哲等各投持宋田兩人以走賴以免害仍幸

歸大將在慶則宋田兩公詣臣陳謝曰今日全生皆蒙軍賜也威悸入骨因

知臣僉云○吾丑晦日○甲大次到唐兵与賊業已溝和云向賊不逺下以至倒

戈相告其意莫測可慮~乙源仲右方伯令公簡峯捐館久皆要見出逆二語

驚惆二㫋乙八日偕會進壬亦以午到唐橋千捏官諸久皆逗要見出逆二語

良久且知吾果為昌菁軍幕士汪沉以昨日免害全賴李陣~力云唐兵

大軍時不餘嶺先鋒尚導各指此三里今三軍人多老兄有媛急~素

以次逗遁克根星火且每人各持兩馬~皆肥大牝牡相雜丁不撑捽畫

則放牧郊野當夕則廐呼自來不勞牽引其平日剔養~得宜可知大抵

文~

護送倭賊使也 天兵大衆則時未踰嶺 護送使爲先鋒先到而亦僅十餘人
云大將炊飯以付薰以粮物奉餉唐人皆致謝許以上事相見云之執此見之 天
將與賊講和不戰而下送也丁寧矣○乗夕進歸龍偉陣以則大將中 天兵自
南邊入唐橋馳去惟鄭佐郎蒲公留陣矣仍議搏待 下兵乎李薰然
報使文牒以當宏乙四晴中護送使到尙州未以還歸唐橋之上佐郎乃馳
進大將不安慶要見 天兵坡也吾則還來芦谷而賊衆到南守堂
留老不得禁却泳甚無莫則乙五晴以搏賀粮物事發歸于路傍左道往
奇兒復其疾未得偕發可慮乙ㅣ到奈峴則焚蕩之賊寓去山嶺下階伏林
藪間是必爲邀向ㅣ路人之計也以此不得任ㅣ与法人其還目乃老宿于路傍
岩石間乙六日雨食時還芦谷是日風雨大作久旱月餘得此雨而亦喜而有
西戌之生○州大將再延唐橋搏見 天師相見之欵倍博前日即以姓名書禀
以謂將乃搏兒千摠宋好漢田蒼也 天兵見我人了喜奬之事唯喜刀鉚見
人不倮則ㅣ必歚以他物要摟云乙天將以搏待事遠ㅣ通事挫玄威昺偉云
七日晴奇兒之病始差歚与今進生淨遠反奇兒收作左歚之ㅣ夕宿黃嶺寺

一仍仍向周岯而要尋諸家妹左日合投宿于梨谷二回宫○廿九日晴早發抵楊

山村得見琰家及李妹經岳未久氣尚不衰羸憚不似人形正字及瑗家後

宮兔峴相玄五里地即懷連里也午後兩家自兔峴皆來金相與敍衷同宿

五月大甲寅朔

一日晴略備醴餠奉奠兄嫂○諸家及下屬皆粮絶正字極力措得而繼給毎由

何同於吾亦以之粮不得久留午後農り夕投宿于三山物閑村里物閑即五

寸叔洪君世哲氏之膽家農庄也此叔適在待接甚欵且以粮斗見惠宗忻

○山軍太玄夜連雨銀云○二日晴食後農り跋五全淨達同宿于孤山亭舍

此是忠報軍所陣處諸將多聚會矣○三日晴偕全公到矣岩則洪川

俘權公命仁領軍結陣于此慶州吾未遠玄邊見甚勤馮旆天兵已到唐

橋之賊皆下來而仍不下去方城肉勿及達近郊野鄘星星布而搽行

四坐奔蕩近日不止云都元帥金命元以退使李芳賓將今日身到釜岩陣

石都體察枸而在相國則親諳天兵直由鳥嶺下來云○午後振芦谷得見

大将書則昨之到唐橋得見唐将相接甚欵飲笑平生此則邪大将乃是

諭樂亦前在臨河得熱痛月餘餓差氣未全完遂作遠리勞傷〱攷復致軍病

廿五日晴以児病苟空林寺陳諸人以拜陳李東金〇廿六日晴午後大將拜踪于寺門

樓上舉義半年一未〱快捷雖不爲國家〱有毫而設伏夜斫所斬殆至七十級是則

可羞目今軍老見狼將室羅散故甚起事曲折及軍曰次茅以攣書宋光團員

送리宮美 聖駕則今駐永棄云晚所候軍等捉得役攄人一名而牙審問恨困則是

廿七日晴苟空林宋彦明陪 踪裴리向晚亦医希延出云問賊ㅂ牙ㅂ由則云与唐兵講和在郷省

縣리地私奴戚孫稱名人正月〱二十四日爲賊所擒入帰糸不可測而其中本國女人童子〱

退而王子及諸臣則皆不選 遲隨牙리云賊衆甚多仍苟寺吾則以踪未快差仍以役

這半相離丁壯役攄者亦十分〱二三云唐兵十五名及唐將洗遊擊等三負亦役執同

来而不知故云〇児未小歇捲慰〱〇廿八日晴前児則以踪未快茂

리將壽省 英氏墳于宮坪仍尋諸原妹叺左慮攷也將農所倅軍又執賊中役攄

且皆前願役奇眼与倅形〱是리付〱祥大栄与戚狐相同気〇午到宮坪〱咲右權屑

人二名而牙其一松都人其一白川人皆十七八云正月中役攄久留賊中〱役慣知係語

移入湖西傑邑リ到報見地宮坪村舍疾勢危苦乃扵李月初
一行上下亦皆相隨作痛云身爲人子遠在一隅同極之慶更失
聞半月之後始乃奔赴此生之冤極天而隕遠之深重萬死
長辭景遠迷徙而已夕報見地〇十八日晴喪向晚始達宮坪則己扵月
初旬日奉遷 體魄權厝高麗身妹リ絶粮之疚入帰懍悷
連雜之疚生不侍疾及茲不幸辜謂可臨棺擗踊少敘不得歯死帰
只有一抔土鳥鳶刻骨之寃歟訴全憑不淂嶞求地下于泉當諛山
幸其家屬奔喪呼天渠亦淂傑疾積月沉苦今始小差投中汁始矛リ二家諛
不凶苦故也〇廿晴瑢穿以絶粮之故追隨正宇雁玄慮入帰懍陸地吾名粮絶
向晚庅還芦谷以旧主家有小偹坎也夕投崙窠丹寺大將〇扵リ軍中辛㟎啓
事方崙蒲幕佐皆脹一慶矣斋息氣可且〇廿二日晴食後庅還芦谷奇覓
氣不平牧苬寺〇蒙傳近日口復賦歃多至十三復多臂之〇廿三日晴庅苬芦谷
都佐郎及河向㫄孑吊〇廿四日晴早庅辛到窠丹則㫄見之朶格若同不可
四九

— 107 —

方論列不置近日之退逗不進者以此云大槩宋侍郞為元帥而以李炫手答
是南人李提督則李曙之子而小方之武夫也以李之軍亦皆小人也南軍見殺炫
以殺賊小軍見斬馘北軍只斬多是南兵只殺之臨陣上功之際都以首級為先
故南兵居後以此南兵懷憤帰怨於元帥公論亦以李公為貪功挾私故多達
論列以此兩將之間不相和協致有遲遠玩賊之弊此實我國之不幸也夕宿四兵咸
十三日晴早朝入見都事昌遠晩向出還臨河原見士會憑聞雛山消息 妻氏方得病
危篤云意欲得此報五內如焚即欲自此西發馳者而此馬粮物俱乏皆此擬語
輕浮極難不得已入歸募山廝閑因除 十四雨前布之痛亡已九日而病勢極苦
似無生理而無病亦如彼云進退狼狽因知依擬早朝啓行發程山見妻以基毋
病未併之故投衣追哭於佗死別以此懷依尤當遭此不幸備此百罹甚至骨
內之不相保痛哭之之奇見以吾病未差而伦行故發程夷夕宿此村 十五日晴
甜馬于豐山夕宿池洞安生魚村舍 十六日晴秣馬于多仁嶺前保逢雛山傳
急問 親病處還絶天之痛哭多發行路人猶皆於問雖徽夜作行之剋奈
峴日始出矣 十七日晴憑行路使探問 親以消息則曹於三月之末自雛山避賊

奉敕出之勢見其死乙水烈火痛迫何為乙夜夢得之館人持箴卷四來

卷中書巴起士崇義人詩題則英雄當大亂末捷齋志而後之意而見末的記矣

當此干戈阻絶徐生不暇之日此芳之低殊可性停夢慮昇日平亂後或有是

應疏此可知 國家丹寧果有此人之飛則其慶可言○九日睛○十日徹雨州

云延自言夜改心重痛宴熱性非宴家浮取汗沮慮之○十日睛再有堅怯不州

村內歷扣李士會魚氏于松彥村京此士廟兒自白山出牙已四子而方停候卿

冷馮与雜山 英氏万事之報格至夕投喜院權士敬金晌同心乃兵有

司方馬立此慶午之同宗金晌達亦之存云乙十二日睛芳荊布床求貿多橘飲

先付狀送玄之昌達伊人靈見入語于符內書門道家賊勢則大業鴻張任伊田

天兵今到松名先鋒巳泊漢庫江卿人自都中送對書一道道和為意在今斟酌

嶺兩路此金元愚宋之橋計也都髓寮柳西屆相國立禁其書不報云 □王

子名高在村中金眞養頭付封書博達乙至而諫官心等王子自便延躱論啓放永豈乎

畠中金芙榮則重巳此矣 乃至而諫官心等卓然法寧居差檣

天敵李提督男於平壤報捷之日此全切歸巳石禎於宋侍郎之故 中郎金諫時

□川

陣大將以持啓赴　行朝事叅人侵逞而病尚不快未得擧頭叅候⋯廿三日得

得免宣諭而俞命⋯

三日雨歎兒俞見自仙剎月一日移歸景出寺永毋以而俞兒

叅候今日移來茅山調理學被出汗則卽必差使乃是幾日惱世⋯

○六日曉荊布得差候寬熱恠甚未知何症恠慮⋯七日晴吾病㽤差令則飲食不

非別去他症而但兩脚廢軟以步歎危不得更爲可問⋯荊布之病自今日

歎熱亦不緊格尉二夕得右方伯令公書始知右兵使金志海活

勢方熾之日又失以先天意云之之謁之何哉　天兵亦逼逼不進但宋侍郎亭兵新

到平壤李提督火松曾自松罷軍筭邑令以宋侍郎復進矣

松系以爲進攻之計云是則可慰○立夏△右方伯寄曆書一部乃以唐曆已到則也

△日曉追上餓莩相望至有㱕塗雜⋯處云兩麥未出之苗救活之後不出四月

△內人⋯數將至畫古未有之人民之死亡豈有如今日之此長川

炊爨及一里人盡死死已口餘藏獲石過十餘口而垂㱕擅活走讀八來此處亦

見及女見亦作痛滿身煩熱氣血枯殿保廬〻〇四日晴〻劉〻再見㫄見〻症日至加重
熱勢斷緊必是浮候柎廬〻〻夕〇墨巢山寒食〇五日晴〻劉見㫄見〻病了〻加減柎廬
〻〻仍〻宿披床〇六日晴中扐汝珎伯献未任㭊仁村食後多訪歷見〻源内于扵莊六
書〻堂金公宗蕭亦率其妻來家〻是墊矣仍招英見俐見扵金剌苐任伯献〻乱離
後今貼相見形負柎恅不似苗美中其主百〻〻山鞄苦之狀不〻吾吾苐〻歲㣻入其氏
慶仍〻〻長女〻同村居閞沒任遑〻依閞公而資活云余忘〻乃李論〻課〻〻宿〻人下
石浮以経尾〻切〻扐〻痛恨何柎〻夕〻〇墨门仍宿〻者病兒〻〻〻地〻墨歓可尉〻〻唐明
七日晴〻〻見金道原〻〻作最出寺仍話〻猪〻求彳佃針而〻〻矣仍〻〻宿〻〇墨〻〻熱〻欲矣
百會〻〻〻〻夕〇墨〻〻荊布亦見〻〻見莊事自巢山手墨〻〻山雨汲終日〻苦〇九日暗〻金〻〻斷緊
曉頭〻身〻〻寒熱気〻〻不平〻荊布墨苐山富汲終日洸苦〇九日暗〻金道原自昙出寺送
兩脚痰痛痿痺専〻趙喜歓〇〻手〻〇〻十一日暗〻金道原自昙出寺送
鍼便天玉即安美身之鍼則脚痛向歇而頭〻痛徃作額角必磾痛不可忍柎〻珎
自柷〻〻〻家見〻十一日暗自逆〻〻後〻〻稜〻〻〻省〻〇〻〇〻〇陰晴朝昏〻〇〻孩较石绵
課〻〻可欤〻〇廿日〻〻〻勢向歇熱〻〻小退〻有生道〇可慰〻〇廿一日暗〇廿三日暗〻〻
吧

請饋即進對食向晚王乐亦向暇何東山嶺地年々借々夕投宿處馬村李士會寓品
叔母亦時好住鳳醴泉人金座男士迷家到同病已卅卅日依晚後入去臨內則家癆曾
移寓于雲山村長川奴士乞叔祝春至五十餘家皆疾先々家伯聘家內均狼
已久將至顛堅飛骸少去悖不習々見金々家難区谿泊而百余思々医為々季来且自
痛泣奈何恨春風因章其三真月岑久年飢餓其病三真俱寒後出歸云元百篤側
舉中之民莘皆失石春々餓弊者倍簇拖賊鋒而傷人僉亦草芥之生々々々々
畫上天孔仁胡字夏以唐師之到投打已久而玫陷家樣之報迷而来到一陛一同々傳中
天兵々四積馬草盡為依次焚蕩戰馬多可飼々物杖還退松都吏為料粗然後々母
峯進玫云是亦可慮々天兵專以火炮及騎馬為長技技一兵石持多至三馬云已朝飯
後磨見金道原于景出寺道原亦為券兵將令方蜀伸于以寺矢午到雲山入拜
氷母無者家眾長兒則感傷得疾令乞每日啻告痛不快亨兒女兒亦自経瘧後
氣力极僅時不若完百虜々公冊日雨红小賬隆多雲山一 三月小丙辰朔
一日雨蜀雲山斋兒々拓斷重疑其々天り流候同虜石巳○三日儆雨夕卒家眾移寓于潮山奴貴石家亭
劉僚舍川夢見々床緊重懸虜曰也○二日陰多雲山英兒 命兒移送于仙

夜斫于唐橋倭亦射殺斬首二級而其一則還為賊所奪云 ○因東來之便聞臨河兒庵
患紅疫危重云 並慮罔涯 ○廿三日陰 与金濟傈修軍功上使草兼報陣中倭軍勢
不得助役于咸昌之意 ○夕拜辭大將還芦谷主人家 蓋以兒庵之病明明將發東歸之故
也 主人輩皆以傷氣卧痛 所付粮物出納甚難可悶悶 ○廿四日晴 早朝收春長不持益
氏書 自俗離來至遇患寓所日來平安之報 極慰慰 但粮道極窘 舉家將至飢餓 他倭
告糴之路何間 如如 ○午後因弦奴再進黃嶺寺拜大將 因無報陣適聞得中京城之賊
已於本月十三日盡為出歸城倭多賊云 此必以 天兵大至且曾於幸州大敗 軍勢摧挫之故
也 奏凱有期 甚慶可言 晚發來于芦谷 ○廿五日陰 早朝發行 歷見晶任妻氏于道
莊谷 行到白碣 日已西矣 炊飯于道側 乘昏過大路 山谷避亂人人赴左道市場者幾至
四百人 与之偕行 ○廿六日晴 平明渡伊湖灘 炊飯于曹于山村里 薄暮渡多仁縣津
行到花郎谷 前路載卜牛隻不意顛仆 斜岸仍斃不救 日已昏黑 進退狼狽 不
得已投宿越村 ○廿七日晴 早食後發行 歷見金忠義震民于來處 本仍求卜馬 以輸雜
物 而第有一馬而贏困 不能騎 徒步跋涉 而終晝重可悶悶 夕宿豊山川古信家 李孫
玉亦來見之 金明見 朴蒙皆是同里之人 道上邂逅 舊懷可言 ○廿八日晴 李玉亦為參

甲午

廿二日陰午後赴黃嶺拜金淨遠亦左幕中〇星州牧使諸末以假屋窄故
若使島來在右寺矢諸公金岳人業武取科門地不顯而今因賊衰驟登百里
之長人事必此矣〇遂傳令內南方中震召募为官等並令軍帰役于李邑城而
邑軍入募諸若而官皆為推挺大將推助咸昌一役而後大老多了矣揆手勢为
恨之乙巳目十七日大將令金泗礪定將令酉年急舖姜鐵於泥路中俟其近到實
云名自己出牙直向咸昌地代將令勇年急舖姜鐵於泥路中俟其近到實
出急擊李賊多傷是擴支大野之中我軍追擊盛力且進且射追到釜院前釜院
之玄幕谷餘二十里辰初接戰到申時不休射死者過半其餘亦晉中傷向釜院去而
內甚近扺大賊中醉出援我軍矢且盡以此不得窮追云當其援我立卽出報軍
百餘名亦夬能自硼山谷中前後挾擊謂可以盡斬而圍虫報軍代將及軍率夫戰
馬二匹中旎重傷馬則卽弛扱一時退兵推我軍獨奮勁鋒終拾力斬李石守
知学張先懷出挺身搂釗擊殺四郷棄其而馬而出快壯状按此可想而終石
則身殺娜夬而寸步不退全令山則冒入我傷拾矢伈射矢盡之後申痛多句里及
浮郬者為此忠報軍先退高兵揚角~助也〇周月十古日夜先鋒李軸李丁寺年

桂獨立必昔麥之感自不能禁乙二十七日微陰路出青川乃忽遇慕仲悅朴公緒於
路上公緒則以青川年米十石本官因本道以慕閉于遷停不給故再向連慕呂云吾
乃出催促之開付公緒以送乙夕宿空朴寺下村家二十八日晴早投空東青寺朝飯宗妻
明主治粮餉事矣午後發向俗離觀蓋氏大刹病氣大熾移寓東庵矣審伊之兵
去勢已歇而但元氣揉敗未蘇權枝而廣之蓋氏眼前如償及正字家奴妹不合以次人哈
浮保疾收太山僉是勇乙犯故其餘軍亦病次有熱云亦但病重振道現純救治不
贈病雖不緊餉亦丁房而乙之館憂憊亦不可言乙二十九日晴可東庵忠報太明已移
陳于孤峯具德章亭于梨仲赤滇重其處云夕大將入選俗雞絕枯仍与同宿遷
仲金羅此窯權懷結陳于陽川孫亭如之地与賊大戰斬首千餘乃射殺毛美賊之適不
者十不二三云乙廿日晴多進遁矣民日晚發夕宿童華洲风禎此解壽諸君各後
粥飯以勸仍与同宿乙廿一日春分微陰早發授箱于屋川大將則以天兵矣待時假
屋吳草去搭置事出陣于黃山嶺寺云以便傅令內禁若乙邑難不純沒酒食
以付王師水馬草掌木假家去事宮蒙兵合力搭辨而以昌家軍僑威昌壽等
屬南妁山湯蔦南教可屬仲慶枝大將出歸黃山嶺寺与主傳同議為之云

景任〻病景任以庭滄南帶公山未遑救也○十三日雨留長守宰令〻應此歎推田庄保
而守奴盡用之餘故不得已放賣十二斗之牛以備飢困之計然〻減於昔比僅萬流離 相
〻人何以資活耶〻〻○十四日陰以清州軍糧米督給次出關事往牙山達蒙之院○
守慶令爲達蒙大將極制湖西一路諸蒙兵完山君李軸爲別將書大仲爲副於〻
則領軍出歸水原地完山獨在先偈完山則拔見甚款仍言今日与老先君欵
有交分云大將則以是報狀成關出給而已○因忠州人備說多殺我民〻入住者男
丁盡爲被害於賊刃女人則或有不死者蓋天兵出臨賊徒自知不敵處其城中
人〻或內應夾攻故也三門〻外積屍如山道路不通云都內〻人經年附賊苟偷朝
夕之命終死賊手固其理也又何惜焉○婢奴還自公山得景任手書渾身則今已
蘇病氣亦離狀而但面部尙未大差故未能發程望余往訪者甚懇而非但路遠
人馬俱困不得遂意痛恨奈何○十五日晴食後發行直向清州路湖西一路雖曰無
賊而近來以天兵供億之故易粮困餓之物皆令民户分輸人馬絡繹在〻不絶民不
堪其苦甚半逃散閭里〻空虛無民焚蕩〻地時與望此可歎〻〻○夕宿全義地村家
十六日晴早發夕宿清州地道經邑居家舍盡爲焚蕩無一間遺樹木亦半焚燼只餘鉄

店舍日候极寒作旦甚苦終到四五更而止宿可然○八日晴凌晨發旦過櫻井夕投金城倉

清牧時方斟酌畱住于此倉業已入衙故不得入見適判官權大信在外故暫

与打話牧伯姓名尹景祺以軍切陛喜示善云○九日兩日晩入投牧伯息告之粮〻

毋則只以年来二石許給可恨建茅以起給則皆是松儲白米而牧使也不在姜〻

以年米撰給且元杰百石内只給若此先可憑以兩會宿○十日晴早食發旦將赴

建茅以懇馬于遂条酒墓夕應到盈陽金谷先入姜崔夢家則姜也不在姜〻

妾莫代炊飯以饋昏末宿奴長守之父姜砥乃夕姑氏蕚矣叔也今至

今二歲与一同宿此慶有薄庄田酋多至七八石蘭而長守亦見零丁將至侊辰

而飢乃收未曾以一毫輸送而今末同之則升斗乍儲長守年備長守可

悟〻〻二十一日晴食後性訪姜君龍壽姜乃歩姑乃一守甥而弥山偉鳳壽〻帝屯其

妹支李君恩道亦出見識旬難之人末富此里者甚多傳仰天兵又入入

漢都俊隙脱先鋒省死炮戰云竹山一站賊勢令弥満向諸慶屯賊皆以次退樣

云天兵物非效炮一絲當百平壤大捷〻後皆不戰自郤云乙夕飯後正長守家

十二日晴性訪姜泰奉權壽于南面○吳子渰方居毋表遲殘入昂○戴書任同都

處及巡察道具由報稟聽其進退兼幹茆日仍得賊藪也並報金僉知者以其兵
節制一道諸處兵故也○仍因三賊皆旋送諸僉議故也○得並氏書報頗歇云極喜々
三日晴金淨遠歸巡營吾亦以軍粮米取來次將以明日偕朴應先赴清州官鄭正
字曾於達處大將處請得清州米一百石而處促不送故令又再進矣○夕以具
料理事歸蘆谷主家則主人之家方得癘氣苦痛可惧々○流中 天兵已到漢陽
城内之賊稍々潛遁云○陣中赴擧之人以試期退定故皆不之 朝廷爲得精兵特判
廣取之路湖南取五千湖西二千嶺南四千而左右道各取二千良賤妻子並許赴右道
三處開場吾州居一也以月初二日始試而旋因 天兵近臨討賊事急々故罷停不取
退以後日云○四日陰早食後赴尙州爲辭清州々々牧也午後雨下不得發行○夕奴
春長自難山奉並氏書來審得疏家色々裕大歇極喜々○五日雨自昨徹夜大注終
日不止道路似不通可慮以雨留尙州○六日陰大將以南判節制竹峴設伏次偕
閭慶倅鎖兵以歸○日晚同朴應先公緖發行夕宿空林寺○因人中再脈々日已昏
下歸之賊連亘六千餘里衆夜下歸者尤多云○七日晴早食後發行過青川縣入見蔡
參奉壽曾參軍君入處忠報軍令方分兵移屯於此倉渠爲留陣將本在云○夕宿栗峴

行在一昨下来之路歷六陣而馮問天兵之奇則果於前月初八日陷箕都賊皆遁退故

松京則不接鋒刃二十七日富到漢陽云 天兵奄臨之餘糜碎收之期疸不

出此春之內云魚肉餘生得聞此報驚喜欲往緒之以鳴咽也且曰此人聞 天兵

初計擬及前歲之秋決意渡江勦滅賊奴而隨擊將況惟敬單騎赴賊

交好懇密謂可以不勌兵届知此賊當初中國及我朝之人皆以爲信然及今

始知其咪屬邸賊世宗与賊相應故令 天兵陸錢欲先威我國後引入中國仍謀篡

立之事令始事覺惟欲斬辟令與 天兵俺渡江行到平壤唐將試以惟敬之意辭

告之賊則賊十人即果来現仍令執縛盡斬惟敬當黨賊謀始風威情緊竪

此言時不可盡信大㮣必氷虚報也已二日終日雨雪交作威情緊繫以相傳令中

慶咸昌台募官等使之盡領芽兵而入軍移屬孫監此必以再監以官軍盡入

義兵束由討賊論報故也縣監傳令申諄促其領軍進見 寡傳 氏益至

解弛不必罷陣各散之則事顧求業已啓達且令富 天兵置賊

遂殖潰之餘遣䠝扶擊等事此尙先惠臣子之義不合檀便歸退連

赴鄞亦難情勢猱具不知此報將以明日委送全浮送於芽兵大将
金知
甲午

何者此相傳令內既以兩倅及衆將分為左右衛使之同聽而好判刺節制令不可
違道主指揮私相約束明矣況兩倅此計安知其必出於中情而是日中營而致敵
亦不可料也○有賀倭馬者以木四足買賣之○廿八日陰與宋彥明洪叔仁景仁諸
公陪大將赴黃嶺寺則鄭和叔以助陣將方在寺全淨遠亦已來待矣咸昌倅
亦帶助陣此寺云矣而咸倅自陽山寺來為赴約束之期也○昏後下來之賊屯
宿唐橋路傍大將以夜擊次領軍發歸夜深不利而還○得崔氏書疾病尚重悶悶
廿九日微陰早朝陪大將與兩倅相會聽其論議則前日云云事果[illegible]出於真情吾
等亦以不可違道主節制折之約遂不諧此計矣果出於本心則官募兵合勢
擧事必無相礙之弊有何不可諦觀其意殊非可信之人故諉於傳令而拜之
吾黨之意宗不是不欲也○日晚大將領兵精若干設伏次出歸唐橋吾與彥明
叔仁輩還歸廣川本陣○三十日晴助廣川淨遠自山幕來有幕中命設置處
事故也○夜有三人搶入寺中蹤迹極為荒唐即令拷訊則一一納招果是欲偸
取軍糧之人也其一乃高孽之人著名於忠報軍案云仍為囚繫不放○二月大丙戌朔
一日雨大將入來夜擊唐橋獲一馘乃先鋒李軸所斬也○左兵使朴晉牌招持狀啓往

演之也起事已晩而軍勢亦弱勦賊豈乎○卄四日陰食後㙡りタ宿屛川陣弖大
將領兵与慶咸昌合勢令方埋伏于廣路遇云沙浦國信適來同宿國信觀親于
空抹令∧將∧歸崇川以其家屬僑寓于其地坂也○間沙三日亥賊之下來有連續
不絕司夜下歸云是必以天兵驚塞之故各自遁歸也○夜雨下如注○卄五日自夜雨
下不止想於後伏甚㤀㙡康~○間唐將岳部侍郎宋應昌及慮事楊兵官李
成滋子必松領㙡李將軍餘人衛守到二十餘負夢到肅川後引賊倭多被斬
殺平寨智副將人及其下八人皆生擒云太兵已及平壤賊皆遁散有因破竹府
清收氣不出此春~內當企之千後兩當夕後苦谷○卄六日微陰晩作書送付國信
㫋傳臨同家屬慶己得士撫兒~書乃使公㕥㡾必備審景任疫床大勢頗順㧴
但㡾㿋恒繁疾瑞盖激云可慮○卄七日晩早朝洪澤自浴雜持 英民書來到
將審仲~延高不快㦗必保氣㮚內則~抆眛~解身產後㕥重三不膝鴛同卽
㰱䢓見西代步主得石間㤀何○沙大將招向夕入歸屛川盖咸沙兩停~立欮
以天將為中南將渠两公為左右南將禮其節制搭捕坂大將伍与幣中諸㿋
便舌然後將以李目相會于黃嶺寺議言其可否也然於吾矣~李似石何
四コ

廿九日晴食後發向雛山省拜　魚氏同家貧乏無何尉必以此得於下道求魚袖柿

木足未物獻補充廚之用○廿日晴立春見蓬大將傳通則黃氏全羅以蓬矣

次傳通內天兵本月初五日圍平壤八日偕珠賊之十八陣皆自刎相殺文一陣則廷

走鳳山之地中路要擊以射殺斬級亦多西京又為收以天兵今到黃物云其果的報昳

復不達國家兵慶必何可偸○聞柴仲之言忠報軍四百餘名高蓬將及善山倅通

開之极頃赴竹峴則善山之軍毛二人到彼高蓬軍四各掩襲我軍義至盡發銀得

來會後伏未久善山之人潛引有脚多以出來前後掩襲我軍義至盡發銀得

避出云高蓬善山之安宗類如此向虜播搐之名至此萄形上使以相信之已為

怢啓此不顯狂歐　君矛可欲○廿日晴午後發以投空田寺得見宗產明自乎山遲

可慮夜藥仲問宿都廳○以二百晴午後發以投空田寺得見宗產明自乎山遲

完山君欲心求臨而令為達蓬副將已會恔㫌束決矛云○權送以世叔信蒸

仲懼事以問慈事生公山郜景任慶云得見士廊先以壽寡久矛之景任慶勞

甚恢今方感濃萬毛老道云粉喜天羌憐才豈不達羌君也○廿三日晴以貨以賃馬事

出歸者以名遑空叶申字標亦峯蓬兵求陣此寺喜与相見申公乃前郡守仲

十七日晴權景送紅疫已透出痛勢亦苦可慮聞鄭景任以覓得粮餉歲前往湖
西今在公州冒瘴疾臥吟石膝驚慮士擴兄昨三日發歸景任往慶云景任石得之
米幾至五百餘石云此芝以資歲月之用何喜必也午後進屏川大將以下皆安好矣
以得軍粮弓矢未物照於輸油陣中喜其優得也二十八日晴聞大將之言完山君李
軸令在牙山地為連茅悌副而別令不為公事數牙吾陣同事及頃者令察訪景
偉察有喜宋光國等偶人馬住迎近將牙之吾陣被侵於三邑守令軍卒
日散凡百解弛大將之強憑完山蓋欲藉其威勢以完陣事也此固救急之一策而
然於吾亦有不滿者完山一代元勳夏初避亂牙住于孔安地前各以逃以此境今在
牙山豈宣亂經年不以勤王為念而逃一下邑但為全家保身之計令之欲牙吾陣亦
豈其誠不哀石退為後日自明之地而已吾未倡茅討賊各正事順而却因一時之窘
遠欲委身於此而人於此不亦未安乎弟不得已則待其自牙可笑何至送人馬多
匝于思見則必是明者必有能下之者但可牧移莊於厚慶也許男之在其寺夜与同宿敬
寺以屛川近賊路恐有焉却之却牧移莊於厚慶也次亦七十延弓矢未物夕赴空耳
暫奠畤於　余玉毋吳氏而吳氏側室子方書一候未果之怨然難以自抑也
四一

十三日晴以卜馱朱輸之故不得渡り奴春尒自在居昌浮病到今盖苦帶り郭盈和亦自睌傷
寒作痛極慮之十四日晴得見卜年三名早朝渡り而奴于及應知之病甚緊不歇不得已
吾与權綵陸步令而人踰峻嶺四峴り到五十餘里夕病弓谷村舍氣悶慮已甚
陽儒生李公儀者領僧兵百亦在鳳谷寺方為後伏捕之計李公見相
振慇歎亦送二兵輸卜矣○十五日晴早渡夕宿丁中午川卜村道遇金浹大將禪
將金忠猷領騎兵五十餘名方以說伏事赴長川竹峴地云此善山倅丁景達
与高峯將畓上方略於迎莒曰項因俊內雅人眠言則而王子より尙帶
漢都將以朧月正月之間卜未云未与齊邑諸陣合勢舉事逅要欵欵為攄
耶之計云以相得此報欸喜曰益見草溪以報欵謂り卜玄已久令審必此
固旦竭力要擊即通牛盲茅陣令送兵合勢攻金忠猷亦大將指揮上其至
与高峯法君同赴竹峴也道逅黃間倅朴夢洗自竹峴後伏不至牙同云則
以賊多我弱難於卜手攻回遲云二十六日晴雁和及奴病頻向善復向權倅得
紅二蚨苦論可慮旱獎衫飯于化寧大頭村鄉人金仲淹要致其家炊衾歎
橫燕裝西馬以輸陸步三百雨岩松甚今得代步運盡々昌邑浮抵芦谷王家

兵遲延不即救本國之急辭意甚激令人起敬可謂中國有人矣其詳在李疏中 〇聞行朝消息事多因循乏撥亂之計朝著爻象之不好有甚平日惟以見警分朋爲急務云安陰儒生鄭惟榮曾於歲前以勤王赴行在陳疏 大朝及東郎極言時弊且面斥大臣小人之忌憚 大朝則不爲引見但欲除官而左右止之 東宮則再度引見奇其爲人欲令留仕而惟榮度其蹤迹孤危難於久留决然辭歸云諸大臣惡其觸忌舉皆排擯使不得入筵陳弊以人事盡之恢復之望豈有期乎序自 上有詩云國事蒼皇日誰能李郭忠去邠存大計恢復仗諸公痛哭關山路傷心鴨水風朝臣今日後尚可更西東上意之勤懇如是而時議乖裂猶夫前日可痛、鄭公又上書巡相先陳討賊之務事竟不遂須同入山城據險力戰當蹈死危壁不宜取辱賊手言甚激烈令人起立 〇軍糧米六石貿各七升木二斗五疋時價之賤落如是可歎 〇十一日晴食後發行稅馬井吉嶺投宿于嶺下移陣於大將令公歸居昌惟裨將邢鐸崔訓留陣見接甚款 〇十二日自去夜下雪幾半尺冬來此爲大雪也晚發到鳳谷寺右寺乃知禮地而主倅留住之處也都事帖令各官驅致所責軍需故遂道入來而主倅去居昌不還軍卒皆散歸倉卒無措云云極可悶事

躅令人無感午授坐陰則主倅朴知遂出接于玩五軒甚爲人眞性憚儒士也

談之際忽有先媤向匈近謁問之則乃星州儒士李輔卿之兄妻也遭亂之後閭

家皆投水死渠獨免秋丐食於路傍形骸土木僸不且見直上顚連之處陸續

不絕僵死溝壑者亦不可勝計而童稚之屍尤多矢向暮頜米炱리止宿于中道村家

九日晴朝到居昌入見都事亦帖給米斗矢爲庸私寓夕金大將馮氏及全羅義兵大將

崔景灝亦入私公廨甚驚擾矢金大將自牛旨山陣以來將爲巡省列邑募陣故

來也崔君子任大將秀子英皆自湖南頜兵千餘曾於歲前晉陽圍急之日彼徵來

援仍爲以地捍衛于陜川知孔木境賊勢之甫不克亦于近境者以諸募兵堅拒爲力

也崔亦墜壞之加道詞云二十日曉軍米轍連甚難歡於今日市貿布以帰仍甚

私寓見書察詐胤社於私龍前咸昌李國瀰奉其次子亦來公廨相見急語

勅然作色甚可笑四相令公以募兵將會事今日自安陰東此孙云李二其必歟

新荣懷扵四相爾社也其二之郡恨執此可知二伏見朝報自 上內禪二意頗駭愕

諸臣諫止姑傅諭審傳 教二浩不克頊儓傸二唐將薛藩侍誅皇帝諫其天

和君則道中得病甚危云聞之餘但痛惋何言 巡相且憂順 過度發至生病槪路

日急而前食甚少可慮〼二五日晴〼山陰朴君溟敍自陝川來漁樂爲參謀巡

相之幕校終始隨り云 朝廷以金沔去病特加通政爲參兵大将極制道內諸

義兵郭再祐亦加通政云 〼六日晴巡相勸令不得義り久滯未還云甚毛卿

趙丹城宗道來謁巡相後退在客舍見邀吾與凜敍及成上舍年同赴則藝

持酒敍話甚慇主伴金洛及沙斤察訪李覯幽谷察訪萩 同之夜深会敍

七日晴巡相巡軍粮米二千石長民分前各十部巧弓三事〼十五大見東昌苦軍具傅

盖以鄭城主非但募健全雙動於討賊徇國忘身故也己

今本陣及咸昌聞慶官使之合勢多爲左右衛将同聽尚州判官都熱竜節制

軍金克哲鄭禎祥皆拜礼賓奉事同來權綵拜礼賓叅奉都叅祥曽

赴戰已陣可悍隣友韓璡仲堂亦拜礼賓直長可賀 朝廷除拜爲震討

賊苟会宗效寧宄内慙〼乘夕褁り幕宿沙斤驛里山陰倅亦以饋親之物見遺深戰

八日晴早褁權君領卜物宜向居昌吾則向安陰孫盖軍粮二十石内十五石以細木祈

出五十疋出自山陰其餘五石當出安陰官枝也路過咸陽玉溪書院緬懷肅〼

散漫可慮也○甚晴修報使○書軍事案○吾將○明日赴○營及也○募兵金遠

男托稱軍官作賊山幕爲人所訴○況問得情即日○到○廿九日晴午拜辭大將夕宿

谷禪將權綏隨○申樞伯亦以其私故同○歸今○以責賊省四級帶去郭再和李

石守皆有軍事者也○廿七日晴早發冒昏投申年川下村宿申景智家權景選自

夜間得雰亂氣極不平可以廿六日晴淩晨發○夕宿半度嶺淩居合○廿九日晴晓

發到牛音嶺苐陣則嶺路推木爲柵中作寿○必通符信然後詩入故良人始入先見

佐幕郭公慈次乃入陸通政爲寿兵都大水担割慶尚道諸寿兵参

夕痛性奇驛里明日是元相也歲律將吏賊氣猶熾此目○我○隣容慘怕矣○

癸巳正月大丙辰朔

一日晴晓没性奇驛朝飯于城林丙主倅郡三度送人致向無惠雨饑邀見悲切○忿忙

巡營之赴未得入見冒夜始達山陰而則巡相仲聲急呼即入拜後以裡倒○懷言不石容

暫没盃酒夜溪而罷仍爲陪宿權綏及申樞伯以其私貢事下歸南原○四日晴寿山陰尚我侍宋西休

徐尚男亦持軍事禾謁巡相○三日寿山陰樞伯以其私貢事下歸南原○四日晴寿山陰○

草溪倅傳通被唐人都安民言內西王子去士月初到泊釜山兩相在歲末己八帰日本而順

— 86 —

金弘敏代以召募官趙翊曰善山府使丁景達曰助戰將宣蓁問曰尚州判官鄭起龍曰
尚義將金覽曰報見縣監具准誼曰昌蓁將李僅代以佐令鄭靖曰忠蓁將以李
命百曰崇義將盧景任以右九陣爲左衛以鄭起龍宣義將朴以龍曰懷蓁將義師曰
以曰助防將曰永同縣監猶明胤曰黃義將朴以龍曰懷蓁將養師曰
者蓁將南忠元曰鎭岑縣監盧好誼曰咸安縣監以縣南景誠曰黃間以監朴夢說若
七陣爲右衛以南景誠曰朴夢祝爲將以屬之將以今月廿五日与下道蓁兵將金丙合
勢源擧甘文善山西邑之賊此事尚蓁軍与永義將鞱明胤主謹以爲之也錦公自
義氏薰拜忠報女將右以疫候新裏孤子豫兔悙過度有出以廿日曉蓁以修衾
夕卜雪诸人各散而吾与柒仲仍宿村寮○廿日李偕斐仲○晚淺直到俗雖者觀
見盧通律大海薰求殖祖爲送英氏以坟也○夕投屏川告大將以合勢約束之事
則非但粮之軍年四散難花伴那以廿五日甘文之舉尙未及持云○廿四日曉以相固
咸昌半慶兩邑~報傳令蓁诗畫兵以牽官軍畫令解送云以此牛年被侵者至畫
世八

捷而夜研十餘次殺傷甚多得馘通計五十級也○十三日晴以陣中相議擧大將畏見
鄭景任于獐項道中吾与全淨遠皆遁之日䂓選陣石○西日暁鄭景任来陣
以為徹軍振兵械見得事也○十五日晴修報都體察上使鄭相澈也副使金贊㫖
鄭公以一代元老耿自寅滴之中乘主西湖之事其任大矣到累以後日以鄭相澈而㽡面全不治孚
云可歎○高薺幕佐金知慶持關未到盖為合近慶官薺兵謀擊甘天之賊故也書
中有書封家陳突突日痛連鷄不栖多魚未語辭順理直而措語亦工其文出自叔平手
于宮址則右件以兵亦不肯範後可恨○廿六日晴以大將命持高薺軍関于庄見少慶僚
云此議若〇成必能大捷矣○廿六日晴自宮址還拜大將于居川以見
得軍根事全淨遠持擬文入歸左道書院及問里諸處鄭景任以兵向湖西體察
道及列邑諸處李守基權㽡陪歸○廿八日晴高義軍將以某目會諸陣于報𥄮
馬来里同謀合勢事大將適氣不平以吾代送牧日晩發以夕宿炎岩村○金得
宗還自此蕡得蕭竹于介細不廿廷以果以廿九日早發以飯于孤峰其中容亭舍
則鄭景任昨夕来宿此亭時未蕡川仍整朿活助戰將宣募問亦㫄為陣以地也
飯以饋向晩偕我將馳赴馬来里諸陣帥僚會約朿日尚州牧使金澥日忠報軍

二日晴曉發入歸福泉寺　燕氏昨冒氏谷始達廬中皆平安極慰。聞義兵夜擊

州城斬一級得馬四疋云○三日陰明日乃　先君諱辰終日齋居

四日雪景麁談紙牓略行奠孔此日永慕之痛平日之所不堪況全國破家山漂泊岩

谷悲言痛公私以何盡喩○五日晴早裝入雜山大刹燕嶺拜沙潭文密議唐橋衣聲

事夕投芳谷氷崖路滑累次顚躓氣極不調○六日陰日候思剸近來連日陰

晩寒列至此道停凍死者比。有○况畊土添到果有甚南方　行在起慶有不忍

言而賊路猶梗消息云由言公及燕五內必割痛哭、次冒昏還來

七日晴淨達歸屛川津公蒸景休來宿夕往見景休任于道莊同寓次昏還來

八日晴景休歸○偕法□天生見咸昌假守于黃嶺寺假守有染疾石得相見○秒擄女

人自唐橋賊陣偕法文字許敖而來其文云諸民百姓走真。粮米把致運上者遣名許

我倍可撫育不限全者焉可誅代此區荅。紙面早可面納者四十一月廿六日日午軍將名

鮮國下民百姓中云三夜下雪○九日晴日開户名得出頭。廿日晴偕法卿

拜大將于屛川刕宿廿一日在陣中○趙士甲永率精兵若干夜擊

于唐橋全府射發斬首一級虜外厓簇郭彦秘忘斬也八各以茅魚夜食盡雖不大

為擇妻子移寓云也曲豆山鄭景誠鄭恕推鄉皆來寓此村仍住可吉谷

訪見金順伯以癸花見遠夕還南向柳以章亦來矣廿三日晴晚還臨河

歷見亦源內助于里住村舍云廿四日陰金徵歷見仍為徵乃夏秋間

同寓于芦谷之人也源亦失所牽其妻子來寓府訖云避近相見若福尉以吾晋晴

廿六日晴食後還選金道原權叔臨金佑照金士善來別夕投宿松馬李士會家

茅家是里亦盡焚燼無餘矣食下雪廿七日陰朝飯于府內夕宿求凍亦金東

里亦焚餘進士公懷房矣明之以木花呆中小物見遠夕宿于夾仁孤里之舍

盡焚仟至三矣廿九日晴日午到挑開过將欲渡江之際名見烟氣劉自

墨谷乃焚蕩之賊火也顚倒退步伯于迤山鉾里待日曷張付夜鞭馬川

以到秦峴夜始向曙矣廿世日晴以到翁箭前同選踈卜馬類是隆茹于夾即宛

以載聚彙亦皆析裂可恨之夕投道莊谷与鄰景任李士擴康明甫同宿

十二月小丁亥朔

一日晴日晚到芦谷主人家蜀宿峴踰永浚運度十步九僵性有鞍馬石浮乘以尤叮咟也

— 82 —

引出之謀而士珎不悟取敗至此尤極痛□義憤以下諸色以士珎為藩捍遺□至此極
賊必長驅則圖所会計是尤可惜□廿五日晴基遠自芦谷入來得□□氏及諸宗
妹書始審彼地俱得支安竣家亦自余取路湖西月初七日得抵□氏以其為禍
喜不盡言渝□遭乱以後南北退然其存其浚而不忡初宣料今日各得保全重
見面目予夢伏以中泣祖父曾於六月中在金城俱被賊辥云□余急还渠則以軍粮為
俱未知時在某以宣守鄭縣任書幕中諸事日至解弛侵余急还渠夜擊于唐揚
得事曾生公仍体祭使云且以陣中令李軸鄭靶礼和領精□军眾決夜擊于唐揚
斬首十徐級射殺百徐賊射中不知其名某取牛馬亦多云金以邑眾軍
新得四級吾仍新半剥鄭趙龍赴任終浃旬勇於討賊射斬之多云於今傳余
十六日晴廿七日晴崔直長立之自其寓以委來見語□廿八日晴立之之寓宿与以章士善
諸公同會宿冬至廿九日晴立之歸見無使金昌遂於臨河孤昌遂陪使以令以人專
□极到私也得先如殘母書始審令到葵陽孫南別監家一以安穩穩尉一
廿日淟□零権叔臨來見□廿一日晴住拜於岵南宙寓以写宿□廿二日早住毛先谷村

余速還而賊勢如彼末由裝□罔極奈何○九日陰十知旧申礼男文吉過言文吉

真室申馮公之胤子也聖婦清州地仍居焉夏間被擄賊劫着亦服欲令降

附文吉抵死不屈終非不爲賊抨髮拽曳拔劒斵之终不屈少爲賊擔令自使

而猶使人圍攻文吉庹不得延玄即拔佩刀自剄以死賊将卒之鶩悼曰此有

義人也追惜不已令其衆舁其屍送埋于山麓文吉之妻亦被擄賊欲汚之

力拒在屈賊抨劒脅之終不肯送師曰习肥膚盡傷血流偏體賊亦連遠

節奇獲成今亦有之就湯占不相及也二十日陰丗母自仨同求入于賊處亦連遠

下帰○廿一日晴○廿二日微下數陰劫姑性南面奴子之家近來賊餉漸迫亦有長

驅之魚以此預避深慶畧免倉卒蒼皇之患乙卄三日晴月候仍爲山谷中

曹晴極寒食後發還歷見南申之始間軍威張士玲偶言張公校生而有武才者

也其有勇略方伯善爲夲邑伏兵大将累遇多賊輙射斬又斬錦衣賊将一級以

此軍斛六振将欲入聲仁同孤多賊身先士卒男敢必出

其右丟十日賊小許樊蕩于近隣張公率敢死者三十人赴戰俄向衆賊面㭰

至士玲以下皆被殺蓋賊餝報前日斬䰸之恙言預設伏兵陽遺單兵以示孤弱故爲

能大捷切不可言但額角中九重傷云可歎賊之下歸者盡而리到鹽地不即乘船
當屯郡邑日以樵刈爲事吾州一撓久爲完邑而項日之亂盡被令年餘
合云○廿九日陰荊布帰申谷爲条石方伯家賑席故也○卅日晴夢拜余居陸祖
且予郭□再祐撓活○　十一月丁巳朔
一日晴日候甚烈○二日晴日甚寒朔布自申谷还○三日晴○四日晴聞昨日唐橋寄
屯之賊乗夜闌入于呂泉之柳川竜宮之天慶院周四郡驚里一時攘攘爲我軍被
圍不出者多値屠戮甚勢漸次入深左路一帶以難保避乱出歸而死者亦過百餘云
而尔浮禁道是尤可悶是日被害者皆是僧兵而他徐避防禦之軍遂日延歸一
以倉穀亦皆輸去列邑軍年崴盡延潰了乎可乘之勢方伯旬鎮于安東者久矣
慮有不虞昨已向礼安音呂而境及豊山安東府内木廬高里一空人皆逃入
姑爲避死之計賦欲長驅何憚而不爲耶○得見小慶人申以吉書渠亦同条筆
幕者也月初四日自黄山領入来金溪近将还師余同리其書巳玄目廿七日大将倅
李丑辛榱兵五十夜軽手于唐橋射殺者十五級集取牛馬並十七駄三幕中倅
丑絽軸午諢　世亇

申臺 廿六日晴食後偕從卿發行先到達遠陣下則襄明猶未自縣内留賊
騎五千餘人朝已入府其勢甚熾難於輕犯官軍另陣者一時驚退萬無可禦之
理云云吾亦知其決不可作行與權丈還來　聞賊之下歸者逐日不絶而留屯於
唐橋以上及永順盤岩亦諸處者亦補滿一路結幕二百餘而侵劫人物恣行
屠戮山陽人被殺者過五百餘云其意豈欲并吞左道諸邑以爲巢穴之計
耶痛哉痛哉與權從叔投宿豊山村舍道遇金佩自長川訴難寄食於府地樵埒
之家慘不忍見與之同枕傾囊以給其子女多至六七名而豈得免凍餒於道傍耶可憐
二十七日晴蓐食而發入府内見金昌遠從叔歸孔安吾則歸從兄子去昔日夜信問賊
猝入于軍威府内劫殺五百餘人人皆入寢未及避出云云廿八日晴中金汝賊與金
山東萊諸賊合勢進攻昌原咸安等邑兵使柳崇仁再戰皆敗我軍陣皆潰一
千四百餘人兵使退走賊追入晉陽圍城七日兵使與泗川府監在城中九殞命
牧使金時敏判官成天慶昆陽郡守李光岳亦堅壁閉城賊多方謀越終不
得入第七日始接戰我軍發矢如雨或放鐵丸或注沸湯賊乃解圍死傷者不
知其萬餘賊退入丹城攻劫而歸云晉陽之戰若非牧使之力則猶在呼吸而歎之

十九日晴午後發行夕宿于鼎夜村舍左兵之赴防龍宮者連亘道路〇廿日晴晚頭發
行偕權大授宿于申堂谷乙廿一日陰早發到龍宮石峴則賊勢極盛道澗永順
浦內諸處煙熖漲天決難通道不得已還到申堂谷止宿乙廿二日晴觀此賊勢
之難作行瀦滯累日粮物已乏權大歸龍宮作李僉家李有發り起吾間
歸渚谷權景初家金面晦亦在殿豊方為伏兵將守縣男即送人艱亦同
桃子權時家景初房景虛亦同宿而晦之不相見今七閱月矣避近客出章各
保存其喜而極く〇廿三日晴而晦歸金子晶亦身同話子晶作贅權門方居渚谷
於吾為同鄉竹契世牟後生盤嫂及李氏妹景闖亦在其慶相
与穩叙景開曾於夏間自糸堞奉其並圍出開東地小候奄丁內艱云方持喪
毋眠未闋而大遁懍疾甚可矜問朴芭朴筍及金悄亦見申諶亦來見乘民日
渚谷与子晶景虛全景先李以美同宿山陽黃公會亦其同話乙廿日夜
大雨与子晶諸公終日打話中賦勢高嬸云乙廿五日陰景初以吾中單袴及內襦
往各一事見遠公會亦遺衣村半足禄花之意〇到此可見食後發還申堂則權
夫己東芳待矢金達遠宰鄉兵八百餘人來陳集縢序前暫与敘話日自仍宿

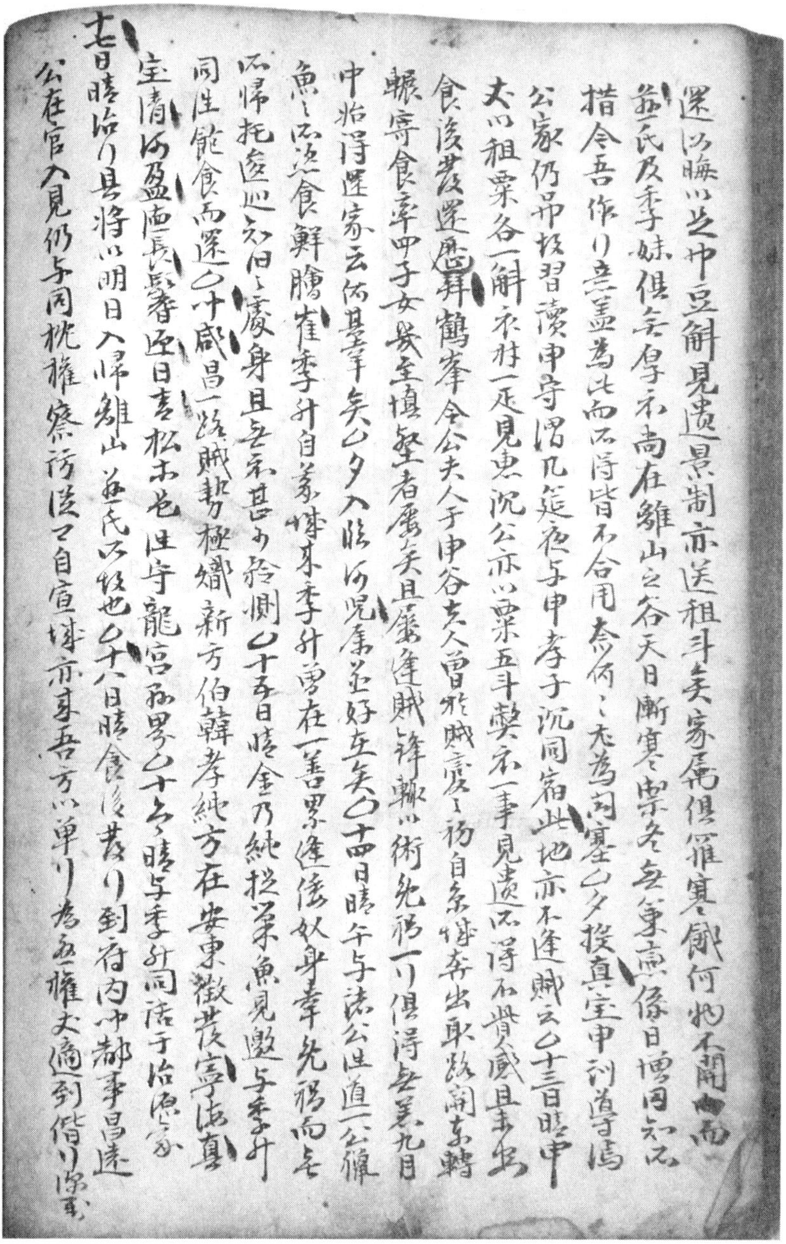

四五人出見各出騎僕送至安東李君則且以米而斗束扶以資美夕投府內多病

金翰林涌令為守珠將在城內秉昏求見夜下雨以鷹乙三日陰且風食後農以

午入臨河一門諸屬並無美美母市於買余三避出達他家莊雜物蕩無無

一遷者農作亦失時荒廢只以桃小許多法累資話為雜可鞿以家告則賣金

是可幸年乙四日晴寫在里中知咸未致尉馬得保躯侮為眷天寒

兵大將金橋達未在秋月村性見仍拜治源葯固治源解橋衣以贈為眷天寒

衣簿投也乙六日晴以求浮屢寒之資將作強領以食後甚歸安陸地以

到黔谷祿馬崔立二家屬亦寓其里美冒夜到安陸閣坐首家順反猱同桃比

里不經賊賣云乙七日雨留問宅權訓導子述未見夕性見申習讀溟公乙八日晴

諸公各以祖石木天衣件見東人食後甚以夕扁有松府四南叔緑祖方在官乎二同桃

九日晴食後炭而寧海之英陽縣行到眞宝丞稅馬金訓老導風寡金天見即解

橋衣以贈夕授英陽亦奉李士明家乙十日晴為以晦家朝餉叔亂祖家食後与

以晦對活英陽經賊炭而搜擾不至已慈且不楚為云乙士日可以晦陽家食後

性見鉤光家晨制乘夕还作書寄白天瑞李養原惜史乙士二日晴食後農

卅三

日候已具且聞而兵已向中慶勢難追及不浮已入宿申景鴻岳文家可數

二十九日晴早發到●谷炊飯夕還芦谷則蒙速家屬自勾竿山中昨已率到矣

李妻欲來者久矣粮物僕使●性詩護送俱不浮接適鶴峰今公移拜右郎今到當

爲發人馬餞使●性詩護送得覓其力今粮波川蒙速奉祖母及其弟

龍武亦与偕來矣當卜雨已三十日晴曾与李妻院有偕性臨之約故不浮已

邑內夜始向明矣當此天寒非但無衣代步亦聞吾与英兒今兒不皆遠步川

治川具同殘夕投塩谷則風雪交作寒烈斗甚夕飯後昌百自作此到龍宮

其咎不可言奇兒則緣事投芗在芗谷矣乙　十月大丁亥朔

一日晴朝飯于天渔院里夕宿呂泉地位良谷道傍髖髏相挑累●武墻者區

滿忽管是夏間龍宮倅与安東呂泉色兵接戰時盡死當初十

龍宮倅善守持●奇云每●及此審問夏間振郵動報不利我軍殞命

者造此百餘人而捕賊則十餘歡宗矣大捷之功惟不雖封彊僅免寶大●眠

而已云寮不拜通政今涂永幸矣豈不自愧乎熟其視棄非儉生乎無討賊之審

咸昌之軍相玄達矣乙二日晴早發朝飯于豊山縣里士人李彰鄭叔鄭寬●

兵千云近来連續下帰而今邊復上者何故也〇十九日晴制未流畢諸友同眾筆前
當初景任主制未而語涉踈略故请校前作
矣乙康明甫自潤岳募得一兵而未仍留做话〇廿日晴大將自黄嶺委來見
疏草日暮而還乙長川奴貞租八乭〇廿一日晴令鄭經世寫疏〇聞大將於募市故也
女揖趙璉計邊帰李家山陽林慶世應募而未自此營曾已定诸將於募市進
于此營一姜丈霅注亦来同祭右夫曹以微追見乍於士林今乃自来修謝请八募籍
拔来祭拜疏事夕与全蔡两公同宿芦洞〇廿三日陰朝送诸君于道左 金寅
外甫募幕未爲傳其大將金覽立命 大雷下雨〇廿四日陰食後出呉全卷者
観 董氏金昌遠亦在隣菴乘夕相見清扵夫及柴仲方謀朵募求得軍粮事得
此湖西方伯慶不還矣〇廿五日陰汤具金卷午与昌遠會话〇廿六日晴食後陪 大將
氏出来于芦谷光扵殯母将入帰 礼安 苾氏欲面别故也〇廿七日晴媋母世长乃〇大將
今日与龍宮佯期會将以夜擊事闻慶留贼次領兵出帰吾亦追玄申踍心耳乃已
達近乎廿八日晴西陣合兵吾示募難逗在与景任同赴 醓岩陣仍行到塩谷則
世一

十二日晴爲曉秉燭登山夕下來鄭景任金景栢及事仲曾以議合兵夜擊事坐龍宮
倅慶阻梗多滯今日始還伏見下慶尙道士民　敎書及躬梁責其求助臣民之三
節之良切中者莫不隕淚與憂而衆痛敎者一章而語益加切尤爲臣子孰不欲
張拳冒刃以發其刀忿只緣守士不良蔑鄕阻拊討賊一事視同蔡越擁兵時
糧自謀保身何憤然　　見帥宮率敎士曉諭軍民而言于以在諸士以系
十三日陰以議陳疏事幕中諸友皆會于芦洞後嶺初欲直遣儒生費送叔平方謀改
梗之虞更議封除馮付旦营使名轉遞間下來之賊陸續不絕楚蕩于道洞
山陽龍宮等地以李子叔平未嘗於外南名戰同日被兵叔平次
譽与金進士覺氏募兵赴事而軍糧無路求得事令住龍華牧伯寓公云
西日濱義兵設伏于白巴院前遇賊接戰斬有九級且浮探刀九柄鐵丸筒五事射
殺者亦七八而但我軍亦中九三人領僉驚愴之至二十五日晴食後与權送于鄭
景任諸君事幕中以購米四斗送而慶喪次二十七日晴翔妻以觀　英氏事入
來議拜跡事終日在寫次間賊上來者幾至
婦雛山英兒及女息順之二十八日晴以製疏事

己發歸夫景臨炊飯以待食後到中年旧舘人公家則士擴兄為在以待吾川午霽

族李孫貞持白酒來佑士人李崇健崇信兄身及申景忠景信等亦來見夕病化

寧縣地宿驛雨大作○六日晴早發炊飯于此山之谷午後始入竹谷家屬及谷中諸人皆得保全大光州姨母

於賊鋒令馬于此山之谷矢○七日晴間義兵昨於加見崇新田之地捕倭二級且浮牛四頭云

自俗雖曾示示此谷矢○七日晴間義兵昨於加見崇新田之地捕倭二級且浮牛四頭云

士擴兄以拜大將事歸黃嶺寺吾則感寒氣終未得偕進○倖候安否于貝金卷

燕氏昨○八日病尚不快終日卧冷鐵母上來夕飯而歸昏大雨達曙

九日朝雨晚晴略備時物設紙牓奉奠于先考位九秋夲是終補之月今遇節日之緒

蓋撓帳望家山五內如割薄具盧設雖回望三亦安能自已此日晚送祭餘于莒民

而仍邀諸友普諭于岩石上○十日晴与士擴諸君徃拜大將午後大將領兵誘伏于

大峴五吾等秉昏遲來之賊自幽谷以連亘四倍里多宿于咸昌之境云○命况

及康祖母奇息等遲離雞山○十一日晴曉頭望見賊火威赵于加見黃嶺達田諸庭

李寄寄屬急上山頂日夕下來聞寧書金吾男而慶自陳石運來普援加見村舍止

宿晚頭為賊石○幕中文書木物盡在彼處石勝驚恨

世一

鋒吾

未年被擄入倭仍留不得還預知倭奴將有犯上之計備錄其舉事曲折及

臨時催促之策其說累數百言轉付此來人以達上國書即前年九月中所裝也其

文甚詳俱述賊情若合符契但其中有庚寅五月高麗遺使貢驪丁日卒

且為先鋒約八大明云此等數語本涯妄不知何所擄而云云可笑可愕

（司彼固請虜則果有之豈有送驢之事乎且貢者以下奉上之辭設或有以是

物投贈賜之云乎何可下貢字耶）

三言情早投炊飯于新倉踰牛旨峴見伏兵將下渾瞥叙寒踞督投知禮村舍傳

聞密陽賊移入空山縣灵山玄風星州之賊亦皆以次來云其竟未可知也

四日晴曉饁踰牛刀嶺士擄兄先歸吾則以尋見義述家屬事迂入谷日晢

始浮相遇李子妻上奉老姑傍挈三兒寄在深谷而四矣親知粮物亦之將至

饁死弟述見告在六月二十六日晩後屢被擄却盡失川資身且乏衣見楗惨

口難忍言言可憐、黄間全東孝亦寫其村邀我饋飯夜與朴事淨同宿）

吾日晴平明一毋見李妻約以月內上來芦谷吾以寓之地皆旺河先契其胤子而

來此見曾亦被擄頭髮盡剃矣偃馬來到安國民景臨之家則士擄、昨賠于此朝

廿九日晴曉發抵居昌縣即拜于巡察使為陳禀來曲折仍呈文狀方伯疾手

開見傾心採納昕控諸事一一施行夕飯而出与曹察訪胤祉同宿桃流庫

曹公金山人也為避兵火容寓孫孼矣○　九月大丁巳朔

一日陰早朝八拜方伯仍論時務方伯亦知募兵之有闕於討賊力勸各募乃以

鄭景任為尚州召募官權悏卿為咸昌召募官申譚為聞慶召募官

使之各募鄉兵勿官軍並皆許應以委募兵之大將措撝且移開尚州軍粮

米五十石弓子十夫長箭各二十部咸昌米二十石矢並如尚州

題給募兵所本營所儲弓子三束長箭十部鳥銃七部菱鐵五百介鐵

九五百介見自陣昕入來而君皆曾所相知之人也即從相見金公有膽略乱似

金穎男俱見遺矣朝飯後拜辭而出有緊故不得發仍聞主倅鄭三憂都了

特選使幕希此屢富賦鋒免吾所云外与曹公同宿桃流真尹曹於高牧為

五寸之親云高敷日接話深言高牧○失寔募助親叛壹不信然方伯亦与曹公

備聞尚牧事故深有憤疾之意矣○二日雨主倅來見仍對朝飯○無以紙束為

行饌見遺矣○得見唐人許儀俊昕送大明文字許本大明儒士也世在辛

三十

以圖一軍幾盡役殺而士人尤多某父子同死陣中石某人陸慄忠憤石量已刀

輕戰卒敗其与臨事而懼者昆矣○廿八日始下霜曉茂蹭牛峴有武臣卞陣

領兵四百餘人來守嶺頭矢居昌以下山陰安陰丹峴晉州咸陽咸安三善加恒寧

泗川草溪陝川等邑以善衆各於賊未入屯云募兵將金河宇共千兵課討量

州留賊出陣加助縣一陝川鄭仁弘去風郭舟祐亦各提義旅分伏措捕而

郭公用兵頒神賊俀膽慄云下道則以招諭使措置得體之技義兵之集多

至數萬而糧餉械啗官辨出軍聲方振處有勒滅之期而招諭令公處

陸左節移鎮右道之人如央元首不勝鈌望之至諸邑儒生咸聚環跪以額

行在節移鎮右道則以招諭使措置得體云○夕投宿新倉郡

人卞爺爺爲義兵運粮監官方在縣司官穀已竭收用私備者亦手餘

厭係公簿而爭趍募籍　朝廷已知其有益投遣使招募者誠沙佛然當此

石一日以賣米多至三十石云大縣同是討賊而軍情澱募則致力屬官則解體且

拌乱不賴兼師則討賊無期募兵之舉事者獨何以屑慵之心克分隣貫向陝川治炉村其意

岩石儒貫不自措捕而大欲退人之舉事者亦　郎比

力止更以明日發程為討食後與洞中諸公十餘軍上山摘得松簞二十杢欸

飯其喫乘夕而還○廿五日晴早食而發申克亦為親其慈氏于陜川地与○

同日命見同時發授川下村两勢不正仍留宿其里士族申景信薐等屬黃世弼李士

信黃仁復見李福貞黃蜂等持酒来見為餉而時飯知旧黃玄慶亦自他村杀

見無恙松公簞七八夲士信即吾先 祖考尋陰戚而福貞其子也道旧非今不覺涓汚

廿七日晴晓發踰吾道峴歷黃磵縣々守及邑居盡為灰燼草掩遺墟矢縣前

道傍列竪長幹懸人屍者多至四五肢臂牛皆為破即前日倭奴入孫時

所為云所見桭目不忍接矢朝炊于縣南全忠孝家俞忠孝及其子汝應出見

安國民景臨亦自其家来見景臨乃金景恍々妻娚也憑全公備聞李荟述

遇呇丁寧其家屬令寓于縣南物竿山谷中非此僅一負々地云而曰公下去勢

難壽見可恨々午歈牛刀嶺々頭知禮軍三千餘名来守矢夕投頭下村宿

自中年歸居昌直向秋風嶺可也而今之逃田黃磵者以金山郡方有賊奴故也中

義兵將趙憲李其子及軍卒八百餘人与僧軍同赴錦山郡難犯賊陣為賊

廿九

于巡察使曰李逢等率年少書生冒鋒鏑以官軍爲募兵以官軍匹捕首級
爲已仍使縣監不得措手云〱此人反覆邪險〱状极口難令将吏必擒出去来
語謀成不測之禍亦不可料憤〱痛〱〇廿日雨晚止得巡察使回開聞羽守令〱築道
募兵者一切不許曰討賊不可以官威束玄此後必有此矣必稱使回開守送
云〇适来賊勢益熾束衆于尙州者尤多慮有伏〱刦結命于馬蔡山谷中率
累移高夕大将率幕中諸人移鎮于芦洞村舍〇廿一日晴終日偕論事〱
事〱後賊不多捕而事多割于朋軍偕日抗須有開白于巡察遣蒙大将以僕
及李士樞爲使者以廿四日持久發程矣〇廿二日晴午後大将以误伏事出向免還
臨發大将書一絕以別陳琳飛檄草威勢振孫吳一言如撥乱吾刃血将爲羨
次韻曰潛葛思存漢阿家高守吳行装一鞭在淮攻渭纂矣大将再用
前韻曰計同侯救趙鄧歸吳擎天憑隻手忠義世應爲余次
廿三日晴留芦谷權法口郭景澤法公各持圓餅會岩上廿破爲饌明
日久絶江淮援襄陽不属吳進明摘首一釼可容矣
日立ツ也ㅁㅁ日ㅁ下去ㅁ後書夜不絶云〇廿四日晴以今日〱而吉法君

慈氏昨夜日慮驚三一行皆上絶頂隙間家算報得尋見夕還菴子以明日卽日
故略治奉眞之其日沙潭昆季亦寓白雲菴矣
十五日兩沒紙勝奉眞祖先諸位遭亂少來長在山谷東窗西奔不定忍寓明月流離
已迫秋久松檄展來路言念及此忽欲昆生我辰如何一至此悠痛歎之人晶
上人同登序圖金玩景暮投大寺痛三山儒士李汝楫來見少而有才氣者也
十六日晴早朝三山行在寺逢人淸見暫性打話食後還上菴子路隅任父丈昌遠辈神
及盧通准諸公盖以募兵討賊事率諸人會讌于洞口也上本倅雞拜光兩殘母
昏還燕氏巳十七日晴食後奉燕氏及諸宗妹登天王峰吾則仍還芦谷寓
次來路拾得椽宗幾兵避賊皆上山小兒字僅免小火矣
大将傳令食後与權佐可鄭景枢任申又叔金景枢佐会齊邊于屛川大寺
則寂矣人仍宿龍峰菴日二十九日晴晓晨雨覣剣沙麻谷齊宫則大將以下皆
衆會矣仍与論事栗夕陰大将共進于加見孫後狀況則諸軍惡不遇賊皆背
罷次事衆于松訂矣大将命罷還備粮期州二日卽會也吾与景枢目目花逐寓
則夜已向晨矣愍任返可寺自齊宫夕巳紅迴矣日聞咸昌倅修歸訖辞報

關近處々俵咸聚于惠姑槐山延豐等境觀其形止島与我師撓鄆也至甚矣

十日晴々芦谷中河兩緊夫一家及李俊乃未在城東淺山俱被殺害其不擾玄々人不論

一賊陸近未以我軍措捕甚力々處々焚蕩尤酷逢人軿殺其不擾玄々人不論

男女亦皆殺戮云可痛々〇廿一日晴与士擾士會 全淨遠性黃嶺寺幕中有相諜

使不為芽兵々用弓近賊亦禁修補芽兵中軍械顏其用以真立快小人也悔々

當初興以等人凍事而令不可追痛恨々大縣咸俾以嫉者以其捕偽也各以賊級

興以其六必喜而軍卒軍要功希賁重々以金勢難以幕中之力檀▲章可歎々間

今日下未之僞六百三十餘人云義軍後伏已久未報捷以其不遇相遇之賊故也

士日晴食後自芽幕還未長川奴屬持果物粗石入来以其用秋夕奠投也已奴中

自善山上未之賊終日不絕云載上載下而其麗名窮此何故也長川务南州內流

慶焚蕩甚酷前日以條之家斷至全餘云且中鄭越黃庭後柳疢春之屍毎夜抄略此先可恠

糧事各歸其々家々晝夜賊逃圍立搜殺云驚怪々近冢毎夜抄略此先可恠

十二日晴々芦谷長川奴屬還〇十四日晴食後与審仲司性俗雛山只呈董有觀

者也書中有高麗國王退遁平壤不及乞罷及大明全羅道大丘亦語而字畫皆胡草不
正不類我國所書不能知悉其梗槩矣後日報使次吾亦各逢見而再以斬賊小而皆是
勁賊且得其事兇甚多間謀亦被獲不支此尤可喜吾亦既到寺道泰謁大將坐廳于
上是賀軍聲稍振莫不踊躍歡喜殊有死敵之心得聞系報 郎駕今駐伊川方圖進
取大都以復四業且以慶尚分設左右方伯仍以招諭使金某爲左道監司龍宮倅爲伏龍以
戮力討賊之故褒陞通政云此乃前通津書大河之盜傳也右奴因事上去伊川 王世子即引
見備問嶺南賊勢之衆盛且問俗離山險阻可避亂與否仍以句報及備邊司公事付送此
人蓋以道途阻梗不得由驛路直傳故也吾家還芳谷奇兒自長川還來彼地道來之賊尚陸續逐日不絶云
八日兩送人奉候安否于吳且望養兼致糧物午後赴黃嶺寺軍幕咸昌官軍旗募爲家
兵者多至四千餘人而監初既不憚從自願許入及今捕倭之後欲以爲己功頗有罷逐棄之
討吾亦極力挪之則不敢公然奪取而錄勳報使之際以其己與家兵協力共捕措語慎
文狀具以回論不言可想矣 九日陪大將午後領兵向加恩之地佐幕宋孝明李
蔡公緒皆歸不領皆精卒而兵僅九十名逢衆賊則勢難接戰云 夕與景任景樞
士廓族人步還芳谷得使聞唐兵今到陵都倭奴盡遁出屯于江濱云 又得槐山郡 廿七

— 63 —

樞申兒同赴黃嶺寺料理軍事設伏累日而未獲一級運雨

五日晴撿送軍粮物于後伏所咸昌人斬倭頭一級未見于其倅○因使聞得示郎

駕領軍近住伊川　大駕亦自龍川移駐平山且向西原之賊以我軍進攻之故來

一夜逼玄末及勦殺云一派一快○苍山郭再祐方起義兵蹂令到星山用兵頻神咸安

倅柳崇仁亦起兵討賊析公年少有武略人也賊使遇之輒自膽慄相聚曰運

雄柳將軍云宣撫琴夾應燻金贼等亦募兵唱義敵愾之师處之峰

趙恢及旧都可指日此剪也且得龍倅閑則永喜賊為左廂以逐楊陣他陳四

出焚蕩慄怵不見○泉北面山谷深遠而賊皆窮擄無處不到開東之賊亦自江

陵三陈等色踰入永喜樟山川等隊到處以劫人物俱被害然我軍新獲市童云

六日晴食後曰事于樞伯旦九满村吊大人趙某氏之憤仍見所約澄樞伯為其妻

性化寧吾則到門岩洞訪金吾南班頑○而侍及金晩仲日晷有宿欲黃賊白容撫芭動

七日陰旱朝遂寓次間募兵木捕脚○急赴黃嶺寺則大將率兵

設伏于松院峴洞口遇倭似六人射夫畜憤已久一時奮勇吏盡獲斬首得其低

揀刀大小並六柄火筒俱鈇九矢藁末○事吉營對此餘景乃是自此持傳酒運其地

任亦未泰輪耳諒夕与黒任徑マ久叔諸君遷避分自吴金菴東ハ□西氏言伏

寒平安枚尉間岩奴開

三日晴覓租事送奴于同安東岩○得候與人報龍宮呂泉洛東長川金山等處烟氣於

燭云貝得見龍倅ゝ通安東ゝ賊為左兵使ゝ追去百餘人一時来ゝ寧南拷左帥方洛

于永嘉云○中年化寧本縣大連日禁蕩云必是自錦山下来ゝ倅ゝ吾西頋頋ゝ

要衝西一路ゝ巨鎮也苟得良將有以措揮ゝ則賊勢不雖ゝ猶精兵健平而主

倅ゝ為政動輒捄民人皆怨宵莫肯用力村巷間ゝ討賊者憤其功不歸已不甘

獻馘牧伯不自反省而却嘖在怒坐扵扄榜樓以威却兼不得像攄斗鳥六畓

ゝ類盍皆自占托備軍粮而戔差伏兵棄取山谷人以畜稻穀像攄扵銀甲環刀

扙衲搬移于公衙ゝ地ゝ代其妻子ゝ奉以六盍雖候以誓賊ゝ有庫㝎眾向畓衰

乱ゝ日係得此一紫卯然以攬倭頭多至千餘級ゝ後日論賣以得陞叙ゝ廣

白日黙明莫此為甚可歎之ゝ○聞加見孤野有賊像十丈刈旱稻伏兵等射斬五

級棄其牛馬㦬刀火筒㕣物云○四日晴食後登山遠望可見東面烟氣扵縢盍

賊唳為報昨日射殺ゝ憤也龍宮吿東ゝ地亦有烟乞矣當午与久叔枉佰景

廿三

慶等豈吾二人爲之挺身而出哉懨缺羣賴同志之人得成今日之約也
喜尉昌可勝喜然此謀討賊者不過委賂諜狀射殺一二零賊性事畢
扶國家成敗之所關知幺益而勢力不逮別幺可爲之端姑爲其不及爲者計
幺亦可以洒室愛君憂國之寸忱矣主將之爲人吾未曾知之而今令六十老
歲矣少業武不乣有氣節能持律言論慷慷俐步㳄少年且不以生死計
也夕兩事畢矣同是任犯夜而還〇八月小戌子朔
一日雨今日白露午後与申文叔挺伯金景柩權㳄〇以安等同赴黃嶺寺益
兵政皆同約之人也約中多有未備之條相諜以定當夕大將分遣伏兵于加且嘉
里咸昌倅李□剄亦來寺方爲諜伏捕賊之李得見關唐兵已仗平煉松
系來府令到漢陽鄕奪自狂界府親領咸鏡一道之兵自朽下專云大桀
近來捕賊者雲起賊勢氣弱猶之卜玄玄且中湖南之賊見敗扵全朽吏由錦
山郡入黃澗地柴晄澔里云日谷有□
二道濱具起兵之由移文咸倅使之轉報巡察招諭諸使茲應有後地扶之郡縣

玄云自刀山尺字是日射殺賊六首云

廿九日晴中晡折賊多掠山谷之奇人皆理任登山頂之避

册日晴食後偕權寮訪郷鄰内翰景任生會于黃嶺同口爲討賊事也其
始李弘道之蔡有喜等首謀唱義之舉蔡公仲惧世情扔奉其男子與李逵友
弓手十六八人身咸昌中慶等地弓手及士諸宰亦同聲相應俱會于興世族近
卑餘負操弓者合淺功以二近五十餘人矣僉謀堆李逵爲主扔咸昌李子天平
爲甲衛将金堤宗光國趙光綬及余爲佐幕晞蔡天瑞洪慶業爲掌書以余
益薰之謀訖主將並向再拜哭以誓日清歷甲緘亦扔向拜訖且拜于主扔之昌回
得至與今日之盟有死勿偷咸曰諾置僉都景任記同盟之書諸緘名之首仍
立三章之法照賊先退者斬約後謀遁者斬違令失期者斬扔言慈衆者亚
伓軍律論斬噫今日之會述出扔得已而不之也何爲猾夏之發至湑都堪
日鶩篆廢已淺五朔而各邑守令軍帥等举岦循莫武有爲國事殫
戝爲亚民之痛莫此爲甚近因自 上下責己求助之敎稿知大家者莫不
揮涕扼腕咸有敵愾之心唱義討賊之師廣之蜂起而獨我南谷及咸昌中

士莫不有奮忠敵愾之志憤慨日物豈忘其期也夜与法公同宿

芒日晴日出發還寓次間湖南僧頭浮僧軍七百餘人今到淸州与真

道防禦使及牧判官等謀擊蜀於倭將自募為先鋒割日從事

而防禦諸將士宜當不許玄此僧才力過人智計不淺軍法亦極嚴明

且以時未捕倭之故不食官糧云已得見崩唐兵五萬已渡鴨江那

則今到宣川地賊奴中書為遺援之奇亦稍々下來為還海上計且石水

使与全羅道舟師及固城倅等同謀橋破倭舡七十餘隻斬首三

百餘級其餘投水溺死之儀不知其幾云彼謂倭舡西以

善禦之役右道郡縣必晋州咸安四川丹城居昌咸陽山陰安陰沙川等

九官尚為全城方伯招諭防使去り亦在其地又金沔趙宗道朴惺去義兵三

住居昌縣持桂云若得良將自上道驅逐則勲威郵傳之慶可揣日以記也

廿八日晴食後帶奇兒生防金子亨于新門洞尒谷無柤善匡士文于亨不扣見

已次四固月連訊之後仍留長州近山寺被賊奴尋逐不勝其苦入亐此山云々

且昕日倭奴八來基山姜匡士滿人畫被柤棄子亨則以谷保々飯賊不及入而還

廿日陰雨爲世谷申文叔諸君亦同留文叔与其族属十餘軍會達田禾音乃
後冠抄略脫身進免偕其属逃竄山谷中再昨夜將移俗額ᄂ天王峰
中適ᄂ次遇ᄂ賊火燈到此地仍姑爲住矣

廿二日雨爲世谷申文叔持ᄂ次書還歸俗雛　巫氏ᄂ云〇廿三日雨爲世谷得朴佐郎漢懿
喜方在居昌義兵慶檢事云〇廿四日晴与申文叔宅限上馬兼山文叔宅仍
蜀宿吾夕還昏中賊浩多加見縣里結陣云〇奴守弘自　巫氏不持東末
伏審彼地平安松髮〇廿五日晴辛家果登山夕還家　号大菴名捏

廿六日晴咸昌倅李國弼自洛陽山過玄將生黄嶺寺爲飢民慶見陷脫身潛出嵒者久
此倅以前日賢軍ᄂ故因繫間慶末及論賊情兩兪ᄂ慶計益
洛如人李逢年近七少時事武業不就亦能詩久有氣節召募甚急
請如ᄂ亦歎爲主ᄂ切自敦ᄂ計報使請ᄂ公方伯許其仍住兩事設下末矣〇
山人二千人唱義討賊歎爲報國ᄂ計其勝燕有喜ᄂ力資擧事今日主賑
山人二千人唱義討賊歎爲報國ᄂ計其勝燕有喜ᄂ力資擧事今日主賑
黄嶺寺捨得軍粮方謀ᄂ設伏于加見境云ᄂ吾乗夕走步与宗老明偕
進从寺泰酺耳謀李逢隰　ᄂ人也但末兒有吉大才媒ᄂ契矣草野ᄂ善

○十八日晴早朝登山矦賊氣夕

遷寓○十九日晴早登馬桌山頂候賊氣傳聞倭寇自加見直歸松面
侵略夕向藏岩菊宿云夕遷寓

廿日雨留芦谷僮奴自浴離持□氏及正守書末書云龍化近庄岩難以
住玄十七夜陪一叮移泊浴離寺將役移寓小庵報恩之兵倭已决月餘
云且得京報倭寇倭及平壤之公見隔大駕再移今駐龍川地中朝
以我朝請援之故命將領勾化猶子五千兵已渡鴨綠又出五萬兵駐江
遑以為結援云是則可慰領右兩相及諸大臣陪　王世子駐江畧將歇
兵為監國上計云我　殿下亦親領天兵及其道淞海上平將為進聖計
軍聲因此稍有再振勳查天朝山東道舟師十萬貟擣日域倭奴之巢
完云县兮姝士玄之彼穆柞賊刃荐幾至五十餘貟必头海金順衜申碏遷
磯禺弘績南以恭以信朴庭深柳興緒金光烈金汝岴許銘金
誠立筝亦在其申爲敬命唱義奉兵与其子同學倶擔戰同死云可欲
金子騰頌舟師貟赴　□走以為動王之計云

芦谷主人之家則權汝亲舉族已先來到李士廓鄭景任金景極諸

兄亦自避夜同逢俄奴牛馬糧物盡被掠奴從浿張

兔害而來寓于鄰舍矣景任曾在於南接鄰之日已招載數天之痛零

又不免宿且遭山寇出沒不幸之甚也可歎〻是日化寧縣倅寇亦之大眼而歸

十五日晴虜有意於〻〻隍權倅卿鄒景任諸君終日上山日暮選來之〻〻

倭寇或上鳥嶺或下善山而莒以上海則長在不歸云處日者

十六日晴食後上山長川奴軍選右奴等十餘人各持年參三四斗八末大米家

今夏所收各不滿於三石眼茅諸累得活各計何以之長川田庄皆在

大路傍僅奴之生末者陸續不絶其水枚拾圓矣向牲基田結

不全其勘苟能以滅以模則堂至〻此之不楽乎枚償〻不患不運到此粉

矣〻痛悯〻

十七日兩曉中俄奴作寇華山春川嚴岩票峴末法去乘夕回還宮右可見〻

西面云虜有俀及此地之〻〻〻宰寄扁上頂終日被雨永服雜物全於泟虜

久還寓〇〇〇〇〇〇〇〇廿三,〇

於山鋒而必羅飢渴上有老親旁至家長將何以依賴耶盍可慘怛

十日晴旬蘆谷中申克佺來于長川巴淺冦多至其里梵却之後焚者盡斬其者埋置其
帰有四五人者後單以書堂僧及里人等一時打發盡斬其者埋置其

卄日驛雨皆審仲佺吊鄭景任于橳夜洞景任曾於六月中亡其亦死還歸
舍弟於賊手景任亦中鉄九幾死伋魃云且暮為痛金景任曾於六月中亡其亦死還歸

十二日晴食後生見申文叔請友于達田午後旋向東谷訪權沒鄕汝審日官
還寓聞州內介來之後皆說程向鳥嶺云且卄關東諸邑沒冦之痛滿江

十三日晴日晩削後入壼田驚動登山則達田諸里烟焰漲天家眷一時走避璞
日昏即發程以為移寓龍化村里之計而吾則牛馬俱僵仆不起荊布及
兩稚子皆之重不得善步不得已中途落後仍上鳥集山踰宇與審仲語
萊氏及李妹直帰彼地心緒盖亂生進聖代日見昇平之日豈謂于戈禍
遠至於骨肉之不相推乃此痛心〇〇〇荒州妹母亦同處氏住龍化矣

十四日晴早作龍化省慈氏而還以鳥集山進路具其同去水黃骨辛辛宵宗逐呼

七日晴留芦谷明日乃昌寧兒初忌之辰情當匍匐而適傷暑氣不得徒
步粮物亦乏一盃薄奠不得措送愧負幽冥情理極可慼痛送豚
兒俾參奠獻 ○ 聞金沔鄭仁弘趙宗道朴惺文德粹李魯曾亦七人
謀擧義兵已得五六千人今方勦遏賊路期於殲滅而苦以兵粮繼不給
爲慮云　大駕蒙塵已涉四朔而迄未聞義之有人令人至此甚矣不言
八日雨留芦谷金雲龍自其本家收拾入來渠云初四日入來之後不啻千萬遍
滿于二陵代中東飛羅里間岩等諸處自左道來倭亦與之而敗路多仁
縣皆入而搶盜殆四散無處無之人無避身之地多被殺戮云 ○ 聞指諭
使及義兵大甚勦截之故自星州以下賊奴如掃道路皆通而惟尙州
咸昌金山開寧聞慶等諸邑衆倭咸聚時或擄掠龍宮品泉之地云
傳聞京城上無倭惟自龍仁以下之路往來不絶云
九日驟雨中倭奴入寇化寧縣令已三日云 ○ 宋佐郞周賓在京爲賊奴所害云郞
金達可之妻娚也 ○ 傳得辛進士擒龍之報李義述遇害於賊刃其妻子則
時不知所在云極爲驚痛向倭寇適滿性擇無路想其諸雛難或免害
廿二

有同亂總其間從有之志於成功者將何所倚以自效也國事至此不已
何待聞牧伯以私罪殺州吏尹文卿且多發差使摟括山谷間流民而
責粮物積聚于其寓處以爲自用之資云噫累月巡察有何善
之人而一朝趂頭累生威焰誅罰狼籍加以徵索無厭如此人益失所
怨讟四起此時有人有以從使指嗾而爲之云此何時世良可寒心武科
尹湜曾赴龍宮陣接戰射殺賊級而來牧伯以不捕本州之賊而遠赴他
邑之故重杖五十度云湜之赴彼非其所願欲也直以此州無主將部率
之故賊其路無由彼邑則主倅爲國效死撫兵勤禦終始不怠可以請而戰
事故也不論彼此其殺國賊則一也而以主之爲政如此其志之不在國家掩
能忌功動必自營之實據此可知矣可歎之○恭聞 大駕播越之後再
封光海君爲世子以係民望云國本有定何慰如之天命未絕豈無中興之
期而京鄉阻隔消息莫通賊奴之獸勢者無日無之是可悶也
六日晴留芦谷中自下道上來之僧多入此內所爲極多云星州招諭使辛諸
士極力防禦之故不得下去中道還退後上來云

廿九日晴 留連田間聞倭奴入寇加恩縣里略死申蕉院家稻穀四餘馱而去云秋

七月大戊午朔

一日晴 求得殖祖事浩瀚友朋諧加見申淳家出豆太栗年茬七八石日
暮寫宿其家

二日晴 畏賊竄乗曉發程還寓聞賊徒食時已到其里竿攫必集云可怖

三日早朝率家累還寓芄谷舊主人△家夕△法寇入加恩樊萬三十餘家
云先妣姨母自華山移歸舍親屬浮會一慶渾慰△主伏

四日晴此日乃外王考忌辰略備級羞薦金景框李士會申久叔諸君
各自甚寓不末叙

五日晴留芄谷持插伐木作假屋兵三間以安家累時節已後而賊勢尚
熾還主等朝何痛如△因人得見招諭使鶴峯公品移撤書善指論△
教△人使△各執兵党爲國獻忱也詞旨懇切令人感喜△今日△事△後軍義
憤激△有死△心大衆列邑守令擧皆脱身潜隱首鼠徐活歪人嘗戰
導率者方伯連帥巡邊防禦使等△皆教歸各慶未有△反上△無統領

金景栢諸公嗣宗武士之有才勇者也前於兩接戰之日率兵百餘年
迎擊于倭奴之巢其百餘人軍士皆潰而嗣宗耀馬獨當射殺十餘級後
中鉄丸退去丸入分踝中痛不可忍瘡處成浮其大如腰萬岳差快之勞
可惜此人兩後不殺我三千餘倭云守逢縣雨中文叔卿等盡役
廿七日兩留達田朝見自加恩來者問之則倭奴數百餘人昨入縣縱火搶閭
間擾耶卜物三千餘人以善隣之牧俱免殺傷于大縣賊中我國人
太半相雜面目慣熟者皆爲低假面先導云近來倭奴軍留注中道
不上不下以致刦竊貨爲務聞慶新院茅谷等地結屋留屯者不知
其數橫于龍宮安東等地善緊被害者不其端
須亦見隔云可痛○申兒自長川人來曾遇賊鋒裳被刺傷洗幸浮脫
臂肉有鈒痕如縷矢
廿八日陰留達田仍自尚州末人聞本州留倭弥滿城內分昨日出向龍宮地云盡
龍淳四五次接戰武勝我退而循本自挫後度此衝處期於必膝每之進戰輒至至退出

秋冬而人將盡填於溝壑矣大抵民爲邦本固然後邦可以得寧監司

金晬欲得勤幹之名以爲賭 恩之地以築城之役始自前秋至今

春三月之初循未就畢齎粮遠赴十九嶺外築城晝夜課役丁壯多艱腓

胭呻冷之慘並苦萬口嗷之咸有昌泰之怨懣值 兵火一時潰散

金湯之固及爲賊所擾縣之策然因此可知矣且時睨身爲方伯道內郡

割都在其手敢死盡忠以捍南國乃其戕之令而及燕逢灰處惟思盡身爲夫

奴聲息置身委梗之境竟亦不知其玄處原其衆快擢髮難盡保身同候賊

臨亦若是乎 大駕蒙塵已浹三朔亢有血氣者孰不言痛心而朝論作政

郡了矣一介唱義之人草野負喧之士豈專矣揭竿獻愾之而朝論作政

世路益陰妨賢嫉能之法窺擄城社猶忤其已輒加不道之名以箸綱打

之計有智慮者卒勞袖手保社避事後之孀莫肯爲首事哉礼之

計時事至此亦恔寒心生之不辰尚懍矣寤

廿五日晴 性拜 蕪民于芝谷之邊寓次

廿六日晴 性訪權察訪溪仰及汝霖改喪葬于山谷中仍訪金內禁祠宗

生

免前日棄師棄城負國偸活之罪此甚可笑觀其所為窮揣其心當初之
驚怯先遁者其意以為邊警非直島夷衝突或者內寇蜂豐作逆則
與其進戰桎死不如退伏偸生以為徐俟異時易面搖尾之計以此抛家崩析
閭里焚蕩略不恤念唯以深入寥伏為得計見人則必低頭反面且恐為人
生來其處者恐惟或人之得窺其形影也及今國賊果非內寇且京來之報
亦適以彼投始乃以招伯自居發號施令謀掩前日之罪其計雖狡而人之
傍視者如見其肺肝焉得以廋之哉不然則百里封疆乃其所守也當初禦
勢甚極溺何不於其時汲汲效職以為報國救民之計而却於旬月之餘專城
覆陷蕩無餘痕然後承奉傳通內指揮始乃抽身岩穴以為聚軍禦
賊之計此其情狀自露不待審量而可知矣今日之臨危負國者何限而若
此之軍特鄙夫之尤甚者也朝廷使此軍任官欲國不亡得乎可痛可痛閫中
路作賊之倭生來無常或上或下陸續道途且旁抄醴泉安東等諸邑
我軍衝至退挫自京將士徒有先聲而進無影響人民寧哉退無其期
而時月易失已迫秋候四野荒廢一苗不立至於根耕則全不播種不出

如狂感有其蒻~望而㐿不来臨一路性来~僅逐日不絶出~前中不實納不
滕惟慮尚特~至以杖得麥斗塩将内事送权于柳內
廿日晴日候極热細曲達田宋彦明家炊参飯為餉餻人自此輪後點心仍以為例
廿日晴初状留達田申克金德秀設豆粥
廿三日晴留達田申文叔朴文蒸設豆粥同避消人射的不徐者微麥頃〇粢莫
生卒叔天乙浮壽及揮个德金今芋自長川人来聞彼地後寇逐日不絶而参近
朱权打天乙以賣年米稻朱並斗朱納他徐权揮至二人来見者身為权隷
當此極炎旬棄其主一不泰問衆當諜戮而家國崩分法禁解弛務
衆暴慢不知上下夜主~分時変至此何以御生家並書丹及雜物傳大~徐
秋亳不遺埋云云　主~地去殺榦发云此尤痛哭~
一云　　　　
廿日晴留達田闔牧伯勇送于俗雜~谷須移屏川寺以化寧倉穀偸坐
斬殺吏一人本州吏房拒違不視事亦~刑且方知為諸吏权㱥軍卒云盖因
項日自京中傳通內都中儀权参战勒減西北道将士近將驅逐散賊餘
顧到界列邑求各散耳民待候云~按始有生氣歎為矢侍~計且盡圖

二十

十七日晴食後下山曁還于屏川仍過佛一寺訪申謐信叔夕還寓次中暑氣
不平日候極熱

十八日晴極熱氣不平朝出硯邊終日僵卧食不甘味可悶○中左道以龍宮倅安
善衆○投倭陣三度進戰俱不利而退以粮盡歟朝于家脊八玄臨○○計甚切而賊易
東等邑時尚無事云吾方以粮盡欲朝于家脊八玄臨○○○○○○○○雖武興雅
不息道路多阻孤未浮決り何同必○臬備盡塩將盡○○○○○
賊手而將至餓死生理益由莫知所措太少何

十九日晴日候極熱氣不平留連田洞避人申君沙住朴君天植設餉餅餅酒
為餉諸人累月飢餒○徐得此時蓄為感必何○○金大邦善及子章諭
近慶累逢賊遠奔之草莽間雖窘倍他知其不浮先然後今始入來云
公各率其家屬自長川入來于翁機○洞長川諸人俱不遠害在其家鄉

廿日晴氣○種留達田伐松為箬以避庚熱作豆粥為餉同避諸君二十餘
人童子不興為○中近邑生來○俱向龍宮禮泉等邑相持累日動輒被
○○勇中忠淸諸郡及自京將士征逐賊奴匟將到○云南人得此報驚喜

十五日謄生拜慈氏于蓬廬谷田美人々家夕還達田中功城於南青里居人金嗣宗
權署盧碱等各聚軍人幾至千百人捍拒倭賊所殺傷多至百餘人以
此賊遂終不得入抄其里厥後軍人等任意各散不肯堅守倭奴乘興募
卒至金嗣宗躍馬射殺七八人後矢盡且中鐵丸馳出倭奴衝憾沒其
凶悉士族多被殺金進士有聲其弟有振有聞其父仲四父子幸進士鳳
瑞鄭進士國成董裕元及李叔平々父母皆被害鄭內翰景任中鐵丸僅免
其慈氏及康其弟息世俱見害云不勝驚悼々
廿六日晴明日乃於王母初忌也繼曷進士公及姨母光州宅奉主來住于華山々
上庵設略備白酒雜魚等物啓寓仲茆朝進去於王母壽至八十五歲當
此搶攘不見喪禮之苦想於神道無憾而不肖孱孫偶延殘命既失所依
逢此百罹生之不辰痛哭何極午憩於川寺夕到上庵聞門々來住者俱
無恙但以粮艱俱是之方皆爲憂矣○澤仲入都々倭一二運皆殲滅中道花
賊者不入京城還皆下來云彼所有聖云供聖氏尹斗壽相繼爲相臨海君遂
寬云未知是否 在 日候極熱

言云可愕云云

十二日晴至達田少中倭寇多至加見죠樊物人家爲將죠陣云云計云此里云
彼處不遠擧瞻冒夜向裝移寓渾邊云谷以爲頷避云計初伏

十三日晴日晩登審騁望則四面烟氣縈昨日加見云倭近信傳捫或旣
歌而還即散悍邪流離山谷已涉三朔冰但之膰力倦糧餉盡盡
難失遠一幷云米至饋三口收僕飢困俱有歎云云悉可慮云云中龍嘗
悴与新方伯李成任等領兵堅塁率倭逸逸兩處進改坮不利退廔昌云

十四日晴至達田少申文叔渚公云收自長川之未始聞申元龍兄玄月二十五日
見書於海刃具仲倭逸自竹峴至城內泌遊作假屋裝至百餘不或書亮
以爲性本撲拙之計出生本衙逐日不絶弥滿道上以兩麥已至桥儲而兩不
得枝藥人將盡斃扵山谷云中矣義云孤山㴋浦上下湋里云人被害弥褒殺
至廿餘人僻四云人則以裝軍捍寨之扵連禑尤酷橫雜出谷于餘会
此尤痛心云云此日与宗矣希平及希澤申文叔柩伯宗彦明諸君生活
扵溪右云上少歇血還太息惫

— 44 —

報見等諸處皆云烟氣四得柏化寧南面烟煽樣燼矣沖自槐山報

恩下来々倭動至毁萬皆由化寧落入尚州搜索浴雞山城山道莊山

諸處不得生馬卜物不可勝計云且於德通驛舘茶及海驛求道谷沿

路諸處伐木撤屋橫作假屋連亘十餘里多至百餘間云此不知何用

而作也豈亦為久留以為生末近來下来々倭遝之舘邸近東下来々倭逐日不絶其死

不可勝記而皆弓寡其假屋或入居也城中於弥滿道路阻硬兵火々

酷有甚當初上去之時可痛乙流仲仐羅忠清系載三道方伯領兵平

五六萬赴戰于都城皆不利潰救云某々龍宮倅再伏龍抑得精卒千餘

人入虜買邑之境花莊之里今伏要路過絶賊徒不殺擄多賊徒畏憚不得

侵犯以此自體泉以東北諸邑則尚比賊徒農作如故云山嶺外

危義抑孤而惟此倅能辦此事此可謂不虜食人食而偸乱不貝國也可歎々

十一日晴食後上山周覧洞壑為擇倉平莊身之屹也流十左系偹將二人被

洙自以賊勢稍挫俱為退兵還國之計云且中金嗣宗軍妻路射殺下

帰之偹十餘人賊遂挟憾皆入乎南之里禁筑殺害有其他處士族軍妾見

十八

任除椽趙汝申大進爲都事且見平丘驛子不持傳通內傳達一二運之
皆識盡以此賊勢稍挫方皆下歸云去月以此處賊勢不絶粮餉盡
盡方爲奉親入歸閑東東計勸我偕發矣
八日陰雨奉慈氏及諸累登山避賊午後下來吾以芦谷主家有料理
事進去適遇奴莫生德乞春長等此皆不從主令任意擅行者也輒
皆綁縛榜訊訊之際有一人於山頂急走而呼曰倭寇處處至矣擧里之人
一時驚動奔走避匿吾亦隨衆走避俄而審知則竟是虛傳此必是
窺亂竊之徒謀逐里人偷取粮物之計也吾以一計致其急呼者訊之則曰吾
亦宗不見倭寇而適中嶺上有傳告之聲故走來通之云云其詐窮雖
捶可知矣痛憎痛憎留宿主家主人炊黍以饋之意甚慇懃矣
九日陰雨榮兒自水落還始聞其寺再度逢倭摟括太甚財莊雜物一
無遺者人物則以善避之故免害山內寺刹亦不焚之云聞之後久不得
的報心事焦慮忽此相見悲喜交並父子之天寧有紀極也
十日晴奉慈闈登山夕還與弦弟上絶頂而望則尙州咸昌龍宮聞慶槐山

哨遍一處岩巇間卜物之莊石轉不至偏失是亦不幸云云也兒皆令至家
評問則主人軍六自山谷間棄夕還家旣後冠十餘自南巓放鈌丸下及山腰
旋從上玄搜括山岶以爲牛馬十餘頭且圍楸山人多見害云此里幸免焚掠
忞友何尉如忞夜窠与金靈龍生軍還到卜物而莊處賊恚其害告到
餓而雨下以懼惡獸且至萬身盡佔不知以爲相与擊木投石俘避其害皆到
曉冒雨下未而卜馬蹄壓倒仔何ゝ坂恚謂折脊趐怠技趐則蹇ゝ而
巳ㅣㅣ日晚未到達巴ゝ里則諸屬皆无羔矣
六日陰 平明累入溪谷棄夕而還爲避賊鋒也賊徒分物設惟者安趐午云云ㅣ未
午後則各還其陣坂人ㅣ避亂者夜宿村里晓必登山嶺村里廛則哨代新
爲陣以廛晝夜賦役調知其狀名山溪洞至哨投宿枚其牛馬物貨負而玄人物
則連輙殺告女則哨ゝ玄水ゝ人畜俱盡自古表亂何代不有岂里室名ㅣ
未有若是ゝ烼也璲莘性薩夜洞奉莘民而束
七日雨奉莘氏及諸累登峻嶺潜伏茂林ゝ中棄夕還未得金達可書云虜
見一友自丹陽未者謂巳傳十余報慶尚左右道各設方伯左道則李誠

十七

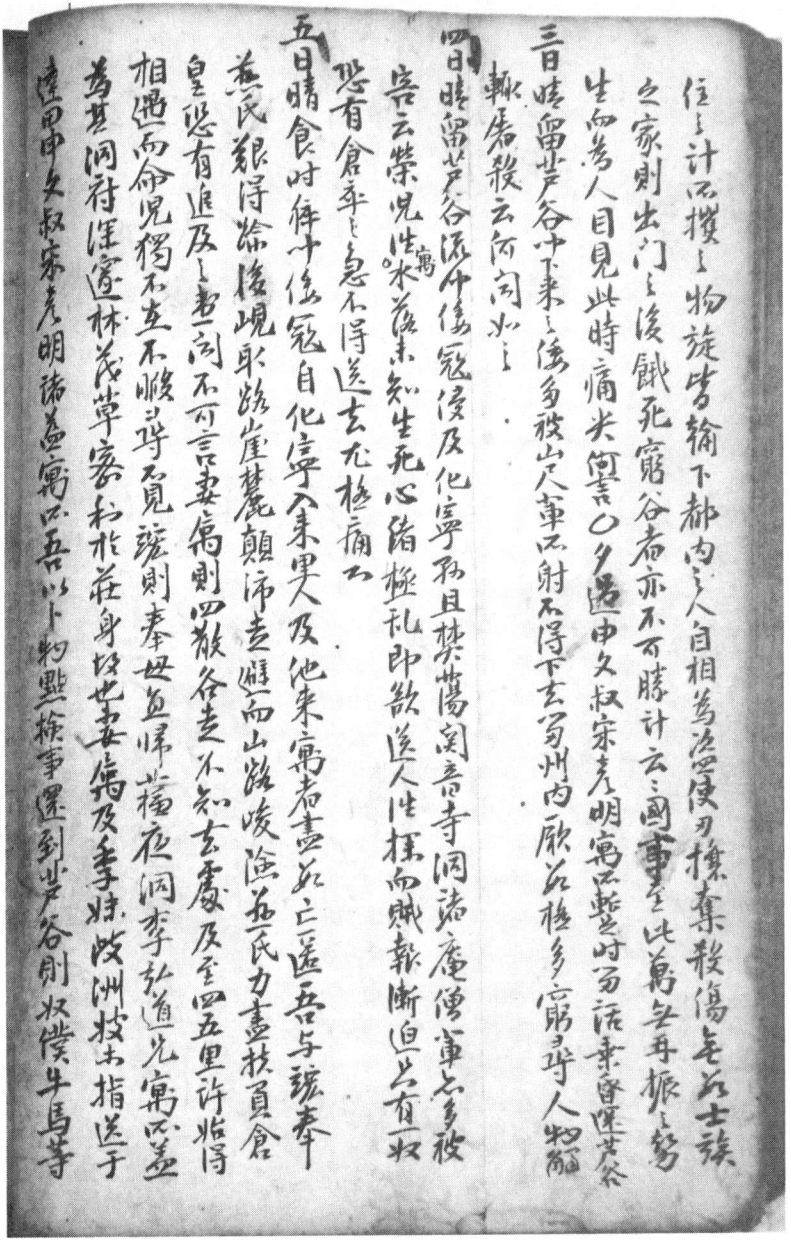

獨此一面尚得保存根株矣參謀是乎日盖以村巷僻~坡也食後坐官基
則猴母閤~巳作昨日移寓于華山上頂~上庵矣妹母沈男及昌寧兄嫂良遇
嫂王山妹國信嫂士行嫂諸親各宰其家累畢會于此相與~撞叙有同再生人
各說亂離中銀若十生九死得至今日重見面目此不幸~幸也些辰亥激珠
不然宣情矢聞可隱里人及訓錄奉事宋連等百餘人命宋連云死連乃魯陽人命申武科玭
得射七八人後我軍中鉄九㲹走陷~尙為陷乃死建乃魯陽人命申武科玭
也勇為防禦使軍官敢耳~後脫身此去末至于官基里歆徇身討賦志食
激旦印而竟末大成其志人皆惜~

二日晴楮荿㳂過詩僧弘淨乃屏川秀禪此稿草溪邊穩話移日牧伯車寺
後龍佫庵去○㝵遇自余~人乃於五月十六日夜執柩儀奴領甚卜駄末到于
尙州向逃出者也渠云士富初儀冠~末入城時趍取金命元為都元帥出師
漢濱方为樂敢~計而卒伍遠見賦勁鳩張梏~迯去元帥度其不濟亦
並迯玄賦入空城名而怛今澅近千餘僬窈進 大駕而在又今遠藏下
諸邑遝日政怯末穀物貨等積聚如山嘉~鲁然僬將閱百往都中~為火
十~

內士族及平民等坂者斬傷三級以上賜武科及第公私賤則從良云具中

防禦助防將將快啓內額勿守令峯皆棄城迎走而惟尚州牧某棄其子

弟及孥幷獨守孤城效死不去咸昌倅某敗耳而還迎走而縣令事任其自為賊

渾攘尚牧而命誅咸倅云咸昌尚牧歟眜惟均某答言國事任其自為賊

勢將及不思以捍禦之方而遽作此走之計者尙如尤甚而從軍被逼孩

膿欺因人啓以發賞罰以來當可痛之大槩石田君為篤之憤眾在兩倅而使

防禦必過吾等此兩人之頸以懲其餘則四歲之卒必皆死之中矣為之

止斬主帥吾等不進則後難免誅不必坐聚力戰求生能必死上下相豪務㴑見難歟

卒可以立發橫戟之際亦必有殊死之心矣計不出此而上下相豪務㴑見難歟

不歟得乎

二十九日兩与崔女渾及命兒性訪李士擴士會于槿衣洞玄此十餘里矣仍渴李

叔母与士會栗少住宿于可渡金至元家將歇生㪷光如病毋㷿也

六月小己丑朔

〔日〕曉主人䬺鷄為衆俎無後自酒矣額勿此皆盡㪷為老有寧静之慶而

奴入都陵更来浮彼處的報 日馳出迎今舍何兩西望長安消息無由

臣民徯日之痛極天因嶺南渡巴臣輕社稷中原父老望旌旗若渴伏旬為

荷代慮付一嘆置謂扵吾身親見之也可苦〻

二十五日陰留黃洞申文報柩泊昆季自台峯来討課之扵買廿去来淘族尚幸

迎事云父别之餘避近葯敍尉不可渝日苦暑留宿

辛亥日留芦洞間倭寇每入中年縣燓略尨齪金山人避入直抬山者多殺害云

李義迷一家想忘避入其山河以窮活消息未通可慮〻夕兩山文敘兩君遲

辛七日晴進拜魯谷叔妗主于三政莭無見洪頒金喬義絶幼間湖南之有倭

疫康津海南兩邑見蒲而瓏嗒藏滅賊舡嗒避走全羅防禦使来到金郡

接戰派殺倭奴亦百餘人云湖俗悍狷將士臨陣不怯勇進必風運其能邯勝

者以此也嶺南則人心柔懦見賊先怖加以主將無死義之心到處四散算得

苟活之路其賊所以發敗者無恠也

二十八日兩留芦洞間自京下来之倭令尚未絶云未知所由黃粮盡難扵留佳不

莝則彼坐禦之者常擾都城以為廣穴何所憚而邊畮下来硤河自京漬通

十三

有再振之勢而邃被拿玄旧元戌我曹大坤年元且怯不能當津輟之事

竞至淪城何欸火之盖尹之禔萠武才年乃出身者也頃以禪將立鶴峰

幕下及其上京後移隷書帥而曹公據不以我不可与共濟大事故托故出

遷尹不以此審知其大紫云矣○与趙凩鄕諸君胃兩衙泥艱得還家

平日眹惟不敢字逶步火以筆筆一束賫親自為之而遻遭發投饑餓切身

未先厗身而施求其苦不可言云○諸友之同患者志多得遇玄景達中眹

日山夫等许人執荒唐人男五女二乘告于渠寓處即與韓仲瑩同評

則皆是我民而黨賊者也或居下道或居本州抱其不撘則皆裒弃脈

長翎傜旗草物女人則乃乞囷不居者而交嫁傜奴出入官府受甚賜畋階

通本國之事且具酒饌逐日勸餉之人也情狀皎渫帥皆斬梟云々

淒人家之事中自亰不來之傜陸續亦絕多者六七十々者三四十々

啻三晴羽芋闲因씨未中自亰不來之似此不夢之賊捕斬不難云

鶯人家逺到赖其焚燒不餘牛馬岳遠取玄云此此是下道士黨賊之逺也岳甄毫賊

廿四日晴上來玄所芝獻卜物己盡下玄云比岳是下道士黨賊之逺也岳甄毫賊

君父擧義隆譽者痌入心骨誰典告語氣闲々

二十日晴聞化寧縣賍租親玄則監官尹孝仁不來飢民數百餘人憤惋各

昇色吏庫子等偸出倉穀之壽突入其家搜括莊各自分執有固

施濫而無能禁之者竆則斯濫豈不信乎留宿縣倉

二十一晴監官晚後始来而猶各皆賑之意否欽不分名基出物羣歛力言則

不得已開庫而各其案穀却以陳久不可用者出給矣方令賊炊逼迫如而

窮擾倉廩民皆失亡八震保谷菓居土委已造一朝饑困之甚莫此特矣

吾州四縣惟此所時未經賊灾餘供高存閭境敝之来朝不保少与其為賊仕恨

减可閔而其勢减忘急矣綵合旬立而賊救之来待賑以舉其為賑仕恨

熟飽毉賑吾民之為得計而此公自循私意就去其家之患其以案測

也古有為飢民籍制而開倉者苐此軍粧四五斛為有一毫不忍人之心豈

至莫此以上自用手痛悟之

二十二大雨終日因尹孝仁㗊鶴峰令公中道放赦更祥指諭使下事玄則謂指諭

者熹必指諭教已上人使之急赴勤王之舉也鶴峰希亡左右廂軍令稍嚴

略不饒貸羣懍不敢喘息一与搖戰賊覗退縮其不誅伐之多軍詳將

二十三日 下振

十九日雨蜀芦洞流中係冠留住空城粮餉乏窘將歛齎追　大駕不莊仍
指燕京以為養食之計且歛以甚俗易吾俗云中長川同人金鑑陳正韓良佑云
海何忍蜀活於窘束之世至痛笑〻中長川同人金鑑陳正韓良佑云
女被擄死節云一曲士族之家被污於賊奴者此二人而寺有捐生取義
者獨此村巷間兆民既無家訓又當辛見之益而倉卒遇發能以義自守
至以傳束駈迫而終不渝其志云信乎秉彝之至人性者豈貴賤愚
而拍賦也可欽〻

二十日陰蜀芦洞事中鶴峰令云以日牽通信之還個言係發不必速〻衆自
上有拿命而難梗不通令中近者始由胡西路上云云頷相李山海兵判此
汝浮許鉊金云亮之皆被論　大駕東農之荔曰遠寶云四中為日
聚軍射殺賊奴若口多南之人之射殺五五人則當是牽國人叛入倭
徒假着倭服云吾尤醜云甚餘在如阡中者不滿五十云而事克飜徐阡
欲○午上後峰陞見則戚昆服天于曲音谷諸僉像偽後教林藝茄姻
貓張天此去俊地未滿二夏慶有侵及之焦深同〻

死亡者甲帥倭先逃去本如及歛句倉庫收食未盡皆林矣々賊收之食
取餘淪竹負持驢而渡江於湯根岸山渾半身李月初三日長延八郡則你
門四開麻を人聲性々唯女人曆伏街巷三間矣寺宗庙満倉庫皆巳焚
蓊而闹闹則依旧倭冠筍陳於鍾樓下抄粮以食買々勑又連渠分晚松
嵒巷渠飘漲多固逃去仍由湯根地登山覚食糧轉下還云具不說倭收
一運由湯根八城二運則負賊到山子院欲渡每々馬々倭々倭出去江欲擇得
飢集具他矣上去々畤石向々季防備沙鳥欲亞寺歷寧可以護伏要擊而己
心実怎他矣上去々畤石向々季防備沙鳥欲亞寺歷寧可以護伏要擊而己
而事國々人唐半相雜啓削発発脈与賊退迹而甚中被擒者稍々逃走
至無一人倫震坦然炊々条人々境云且曰衆今 大為悔曰哂更逃出松都
侏中之人一時並農人馬澗蓙而死者盡々桃策抽門朳尢甚横屍々血惨
不旦見今今此言狚知為日金彦希々言沐彥林也國勢至此支仅何言備
哭々滅几介尊得强毂八九石冒夜還某乃出於可渡里金至元甲府儀家
也与諸慶及金雲龍会用可以实句徐々用矣

得者六遇四十餘人而傷至死還此尤可惜一女自助內通矢西逃必追還斬
夫之器四百匹賊僅備於三十逃而人皆上岊是計捕殺者必矢自當
來山谷間山足等七八人持弓矢進捕以殺已至十餘人其餘則皆避入城中
令欲圍城搜捕而軍人不多勢不得施手令各家散送人家日內兒壽
會赴慶云々矢即與諸士族等明日早朝各鎭金于洛西村
眼軍人々等何偕姜夫赴伐則每一人來會者吾志洛步耳人等之
中竹巖屛風城津賊船來泊云報勢有散望之心不得已還來京以可恨洛五
金玉男自長月避賊卻本也甚言詛咋見賊船二十隻來泊件鴻寧爲洛必是洛
商寧爲掄不攪雜物及倉穀卻來也是後冠則必由漣洛四上京豈昔由
洗江云此洗近是夕遇孤山文擇善奴作洛上乃自京下來也備仲其況言
今日被虜於浦橋藪中仍爲僕夫持卜縣川及到忠尙則自道上來之
倭甚數之多今作兩陣奔圍元帥申硈頜兵來到倭奴先圍仍我軍陷
後圍賊之往一陣後金又圍我軍於軍腹背受擊十不一活賊徒之多有

猶恐或掃賊遂審知國勢解弛了矣且禪出入世來有因窮境人謀使
十五日雨多芦洞瓦介春卜芋負糧事人至於內而春卜遇賊見害發條
十六日晴性閔音寺水族庵歸見室晶禪師と乃長川人而禪林と揆乢辛春也畵亦
水族滕發軍軍一琓求必遠是㘴屢屢撥掃と中乢覽有出塵里想如
偶と用慶山朴洞竝来必遠遇屢展對手何連筒注引以付庵
遠寺逃為捷樣也蓋欲托兩稚子扵晶師因保朝夕と性命也流生死雄
李氏女雖有急爰舄季侯合と涅浮泖而見今慶則莩頭生死雄
未必從此云知害且有倉皇と㦤巢或滅一令と爰や人事を民可無公堂
謂界平之女得遇衰乳其四至父子と不相保如師之伊言側休見許多作樣
慰三初宿慶寺師炊茶致樣特出幸情性但雜素之人而名不為と牽也
十吉晴十化寧倉分賑と寄自水族牽童奴失歸而廬此堂官尹孝仁去
其出細趣石闹倉日暮不給竟室遅偏信太何令包為賊完報見
諸色侭冠徊滿朝夕と間童到此孫雄有餘俵高水不免為賊擾金懸而
不首分賑救と之民告乢控訴採無敢選孝仁何謂有人以乎士族と親去乢

十一

十二

追至不遠逃避使賊兵就戮人將本業而耕坐吃雪水係何物自古喪亂無代無

十三日晴留芦洞午後踰束嶺性拜大父趙某氏祚道莊谷僃癒殊甚似不
得支保初避于南長齋舍去月廿五日徉遇僃寇向人馬俱之不得乃步多般
求魚則倭怒饌飯橋衣等物見送盡憐其年光向不得遂避也必此軍雰
謂盜而有良否者也〇有飛撥一從來自宗彦明而其初蓋南保座洞傳來
云不知誰所作也其畧四祖茄秀吉恃其慓悍侵我大邦長駈入洛而連帥
列郡望風奔潰無或有堅守力戰之人倭奴以大人之境分抄閭閻湛雪
道途國家壽己朝不保夕凡為臣子者我雖恩視守令都外留鄉乃及季子
中有志諸人等各自發身召募義旅王克勸玩仍以皮守郡云々今見此撤
甚施人意不量匹之心膽掄圍向自顧于力百不及人凡自傷而已奈何々
州倅雜在而窺伏若穴以爲備爲計安竟國軍而化寧鄉縣備可米軍粮等
盡莊帖出而費用必至以人泥但先怯走讖其於負國罪不容素族向監日主招
置而不問務順姑息王綱全此賊勢之長延固矣我生不辰偈如々何兩矢々
也々

舍乞米尚活云 ○ 水軍以覓粮事入玄州內中路十倭奴阻水結陣於白
碣村里焚掠猖甚逢人輒害以此不得入玄還來寓江
十二日晴曾聞中倭奴自報恩等處今方入玄和恩縣里攻劫極酷兩里居人
盡為登山避匿云 ○ 流聞倭寇之上京者屯聚于平院地時未得渡江都
下之人今方出禦江干多方捍拒倭奴粮盡搜取牟麥以資朝夕畿內諸
邑人儲盡為蕩覓食無路倭徒下來嶺分掄穀以上向中慶咸昌亦皆為
盡被來取于尚州云吾州官租自前亦陳之賑給不餘尚不下十餘萬斛近
倭奴之入費用粮籍州民之取去者亦不貲云而稅且多在此倭奴之留屯
本官者堅守不散以至掄取上京以為久留決策之計豈多峙糧本為
軍國之用而今反為齎盜粮安有如是之痛不哉不如趁速焚燒之爲愈
而官庫諸物盡為賊奴所據吾人着手無路尤極痛憤憤 ○ 閭里牛馬倭奴
全為取去或以掄粮或以騎行歸馳不用者以供膳屠而厭為極多不可勝用
奴中途去棄路傍無主之牛馬在在塡滿虜人軍潛相拾取多得者幾至八
九頭減價賣買爭相穀食山谷間一日不推者不下十餘頭不出旬朔閭閻之富

料而金地之條豈至於此極也倭奴之兵特出此至於鐵九刀鉤等兩技第在場

分則彼兵雋己勇之路而必斃於之下矢性不然一舉盡殲豈至於後奴粹

城也大衆當日迎過初到而士卒且少本及咸昌之辛抱不過七百人而倭奴

至持此軍弱之師乃敢舍城而野戰其見敗無疑矣主為豈不慮此而必欲分

陣者名慮其終之必敗而須為退避之計也固之安危在此一舉而身為帥官

未交鋒而先菌為先之路其亦與守孤城嶺江淮者晏矣可㫖一解而來監官

十日雨晚雪雰浹中道路之言昨日之朝兩日相盪少之其一則色青黑○日石勝消

九日雨下如注終日到夜川渠極㵼當戶洞送人于化寧縣取可㫖一解而來監官

・尹孝仁乎牧伯措揮分給云

散云此咻偶然之矣而泳吾石親見安緝信其必然世匆乎尸洞

十日朝雨晚雰雰流中道路之言昨日之朝兩日相盪少之其一則色青黑○日石勝消

士日名寓午後兩洪公民彥芽訪目与同性宋彥明寓石彥明石左㝵孟其美人

及申君汝桂至夕穄活冒雨而還○流中淸洲君之見渂俊地之人意謁德處

自古州已畫上貴邑內石居者全石濰出高意弓僑收穄至救傷先多士接之

家与遠○役携牧伯不知玄虛坐剃公失其盡爲子軍身抽出令宗于空杯僂

十

自致力則賊勢難銳寧無勤風之期也窮谷之武相毛衆其陸倭屯三

四分抄者輒皆趍打發競者比之有之戰守則搏甚理固然苟有林睉無人

者唱我特立送将糅求募以為敵像戰亂之舉則謳奈之民石有不歸係以

為重數萬之辛将見不日向自集矣撼此敵死之人以改久募之賦勝豺立我

軍容必振徐山寧慎其不左菇乎頷下渚守道沖賊報棄博先遁聞吾州

皆犯臣邑大禎無二守咸拔云十室殘邑其人民枆戰石之敵像冠十分之一

䣇勢難熾而終不浮拔云十室殘邑其人民枆戰石之敵像冠十分之一

且無蝶郭尤雄扵宗敵而守守力非後先謫吾者在人而巳其左多乘屬

中重停之有政聲久矣今富失友益信孙中為不吝也可欽流閒吾州

之伯寞食山寺石率石滿五六人而項又棄玄必失手之令方搏策僑房乞米

以資云半刻則撩我之日遇吾賊刄云石咄未久人嘗陵壹石謁祂射土所

走些遄何者富日之我巳过棄咸名陣牧撩邪未久人嘗陵壹石謁祂射土所

咐擁焉袖手以避戰尤是天農矢而敗北竆令富彷入蝶作陣則我軍氣邁

壹云石必殺死刀鐵尤扙入而擁楯塘上何以舊弓矢之拔矢係之滐敗末敢迸

本之日彼虜已有呑噬大明之志其意欲令我國先驅入朝而答國書亦及
此語鶴峰不勝憤悶連章累牘抗陳其不可越礼犯今之我則彼虜豈
縮四五其說以掩其佼詐之迹鶴峰欲窮辭強辨敷其情狀以為防微杜
漸之計而上使黃允吉書狀官許筬輩俱是怖死貪生之鄙夫也護不庸國
事為關重只以餉饋倭奴却見群厚為大懼自立其論以逢倭意以此鶴峰
却被掣肘終不得伸其志云李在其日記甚詳越至今日虜果以此事必鳴
則虜初不能力折之衆黃計豈能免萬死我且其今我國先等者羞將懷
釁端意在於臧鋒也其亦俯首聽令乎為今日計上下協力務講修撰
策暘為許和似若聽陰其說而陰乃餼意自治盖堅攻守金計則彼選軍
越海之寇曠日持久將有不郣自兙之勢矢我者以人云澳散各自迸播遺雞
權合為慮此則不然狐安之餘猝遇勁菟加以上全良水軍律不明火風安漬
列鎮皆然則以無恒不教之民氓其誰肯冒死地而不避也今則发作决目齊民
之迍入山谷者晝不得餱夜不得入室齎糧且乏扵至頃堅經餘峯妻子各
不相保莫不扼睆扣藎相與伊語曰寧甬島醜令我軍至此我等豈能各
乎

報見清州等諸邑直指烹城云自焚 大奮出迎人心盖挑雛在保山窮谷

莫不哀而望膽若無所倚舉作今散之計失業之人初於飢饉相聚為盜賊也

初以資道路沮塞人物不通挫吞弱眾凌寡寄矣賤人最鈴者士族也

必我廛坊人自身猶不殊護而老母雛雛技携山谷手足盡脱㾗狼㾗㾗

暴露難俱全焉日哀多亦羅於餙㾗明矣世不忍傷必之何

明來見渠亦於前月二十日奉其父母眼入之地以其賊勢近區今捣聞慶

七日晴留尸洞凡介等遷自州內不覓得租十餘斗盖將西谷小許矣宗彦

徨谷之地作此十餘里云

八日晴蜀芦洞午後与金順生及勝兒登後山高峰絶頂遍皆觀覽山谷之

保僻泪險未有如此地也一流中上烹之蘆用書契邀見金誠一李潙聲香以

溝約婚連和事因以為匿姜我人之計且令我國先導直指燕都將慾俟

犯上國云以報信合時未的知而若果以此則國事不幸有不忍言趙宗之

於上國云報信合時未的知而若果以此則國事不幸有不忍言趙宗之

於金元希驗己明溝和約昏已亦吉兆兄棄順從近原及大朝豈有此俚也

國可乙乃然不可讓匿決矣昨年見鶴峰令公諮及通信之事謂曰前往日

漲天烟火不辨此火亦不知出自誰手也城中上下只以偷活苟免為意了無持
甲堅守之計大都見陷不出朝夕吾等雖欲留番而上無所屬外無以援不得
已循山逃走云云噫嶺外凡幾邑而曾無一人男子唱義勤 王以致賊奴衝斥
直擣內地所恃者惟京城諸郡也賊徒雖多而豈逃於率土之林立刀劍雖利而
亦豈能當我騎射之捷勁乎苟能據有城地堅壁固守俟其自困而出戰無不
嶺外精卒自下夾擊則腹背受敵進退狼狽慓彼之虎將見自殪於鋒鏑之下
矣計不出此賊騎所向惟恐奔潰之不暇空城棄陣任其自來無人之境何憚而不入哉
此非力屈而不勝也乃我之不肯求勝也非彼奴困我也乃我之自取敗也憤歎
之懷已不可言而二百年衣冠一朝將變而用夷凡有血氣者寧欲處此壞地求
活耶痛哭痛哭遷邠之厄太王所不免而也從者如市竟基瓜瓞之籙幸蜀之禍
玄宗之所自取也而干城得人卒成中興之業若使天命未絶則轉敗為功固亦
不難而第未知今日之人心猶周民之如歸市乎今日之將兵猶唐家之郭子儀
乎社稷不守而金湯為虛設之險國本未定而民心無係望之地人謀至此天
道寧論言念及此長痛欲絶只聞自湖西上來之倭其麗亦多歷陷青山懷仁

遠去終不得弁斗之穀茲日之可食儲蓄蕩竭云云一州之民自春徂夏惟官

糴是仰而今皆散盡百萬之石陵得活無路不塡溝壑必聚廣池擾此

一州他邑可知一路皆然則他覓僴寧乎

六日晴留蘆洞奴允介猛乞芋以覓糧及推得雲月事入去州內婢春梅自賊

此皆擄取之物也州中寃陣之儀多至百餘僧倭亦七十餘別處一室飮食

出來其言曰始逢倭奴數三人更送相濟仍推乃入州張錦裘褥樫其泰華

之際不擇精麗有同犬豕我國之人決不堪食云樂乃任一席淸出則則贈

以衣服紗件而許歸雲月則細其主帥領在保處熱不許出此終必出其

無怨云□邇遇自京迎來之人乃是吾州之上番騎士金彦希也以五月初書

上京而都下方以倭兵洶洶申砡見敗於忠州中鐵九追走京畿防禦使鎭程

兵來衆于竹山地亦不利退去漢江德奴長驅如入無人一兩日間直抵漢津

城中吹角徵發而無一人赴義者自 上知其有无解之熱羽前月之晦

狩于平壤大內無主人心益撓百僚奔避有同鳥竄門外之人爭相撤産入城

城中之人則已知城守之不固駢闐出門唯恐不及宮闕諸寺烈火處起烟焰

者然賴此遺懍誰得以頌唱也〇迤中面奴之言昨日自下道上來之像亦近百

餘人皆入州內街路必市自左道上來其麗散入中東禿浦魚僧二沙代等諸處

收其家產旋皆縱火女人被害者群聚相溢有同犬豕院溢之後輒遺

物覷女之利其所賂者故相追逐不肯離出人倫之發到此極矣〇議作之

後訛民相聚稟其勢亦無守倫宮為事或假偽威白晝攻劫斗筲細利遇輒攘

奪乃在成臺重其勢腹心之憂有甚城中之警宣保其必無荷鋤之民來

秋不稔執此可卜後令外冦退玄而將未城中之警宣堂生逢

百無善策天步艱難何至此極言念及此氣塞言哭光逢 聖君齊哲出

天休养生負天步三十年內矣嗜音雕墙之失外絕遊歐驅騁之豫保居側席勵

精求治此誠三代下不易浮之良會而以言其內則朝夕著之不靜必彼以言其外

則覯竇之陸梁至此天平時乎屬階生肉食者謀之而謀之不戢叢食

者並是其狹束士潦室之膳安得不於此與輪固也〇今仲係奴人珠官庫出

儲畫為撤削朱粒之白浮出太牛輸出多徵船隻以爲邊海之計無今州

民使之出食餓饞之人一時雲集任意所玄二人石出或至二三十碩惱惆書在

面之人則輒截頭而遁云此輩肆毒尤酷窮捜深僻之地拏攫如幷鶻
掠焚火其害有甚於本倭將來之患亦不啻外寇而止痛甚〻〻
三日晴別第洞又送奴允介連石莫同得雲月春梅甚此下于州內爲覓粮物故
也流聞申砬令公来住鳥嶺設柵塞路以爲勦截之計云〻 金雲亭內外聞我從此亦來寓隣舍
四日晴食後傳聞倭寇来抄化寧縣吾屬皆登山潔伏乘夕下還竟是虛
報也流聞申砬以鳥棧阻險不可以用武撤去寨柵退陣中原之地要擊中
路誅獲頗多賊勢沮縮云或謂我軍敗績賊奴長驅抵洛云未詳是否
五日雨允介等自州內回來得持米十五斗矣奴婢等中途逢倭被擄莫同甚此
卜則旋即逃還雲月春梅經宿不來可慮主媪進粟米酒半壺橡實滴
丶數鉢金澄亦送櫻桃一笥仍念今日是天中節也節物猶在時變至此流
離一隅不得還土松楸一酌奠酹無由覩物興感方寸笑煎我生不辰尚森
無覺仍記少陵賞椎烝歌棣杜而歸及薦櫻桃之句此詩捷報還作也表乱
之丁適符古時〻歸及薦新追無其期三復遺史悲感塞胷推食仰屋知我
者其誰稚兒輩不知爲客土之可苦此日之可悲嬉戲膝下有若平日在家

日勢極窘追破衣十餘件外他物一切不齎仍遭今日之變異日設使不

死於鋒鏑而數多家屬何以聊生旣無家室不可以土處又無衣食不可以

熱莊此則已矣埋 主之地得不遵与否時未的知以先次骨不可恋之

痛也即可以馳去省視而州村諸處傷奴通滿自下道上来者二遣呆

絶道路沮梗人物不通悵望家山只自飮而已

五月小庚申朔

一日雨 蘆洞為覓粮物 送奴九介連石春卜芽于州內奴卜守自州內未現

始聞洪朴為賊所追溺水死其旣則死於賊刃云驚其無祉余有乳養

之見情理豈得恝然而無力可及尤自沉嘩金直長汝潛年近八十不祉行

步階伏于深谷齋舍中亦羅山屏齋寺亦焚屍亦成燼云

二日雨 蘆洞九介等自州內運各特米四五斗合十六年矣中其言州內傷冠

連續不絶嚴嚴閭閭晝夜怯扡人不安搞以比渠等亦未潛人銀貯之物

而来云大隊 賊徒太半本國之人相雜人或謫富其顏面則多是後年

陛来乗鹽萄其言洛云為不類患来 假着傷服前髮屁迹水見前日識

二七日晴流中倭奴窮探深谷之報去夜〻来分護リ取路西甚麗平明到一堅去
狐洞炭三十里徐矢適日步リ兩呉皆重扶杖偏困不可言洞西有山甚高
峻山頂有土城乃古人逃難之所也牧倡綺屬来住其廬云日暮代薪爲幕仍
宿磧邊中倭怨八州城禁其官廳善廳容舍亦盧城外巨室亦多連火
倭則散慶州城内外日以故却撑本巣爲李馬匹林舍遺奴玄諭其下馱鷄
犬牛共六岁撑玄以供其厨宰妓張樂連日醉擊女人之彼炒以所撑之物虫送玄〻
以辜玄之計其有不願去者則經宿之後 閧之汴餘壹薥在州城使我人不得摠迹狂
二六日晴聞倭奴尖向咸昌仍爲犯 舊居自下道上来之倭陸續道路逶日不絕所中自左道上来者六石止千萬欲魑
安東府而爲投石軍不排不得入取路豐山多仁縣直指中慶牀院云夕飯後路
北鎮下宿于村舍去昨宿豪十徐里美地名華盧谷乃中廛地云〻
二元日晴一行上下並五十徐人而在石靜阮务嵗淣〻㺟粮物合之且名備
活〻筭而養熟諸禅多至卯五手下於倉頭亦必孕孫劳俱
石可以依侍方便以此心慊尤憂同知石以善許護之 歸卻

— 17 —

二十六日晴添聞賊奴尋覓諸山抄掠滋甚食後一行坊入邨洞而溧谷幾空

潛藏岩旅折薪爲陣仍宿于巖間他人之來伏此山者弥滿整不可掃數

州內之人屠於二廿日万盡戮雖出老一人在家者中爲巡邏裨將以誅瞽二廿四日

無遺下遷朝夕之間謂之追近之馬急於廿五日之朝後奴辞至秉燭長驅甲

面追逐間里士女未及遠避僵仆道傍死傷無筭而露伏諸麓則以將士之

之故搜别特甚剚殺諸山磎林莽之間積屍狼藉石知其幾千百人也巡

過防禦等使自京亦責求軍紏兵至四五十默分援軍卒使各邑勇而不

茍一矢无一實皆收拾付火云河師傳後及其養子銃彈劣遇害

鏡輝則可以疾走免禍而以其父母拘寧匯囬之投不浮獨嘆後奴見其執

者亦皆逐一抵裝重不可致者則擲破壞裂使不得那用然後焚其家舍

弓斷其兩臂云此先可氣也大衆賊奴之在必先取其家莊雜物理置埋中

庸然云二貨婦女之有色者輙挤以潯之男子之少壯者皆掣去後人其

黨我人之被執者第乞求生則或置而石殺搞拂其意則勿論老弱斬艾

必草歷考前史兵火之慘未有浧是之邑恐者也

逐令當上山行次須速避云々我等業已到此慈母及妻孥季俱未健步倉

辛當癸莫知而為石得已命奴僕徐翰卜駄吾與非仲奉慈氏及贊屈取

路鑿谷直越前山々高萬仞峻悉必削寸進人退十步九僅前悅後擁或負

或攜過午始得踰嶺侵飮麋水熱後氣暫禔羞餓而鞭馬追到山路

亦不甚漁嶬技內行皆栗馬吾與兩兒步步以憊初更得投孤洞假宿

柞村氓之家路中得遇一禪將之敗未者十餘騎皆是出身之人也戰敗

後抽身獨出弓矢搶鉤居牛皆棄收僕亦不及相攜為或有失馬而後

行者問其取敗之由則咨曰我等皆是忠清道防禦使过過隊也

昨自清州聞賊報甚急倍主將晝夜倍道今日之早始達此州將興迴过

令公合謀禦簫畫未詳賊鋒已迫相与擣我于止川之右虎賊勢洶

天勇敢倍人鐵丸九々射四面如雨我軍奪氣披麋益皆退編了無球死

之意雖帶弓箭百不一發相揉未久有同凡觧而師皆抽身遁去生死莫知

吾等在此更無可為之事今於尋主將而在云俱有飢色棄

甚切而卜駄隨後未得濟急極恨奈何
甲

高靈縣前柳汀有騎步並三四十人自玄風路負荷而來我軍趂其後
奴方皆逃懼之際半刺東馬先出諸軍隨而潰歆兵粮雜物狼籍道次
無異琴湖之敗云大槩前旬咸陽之言則所謂石田琴湖烏嶺三處之敗皆來
者以身免云三而及今審聞延平之言則謂石田之夜一軍盡歿無一人遺者兩帥
者則赤皆生還以此推之咸倅石間盡歿者殊非的報是必以不撓戰先也候
援我而潰故諸軍多棄兵粮而已別無殞命者云且點撿奴僕及閭里之赴軍
其不免橫軍徉而褙出無棗之諸欲撿其邑衆也不獨州伯及咸倅為然傳中
星州大丘等宰守六守奇城些歸云領外諸鎮將有不改自改之勢矣慣歆三
之計尚族凄晨發行朝炊止長歧踣之傍兒見一人持翶意來曰僞奴已迫州南五金重
州内洶洶向晩游妃屯城云輦中此奇而吐得裡物之言甚柔初不能信粘望于山寺
候得的報以為進退之計繞入寺門負聞僞奴已入城應撿我云食頃之卒敗兵自
露澄山頂赤身延躃而來者不可勝記或被搶矢或中鐵丸血淙遍體惨不
且見皆曰我軍令已見敗死於戰場者甚多諸將士一時奔止俱入此山僞奴追

賁本州軍馬並皆上逓牧伯來住空城嘆知所為先遣其妻僕入置深谷裏

亦自度不免於刑章欲為逃走之計單騎出舍于郊蘇間下吏官屬非軍

並許其自由散去城門四開寂無一人助防禦等使之入非但徵發無由供億饋

餉亦無人主報得水將氷療其飢渴旋即嗷向下道云牧伯此歸之意甚切

而首吏一人獨守空城軍執不送為尚留帶不得自由而帝秘其蹤迹潛藏深

密之處了無唱義動王以守堡障之意守土者必此他尚阿言可歎〻

二十四日晴當九兩間巡邊使李鎰自咸陽八州午馬〻心辿禅將下有献於路上則曰主將入

州將欲留陣此州以為禦寇之計而軍民盡散只餘空城百官所思未得良策故

使余心審山谷間溫言通諭庶民及時還聚矢倭寇聲員則密陽淄城

後吏無他奇大丘則非倭奴也我軍進來者自相驚惑㷅其官廨軍兆等處亦散

雖之人自聞此語俱有還聚之心州有主帥留陣謂可以倚賴以活員擔下歸者

而之四方发有若此〻無謂公事也云〻且尹遑弘節今為賑事而來在幕下玄隱

旁午不絕軍牟之入城者亦近四五百云若牧伯曾縣石田之迹高繕甲治兵以為

堅守之計則民心豈至於渙散軍容豈至於挫耶也夕聞牛到城主率三運軍到

澂姜絪諸人亦各率其親屬来寓于隣舍魯谷叔母亦住于西隣多闕

助防將梁士俊八州

二十三日晴留九滿始石田之賊還非真倭奴也乃其近處避亂之人佈衆山谷見我

軍至相興奔走徃之際我軍先驚以謂倭寇潜伏以邀覘旅誑言淘起不

能止息一平虚斬避亂者一旦此倭冠之邏卒也收伯興咸昌亦不辨其真偽

内怯外眩自切謀免之計棄師徑退有同亡群走漁公鹿軍中無統妾棄兵糧

一時潰散弓矢粮糧充滿道途至有棄其兼馬而未及撂去者州人金俊臣以

率領將領扔連先導故未知軍驚失帥之由迅峴留宿恈其後軍石繼偵

探其扠進退狼狽不得已領其所率前到大丘琴湖之濱則武騎武歩而自府

内出来者陸續不絶意其倭忽陷大丘府而上来也琿軍亦一時驚動棄甲曳

兵逃㦱之不暇有如昨日石田之賊俊臣亦計無所出撥馬馳還云噫徵兵朴援

李欲禦敵而虚聲所動尙且如此設遇賊錚誰肯有冒矢石竭死力者我

民散久矣雖固不足言食祿委質者庶可免恧恥二夕間防禦使趙儆八州自石田琴湖之

而先逃如彼首國賊髪難赦痛甚

来接戰我軍之前行者盡被塵滅勢不得与吾等僅以身免達夜馳還云

咸俘亦隨後而至一行飢餒面無氣馮余求飯甚悶即邀致到家出餽酒

食備聞其所未聞其況尤慘咸昌閣慶尚州三邑軍全見敗裂走一人遠者

云○聞此報五內如焚莫知所為家藏什件未遑料理箱篋書册等戢據地理置

熟藏貯廳板之下 神主則奉出主身八於樻中深藏潔慶當晚辈仲率益

氏及李妹與廣祖母先發將向州西此長之山妻屬亦隨而偕吾興次兒留待

基遠遲當午乃荻着扶此長寺則一行皆△然李已到矣內一行皆騎牛西行州內

及諸處士族之家舉宵奔窮慶子室女未暇擁面顛沛動勤途駢闖歸哭

之辞上徹雲漢我一行 燕氏以下廐祖母季妹及余及翊族基遠榮遠裕遠強遠高

達及女兒並十二人下屬奴婢老弱並五十餘口矢他人之同到此寺者亦近百餘矣宇

闇閟不冐容接矣

二

壬日晴一行留寺倉猝出来粮饟小費送奴于州內家謀致米石瓶闖賊勢極鴟猖

坦我境云心緒盖亂此寺距州府不遠慮有石震之虞更為深入之計

辛二日晴食後一行俱發入住于寺西九滿村金潤之家韓璜璡玄德升詩

原聞震終夜驅馳平明八州未暇歇氷急赴本邑金山東萊梁山等
地皆已陷城主將被殺云 國家昇平日久遠聞此 報心膽俱墜岡知
昕塗金虜侯玉柳君瑞及金漢安慶孫陪行而來矣

十六日晴氣不平終夕委臥流聞邊報日急羽書旁午沿邊列陣以次
見陷云而連見烽燧每准一炬此甚可疑或云震出左道故火一炬又

云賊計奸黠先滅邊烽自舉一炬以杜內兵之援故烽火之在內者盡煙燼
城先圍無詭驛里云邊報益急而制勝無策人心洶洶有深入雌福
十九日晴得菜仲在州內所寄書傔奴連隔束業尉山梁山等巨鎮已逃竄
之計如我駑劣上奉老母下有妻孥蒼蚸然諸雛無地可安頓東手仰
坐何以爲計尙懍無悟適丁今日我生不辰何至此極夕玄景達來見仍溝
避寇之策

二十日晴旱朝聞州伯自下道敗還出見于路左仍問所由則曰曾典咸昌倅率
領二運軍率數千餘人到星州地方伯指揮旋向大丘將以爲外援
地傀渡洛津在仁同星州兩邑之界則石田地有倭寇萬千餘軍自山脊下

壬辰四月大庚寅朔

十四日晴浮官帖始聞倭寇數百餘艘現形于金山東萊等水⋯云公⋯

軍馬調發事號令星馳閭里驛騷難浮聊生可歎

十五日晴長子基遠將以明日娶婦于一善崔直長立之家今日先遣竤

序賞書幣奠趁明日旭朝徵納洞中諸友皆來會為見⋯兒習儀故

也聞鶴峰令公以刑書參議特拜右廂

十六日朝兩晚止⋯⋯兒于中堂⋯進甫⋯繞閼歲　先祖考直長府君鞠育懷

東鍾愛彌篤末及成人　祖考遺指舘舍　先考府君亦緒而不禄孤

露餘哇子⋯依今幸家荷實祐免水火以至長成而有室⋯念

及此悲感填心汝基遠若胱體念先志以無忝爾⋯則　祖考在天⋯⋯

應亦慰悅於冥⋯之中夫舍鎭⋯仲及金正宇而晦⋯⋯⋯宋彦明⋯

于亨中房金雲龍統去一行發程後余與朴伯獻申文叔楢伯⋯⋯

達申嗔夫諸君登後萬⋯⋯絕頂東瑩洛津則兒行已登舡渡江⋯⋯

微兩聞右廂之行以賊⋯倍道遠邁今日入州去

十七日微陰聞右廂之行取路竹峴⋯⋯頹倒出去立廐馬頭則昨夕在中

— 9 —

金光斗字汝遇 一蹈齋

李弘道字士鄰
李子道字士會　　晴窻大方眞靜　永陽主人

金克安字向靜

金克愚字而得　　松澹

金兌字士悅　　秋潭参楮桐亭西厓先生門人

李潤字茂伯　　石潭蒼谷石田人　寒岡先生門人
李澗字茂伯

申楫字汝涉

孫慶約字希魯

蔣慶陽字景徵　　大廳玄風人

趙宗道字伯由　　大笑軒咸安人

朴惺字德凝　　松養高靈人

金澥字志海

鄭光先字子晦　　松澗

孫起陽字景成

　　　　字伸雅

權思遠字之雨　　晩翁

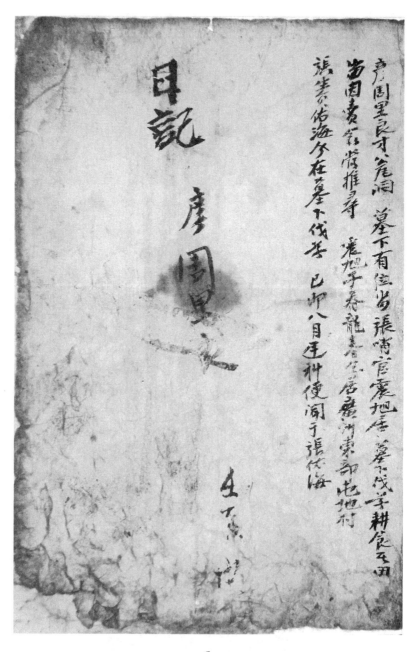

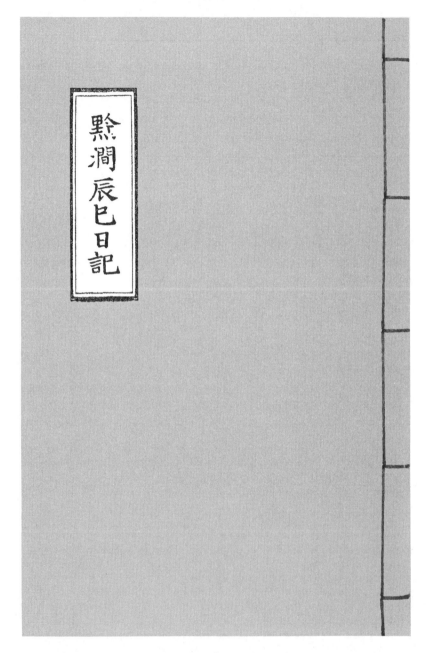

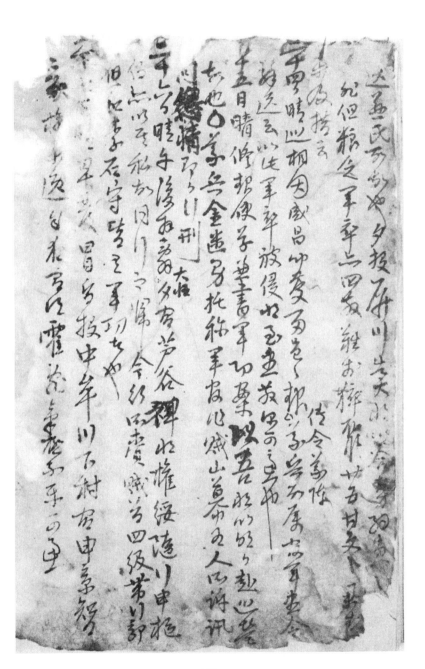

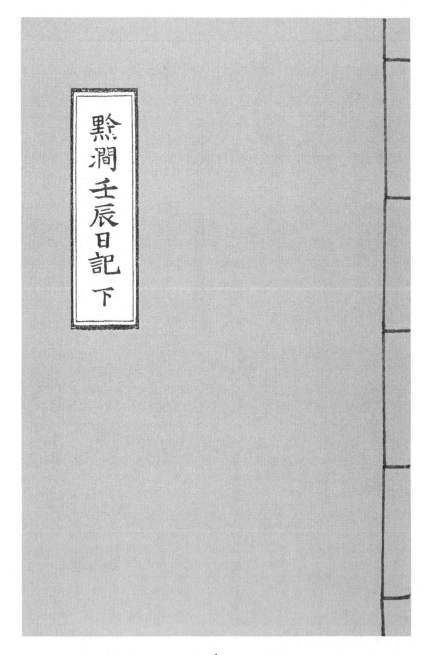

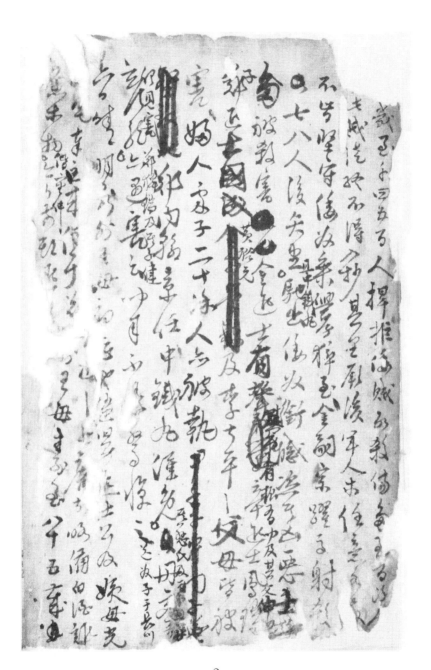

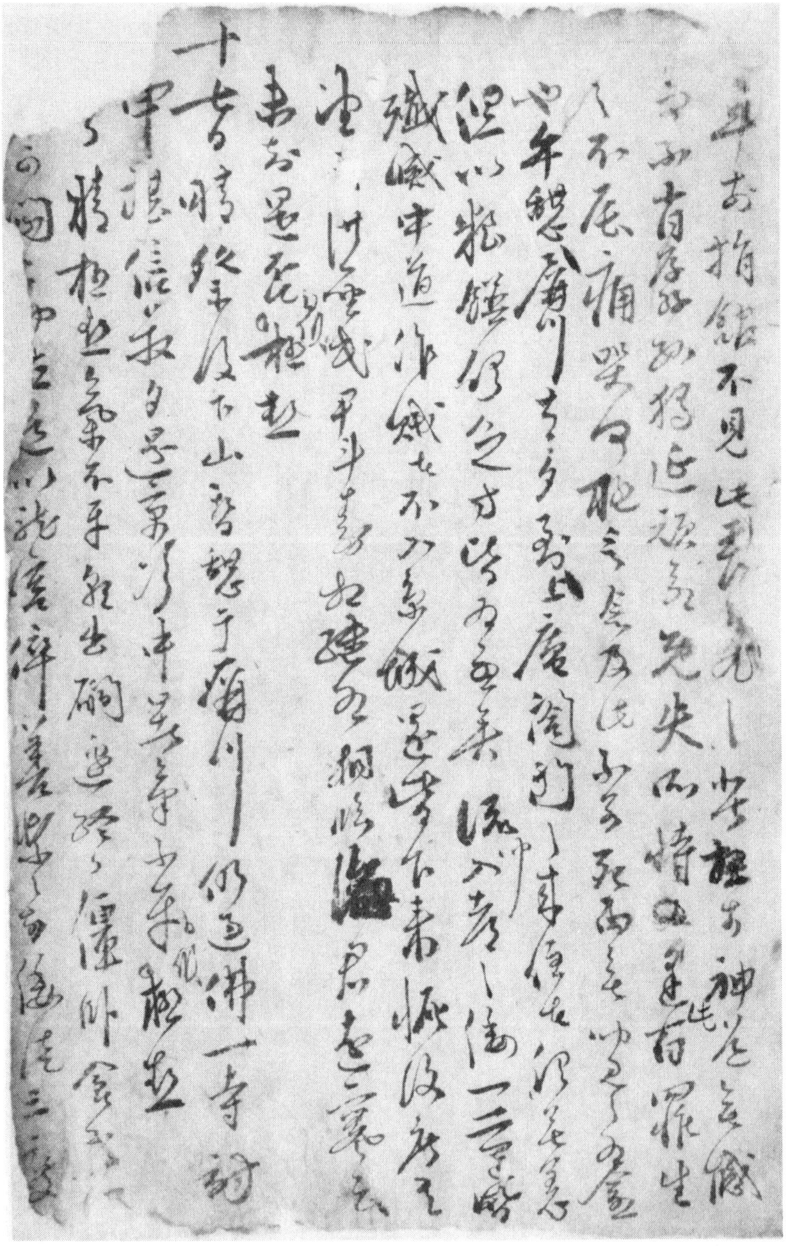

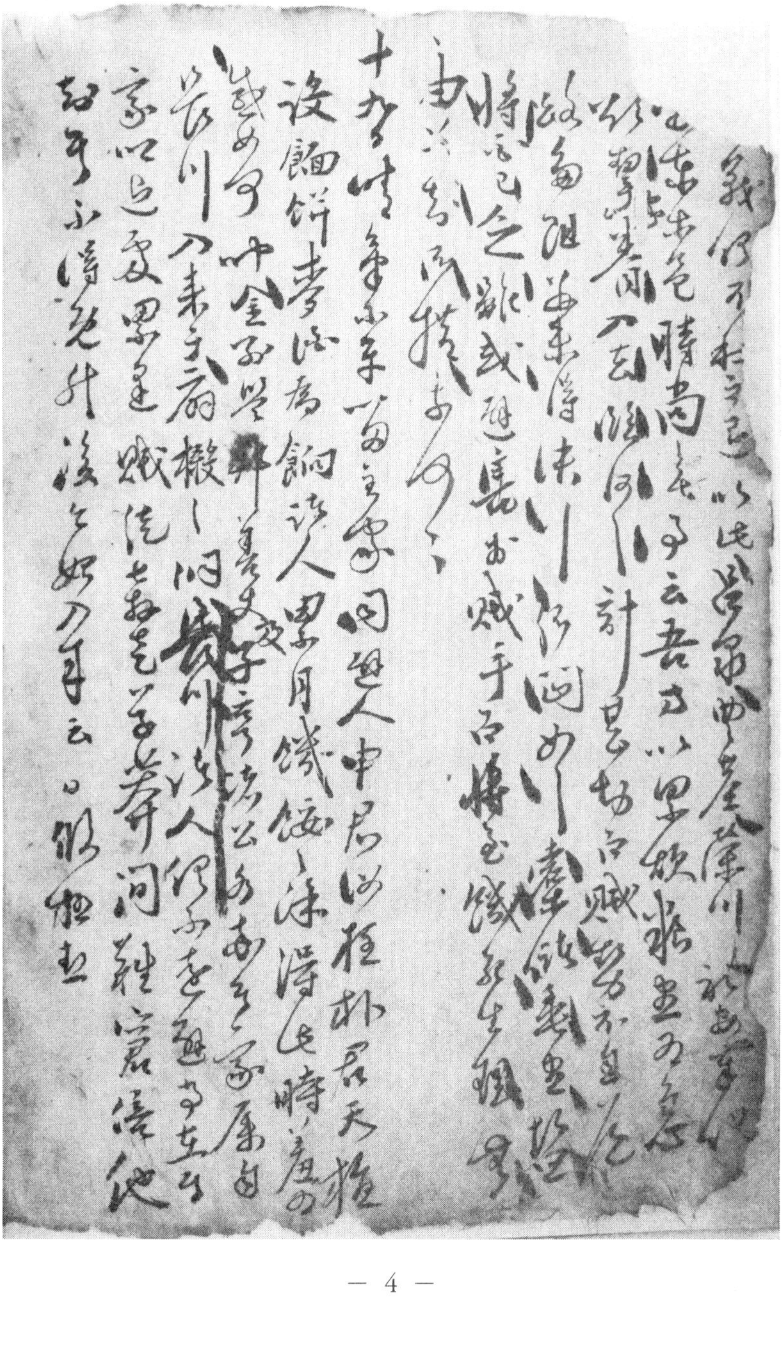

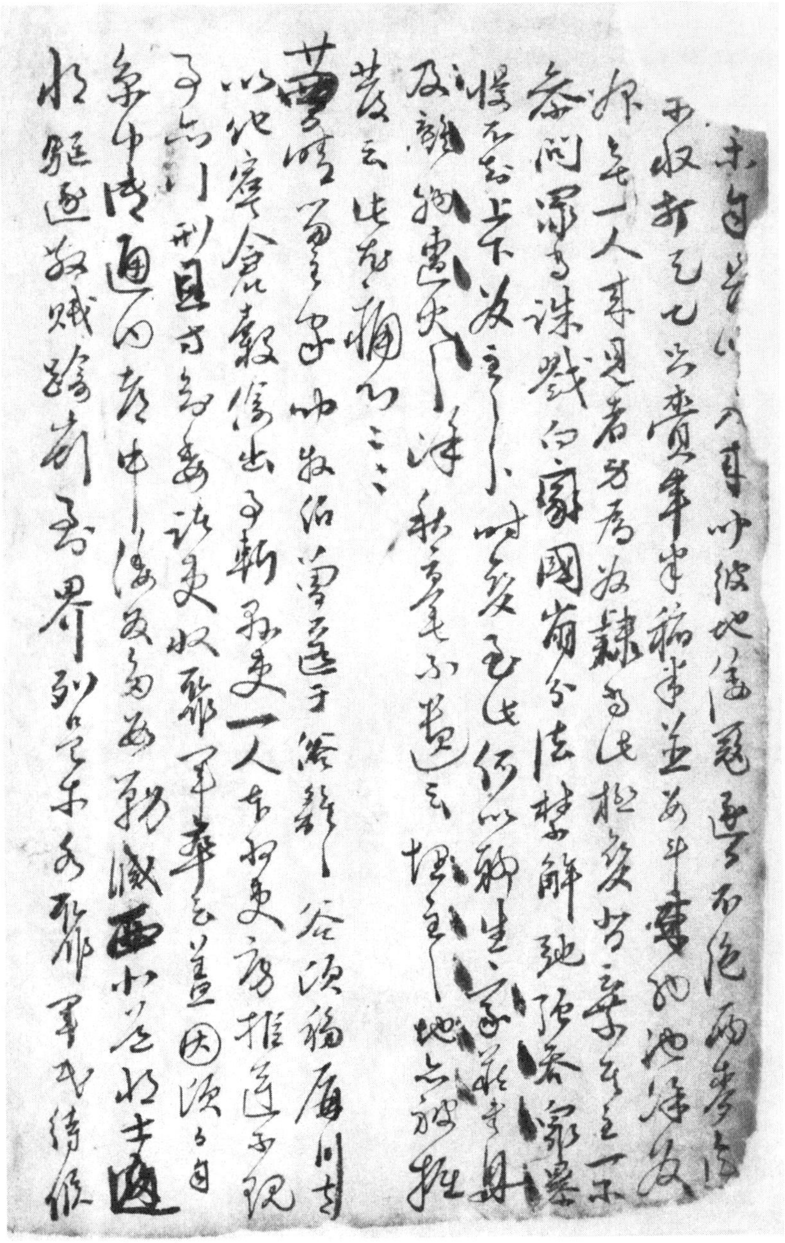

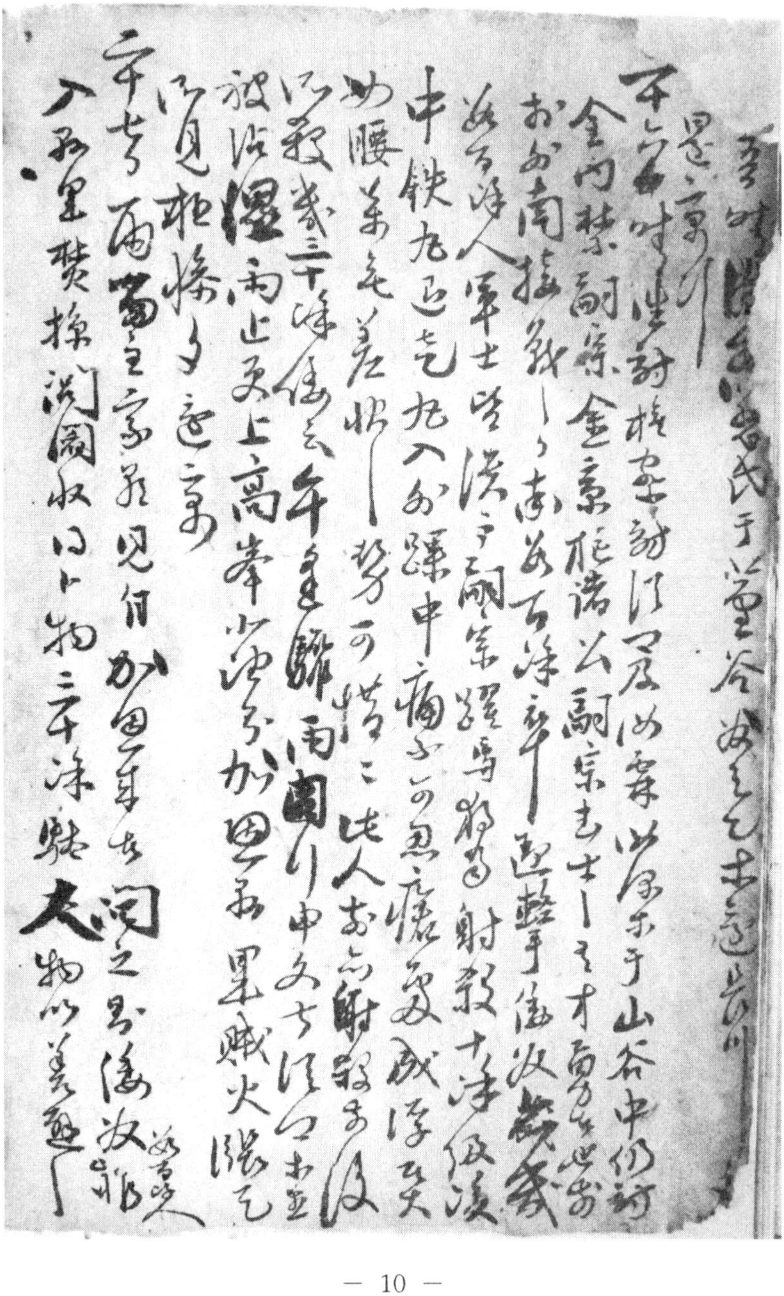

— 10 —

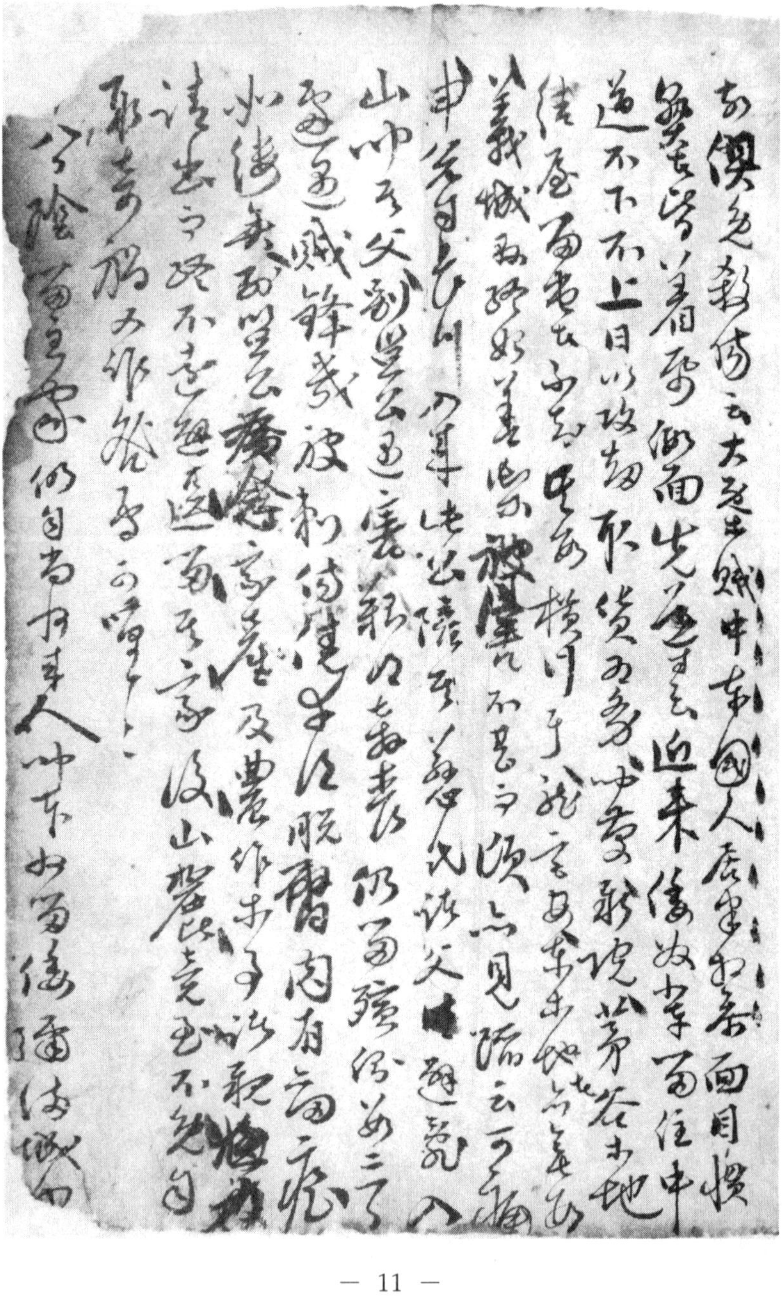

— 11 —

七月大戊午朔

立秋

一日

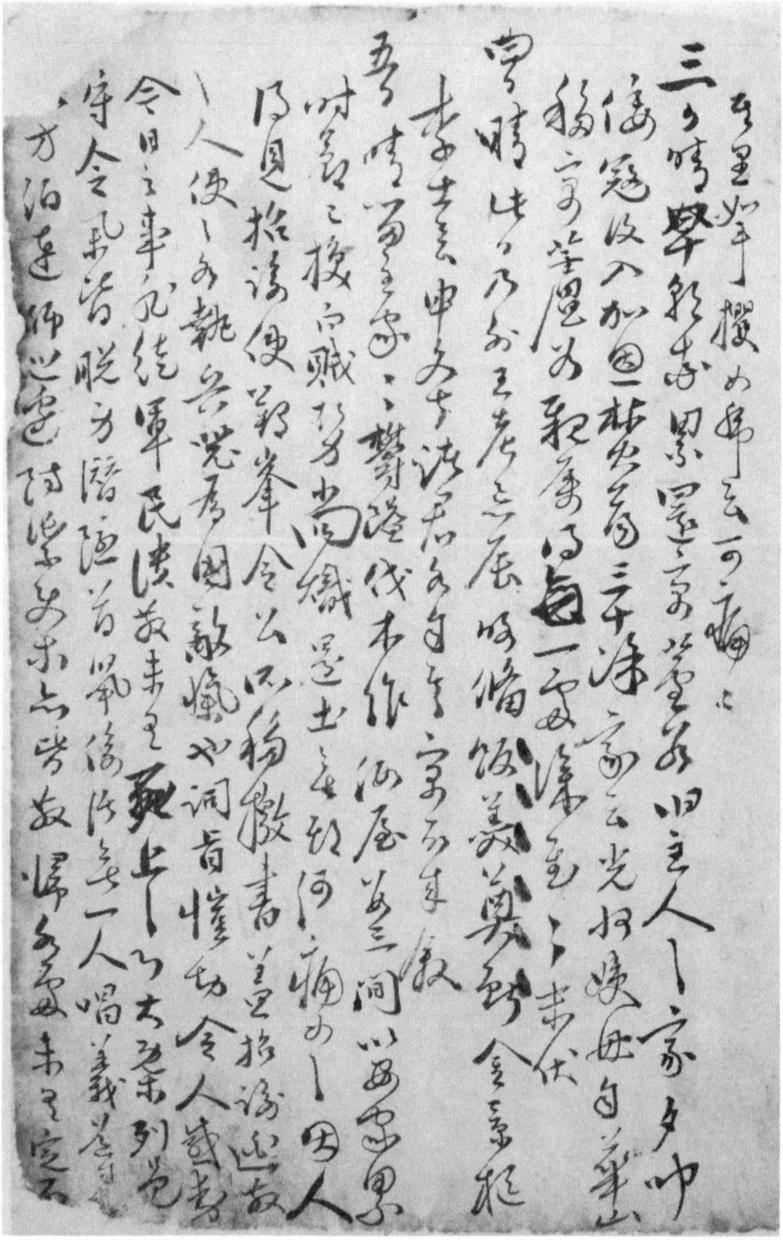

設伏于加里亦援云三哨兼夕逗先与毛寨以修正
彼等參於軍謀李蓮擢緣令但走免之去志大才踈
契失学斈士業不至唐虫毅僚志忱役
吴云之助也把守話云可援
廿方時日生農遺高作小遊南後領以修軍七哨逢人
又高信有一与之处付連火及牧野居不涯斬于當伊
倭修狐自萬力先辞劇口信子方所涉狈水士區通不
許云尤修寸力近人好斗不涉軍遑為相哕呉以對
主輔臧之去不食倍糗云乃見後軍唐兵五疑之陵
鴉江四千今吾宣川地賊为冲中突遺援士之高狷
下来可墨滞斗且右出与之森老而呉及圍城悼出
同誤接戰援彼海舩七十涉复斬首三百涉彼至
深援小溺孙係而为寨云役舩左如是下之城

岩陽□□多討滅□□□好誓李弘□弊□□□未□□謂唱
弊□氣弊公仲懼生□□□□□□□李逢□□□手十七
八人未□昌州□□□未地□手及□族弊□□□相庭侵
□手□共族□四十□□□撲□□者合□有人□□五十□□
人夫金謀兆李□□主□□□李天下□中弊□金
□宗□國趙□□及□□□佐幕□弊天□□□
業□□□手□余□□魚□□議□□□□□□□□□□
日語□中□□□□□□□于□將主□□國□□□□令
日□□有死□□□□□四□□且命□□□任□□□意
□語□□□□□仍立三□□□□□□先□□□者□□
□語□□者□□□令者□□□□□□□□泉者□依□
軍律論□□□□□□今日之言□□□□□□□□□□
□□□□□□□城□□□弊□□□□□□□□□

八月小戊子朔

穀倉擒斬牛馬六匹收拾搬移于公州一帶以付軍糧
云一軍以此人云盖邠族如警賊有事□□兒□□此
書兒一曰倭賊此一秦彩升以撰得郎□□□海
沖級云後日論賞與□隆□□一庫□白日聊□□牛
步□□己□□新□□
刘罩報伏兵未射斬五級夫妻五牛馬揮刀火筒□□
□□□□□□聞□固城野有賊偹十三人
□時今在□山岳也□□東面烟多推隄善賊□□報
外□對殺一嶂也記定留京未與之烟兼兵為午
□□□□推申先問越其當領□□□粮理軍
申□子鐵伏累□白米□□一級保□漏□
吾□捨送軍罷糧而吾子设似保安□□感昌人斬□□
一級車□子子牛□因使□□□□□□
　　　　　　　　　□好
府伊川　　　　龍瑞川橋□□
　　　　大豊□□龍川□□□
　　　　　　　平山□

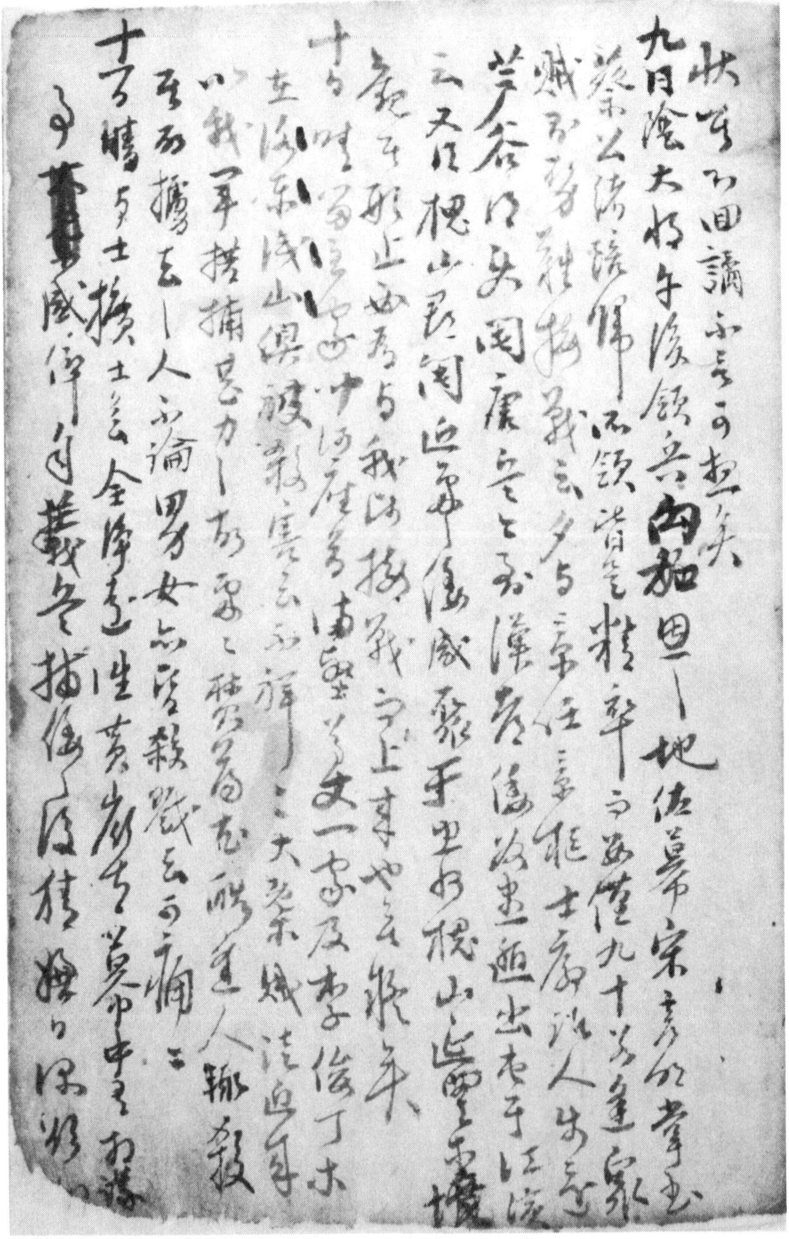

— 33 —

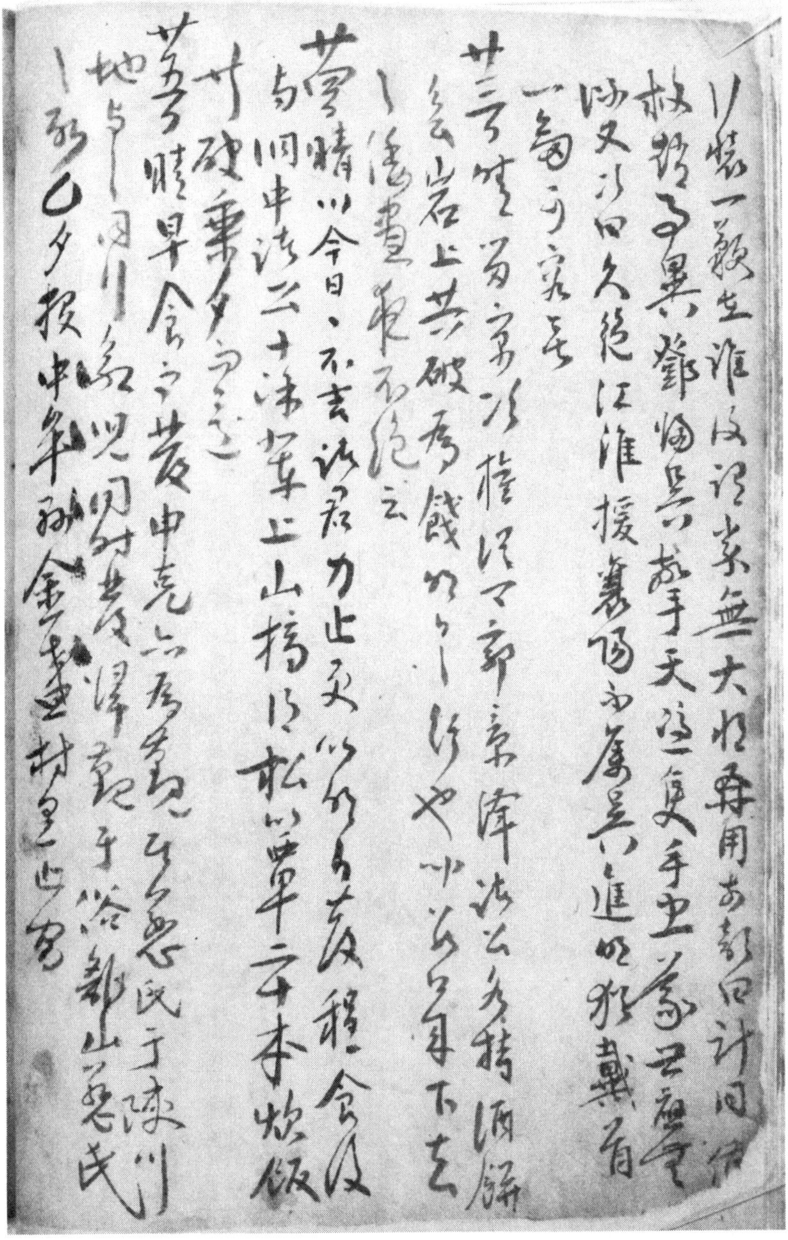

九月大丁巳朔

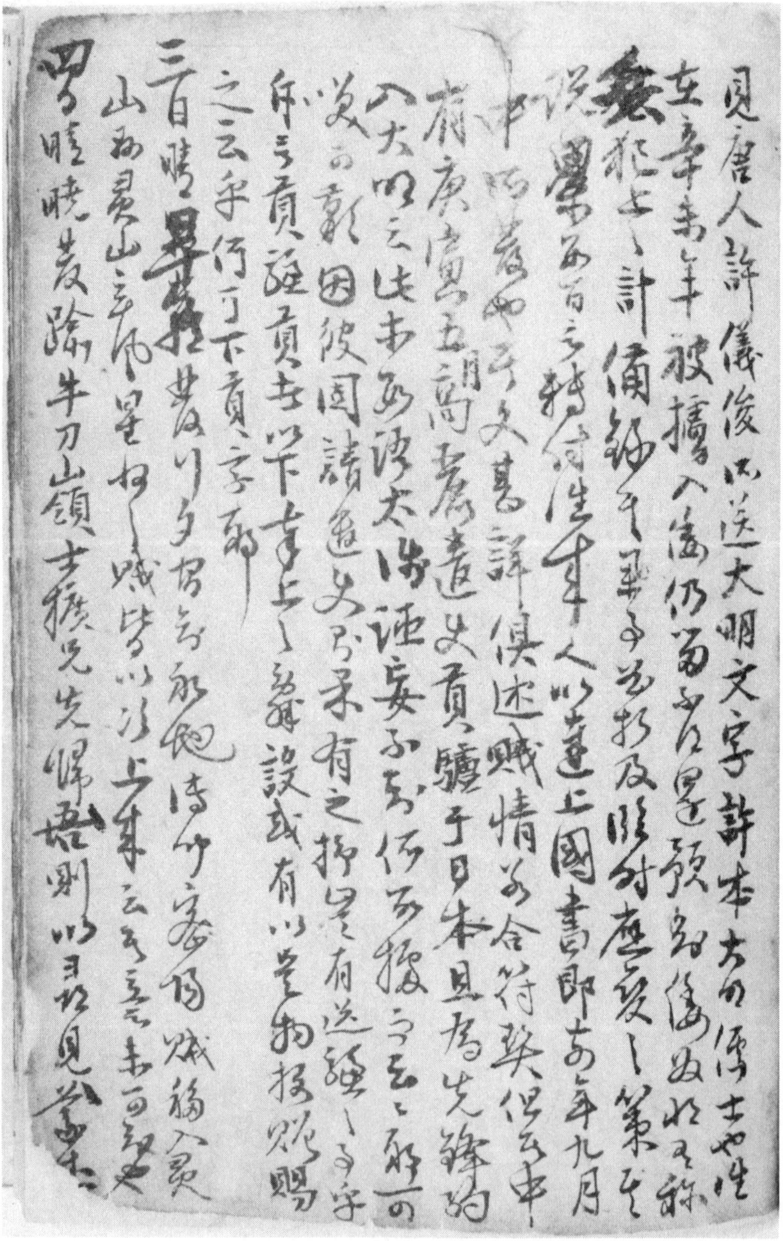

見唐人許儀後以送大明文字許本古而傳士也坐
左辛丑年二年被擄入海仍留者畢諸臣
盖我上今計備錄之墨子立拶及賜對應度一第三
泥尋以音之特脩注羊人以達上國書郎高�’年九月
中阿□有文言文甚詳俱述職情方合符於保云辭中
有庚寅正朝舊遣貢驢于日本且爲先辭陶
八大四云比去至□源太冷誑妄不可援云云三所一而
□發前因彼同諸遣去分承有之將呈有以送强之字
所三貢誕貢去以下貢享之羅設或有以呈物授恕賜
之云乎行行下貢字亂

三百睛□書□昔り身有邹甩侍竹寨陷兵僧入兵
山西最山三卩星好□峨岑兮土羊云蚤丰回□皮
罗盼晚荍跻牛刀山領書擾兒先帰嗚別以当均見巻巻

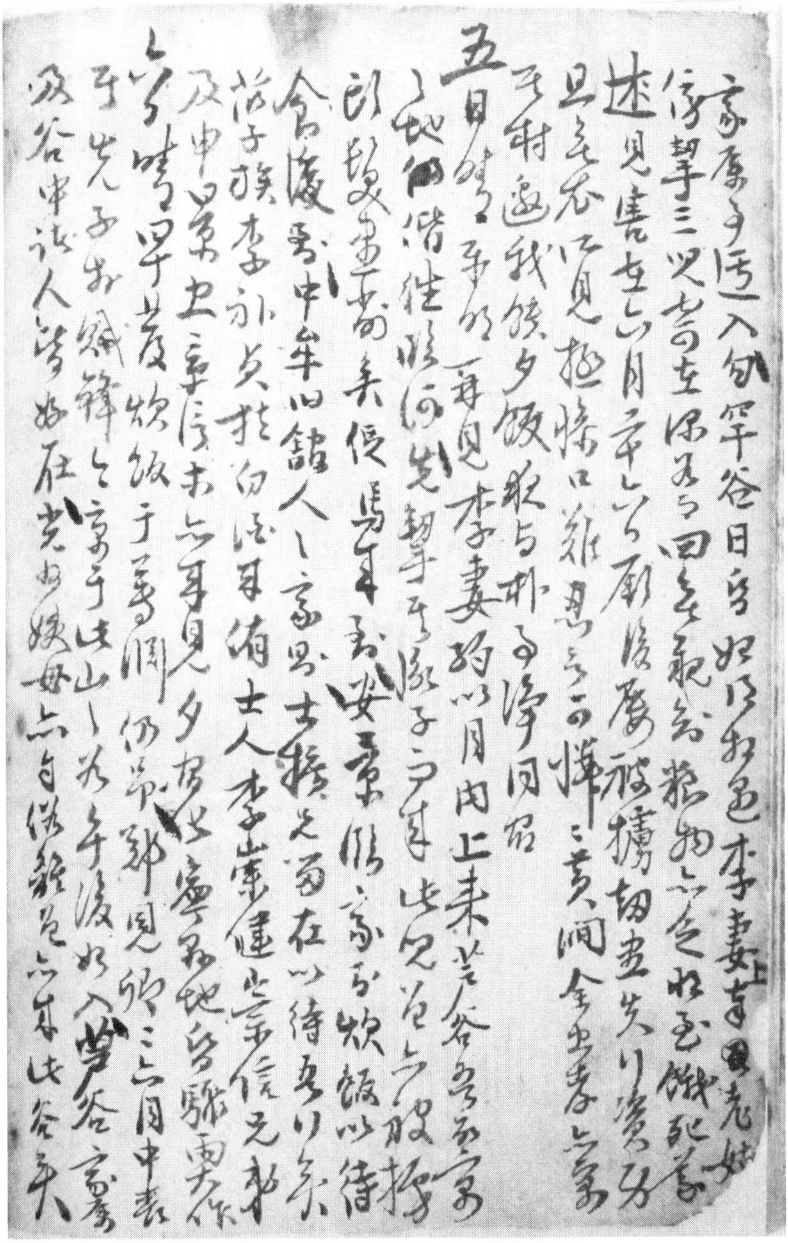

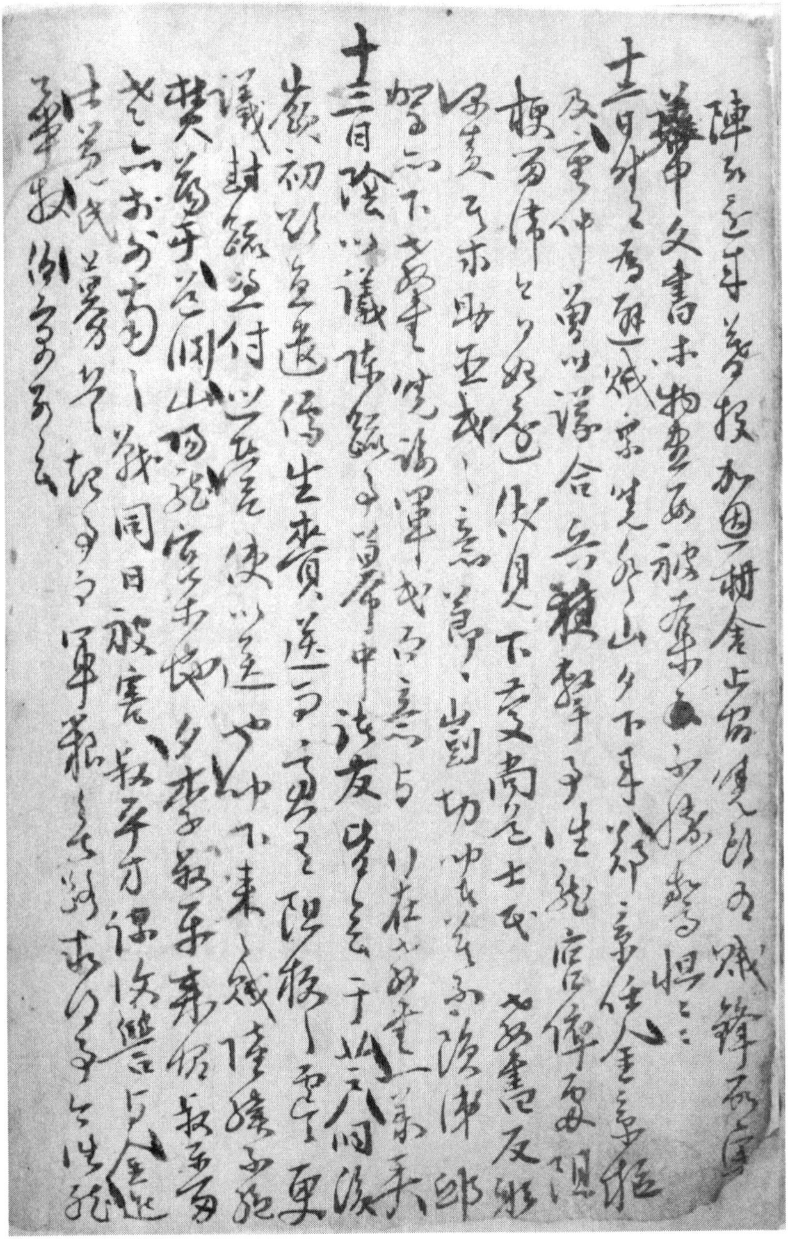

十四日陰 義兵後代于自己院 而近處搜戰斬首九級
且以犒分九柄鐵九筒五斗討粟各二七八斗 但我軍
中左三人被 而斬坮重傷仁

十五日晴 食後与程仍公郡守任許鬼生亮光李大
此仍從軍功事留乃己

十六日晴 蔡中軒全峰源其儀 相較 甚于中收及
甲申逆 □□文□次尾

十七日晴 □妻以高慧民母刀婢 郎山善兒之侯禁

十八日晴 蔡孫子幼日在高行 以賊 □半甘玉千云己
寺建孫不偶う今逸 逸止と伯屯や

十九日晴 暫孫半許卓坮方舟 軍有為初幸
誇将煉吸方侯余文□半幸と因之文う於間但語為
お寄作失康好甫自周盆募任一居う幸仍為於雄

二十五日陰 而霖又臺菴令与昌垕等□諸

二十二亭精舍後㑹陪□恵氏出來于蘆谷觉□婢母□□□□

□安恵氏以面子为少來

二十六日晴婕毋以荒歸大㪷今々亐晚庵俾輕会晚夜

聲□恁女为誠以歸□乞出歸方亠追玄中莭帅事□□

□ 去云尒

二十八日晴而俟令兵又无㕥算□追□□在

□弓塩谷日似已昊□□而仮□任 因尒聲岩侮為

不陽色乃係申三韋鴻□々弟帅支敦方難進有

□郡乙玉家乡遺百准□妻□□栌未本林臨家

二十九日晴 早晨弓弩遇各金弓良家焙孤仮长川

□ 連重看二年□□無尒为敦乡夕皐茫为弓善々

屡自句卒山中邖之來鳥美李妻邜車乞久去耗□

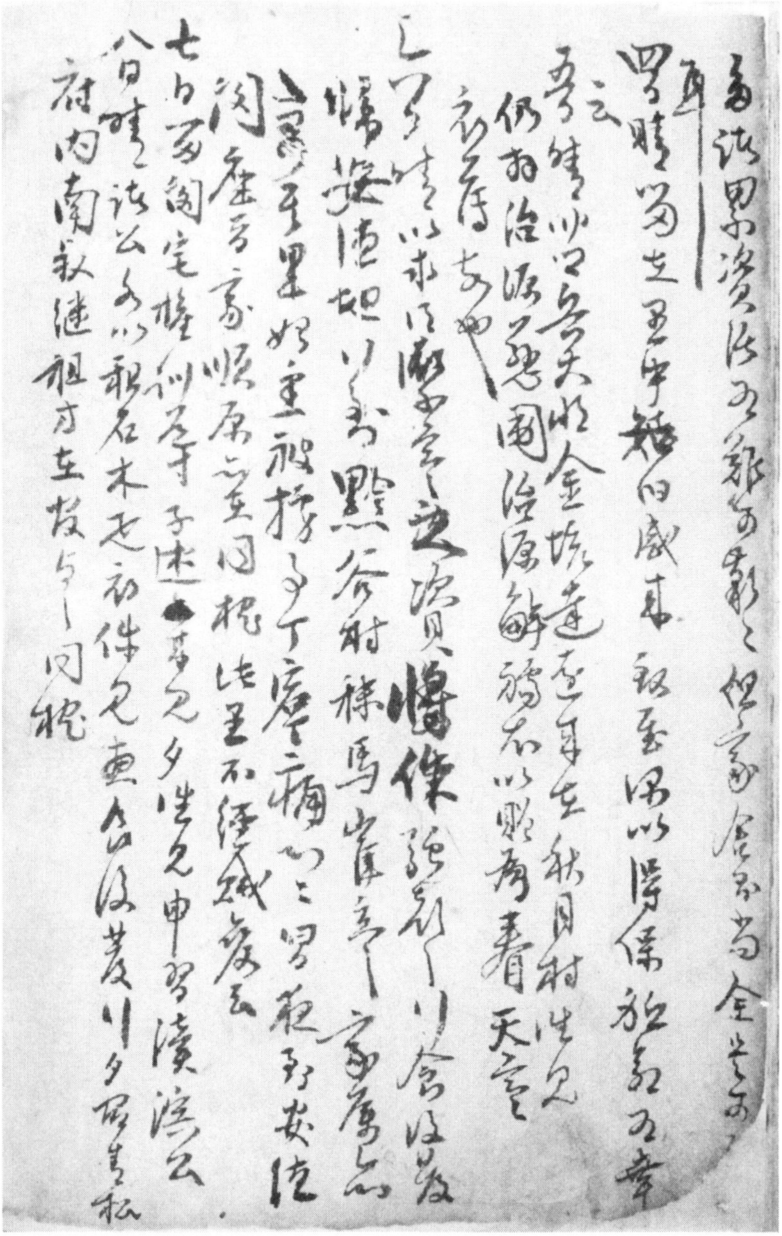

九日晴食後發向寧海途中逢金陽孫川君告室痛
馬金訓導寺奇領寧來寺金妾見忌故福衣以錯夕投英
陽南生水子去到家

十日晴留海陽好字孫退南敘鄰祖家金及去与崎府等
話英陽地名渾戚友与投撰不至君是吳欶吳等云

十一日晴留到家家作書与主白文瑞本旨春源情史
未要各家之迨唁以送巾豆斛思送崇材送祀

十二日晴食後發迨好嶺以送入德威及宫奴
孫英家屬停明作言饑飯得家謁与入德威及宫奴

俱老厚新尚在銀山一為丸曰淵言學各老軍忘
保口贈回等而措今毫心川喜口置吳迭与瓜内皆

不合用吉了夕投真宝申訓令守馮公家怡品
如罗溪申宇涓几遥夜与申書房子♥沈回家生也

十三日晴申丈以租一裹乞了解 衣褥一定見僅況以心
五斗糞於二夕見遺以時而侂廊且未島底
後裝送歷孫鶴峯令公委夫人于申氏夫人以お
賦客初白喪牌壽出邪許因来結語雪乃舍去曰
子女某玉坮室為屠舍兵臧鋒飜行術危禍一
幼伊行送美九月申好侂室高多又半矣夕小
岵同兒庶為西任矣
南時午与許公性通二以獲魚而逐食鮮膾崔
亭外舟髙峀来季世甍在一筆果建侂後
方果免禍当蘭中見攪不見藥二毛而歸抱
逐巡知門文方旦去衣昆可於松
十五日晴金乃施投筆魚見逐与奏外因侂飽食

南至沙峴昌一帶賊勢極熾親方的掠焚燒方左
安東徹燒宇洛高靈清河要津長鬐近○○松
此宅兵生守堯宅品界一
十六日晴与季升同行于治原守
十七日晴○行○○水○○
十八日晴合○焚○○勇府内沙○○○归都山○惡氏○○○
見仍与同枘權○○○江○自宣州○末○方以單○
而亞權丈适○修○○○○
十九日晴午渡焚川夕宿于鼎○村舍左兵一环防
○宣居連直道路
廿日晴焼所為川仍權丈投招于申堂谷
廿一日陰旱莫○○宣石峴○賊勢極○老間承眼
浦内終宵○烟焰賊○決難通道○○○○已意○○申○

谷止宿

二十二日晴 氣氏婢等一雉還川　　　間潘佛等
日糧物乞念 椎文婦乾倉偉李妻氏
リーや吾則歸谷椎妻初家金戸婢室離
豊方賈民 吾好生守孤界界郎近人飯平同柜于
椎付言家初一豪君二同信守好二雨將…
闊月美쓰迎出土多澤各立紅一両船…

二十三日晴 晦婦 金谷旦一来同話于旦心發椎
門方在唐谷あ多の门心竹烏琴々年遂性金谷
动見逐牧及李氏妹亲闊六店多多おら獨簽闹
当お夜闊自象珠手云二惡闊遂出閣布也以疾庵
下内報云方持耄無識来闊ニ又え保疲是命於好

朴芭朴箇及金際弋己申禮六事見家好名
傳令告于子旦三京君金言先李以美日招出福黄
公会六年日許

辛四日自夜大雨与五旦許己改り朴許ヤ賊弩南織云
辛吾陰三京初以送申單禄及因弱刑弓了見遣
以会々遣衣材羊足豫於之意耂此可見良及
叢里弋申堂弓棹买百耒百待美金重違家以
乃八百涂人耒侯亲傑三古丂爹弓偁許り刿
刿房申堂

二古弓晴会以俗じ 先客違意傷弓金覃
朋楊耒月秋内田賊逸五十涂人尿之入弱耂彩甚織
雜加輕北皮軍等佯侯一財夆己荒々々の甲學
裡弓し吾古台甚次弓可俗り与棹买星耒し

承望乃借兵中丸殞命　特使金判官天度足
陽郡守李光岳堅壁紲僚殘身方諜越路而得入
第七日如搆戰我軍蒼矢必南或放鐵九或注沸湯
乃内圍死傷者多舒之城退入丹城　攻有之㫌言
言傷～我兵乃出使一力則㑥至城攻㑥大捷切㫓
遅戚不昂需戚而免郡邑日曝焚納多之多打一壙
公之完乞㽞沒～我盡破焚爲　今彼凍突云此去

又乎也

平九日陰蒼布歸申谷五各右方伯家雖厲非者也
三午日晴夢郵舍恄袒上与諸事旅指訴

十一月大丁巳朔
一日晴日候芸熙

三日晴 四日晴間雨日 唐將留屯 賊乘夜闌入于 之柳川龍宮之 德院周回罕淨里一時燒盡我軍 被圍而不出者處戰其勢斷次伏入左路一帶 恐難支深 防塞之軍遂以迎歸

要精 七日晴

八日微雨沖賊勢將迫 龍宮 八收倉穀無 軍卒義盡 兼以方伯 將就呂而境及豐山
却說

眉白刃⋯⋯

⋯⋯

十日陰⋯⋯

十一日⋯⋯

十二日微下霰⋯⋯

十三日晴日朗稍寒⋯⋯

十四日晴⋯⋯

敎者沐浴 □海 射中弓矢 毫華 求 牛馬之 為□□
懼公之邑 死 軍新信四 後 吾將 新丰 刺 新 郄 起 說 私 位 □
洪甸 勇 お討 賊 射 新 弓 吾 長 堆 会 人 焙 兼
□ 写 陰 十吉 時 崔 △△ 主 之 甸 主 僅 高 吾 吾 壽 夫 弖 弱
十吉 時 立 之 甸 為 丂 以章 士 美 許 公 回 言 好 冬 至
十吉 時 立 主 帰 恩 亞 侠 金 營 雲 新 △河 孫 昌 至 海 史
り △ お 志 宝 お 勇 高 也 △ 光 扮 妖 妻 将 富 它 吾 美
湯 孫 右 △ 沙 芎 音 一 り 焙 輕 焙 雯
□ 陰 淑 雪 槎 最 師 事 尺 芳 情 任 拜 分 姑 南 □
□ □ 湯 灾
□ 芳 早 任 毛 它 谷 村 為 搂 妻 子 楊 高 丂 吾 △ 也 豊
山 郄 宅 芎 誠 邦 尐 旅 △ 話 来 高 氏 村 仍 任 丂

十四日晴 鄭子任來 傳○為謀軍粮咒 藏裏□□□也
十五日晴 似報□□言家文狀□案 並次鄭村激也
翻头金鑱也邸么以一代之起自家□□中事主
兩次○子任大矣□□異以後月自院酒金□□□□
□新○商蒙佐金弘□文持□□□並秀合□
□其蒙兵謀擊甘么〜賊撥也書中□□封家□突
一日痛連雞不□〜連本經音順理直高捿語二二
至文出自寂平手云生謀必然大捷各終矣
□秀晴以犬收命持尚蒙軍軍子坐見帥交□□宠
址分右□□□兵軍不肯□□□根
十省晴自官址送扮出帖子原川以亮□平粮□金
□□□持撥文入帰右道書院及闕王□□□鄭栗
任茭向澎而□□□□及列□□□□李宇□□□

諭陰歸
十月賭高義軍將的未日㐱話㑊于郡因自馬未王日
得合勢力于大将逢㑊左于以五代逢敀夕徔茶川
夕萬名名岩村口金住宗㐱㑊以陛以蒙竹斗次之㐱年
九月早茂㐱飯于弘峯具法家㐱金不以鄰軍住㑊夕
来放生多時東㐱川仍䡆莳沼訪助我收官家同華
㕑作此地灼飯以俵何䬸俗助我收馳訃馬年訪
為作比地灼飯以俵俗助我收馳訃馬年訪
㑊帥俱人會約由尚州牧使金㶁虫郡軍金弘敀代以君
蓁及趙潚口姜山府使丁未㐱连口助我收官家口昌
書母判及鄰起沈口志等收金覓田郡固弼觉具惟
謹口昌等收李逢代川佐及幕趙靖口卫于等版李命
百口出宗等將盧家任以去九陈蕎宏新以鄰起沈定
蓁口具惟謹及收以㑊今四助訪於水等收永圎務㝎弥

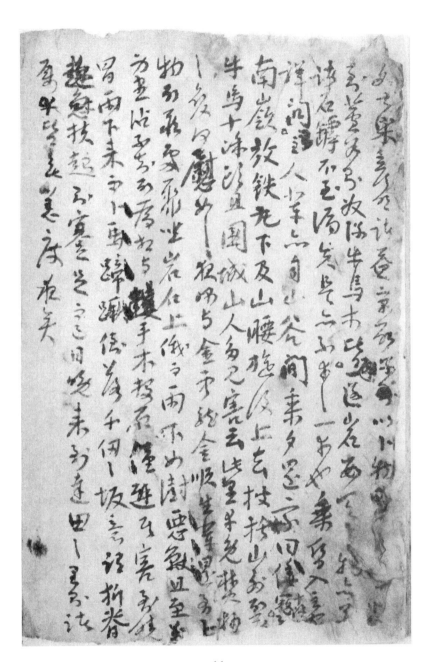

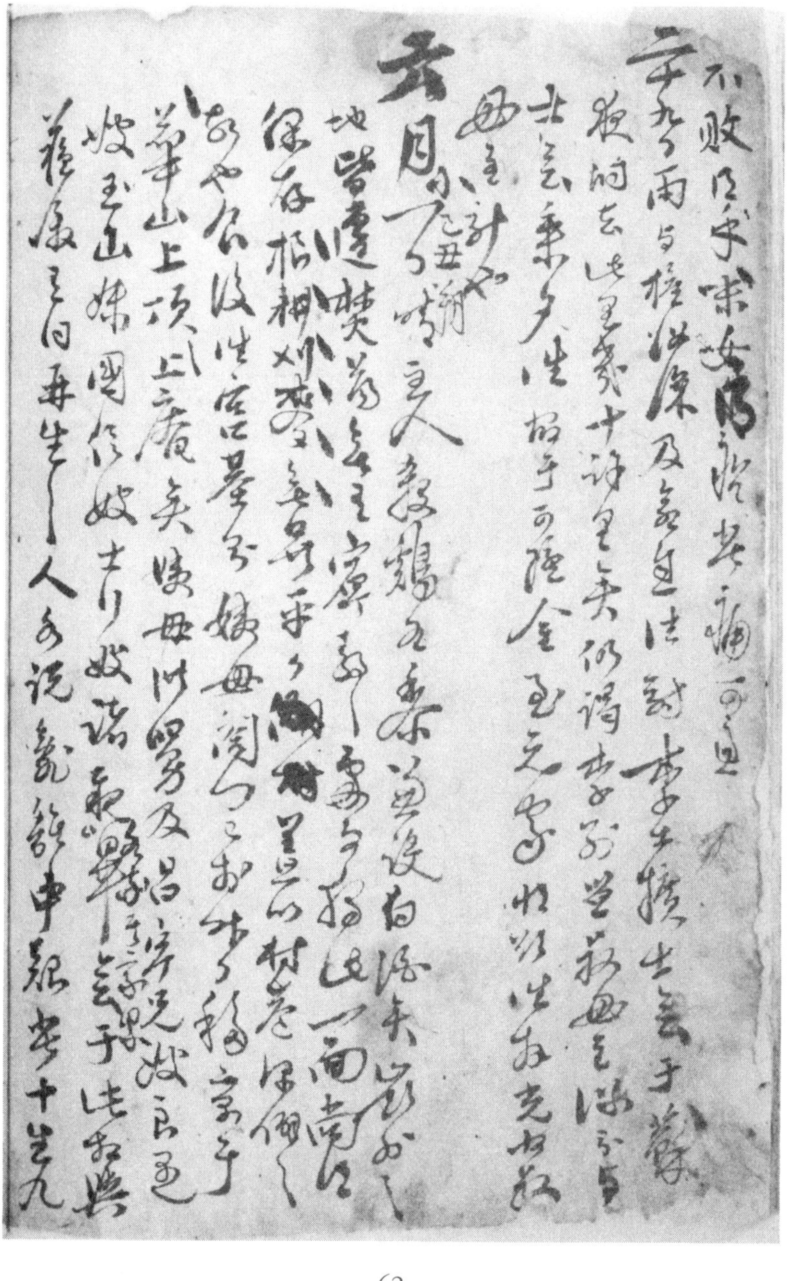

東南之道以去後及事我各在左事係之級以上願玉
科及第公私賤分係良云少布吏以樂易訪去此狀
故內藏分守令無惡道蚕坤延去而此尚牧去末死
于事及庚坪獨守孤城致死不去威名俸其敗平云
空延去多頃云之行　　二府農高牧云為諸威俸
云武若為用見去等可其善意國子生于自意賊忠
狂及小且熟擇坤一方句逑以逑此　計去事死死乱為
彼此教道權臨云同入落以敗度罰之乱為　賣羊循
姜夫元事有田彦望─決罷歷此兩停向使訪此坪以云
去使先筹未兵两人人以澈金法分回去─幸些子相說
回邑怡─如臣斬之帥至於不道亏後難免珠以如匹那
月哉未生お愛你─中首至─卒勺以之叙揣張以從勘義
世至孫孫─以笑計以生於乃上下教掌事蕭泣旦
敗此

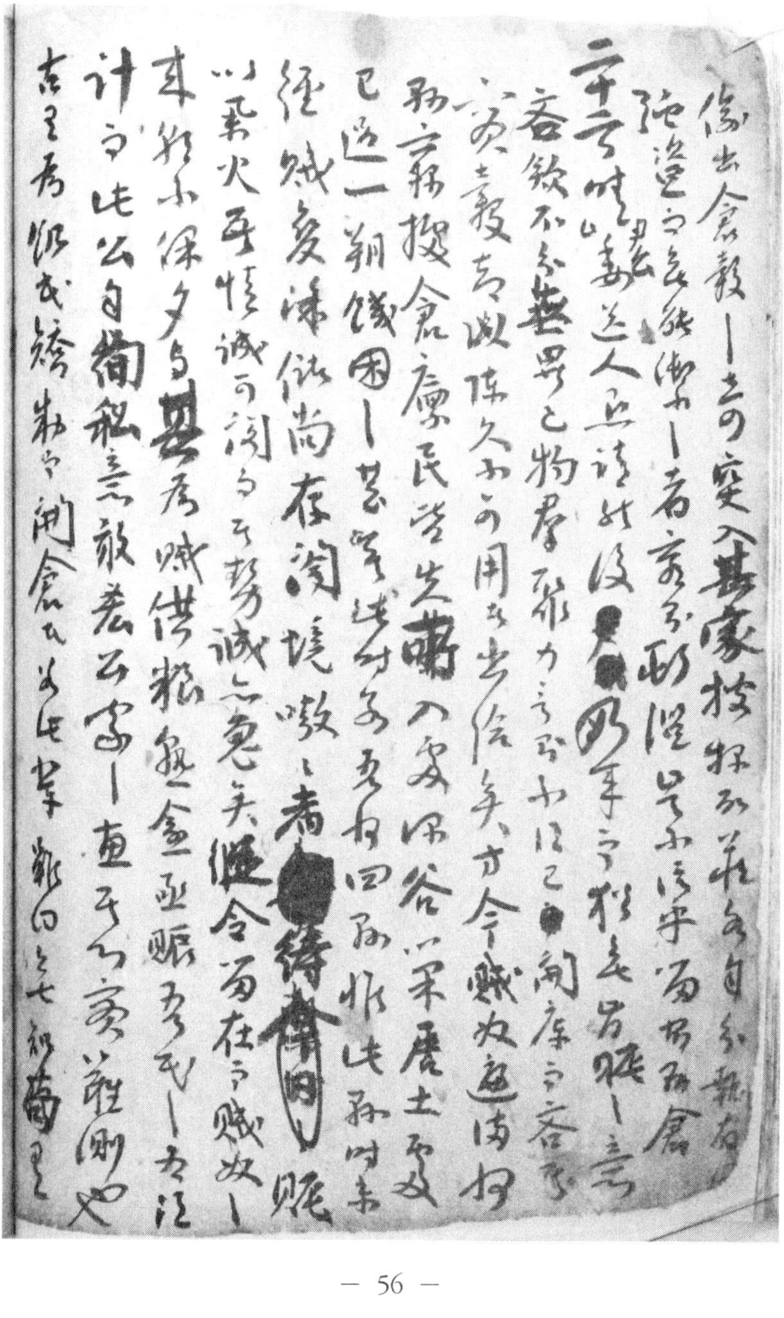

二十九日陰...

閣等諸路而擭報物及廳舍皆□耳也□□海邊□
由陸路□□上來□□呂由後江□□比還追□□多擡
羞發□□自□□□也備中手說去月廿日被擡於浦
靜□□仍□廳夫持□□以行及□□上□□左右上□
一後□□□□分作兩陣本國元帥申砬領兵□□□
後粮芝圍□我軍□□後國賊、汽一陣後至又
圍我軍我軍役□愛擊□□□流賊汽□□□□
死□者申帥信忽遁去□□電本國無義向砬
庫收稅錢未益□樊一賊□之食取踐淦行
互拾孃朽渡江初陽根津□□□半身月初
三百長駈入部□城門四開寂之人聲坐維女人
院休斷巷□三綱□□宗廟諸倉廛□□□□

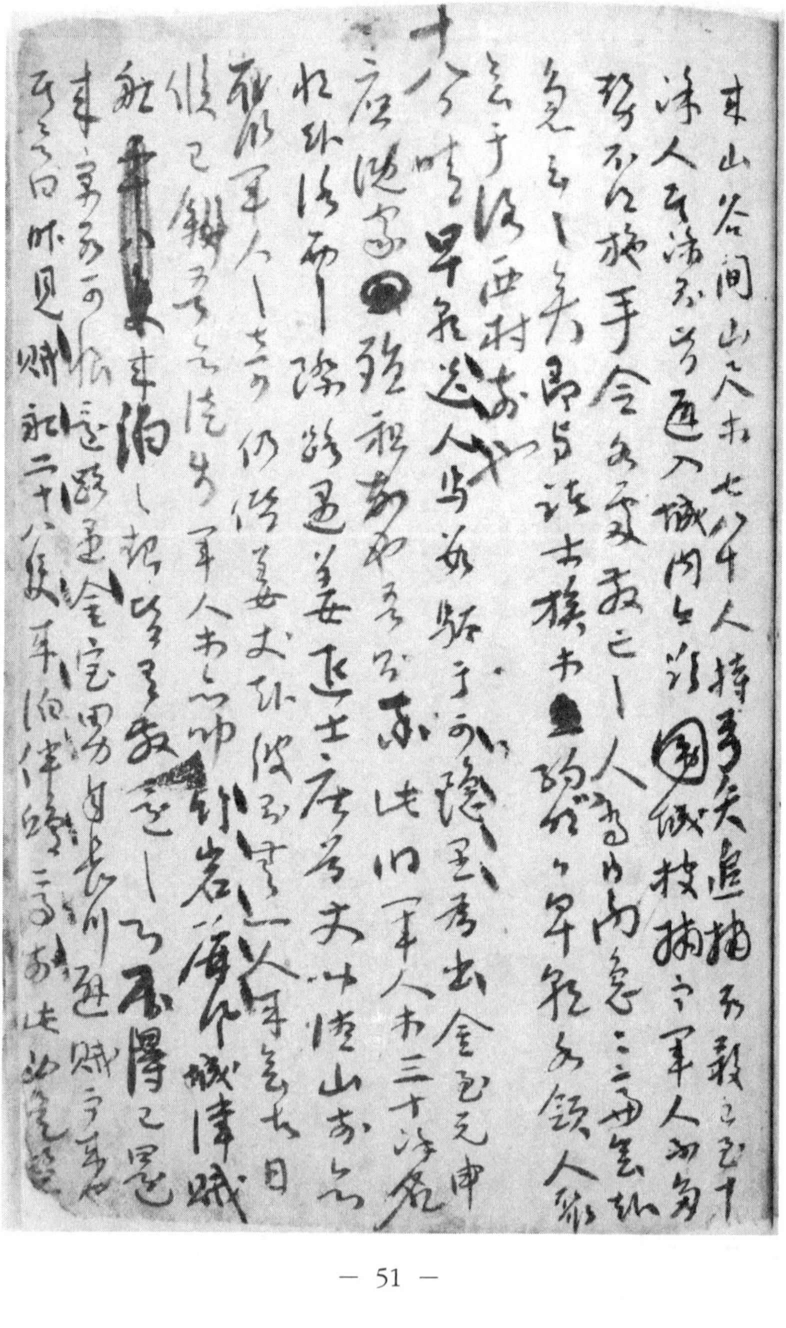

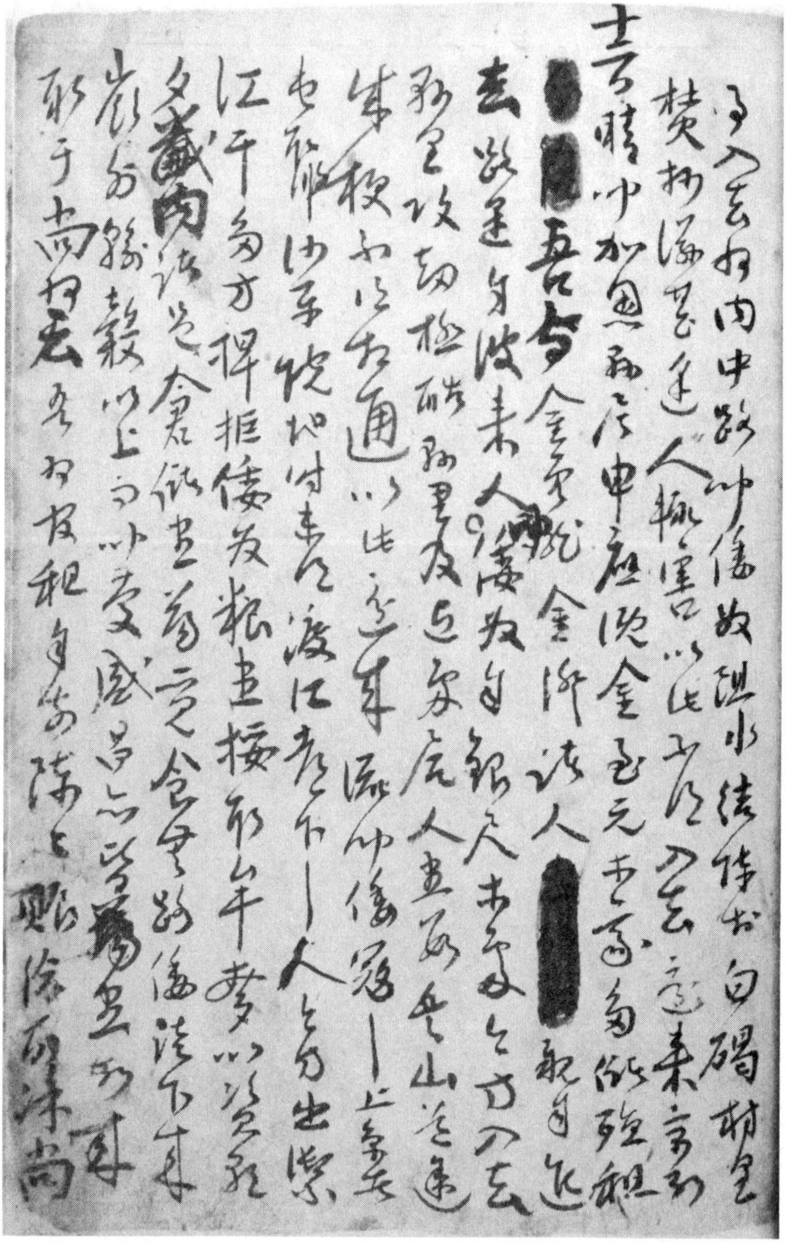

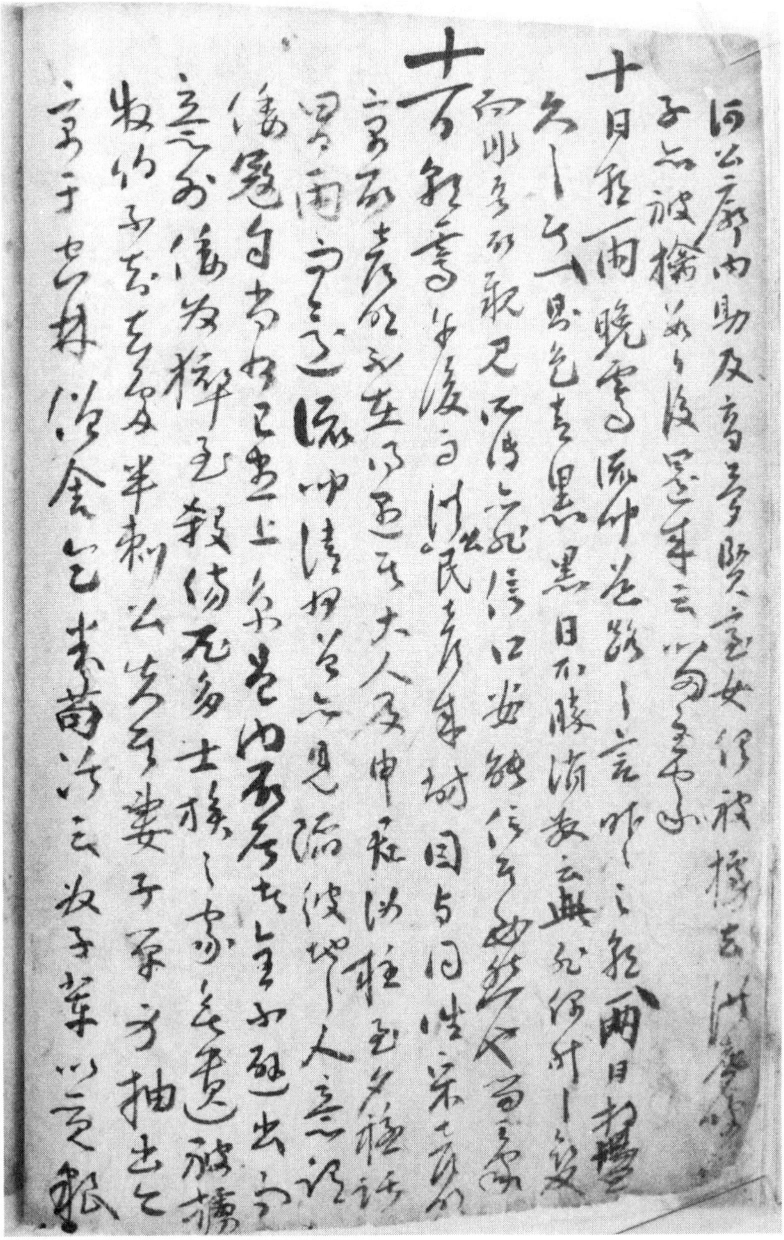

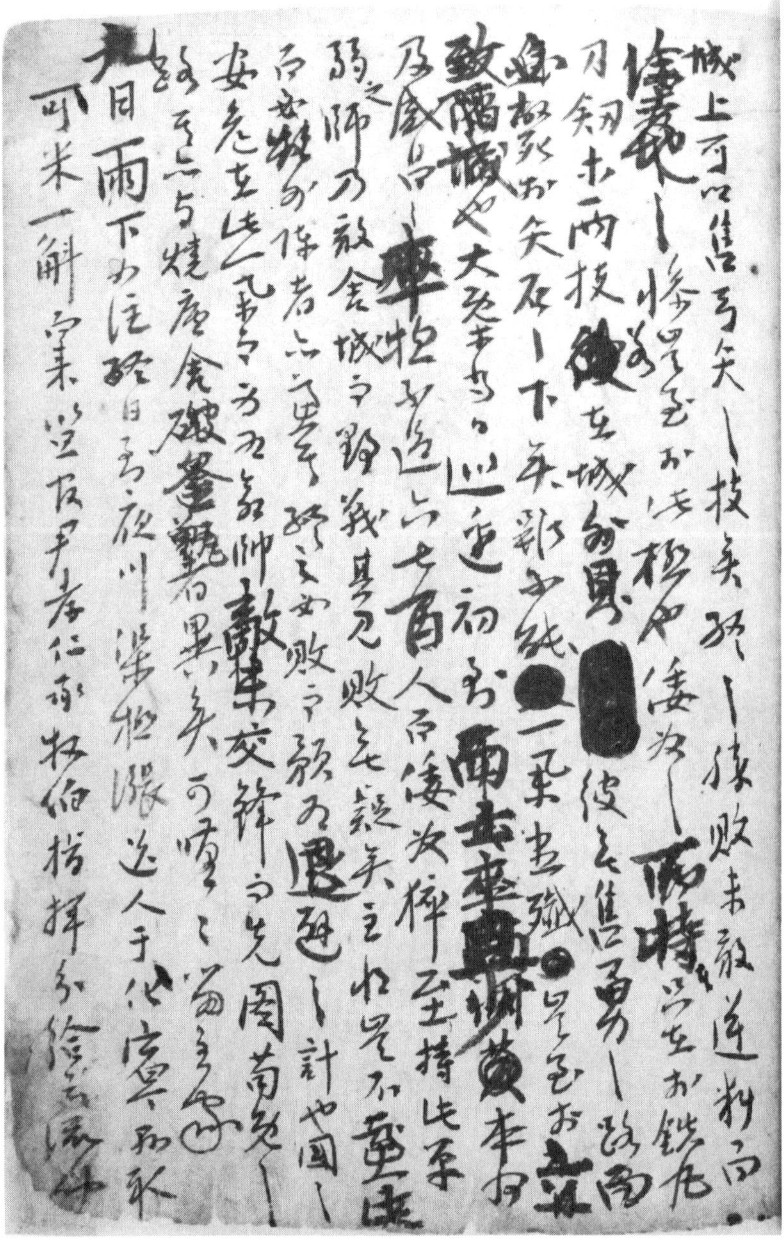

城上可以售弓矢一技矣�敗未散遂教而向

金義一修早是…住移以倭為一様…而待…早色お一路雨

刀劍土兩投…左城分員…倭…使之售弓男一路両

無叔致お矢在下一下…那中紙…呈色お…

致隨贼や大發辛…一柔畫強…黃本身

及金…車怛…六七百人…兩去並直州黃本身立…

弱師乃…城弓路…敗之…倭…持比至

…救…敗弓額乃盤…誰矣是れ是不並…

安危左先…乃…名帥…敦束交辞…退逃一計や…

户安…保若心…

卯…烷…歡束交辞…先周苟免一…

郊至二台烷…砲破筆…異矣…嗜…而…

凡日雨下…住郊日…欣川…送人于心室…

可米一斛…堂友尹春仁…扶伯楫拜於…

天命未絶則轉敗爲功國亦不難孝子之事君知
今日之人心狁閭之歸市守今日之抱兵獥唐之子儀
守之社稷不守而金湯凡虛設之隘國本固而民心壵係
坐之地人課至此天道寧論□□□□□念及此孝心痛
紛紛闒闒湖西上年一倭丕震六歷隔青山悅
仁報魚清皮木霸□□真指孝誡云旬十墜膽夫駕出
此人心盍撟鄞立子山客谷人孝不書□
倚氣作欶敎一球尖業一人切為虎帽扠耶□無丕
丕瀅攻屯以汝貝道路阻塞人物不可通陰長弱象
凌窶駑弩矢賊人暴豿六士殊也如我勵弱一人自爲
邪丕繗啐亽亭有雅雛豿豿三回 提拁疔山
谷手足盡脫□□ 張暑苦狁涩金西日荅兔□□

头領將兵事察于竹山地○○和己○玄漢江倭为己出
同三日訶長駈拒漢津城中○吹角激發○言○
人赴義之自 上言○元解○擊高月一晦○○

大駕一○將精○于平壤○地大内无主
人○登核百僚奔避之同鳥家門分○人爭撤
○不及官衙諸寺列火遂起畑焰漲天○久不
辨此叨○○○出○誰手乎○城中上下○○以為沽而
免為意乃無持御堅守之計大都見隔不出經夕
逯○都列而為上○○不援不得己循山迎
○○○崃彷○兵義邑戶○民一人勇士唱義○○
以叙戚友衝率○撰內他一而特青惟○○○○

治此誠三代下不易得之惠會向以言至內云能著

尤不靜姬德以言其分于醍醐遊陸見梁李氏尊天

求時采居階誰出肉食者謀之又謀之不減藿食

去盖慶之殊志志塗室瞻安乃不出乎輪囷

也今中倭奴入城拔庫而能盡西撥開餉以

縛米粉一句淨之爲半豫出多徵瓶隻以靈海

計一無令如式使一出食餓餒一人一付交集

許令任意永去一人而出或至二二千顧懷恨好好互壹

去卿不任計升牛一難乘一開倉給餐謁云一卯

民尚責徂友惟官糴是如今今勞女患方爲嗷

嗷一徒仨沙無敝不項潭壑必無漢池撥彼石伐

邑可去一的竹了地境獨寧乎

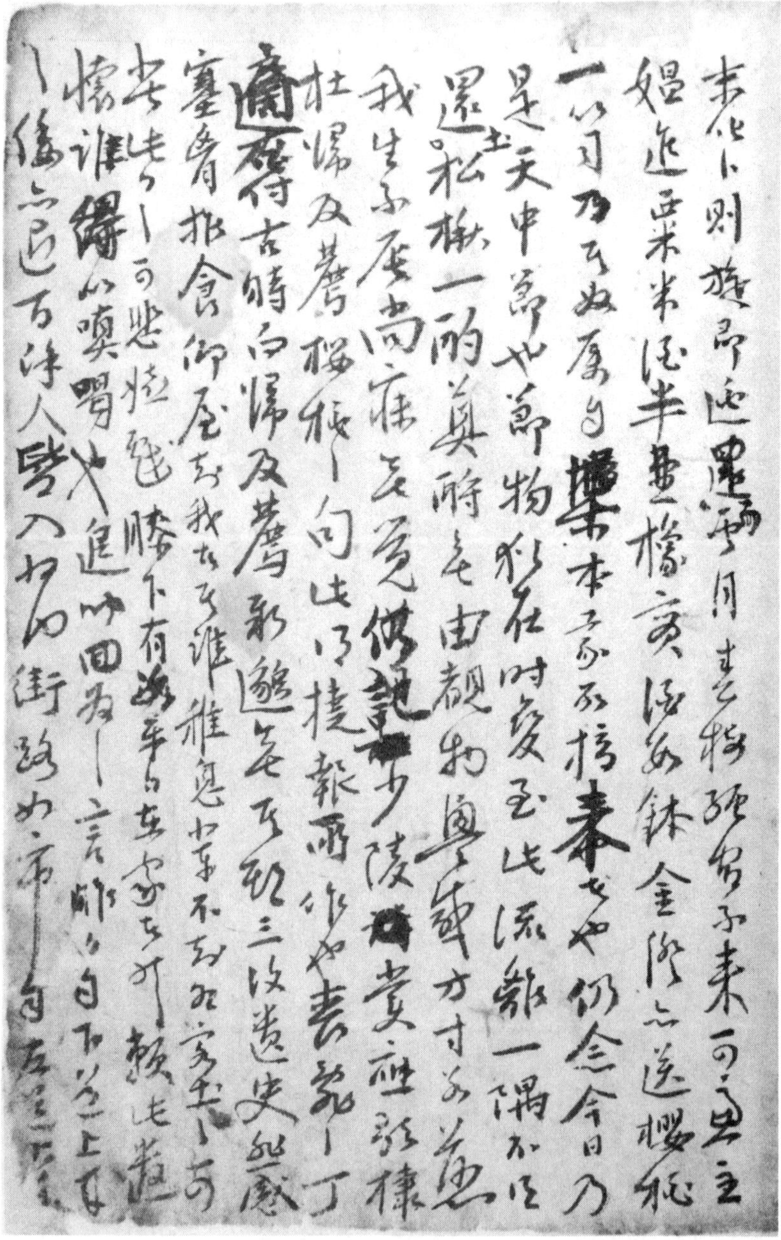

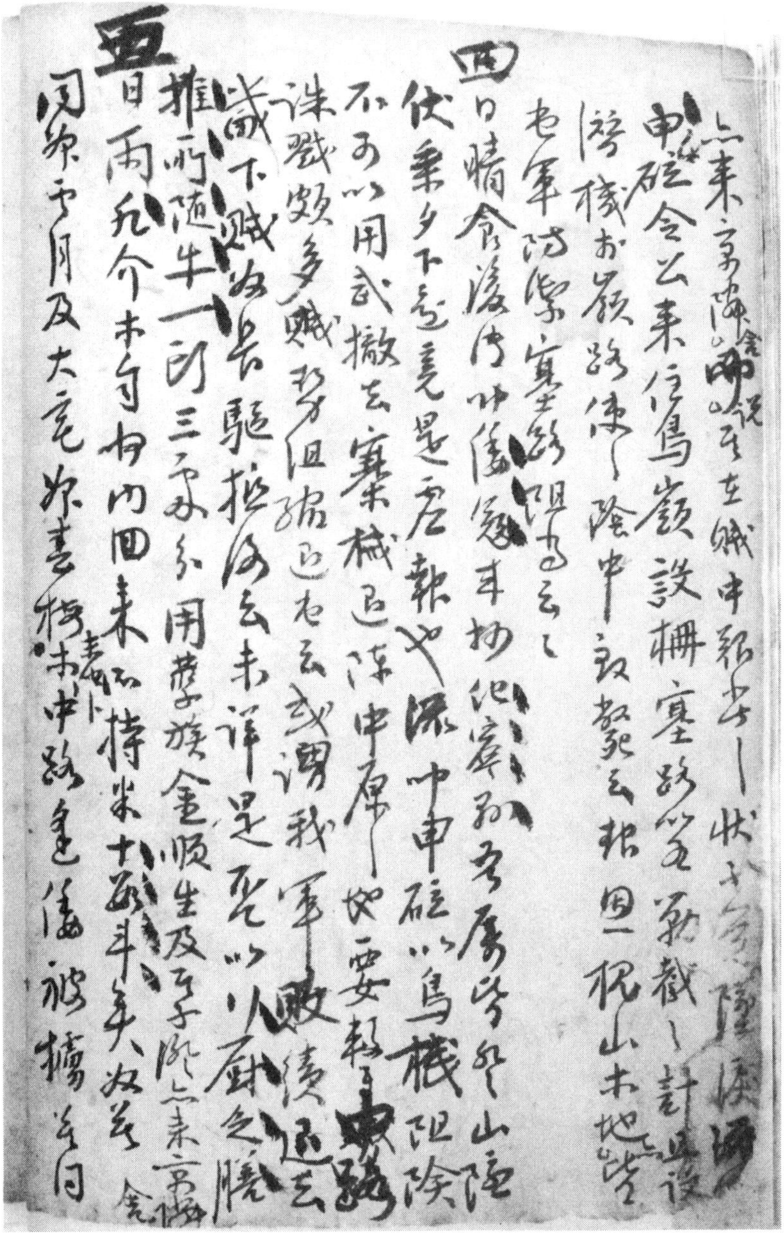

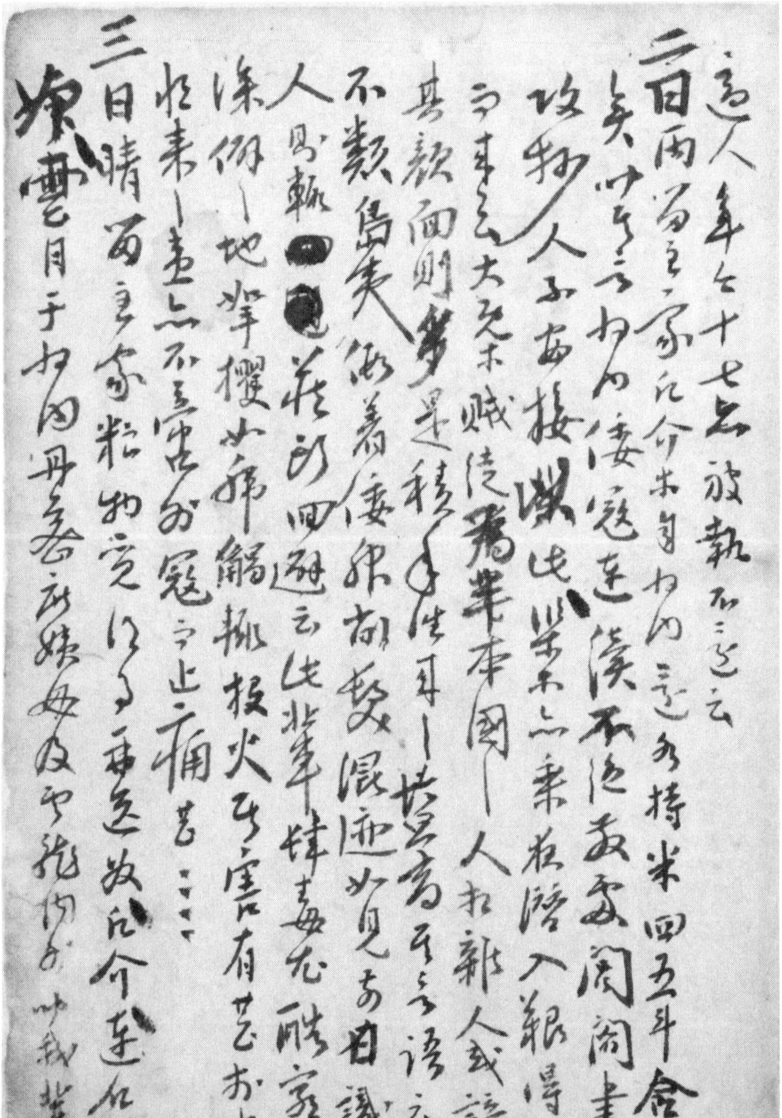

遠人年七十七云 放執…云

二日兩…家…倭寇…持米四五斗合十斗…

攻掠人不安…此…米…來在…入報得…物

…大兄賊徒爲業本國…人扣船��…

其款而則…倭邦邸使混迹…日議…爲

不數…倭邦…莊郞…

人馬軸…莊郞四避云此輩…蜂毒無…醋家校

深價…地掌攫…私觸抛火不害有…本倭

…來一…不言…寇…止一桶云…

三日晴…家粮物…亢介…在…

…雲…月于力…毋…每…如…

家一村居煙兩三家而浮淫初出避亂一村為
栖窟迫破初十海徒為他物一切不費經變
日日兵興日設使不死而鋒鏑之禍家眷何以
卿生先妻家室子可以走乎而又無永舍之以藝
難生乎矣

■■■埋主之地以不葬与未附末的
於此七次骨去而為一痛矣即可以馳去者親之以內
村該家後及通陽句下盡少壯亡避口不飽老幼二
梗人物之通悟洼家山邑的絃淃乎己

一 五月 小康日朝
一日雨尚主家糧物亮乃子送友立介主善卜赤于
次卜守自始如至飽妈帅迭福及其每一死罣痛三
卜守及門卜輩避卜于〓代山巌中海躁進及危淺

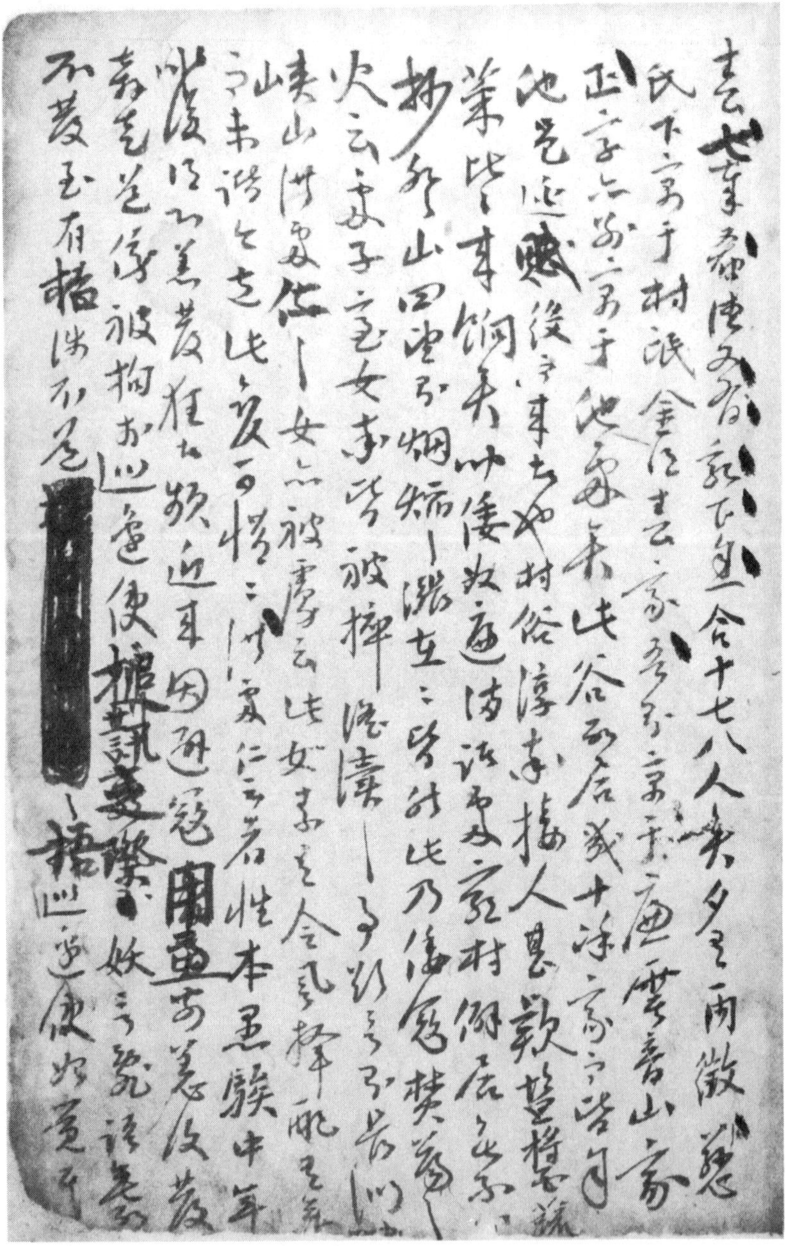

城伯領属来停于曼云日暮代此新而其幕何吾
研是州倭寇入邯城焚芳友雁當戶安金于沙殺
城分戶室六鳥走火云倭次弓故又杉城州分日以後
抄掠取之于馬匹分去迄送收去獨弓小與鷄犬女人
隻次坺掠去以僅于尉束坺張乐速力强挙千女人
一破執者當達云送以去計子有所属立以吾
弓一種伯弓後燈以多穫一物出送云
弓一日晴十倭次發向咸昌仍为托 朝之計謀盡尞酒
右力城使我人不寺掠処於帰居身下送上来一倭倭復
之路遂日不免 偏左老于不出千兵少龍家安
老路逐日相拆加得入那終豊山多仁書都
拈中幸又撲硯牽 叛後除北山頭下房于村金玄守
房午及十沙皇呆地若些盧谷乃叶受地云云

近~連兵於廿五日稚後故釋玉乗孫長驅四面進
逼洞里士女走及走避淮外先渡溺死僅得走露陰
諸營兵以千兵將士亡入故技劉特長可是見轍
殺戰山研并券~河猿屍如立不義子百人也
巡走村當不當土使句奔孤壹軍裝義玉異孚然
含援軍卒次各籠己男子不義一失藪谷投三産
收弓收抗付火云河光傳還及長一子鏡谷沓盈
信先守巡出于南長山籠而食意家覽施威成
輒乳弟題入廿三又十賊批頭第出耳廿四退入五
一間三反至玉廿五~一名毒隻妻虜寬廣紹去
得全~計的賊发怠逆寺及蘂逗歪罪那邢
氣氣非无令也而三當也已~~後群子司以疾光然階

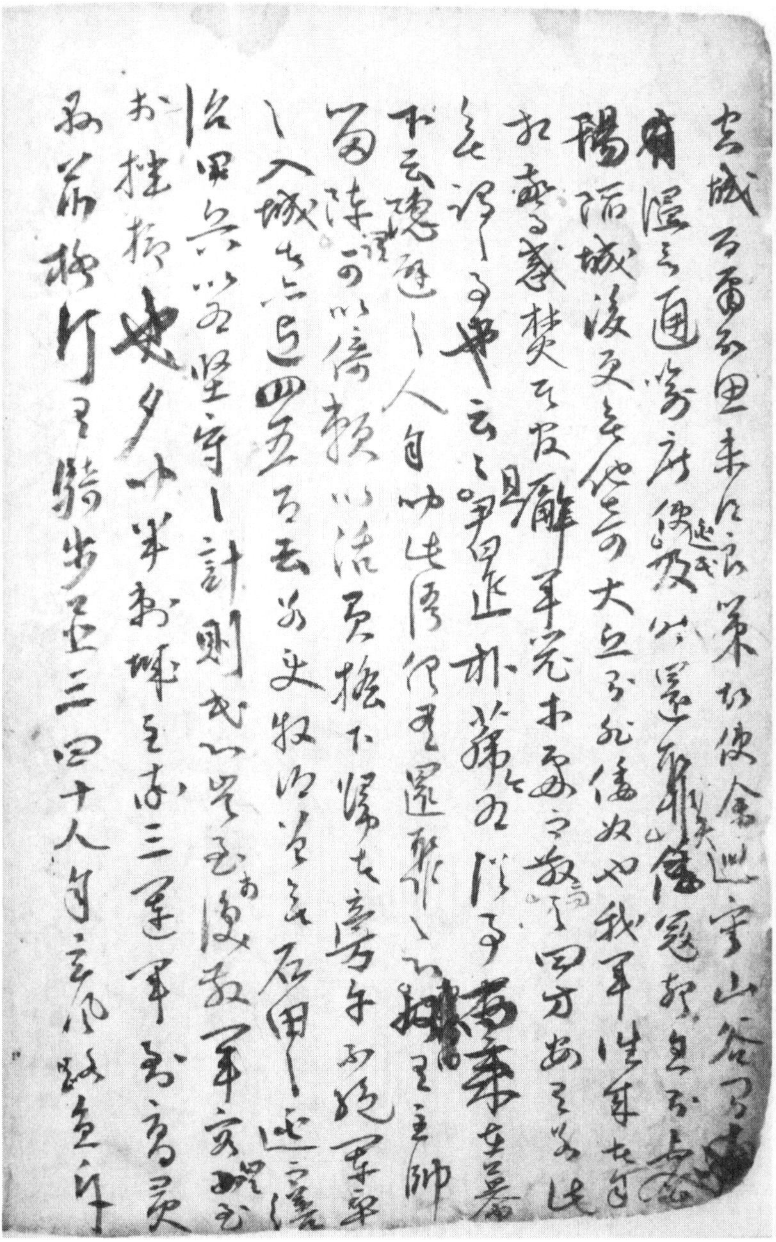

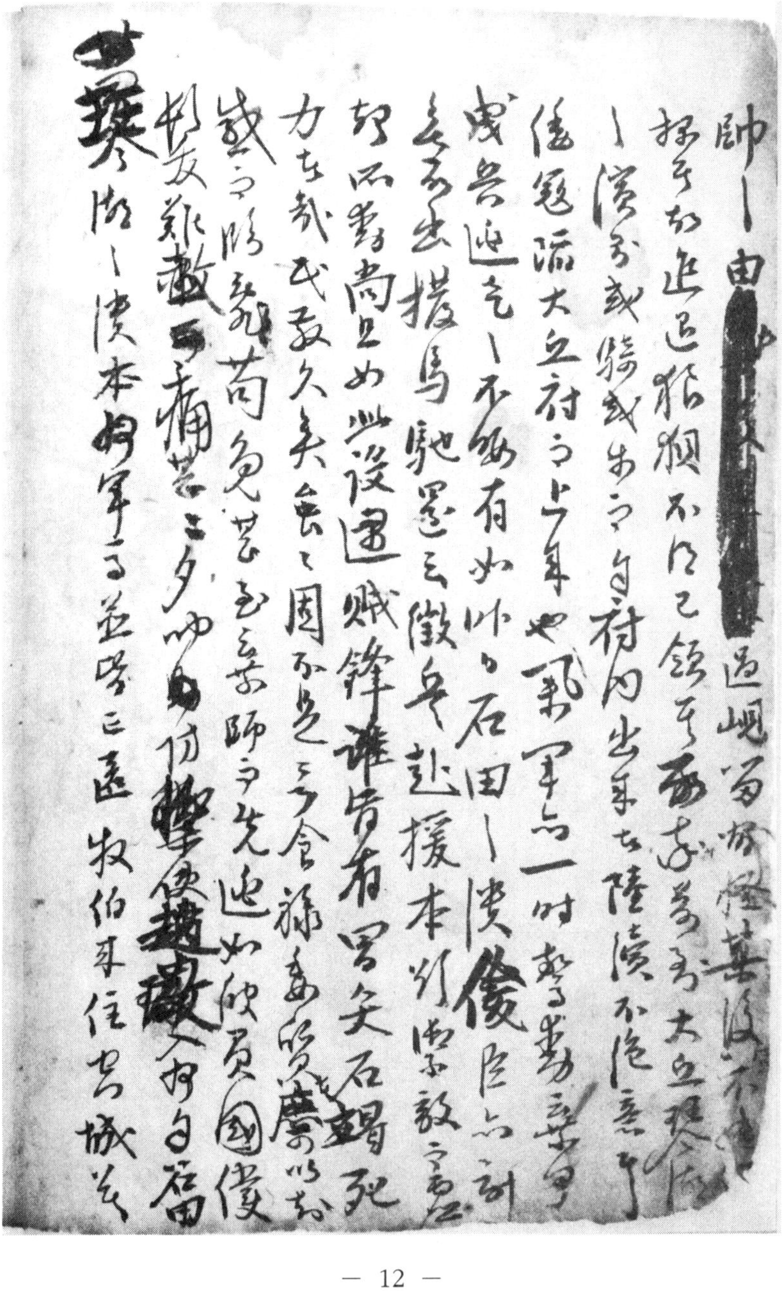

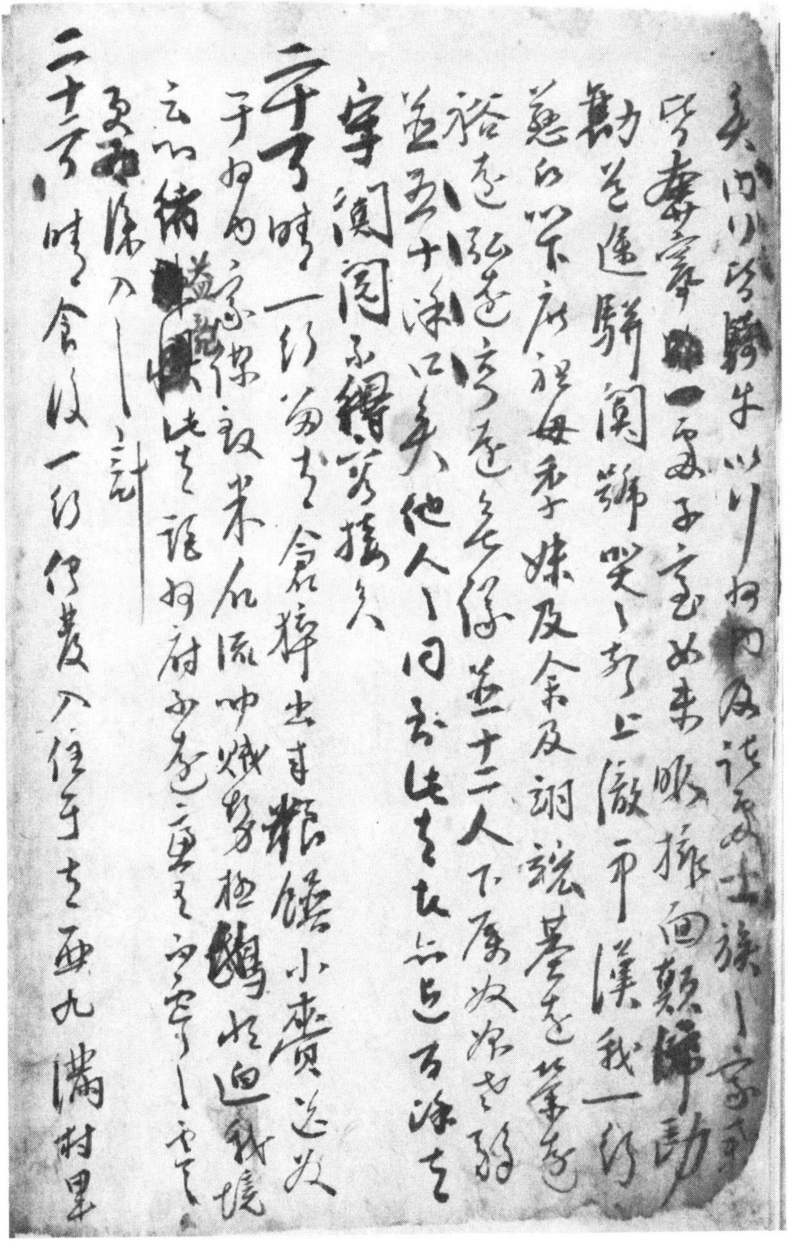

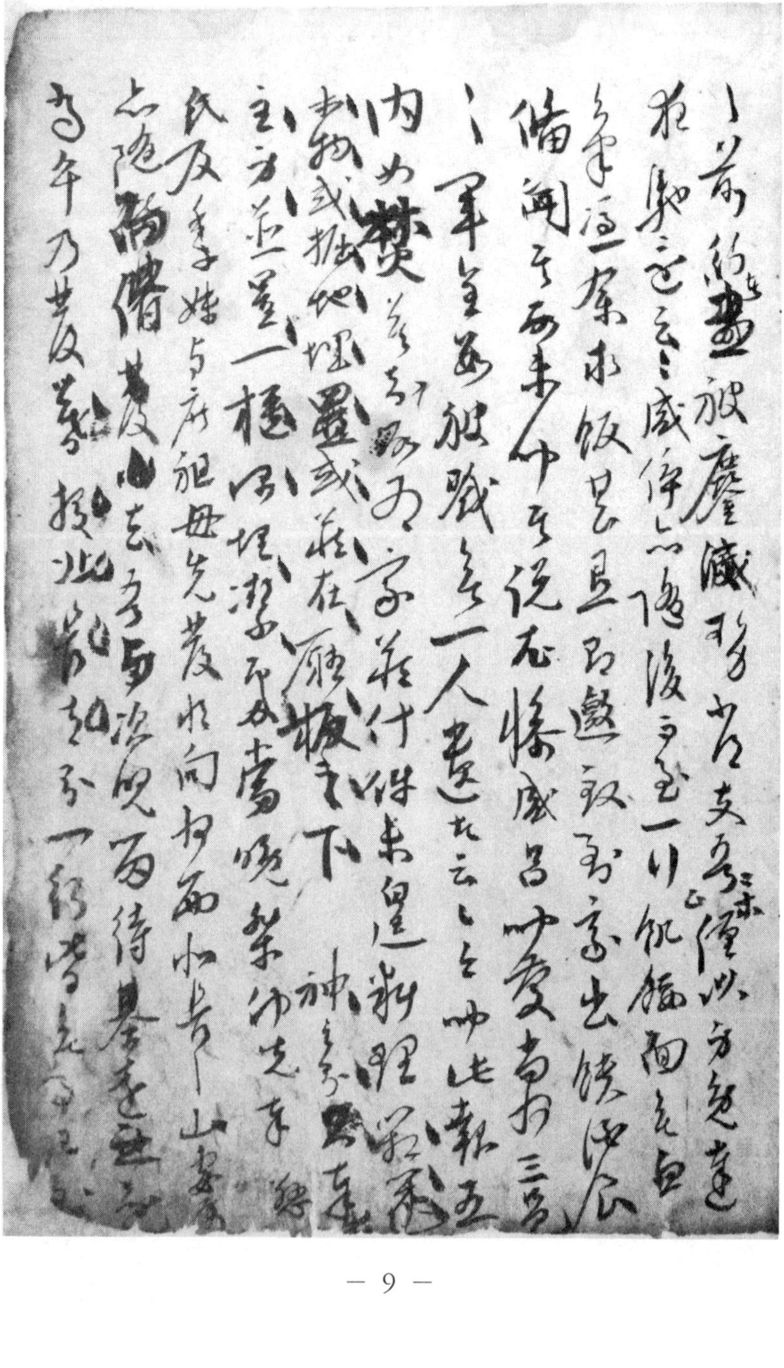

入好未晒然諸急坼本营　蓥山東苹苿
山未地陷之論你之他教云　國守尹束り
久遇一中比非一種伊陸园各而苓金全各仮、
王栖名瑞及金漢傈去舂孫陰り今年賊爰
玉比白主師以孫帳傈五不解了馬技唯様
米孫如茄不舂苟郎朱敗未為一鞣了哭
十一日情季苗千飛少壽朋瑞叫皂桃時簡
羽束占萝子院念列作慶恩陪云う在見人
峰燼萃華一棑比与一鞣載云爰出在石や
右史一棑又云賊計好黙笑減
以程四尾一援接妨火一些一瑚

壬辰四月大庚寅朔

十四日晴乃官帖始到倭寇已百濟

山東縣水界云公字以軍馬調發于歸

全羅馳說驛騎雖乃弱生于嶊

十五日子墨寺以以乃要婦于一望

長立~金口先遣說郡費事常

坤地稍送如歸没友望年云可眼腳

也乃少郭峯金公以刑夅夅役

古乃魚庸晚止座隊王于申春氏受書絜

先祖考直去森君嗣言嗣

村人祖考乃進備

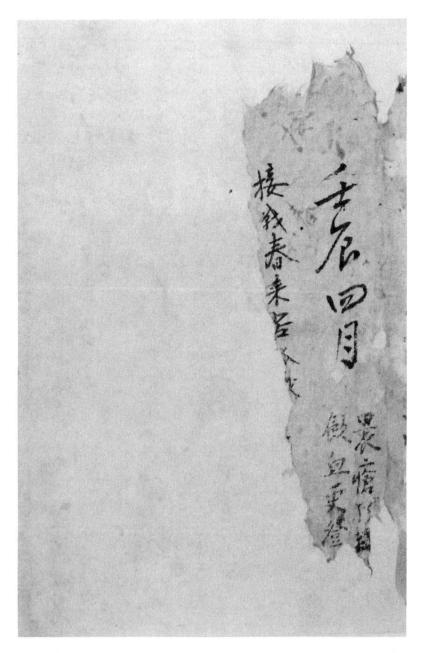

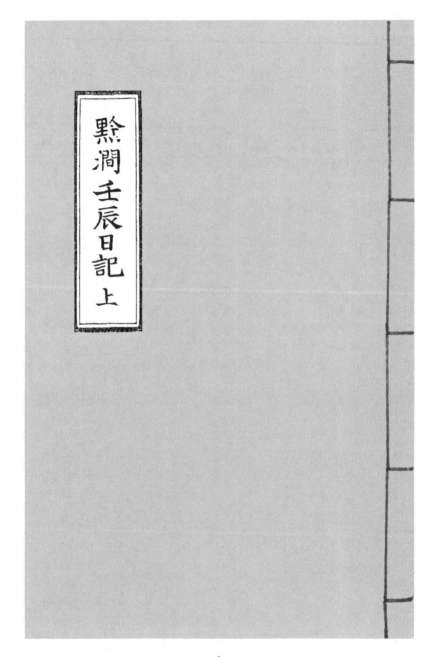

黔澗 壬辰日記 上

영인자료

초서본 임진일기
(양진당 기증, 상주박물관 소장)

초서정서본 진사일기
(오작당 기증, 상주박물관 소장)

판각정서본 진사일록
(서울대학교 규장각한국학연구원 소장)

목판본 진사일록
(국학진흥원 소장)

여기서부터 영인본을 인쇄한 부분입니다. 이 부분부터 보시기 바랍니다.

黔澗 趙靖의 문집 간행 기록, 화봉문고 소장 『黔澗先生文集開刊時日錄』에 대하여

백승호

(한남대학교 국어국문학과 교수)

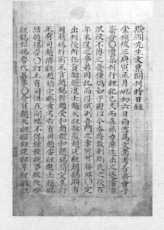
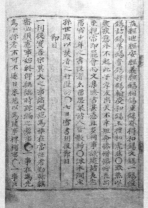

黔澗 趙靖의 문집 간행 기록, 화봉문고 소장 『黔澗先生文集開刊時日錄』에 대하여[*]

백승호(한남대)

　우리는 출판된 형태의 고서는 많이 보지만 그 책이 어떤 과정을 거쳐서 출판되었는지는 잘 알지 못한다. 대략 책의 서문이나 발문, 그리고 주변 기록들을 통해서 짐작할 뿐이다. 조선시대에 책이 출판되는 과정은 생각보다 많은 과정을 거쳐서 진행되는데, 현대의 우리는 그 결과물만을 볼 수 있을 뿐이다. 이번에 소개하는 『黔澗先生文集開刊時日錄』은 조선후기 출판 과정을 알게 해주는 자료이다. 이 책은 1770년경 黔澗 趙靖(1555~1636)의 후손들과 영남 사림이 조정의 문집을 간행하면서 남긴 문집 출판에 관한 일기이다.

　『검간선생문집개간시일록』은 일기 자료이기 때문에 매일 일어난 일

---

* 본 원고는 『포럼 그림과 책 2011 논문집 1』(화봉문고, 2011)의 267~284면에 수록된 해당 원고를 그대로 재수록하였다. 백승호 교수는 당시 서울대학교 박사과정 수료생이었다.

을 구체적으로 알게 해주며, 책의 편찬 시기도 18세기 후반으로서 출판 관련 자료로는 아주 이른 편이다. 또한 간역소에 출입한 사람들의 명단을 빠짐없이 기록하여 간행에 주도적 역할을 했던 인물들을 알게 해준다. 게다가 刻手, 册匠 등 출판 기능인의 이름도 밝히고 있어 각수 연구에도 큰 도움이 된다. 본 발표는『검간선생문집개간시일록』의 내용을 검토하여 각수, 책장, 각 서원, 서당 등의 후원금액, 목판의 재료, 각수의 각공 비용, 문집의 출판 부수 등, 18세기 문집 출판의 구체적인 한 사례를 살펴보려고 한다.

1. 검간 조정의 생애와『黔澗集』의 체제

1) 검간 조정의 생애

조정의 자는 安仲, 호는 검간, 본관은 풍양이다. 조부는 趙禧, 부는 趙光憲, 외조부는 洪胤崔이다. 학봉 김성일의 형 金克一의 사위이다. 그는 평소 성격이 강직하였고 임진왜란 중에는 종군하여 유명한『辰巳日錄』을 남겼다. 1570년(16세)에 寒岡 鄭逑에게 나아가『소학』,『심경』등을 강학하였고, 1571년에는 서애 유성룡을 배알하였다. 1572년에 학봉 김성일의 문하에서『주자서절요』를 수학하였다. 1587년 조부상을, 1588년 부친상을 당한 뒤 37세 때 선묘 아래에 흐르는 黔川에서 이름을 따 黔澗이라 자호하였다.

38세 때 임진왜란이 일어나자 의병 활동을 하였다. 1599년 희릉 참봉에 제수된 이후 1600년 광흥창 부봉사, 1603년 군기시 주부 등으로 관직 생활을 하다가 1603년에 사마시에 합격하고 호조 좌랑이 되었다. 1605년에는 증광 문과에 합격하여 주요 낭관 벼슬을 거쳐 대구 판관에 제수되었다가 중국인을 쇄환하는 일로 파직되어 고향 상주로 돌아왔다.

고향에 돌아와서 1606년 향중의 선비들과 도남서원 건립을 의론하였으며, 임진왜란 때 불타버린 서당을 長川 城山에 중건하였다. 이후 경주 교수 겸 제독관, 남해 현감, 공홍도 도사, 청도군수 등의 관직을 지내다가 1617년 상주로 돌아왔다. 이후 1619년 靑里書堂에서 월간 이전, 창석 이준, 우복 정경세 등과 함께 유성룡의 문집을 교정하였다. 이 해 안동 臨河로 이사하였다가 1620년에 다시 장천 본가로 이사하였다. 1623년 부터 25년까지 김제군수로 있었으며, 1626년에 형조정랑에 제수되었다가 얼마 후 내섬시 정이 되었다. 1627년 정묘호란 때에는 왕을 호종하여 강화도에 들어갔고 얼마 후 봉상시정에 제수되었다. 이후 귀거하여 養眞堂을 세우고 독서 강학하다가 1636년 82세로 졸하였다. 1642년 이조판서에 추증되었으며, 1730년 속수서원에 추향되었다.

2)『검간집』의 체제

현전하는 검간집은 목판본 6권 4책(권1, 2, 3原集, 年譜, 권 4附錄, 辰巳日錄 2권 합 4책)이다. 권두에 이광정의 서문이 있고, 권1은 詩, 賦, 권2는 疏, 箋, 狀, 書, 권3은 雜著, 論, 祭文, 年譜이다. 권4는 附錄으로 이광정이 작성한 行狀, 정온이 작성한 墓表, 曹挺融의 墓誌銘, 月澗 李㙉의 行蹟, 黃時幹·高仁繼의 行蹟 鄭蘊 등의 만사, 김창준 등의 제문, 李栽의 〈涑水書院奉安文〉, 李增曄의 〈常享祝文〉, 投贈 조에 조정에게 준 林慶世, 車天輅, 李埈, 任叔英, 金兌 등의 시문이 있으며 1707년에 蔡獻徵이 쓴 跋文이 있다. 이후 「辰巳日錄」이 부록되어 있다.

검간집은 현재 규장각, 국립중앙도서관, 한국국학진흥원, 연세대학교, 고려대학교 전남대학교, 경기대학교 중앙대학교 등에 소장되어 있다. 여기서 한 가지 지적하고 넘어갈 문제는 현재 대부분의 목록에서 검간집의 간행 시기를 정확히 알지 못하고 1740년경으로 보고 있다는 점이다. 이는 연보에 조정이 1730년 속수서원에 배향된 기사가 나온 것을 근거로 한 것이지만 옳지 않다. 전남대학교 소장본에는 "壬寅刊出 于長川齋舍"라는 간기가 있는데 목록에서는 이 임인년을 1722년으로 확정하는 오류를 범하고 있다. 검간집의 간행연도에 대해서는 본『간역 일기』를 검토하면서 정정하기로 한다.

2. 『검간선생문집개간시일록』의 체제와 구성

『검간선생문집개간일록』은 1770년 1월 6일부터 1778년 4월까지『검 간집』간행에 대한 상세한 기록이다. 1770년도까지의 기록은 상세하며, 이후 1777년 9월과 1778년 4월 기록이 각각 1건씩만 수록되어 있기 때문 에 이 일록은 1770년의 기록이라 보아도 무방할 것이다. 본서에는 문집 校正, 서문 청탁, 淨寫, 板刻, 印出, 고유 등 문집 출판의 구체적인 절차 와 방법이 아주 잘 나타나 있다. 우선『간역일기』의 형태사항은 아래와 같다.

> 서명: 黔澗先生文集開刊時日錄
> 著者未詳, 筆寫木 1책 印格 30.2cm×20.3cm
> 四周雙邊. 半郭 : 21.3cm×16.4cm, 有界, 10행 22자.
> 版心: 白口, 內向2葉花紋魚尾
> 卷首題 : 黔澗先生文集開刊時日錄, 表題 : 刊役日記

본서는 먼저 일자와 날씨를 표기한 뒤 그날에 있었던 주요 일정을 기록하는 형식으로 기사가 구성되어 있다. 그리고 문집 간행을 담당한

유사가 보낸 편지 또는 받은 편지들도 해당 일자에 부록하였으며, 간행 절목과 같은 문건들도 수록하였다. 이러한 일기를 작성하기 위해서 이 일을 전담하는 유사를 두었기에 이처럼 상세한 기록을 남길 수 있었다.

3. 『검간선생문집개간시일록』을 통해 본 검간집 간행 과정

1) 검간집 간행 주도 인물

놀은 이광정의 서문의 내용에 따르면 『검간집』 원집을 조정의 5세손 趙學經(1697~1756)과 趙觀經(1702~1743) 형제가 가져와 교정을 부탁하였다고 한다. 이광정의 서문을 받고도 『검간집』은 바로 간행되지 못하였다. 『검간선생문집개간시일록』을 보면 원집을 이광정에게 산정 받아 정본을 만든 이후 간직하고 있다가 후손들이 일고를 모아 간행하기로 하였다. 이에 1770년 1월 6일 간역소 임원을 주로 조정의 후손 가운데에서 뽑았다. 이때 선출된 임원은 다음과 같다.

> 【都廳】: 趙天經
> 【都監】: 趙述經, 趙錫朋
> 【有司】: 趙錫珩, 趙錫穆, 趙受和, 趙禮和, 趙錫簡
> 【文集訂定有司】: 趙濟經, 趙鎭宅
> 【謄書考看有司】: 趙安經, 趙錫喆, 趙錫魯

都廳을 맡은 조천경(1695~1776)은 趙靖의 5세손으로 그의 다섯째 아들 趙興遠의 후손이다. 자는 君一, 호는 易安堂으로 『易安堂文集』 4권 2책이 전한다. 식산 이만부의 문하에서 수학하였으며, 이헌경, 김광철 등과 교유하였다. 都監을 맡은 趙述經(1702~1780)은 조정의 첫째 아들

趙起遠의 후손이다. 자는 而善이다. 또다른 都監 趙錫朋(1708~17850)는
조정의 6세손으로 그의 둘째 아들 趙榮遠의 후손이다. 자는 子伯이다.
有司 趙錫珩(1721~1788)은 역시 趙起遠의 후손으로 趙緯經의 아들이다
자는 國寶이다. 趙錫穆(1726~1793)은 조정의 둘째아들 趙榮遠의 후손으
로 1756년 문과에 급제하여 관직이 승지에 이르렀다. 저술로 精舍文集
이 있다. 趙受和, 趙禮和의 행적은 미상이다. 趙錫簡(1733~1802)의 자는
士懷이며, 趙天經의 조카이다. 文集訂定有司인 趙濟經(1710~1780)은 조
천경과 사촌간으로 자는 聖楫이다. 趙鎭宅(1721~1779)은 조정의 5세손
으로, 그의 넷째 아들 趙亨遠의 후손이다. 謄書考看有司 趙安經
(1724~1802)은 趙起遠의 후손으로 자는 經天 호는 無定이다. 趙錫喆
(1724~1799)은 조영원의 후손으로 자는 明仲, 호는 靜臥이다. 1753년
진사시에 합격하였다. 趙錫魯의 행적은 미상이다.

　이후 약 석 달 뒤인 1770년 4월 16일 검간 조정이 세우고 검간 본인도
배향된 속수서원에서 편지를 보내『검간집』이 사문 공동의 중요한 일이
므로 문중 차원뿐만이 아니라 향중에서 임원을 뽑을 것을 권유하였다.
그리고 都廳에 진사 曹景稷, 유학 李增述, 盧漢文을 추천하였고 都監에
柳聖魯, 孫世顯, 考訂有司에 金彦高, 金達道를 추천하여 도청을 이증술
로 정하였다.

　　　【都廳】: 李增述
　　　【都監】: 柳聖魯, 孫世顯
　　　【考訂有司】: 金彦高, 金達道

　도청 李增述의 본관은 흥양으로 조정과 절친했던 蒼石 李埈의 후손
이다. 도감 柳聖魯의 본관은 豊山으로 조정이 선배로써 존경하며 따르
던 서애 유성룡의 넷째아들 柳袗의 종손이다. 고종 연간 우의정을 지낸

柳厚祚의 증조이다. 孫世顯의 본관은 경주이고 野村 孫萬雄의 증손이
다. 曹景稷(1694~)의 본관은 창녕, 자는 希文이다. 갈암 이현일의 문인
涵溪 鄭碩達(1660~1720)의 사위이다.

『검간선생개간시일록』을 보면 주로 문중 임원을 비롯한 문중 인원이
10여 명에서 최대 90여 명까지 모여 간행을 주도하였고 향중 임원을
정한 한 달 뒤인 5월 16일부터 향중 인사들도 수 명에서 수십 명까지
간역소에 들렀다. 주요 결정 사항이 있을 때에는 향중 임원들이 회의를
통해 중요 결정을 내렸다. 즉 일단 간역소를 조정의 생가가 있는 상주
장천에 설치한 것에서 알 수 있듯이 풍양 조씨 문중 조정 후손이 중심이
되어 『검간집』 간행을 주관하되 상주, 그리고 안동지역 사림의 공의를
모아 이 간행 사업이 문중 차원이 아닌 상주 지역 사림 차원의 사업이
된 것임을 알 수 있다. 이는 나중에 다룰 각 서원, 서당, 문중의 후원
금액을 살펴보면 더욱 분명해질 것이다.

2) 문집간행 절차 및 그 일정

『검간선생문집개간시일록』의 자료적 가치는 이 책에 실려 있는 『검
간집』 간행에 관한 자세한 절차에 있다. 우선 문집 간행에 관한 주요한
일정만 선택하여 정리하면 다음과 같다.

1770	1	6	문집 考看할 일로 齋舍에 모두 모임. 간행소 임원을 선출.
	1	7	간역 절목을 만듦.
	1	13~17	逸稿를 正書함.
	1	15	年譜 수정 시작.
	1	17	安東 蘇湖에 있는 李象靖에게 일고 교정을 부탁함.
	3	7	李象靖에게서 逸稿 교정본을 받아옴.
	3	25	등서고간유사들이 모여 年譜를 교정함.

4	5	문집 간행을 상의하기 위해 一門이 모두 齋舍에 모임.
4	10	年譜를 淨書함.
4	16	涑修書院에서 편지를 보냄. 黔澗集 간행은 사문 공동의 중요한 일이므로, 문중 차원에서 담당할 것이 아니라 고을 전체에서 임원을 뽑아 실시할 것을 권유.
4	23	공간판 도착, 책지를 다듬이질 함.
4	26	刻手의 板功을 1板에 8錢씩으로 정함. 趙亨經이 가래나무 판 [梓板]을 삶아 [烹] 운반해 오기 위해서 南長寺로 떠남. 邑中의 册匠이 와서 空間册을 인출함.
4	27	齋舍에 모여 文集 編次 式例를 정하고 齋舍(경상도 상주 장천)에 刊役所를 설치함.
4	28~	문집의 代本과 淨本을 베끼기 시작함. 册板 7立이 南長寺에서 우선 도착함.
4	29~	刻手 2명이 刊役을 시작함. 冶匠을 불러 大小鐵丁을 주조함.
5	3	趙亨經과 趙錫龍이 南長寺에서 가래나무 판 [梓板]을 옮겨 옴.
5	10	詩集 淨本 거의 필사 완료.
5	11	새긴 각판을 시험 삼아 찍어 봄.
5	15	鄕中 任員이 모두 모임. 宗中 會員도 모두 모임.
5	16	鄕中 任員의 이름을 벽상에 써 붙이고, 鄕中 각 書院, 書堂에 通文을 보냄.
5	24	그간 각수가 하나둘씩 도착하여 각수가 12명에 이름. 趙禮和 혼자 淨本을 베끼는 것을 담당하기 어려워 趙玉然으로 하여금 함께 베끼게 함.
윤5	2~	통문을 보낸 각처에서 후원금이 도착하기 시작함.
윤5	8	刊役 일을 살펴보기 위해 鄕員 및 제반 任員이 모두 모여 잔치함. (약 160명이 모임)
윤5	10	元集을 다 板刻(載板)함. 辰巳日錄을 校正해서 代本을 베껴 쓰기 시작함.(윤5.11~윤5.19)
윤5	11	年譜와 辰巳日錄을 淨本을 베껴 쓰기 시작함. 베껴 쓰는 대로 판각함. 年譜는 趙禮和가 쓰고 辰巳日錄은 趙玉然이 씀.
윤5	18	册匠 劉弘來가 와서 校正本 문집 1건을 印出함.

윤5	19	代本을 다 베껴 씀. 印本을 校正하기 시작함.
윤5	22	黃田 李光庭이 지은 문집 序文에 桐溪 鄭蘊과 愚伏 鄭經世의 말을 기록한 부분이 논란의 여지가 있어 서문을 채택하자, 말자는 논의가 있기에 漁軒 趙天經 등에게 문의하는 편지를 보냄.
윤5	23	趙錫魯가 飛鳳菴에서 찐 가래나무 판[梓板]을 운반하여 옴.
윤5	28	刻手가 刻役을 마침, 印出하여 考正함.(4.29~윤5.28)
6	1	刊本 數件을 印出함.
6	3	각수들을 돌려 보냄. 時白, 卜三은 校正 때문에 잠시 머물러 둠. 册匠이 나와 印出을 시작함.(6.3.~6.24.)
6	4	字劃이 틀리거나 빠진 부분을 교정함.
6	6	時白과 卜三이 남아 선조 유묵을 새김.(6.6.~6.9.)
6	15	告由祭를 지냄.
6	23	이광정이 쓴 서문을 追刻하기로 결정
6	24	문집 印出이 끝남. 前後 合 50帙을 인출함. 册匠이 册衣를 褙接함.(6.24.~12)
6	27	문집 사본을 만들 때 祭愚伏文을 祭蒼石文으로 잘못 베껴 登梓하였기에 改板 追刻하고, 祭蒼石文은 비워둘 수 없기 때문에 창석집 간행시 빠진 草本 2수를 판각함.
7	1	늘은 이광정이 쓴 서문을 원본과 교감하여 판각함. 8월까지 종중 임원이 항상 유숙함. 일반 會員은 날에 따라 온 인원이 달라 일일이 기록하지 않음. (日記有司가 돌아가서 이후 일기 소략)
9	21	추가로 20帙을 더 인출함.
	12	粧績을 끝마침. 鄕中 各處, 學宮, 鄕中任員, 通文을 보낸 各 門中에 나누어 보냄.
1777	9	字句를 틀린 곳에 구멍을 메우고 [補孔] 改刊함. 刻手 李時白이 附錄, 跋文을 추후 새겨 다시 印出하기 시작함. 趙得和, 趙錫春이 이 일을 주관함.
1778	4	改刊이 끝남. 모두 110帙을 印出함. 道內 書院 및 교분 있는 舊家에 보냄. 들어간 物役은 置簿 기록에 있음. 册匠 劉弘伊, 金萬才가 印出하고 粧績함.

이상의 기록을 요약하면 다음과 같다. (1) 먼저 교정을 위한 정서본을 만든다. 검간집 원집은 이미 이광정에게 산정을 받은 상태이고, 조정의 일고를 수집한 것은 분량이 얼마 되는지 알지 못하겠으나 약 4일 동안 정서하였다. (2) 이 정서본을 가지고 당시의 학식 높은 선생에게 산정을 부탁한다. 이때 서문을 함께 부탁하기도 한다. (3) 산정을 받아 문집 편차가 완결되면 다시 淨本과 代本을 베껴 쓴다. (4)『검간집』 간행의 경우 정본과 대본을 베껴 쓰는 대로 판각하였다. 4월 29일에 판각을 시작하여 윤 5월 10일에 원집의 판각을 끝냈고 연보와 진사일록은 윤 5월 28일에 판각을 끝냈으니 거의 2달에 걸쳐서 약 160여 판을 판각하였다. (5) 문집 판각이 거의 끝날 때쯤 교정용 인본을 몇 건 인출하여 교정을 본다. (6) 책장을 불러 문집을 인출한다. 역시 인출하면서도 계속해서 교정을 본다.『검간집』의 경우 초기에 50질을 인출하고 나중에 또 20질을 인출하였다. (7) 인출이 끝나면 册匠이 册衣를 褙接하는 장황 절차를 거친다. 초간의 경우에는 6월 24일 장황을 시작하여 12월 경에 끝났는데 일기 기록이 없어 작업의 단속 여부는 알 수 없다.

이상에서『검간선생문집개간시일록』을 통해서 본 문집 간행의 절차는 (1) 정서본 필사 (2) 문집 산정 (3) 판각을 위한 淨本과 代本 필사, (4) 판각, (5) 교정용 인본 인출 (6) 인출 (7) 장황의 과정을 거치는 것으로 정리할 수 있다.

그런데 기록을 보면 1777년 9월경부터 1778년 4월 사이에『검간집』의 부록과 발문을 추가로 판각하여 110질을 인출하였음을 알 수 있다. 즉『검간집』이 개간 과정을 거쳤다는 말이다. 1770년 처음 간행하였을 때에는 권1,2,3과 年譜, 그리고 辰巳日錄을 간행하였고, 이후 1777년에 다른 사람들이 쓴 행장, 제문, 만시, 그리고 채헌징의 발문을 수록한 권4를 추가로 판각한 것이다. 그렇기 때문에 현전하는『검간집』이 권

1,2,3 뒤에 판심제에 권차 표시가 없는 연보가 실리고 그 뒤에 권차
표시가 된 권4, 그리고 판심제에 권차 표시 없는 진사일록 순으로 편차
된 것으로 보인다. 그리고 전남대학교 소장본에 있는 "壬寅刊出于長川
齋舍"라는 간기를 볼 때 『검간선생문집개간시일록』에는 기록되어 있지
않지만 1782년경 한 번 더 문집을 인출한 적이 있었던 것으로 추정된다.

또한 판각 과정에서 『검간집』 서문은 문집이 다 판각한 이후에 나중
에 판각되는데, 그 이유는 다음과 같다. 눌은 이광정이 쓴 서문을 보면
검간 조정이 강직한 성품과 충정을 지녔으면서도 높은 관직에 올라 뜻
을 펴지 못한 것을 안타까워 하면서 동계 정온의 묘표를 인용했는데,
그 부분이 문제가 된 것이다. 문제가 된 부분을 인용하면 다음과 같다.

> 桐溪 鄭蘊 선생이 지은 墓表를 보니, 심히 애석해하였으며, 곁에 있는
> 伯樂에게 한탄의 뜻을 붙였으니, 그 뜻은 愚伏 선생을 지칭하는 것 같다.
> 그러나 우복 선생은 검간 선생과 일향에 함께 살며 聲氣가 상통하였으니
> 어찌 선생을 알아보지 못했겠는가? 우복 선생이 이조판서였을 때에는
> 인조께서 중흥하던 세상이었다. 대개 이때에 검간 선생은 나이가 이미
> 지긋하여 臺閣에 들어갈 때가 아니었고, 시사가 걱정할 만한 일이 많아
> 선생의 강직한 성품이 당시 권력자들에게 맞지 않아 필경 큰 화를 입을
> 까 우복 선생이 걱정했기 때문이다. 대개 당시에도 검간 선생을 위해
> 말하는 자가 있었으나 우복 선생의 걱정이 정히 이와 같았다고 한다.
> 이 말을 믿는다면 동계 선생이 나라를 걱정하는 마음이 간절하여 검간
> 선생이 버려진 것을 심히 애석해한 것이고, 우복 선생은 검간 선생에
> 대한 정이 승하여 그에게 위험이 이를까 걱정한 것이니 선생을 아낀 것
> 은 한가지이다.

동계 정온이 지은 묘표에 보면 趙靖을 두고 "그러므로 백락이 옆에
있었지만 끝내 실의하고 수척했다는 비방을 면치 못했다."는 말을 하였

는데 이광정이 이 뜻을 부연 설명한 것이 바로 인용한 부분이다. 문집정정유사를 맡은 조제경 등은 이 부분이 후인의 오해를 살 수 있기 때문에 서문을 채택하지 말아야 한다고 거의 마지막까지 강경하게 고집하였고 풍양조씨 문중도 의견이 분분하였다. 이에 관계되는 우복 후손과 동계 후손, 그리고 서애 후손, 눌은 문인 등 각처의 선비들에게 의견을 묻고 조율하는 과정에서 서문 판각이 늦어졌다.

3) 출판 기능인 관련 기록

『검간선생문집개간시일록』에는 刻手, 冶匠, 册匠 등 문집 출판 관련 기능인에 대한 기록이 상세하다. 출판 기능인의 이름이 구체적으로 명시되어 있고 그들의 출입, 병세, 솜씨에 대한 평가까지 기록되어 있으므로 각수나 책장 연구에 큰 도움이 될 것이다. 출판 관련 기능인에 대한 기록만 뽑아 정리하면 다음과 같다.

1770	1	12	읍내 刻手 朴春紀가 왔기에 2월 20일 후에 간행을 시작하겠다 뜻을 분부함.
	3	1	刻手 朴春杞가 왔기에 3월 20일 이후에 刊役을 시작하겠다는 뜻으로 다시 분부함.
	4	19	善山 刻手 池德龍이 지나가는 길에 들름. 監營의 刊役에 매여 있기 때문에 내달 보름 이후에 刊役을 시작하기로 약속함.
	4	25	刻手 4명이 와서 간행을 상의함.
	4	26	刻手의 板功을 1板에 8錢씩으로 정함. 木手를 불러 刻板床을 만듦. 齋舍 南邊에 담장을 쌓기 시작함. 邑中의 册匠이 와서 空間册을 인출함.
	4	29	刻手 2명이 刊役을 시작함. (이후 기사에 나오는 尙祿, 時白으로 추정) 冶匠을 불러 大小鐵丁을 주조함.
	5	3	刻僧(僧侶刻手) 1명이 추가로 옴.
	5	6	刻手 尹騁申이 추가로 옴.

	5	7	刻僧(僧侶刻手) 復三이 옴. 刻手 騎申이 병겨 누움.
	5	8	刻手 氷信(騎申)의 병이 차도가 없음.
	5	9	刻手 氷信(騎申)의 병이 차도가 없어 본래 집으로 실어보냄.
	5	11	새긴 각판을 찍어봄. 刻手 尙祿, 時白 등이 새김은 좋았지만 刻僧 (僧侶刻手) 卜三(復三)은 16세인데 刻法이 정묘하여 尙祿, 時白 등에 뒤지지 않음. 刻僧 太化는 手法이 庸鈍하여 欠缺處가 많음
	5	15	軍威 刻手 2명, 三嘉 刻手 1명이 옴.
	5	20	刻手 金時永, 刻僧(僧侶刻手) 世間이 추가로 옴.
	5	21	刻手가 10여명에 이르러 한 방에 수용할 수 없으므로 堂 서쪽 2간 에 장막을 치고 사용하도록 함.
	5	22	善山刻手 池德龍, 軍威刻手 文允傑이 옴.
	5	24	刻手가 12명에 이름.
	윤5	18	册匠 劉弘來가 와서 校正本 문집 1건을 印出함.
	윤5	20	刻手 金時永이 모친상을 당하여 후히 돈을 줘서 보냄.
	윤5	25	漁軒 각 집에서 음식을 가져와 刻手를 먹임.
	윤5	28	刻手가 刻役을 마침, 印出하여 考正함
	6	2	내일 刻手를 보내기 때문에 술과 고기, 음식을 마련해 줌.
	6	3	각수들을 돌려보냄. 時白, 卜三은 校正 때문에 잠시 머물러 둠. 册匠이 나와 印出을 시작함.
	6	24	문집 印出이 끝남. 前後 合 50帙을 인출함. 册衣를 褙接하기 시작함.
	6	25	册匠이 册衣를 褙接함.
	12		장황을 마침.
1777	9		字句를 틀린 곳에 구멍을 메우고 [補孔] 改刊함. 刻手 李時白이 附錄, 跋文을 추후 새겨 다시 印出하기 시작함.
1778	4		册匠 劉弘伊, 金萬才가 印出하고 粧續함.

각수는 총 12명이 동원되었는데, 『검간선생문집개간시일록』에서 이름을 확인할 수 있는 각수는 다음과 같다. 朴春紀(상주), 池德龍(善山), 尹騎申(氷信), 尙祿, 時白, 卜三(復三, 각승, 16세), 太化(각승), 金時永,

世間(각승), 文允傑(軍威) 등이다. 册匠은 劉弘來, 劉弘伊, 金萬才가 확인된다. 각수 가운데에는 尙祿, 時白, 복삼이 판각 솜씨가 좋다고 칭찬하고 있으며 판각이 다 끝났어도 時白, 卜三은 교정을 반영하기 위해 더 머물러 두었다.

『검간집』은 총 212판으로 이루어져 있는데 그 가운데 권4 부록 43판을 빼면 169판을 1770년 4월 29일부터 간행하기 시작하여 2달 뒤인 윤5월 28일에 마쳤다. 각수가 다 모인 것이 5월 24일 경이었으므로 후반약 1달 동안에 판각 작업이 속도를 올렸으리라 추정된다. 각수의 출입이 있기는 하지만 작업 기간을 2개월로 보았을 경우 하루에 약 3판 정도를 판각한 것으로 보이고 본격적으로 작업한 1개월로 보았을 때에는 하루에 약 6판 정도를 판각하였으니 12명의 각수가 이틀에 걸쳐서 판 하나를 새긴 것으로 추정할 수 있다. 문집 판각에 쓰이는 목판의 재질은 가래나무로 처음에는 조정이 강학하던 南長寺에서 가공하여 조달하다가 후에는 飛鳳菴에서 가공하여 조달하였는데 처음에만 7立을 실어왔다고 기록이 있고 후에는 목판을 실어왔다는 기록만 있을 뿐 그 수량이 자세하지 않다.

4) 간행 비용 및 후원 금액

『검간선생문집간행일록』 곳곳에 간행 사업에 드는 비용이 처음 생각했던 것보다 많아 어려움을 표하고 있다. 아쉬운 점은 본서 말미에 "들어간 物役은 置簿 기록에 있음."이라고 밝히고 있어 간역소에서 소용된 물품과 비용에 대한 장부가 있었음을 알 수 있는데 이 장부의 소재를 현재 알기 어렵다는 점이다. 문집을 판각하는데 1판당 각수의 각공을 8전으로 정하였으므로 초간본의 판각 각공 비용은 대략 1352전으로 생각해 볼 수 있는데 각수의 각 공임 이외의 판목의 원가, 수송비, 기타

재료비, 인쇄에 들어가는 종이값, 인출하는 책장의 임금, 기타 공사비,
잡비 등 전반적인 간행 비용의 실제는 유탁일 선생님의 선행연구에 의
거하여 역추산할 수밖에 없을 것이다.[1]

처음에 문중에서 간행을 위해 우선 비축해 둔 돈은 대략 45냥이었다.
이후 문중, 서원, 서당, 문중, 개인 등이 후원해준 금액을 정리하면 아래
와 같다.

연	월	일	후원자	후원액 (괄호 안은 통문표기금액)
1770	1	26	浦頭 趙鎭宅에서 관장중인 간역전	45兩
	5	15	內洞 光山金門	2兩錢
	윤5	2	忠烈祠	錢1貫(1緡錢)
		3	龍門書堂	錢1兩(1貫文)
		4	道南書院	錢5兩(5貫銅)
		4	淵嶽書院	錢1貫(3貫錢)
		4	首陽書堂	錢1貫(1貫銅)
		4	梧山書堂	錢1貫(1貫銅)
		4	智川書堂	5錢文(5錢銅)
		7	孤峯書堂	10緡銅(10貫文)
		7	修善書堂	2貫錢(2貫文)
		8	玉成書院	3兩文(3貫銅)
		8	道谷書堂	1兩錢(1貫銅)
		8	酉川 李門	2貫銅
		10	孝谷書院	錢1兩(2貫銅)
		18	善山 郡守 趙載萬	米1斛, 藿2束

---

1) 유탁일, 『성호학파의 문집 간행 연구』(부산대학교 출판부, 2000, 28면)에 따르면 1888년경
『성재집』 목판 1판(양면)의 판각 비용은 대략 3냥 4돈이었으며, 교정자를 다시 새기는
비용은 1자당 3푼이 들었다고 한다.

		22	鳳山書院	2貫錢(2貫銅)
		22	梅岳書堂	1貫錢(1貫銅)
		24	近巖書院	錢2兩
		24	潁濱書堂	錢1兩
		25	涑水書院	錢8兩(5貫銅)
	6	1	松巖書堂	錢1貫(1貫銅)
	6	2	石門書堂	錢1貫(1兩錢)
		4	訥村 王門	白紙 10束
		5	沙川 金門	錢2兩
		6	禹應範	1貫錢
		8	白華書堂	錢1貫(1貫銅)
		10	漁軒에 보관하던 간역전	錢29兩
		11	善山郡守 趙載萬	粘米 2斗, 眞米 3斗
		13	尙州 邑內 洪門	1貫文
		24	孫綏, 孫世振	白紙 8束
		25	趙命鐸, 趙命復	錢1貫, 紙2束
			鳳巖書堂	(2貫銅) 통문만 있고 일록에는 받은 기록 없음 이하 같음
			鳳城書堂	(2貫銅)
			魯東書堂	(3貫銅)
			白玉洞書院	(2貫銅)
			葛田宗中	(4貫銅)

　이상에서『검간선생문집개간시일록』에서 확인할 수 있는 후원금액을 정리하면 다음과 같다. 풍양 조씨 문중에서 보관하던 간역전이 74냥이었고 29곳의 서원, 서당, 문중, 개인이 후원해 준 돈이 57냥, 백지 20속, 쌀 13말, 찹쌀 2말, 콩이 2속이었다. 통문에만 있고 일록에는 없는 곳까지 합치면 34곳 70냥에 달한다. 일록과 통문에 차이가 있는 것은 일록에서 빠뜨린 것인지 통문으로 주기로 해놓고 풍양 조씨 문중에서 미수한 것인지 확실하지는 않다.

10냥의 후원금을 낸 孤峯書堂 임진왜란 이후 조정이 강학하며 후학을 기르던 곳이고 8냥을 낸 涑水書院은 조정이 배향된 곳이다. 5냥을 낸 道南書院은 조정이 건립에 관여했던 서원이다. 3냥을 낸 玉成書院은 창석 이준, 월간 이전을 배향한 서원이고 2냥을 낸 酉川 李門은 조정과 깊은 교분을 맺었던 창석 이준, 월간 이전의 종택이 있는 곳이다.

4. 『검간선생문집개간시일록』의 자료적 가치와 의의

『검간선생문집개간시일록』은 문집 간행에 대한 일기로서는 상당히 이른 시기인 18세기의 기록으로 그 자료적 가치가 크다. 먼저 그간 불분명했던 『검간집』의 간행연도를 분명히 확정할 수 있었다. 채헌징의 발문(1707)에 근거하여 간행연도를 그 즈음으로 추정하거나, 서문의 내용이나 속수서원 추향 사실이 실려 있는 점으로 미루어 1740년대 즈음으로 추정하거나 간기의 간지를 잘못 판단하여 1722년으로 확정하는 경우도 있었다. 하지만 본서를 통해서 『검간집』을 초간할 1770년에는 권1,2,3, 그리고 연보, 진사일록으로 구성되었다가 1777~1778년에 권4 부록과 채헌징의 발문을 더하여 개간하였음을 알 수 있었다. 또한 임인년 간기를 통해 1782년에도 다시 인출하여 후쇄본이 있음을 추정할 수 있다.

다음으로 본서를 통해 문집 간행의 절차와 그 소요시간을 구체적으로 재구할 수 있었다. 대략 (1) 정서본 필사 (2) 문집 산정 (3) 판각을 위한 淨本과 代本 필사, (4) 판각, (5) 교정용 인본 인출 (6) 인출 (7) 장황의 과정을 거치는 것으로 정리할 수 있다.

『검간선생문집개간시일록』은 일기 자료이기 때문에 매일 일어난 일

을 구체적으로 알게 해주며, 또한 간역소에 출입한 사람들의 명단을
빠짐없이 기록하여 간행에 주도적 역할을 했던 인물들을 알게 해준다.
게다가 각수(刻手), 책장(冊匠) 등 출판 기능인의 이름도 밝히고 있어
각수 연구에도 큰 도움이 된다. 종합적으로 말하자면『간역일기』는 각
수, 책장, 각 서원, 서당 등의 후원 금액, 목판의 재료, 각수의 각공
비용, 문집의 출판 부수 등 18세기 문집 출판의 구체적인 실상을 아주
상세하게 알려주는 자료라 할 수 있다.

편저자 신해진(申海鎭)

경북 의성 출생
고려대학교 국어국문학과 및 동대학원 석·박사과정 졸업(문학박사)
전남대학교 제23회 용봉학술상(2019)
전남대학교 제25회 용봉학술특별상(2021)
현재 전남대학교 인문대학 국어국문학과 교수

저역서 『가휴 진사일기』(보고사, 2021)
　　　『성재 용사실기』(보고사, 2021), 『지헌 임진일록』(보고사, 2021)
　　　『양대박 창의 종군일기』(보고사, 2021), 『선양정 진사일기』(보고사, 2020)
　　　『북천일록』(보고사, 2020), 『괘일록』(보고사, 2020), 『토역일기』(보고사, 2020)
　　　『후금 요양성 정탐서』(보고사, 2020), 『북행일기』(보고사, 2020)
　　　『심행일기』(보고사, 2020), 『요해단충록 (1)~(8)』(보고사, 2019, 2020)
　　　『무요부초건주이추왕고소략』(역락, 2018), 『건주기정도기』(보고사, 2017)
　　　이외 다수의 저역서와 논문

검간 임진일기 자료집성 黔澗 壬辰日紀 資料集成

2021년 8월 31일 초판 1쇄 펴냄
2022년 2월 25일 초판 2쇄 펴냄

저　자 조정
편저자 신해진
펴낸이 김흥국
펴낸곳 도서출판 보고사

책임편집 황효은
표지디자인 손정자

등록 1990년 12월 13일 제6-0429호
주소 경기도 파주시 회동길 337-15 보고사
전화 031-955-9797(대표), 02-922-5120~1(편집), 02-922-2246(영업)
팩스 02-922-6990
메일 kanapub3@naver.com/bogosabooks@naver.com
http://www.bogosabooks.co.kr

ISBN 979-11-6587-221-2　93910
ⓒ 신해진, 2021

정가 35,000원